Mme OLYMPE AUDOUARD

# LES MYSTÈRES DE L'ÉGYPTE DÉVOILÉS

PARIS
E. DENTU, LIBRAIRE-ÉDITEUR
PALAIS-ROYAL, 17 ET 19, GALERIE D'ORLÉANS

# LES MYSTÈRES

DE

# L'ÉGYPTE

# DÉVOILÉS

PARIS, IMPRIMERIE JOUAUST, RUE SAINT-HONORÉ, 338.

Mme OLYMPE AUDOUARD

---

# LES MYSTÈRES
DE
# L'ÉGYPTE
DÉVOILÉS

PARIS
E. DENTU, LIBRAIRE-ÉDITEUR
PALAIS-ROYAL, 17 ET 19, GALERIE D'ORLÉANS

1865

# PRÉFACE.

Certaines personnes disent, d'autres écrivent : « Le flambeau de la civilisation est allumé en Égypte, ce pays marche à pas de géant vers elle, tandis que les autres provinces de la Turquie restent stationnaires. »

D'autres disent encore et écrivent : « Le vice-roi actuel, élevé à Paris, s'occupe à abolir tout ce qui restait de barbarie dans son pays; il a remplacé le pouvoir arbitraire, absolu, par une liberté sage et bien comprise... »

Eh bien, je suis désolée de ne pouvoir être de l'avis de ces personnes; mais, après être restée près de quinze mois en Égypte, après l'avoir parcourue en tout sens, je suis obligée de convenir que ceux qui disent et écrivent cela sont dans l'erreur!

La vérité est peu connue sur l'Égypte, et voici pourquoi :

Les voyageurs restent quelques jours à Alexandrie, quelques jours au Caire, puis ils s'embarquent sur le Nil, le remontent, visitent les ruines; mais ils s'occupent peu de l'intérieur des provinces et du sort du peuple...

Les négociants européens fixés en Égypte sont d'abord peu lettrés, peu amateurs d'études de mœurs. Ils sont là pour gagner de l'argent; ils en gagnent, peu leur importe le sort du peuple... Ils vous diront : « C'est un pays charmant, nous y avons gagné tant de mille livres sterling... »

Je connais des Européens, depuis trente ans en Égypte, qui ne sont même jamais allés visiter les Pyramides, qui ne connaissent de ce pays que le marché, le cercle, le café et l'antichambre du vice-roi. Parlez-leur des usages, des mœurs des fellahs, des Cophtes..., ils n'en savent absolument rien et vous répondront : « Bast! qu'est-ce que cela nous fait...? Nous ne sommes pas ici pour nous amuser à nous occuper de ces gens-là, mais pour gagner de l'argent... »

Les articles qui paraissent dans les journaux de

Paris ou d'ailleurs sont faits par des gens, résidant en Égypte, qui ne sont pas payés pour dire du mal du gouvernement... Les journaux du pays, ceux qui s'avisent de ne pas trouver que tout se passe comme dans le meilleur des mondes possible, sont bien vite supprimés... Quant au journal intitulé *l'Égypte*, c'est autre chose encore : celui-là appartient au vice-roi, qui vraiment ne peut pas employer cent mille francs par an à sa publication pour faire critiquer sa manière de gouverner... Ce serait par trop drôle... Donc ce journal est au vice-roi et à ses actes ce qu'est la claque aux acteurs et à la pièce. C'est logique.

Peu d'auteurs se résignent à passer quinze mois en Égypte ; je ne l'aurais jamais fait moi-même, si ma santé ne l'eût exigé.

Maintenant, il est quelques écrivains qui de l'Égypte voient la fort belle maison du ministre, où ils logent ; le palais du vice-roi, où ils sont fort bien accueillis ; un beau vapeur du vice-roi, mis à leur disposition... Ceux-là, ne voyant que cela, trouvent eux aussi que tout va dans ce pays comme dans le meilleur des mondes.

Mais pour bien voir l'Égypte, savoir ce qui s'y passe, il faut vivre avec le Cophte, le fellah, l'Égyptien enfin ; la parcourir en tout sens, écouter les uns et les autres, recueillir à droite et à gauche des renseignements, prendre tout son temps pour s'assurer s'ils sont véridiques... C'est ce que j'ai fait... Du reste, une justice à rendre à cet aimable gouvernement égyptien, c'est que ceux qui viennent pour écrire sur ce pays et qui ne sont pas décidés à prendre leurs renseignements aux sources qu'on leur indique, mais qui veulent voir par leurs yeux, entendre par leurs oreilles, et non par ceux et celles des autres, ont, ma foi, passablement d'ennuis et de tracasseries à subir!... Ainsi, le croiriez-vous, lecteur? Son Altesse le vice-roi me faisait l'honneur de me faire suivre et épier par ses mouchards, et cela sous prétexte que je venais conspirer contre son auguste personne; il répétait à qui voulait l'entendre que je ne venais que dans ce but-là; mes lettres, excepté celles qui m'arrivaient par la poste française, m'étaient prises; toutes celles qui m'étaient adressées de Constantinople ne me parvenaient point; la poste du Caire à Alexandrie appartient au gouvernement, jamais je n'ai pu recevoir une seule lettre par cette poste; j'ai fini par m'en jeter moi-même à mon adresse, mais pas une ne m'est arrivée. Un jour, impatientée de cela, j'ai copié sur une feuille de papier à lettre certain article de notre Code concernant les vols ou soustractions de lettres... Eh bien, celle-là ne m'est pas même arrivée!... Vrai, j'ai trouvé qu'on avait manqué d'esprit: on aurait dû la recacheter et me la renvoyer...

Enfin je ne m'attendais pas à passer un jour pour un conspirateur!... A ce mot-là le féminin ne va pas, le vice-roi aurait dû le comprendre!...

Du reste, je n'en veux nullement à ce bon pacha égyptien des petites misères et persécutions qu'il m'a faites, et du soupçon injurieux qu'il a eu à mon égard; il ne rêve que conspiration, il n'a que cela en tête; et puis, vraiment, cela m'a trop fait rire de bon cœur et m'a tellement amusée que j'ai prolongé mon séjour en Égypte, et que je compte y retourner, à moins toutefois que Son Altesse ne demande encore à mon consul de m'expulser, prétextant qu'une femme qui passe ses journées, ses soirées à écrire, qui reçoit une foule de lettres (notez que moi je n'en recevais pas, puisqu'on les recevait pour moi), est une femme dangereuse, occupée sans aucun doute à conspirer.

Vrai, j'en rirai longtemps!

Et je retournerai en Égypte, à moins que le vice-roi ne mette en vigueur chez lui l'ancienne loi des Chinois qui punissait de mort tout étranger mettant le pied sur le sol... Or, comme en Égypte on empale, et que ce ne doit pas être une mort précisément agréable, dans ce cas je dirai adieu à son beau ciel, à ses moustiques, à ses serpents, à ses mouchards, et à tout ce qu'on y voit, qui, vraiment, est souvent drôle.

Les pages qui suivent, écrites au courant de la plume, n'ont qu'un seul mérite, c'est de contenir *la vraie vérité* sur les lois ou l'absence de lois, sur les usages, sur les mœurs des Égyptiens, sur le gouvernement du vice-roi et sur la colonie européenne.

Olympe AUDOUARD.

# LES MYSTÈRES DE L'ÉGYPTE

## DÉVOILÉS.

---

## L'ÉGYPTE, LE NIL, ETC.

Le Nil. — Le Désert. — Les Bédouins. — Le Khamsin. — L'émir Abd-el-Kader. — Un visite aux Bédouins. — Chasse à la gazelle. — Lettre d'Amrou à Omar. — Ce qu'il aurait pu dire en 1864. — Sort du peuple, avenir. — La Haute, la Moyenne, la Basse-Égypte. — Le Labyrinthe. — Le lac Mœris.

L'Égypte ne ressemble à aucune autre contrée : elle surprend, étonne et charme le voyageur. Immense oasis au milieu du désert, grande plaine dont le Nil est le centre, contrée dont l'antiquité se perd dans la nuit des temps, où tout est merveilleux et miraculeux, qui ne ressemble à aucune autre, qui a son cachet personnel, qui est elle enfin, qui a été créée par le Nil, qui est la fille de ce fleuve fait dieu par les Égyptiens, fleuve qui la féconde en déposant sur ses terres son limon gras et bienfaisant, l'Égypte commence où les eaux du Nil arrivent, et finit là où elles s'arrêtent.

Son sol sablonneux ne peut recevoir la fertilité que

des eaux du Nil seulement. Ainsi, si vous arrosez une étendue de terrain avec de l'eau transportée d'Europe, ou de l'eau de pluie, il restera infertile; ce qu'il lui faut, ce sont ces eaux, mélangées de ce gras limon.

Cela a donné naissance à une ancienne fable des Égyptiens : Isis (la terre) est, disent-ils, l'épouse féconde d'Osiris (nom sacré du Nil); Nepthys (la terre du désert) est l'épouse stérile de Typhon (la pluie), qui ne pourrait enfanter que par un adultère avec Osiris.

C'est-à-dire que la terre d'Égypte ne peut être fécondée que par les eaux du Nil, ce qui est parfaitement exact.

On comprend sans peine que les anciens Égyptiens aient vénéré ce fleuve, lui aient rendu des honneurs divins; en effet, comme le remarquait judicieusement Hérodote, le Nil est le créateur de l'Égypte ; c'est ce limon qu'il dépose sur son sable qui d'abord le rend fécond, puis exhausse le terrain de telle façon qu'il gagne sur la mer. Il est facile de voir de combien il a empiété, car, à de très-longues distances de la mer, le sable est mélangé de coquillages, et il a une forte dose de saumure. On trouve des coquillages sur les hauteurs; les pierres du désert sont polies et façonnées par le roulement des flots.

Hérodote dit ceci à l'appui de cette assertion : « Les prêtres m'ont rapporté un témoignage précieux; ils m'ont dit que sous le règne du roi Mœris, quand le fleuve montait de huit coudées, il arrosait l'Égypte au-dessous de Memphis, et lorsqu'ils m'ont appris cette circonstance, il n'y avait pas neuf cents ans que ce roi était mort, et déjà, si le fleuve ne montait pas de seize coudées, il ne montait pas sur les champs. »

Hérodote ajoute encore qu'il tient des prêtres qu'à une époque reculée, le Delta seul existait.

Donc, je le répète, le Nil est le créateur de ce pays, et c'est avec raison que les anciens Égyptiens en avait fait un dieu. Le dieu Nil était représenté, nous dit Champollion, par un personnage de forme humaine qui semblait participer de la femme et de l'homme; sa tête était surmontée d'un bouquet d'iris ou glaïeuls, symbole du fleuve à l'époque de l'inondation; il faisait au nom des rois, qu'il avait pris sous sa protection, des offrandes aux grands dieux de l'Égypte. On l'a, en effet, représenté portant sur une tablette quatre vases contenant l'eau sacrée et séparée par un sceptre qui est l'emblème de la pureté; il était ainsi représenté sur deux bas-reliefs qui ornaient deux côtés du dé sur lequel s'élevait l'obélisque que l'on a transporté à Paris.

Les Égyptiens donnaient à ce dieu les noms de *très-saint père*, de *nourricier du pays*. Leur dieu Cnouphis était considéré par eux comme la source et le régulateur du Nil; on le voit représenté, sur beaucoup de monuments, assis sur son trône, enveloppé dans une tunique bleue, et sur ce corps humain une tête de bélier dont la face est verte; il tient dans les mains deux vases desquels s'épanchent sur la terre les eaux célestes.

Les Égyptiens disaient que l'eau était le principe de toute chose, que l'humidité était la mère et la nourrice des êtres.

Outre leur Nil terrestre, ils avaient imaginé un Nil céleste.

Toute personne qui était noyée dans le Nil était considérée comme privilégiée des dieux; si son corps était retrouvé, il était embaumé aux frais du temple où se tenaient les prêtres du Nil.

Impossible de se faire une idée de l'Égypte sans y aller, sans la parcourir; je l'ai dit, elle ne ressemble à aucune autre contrée; on peut la comparer à une superbe oasis en plein désert: car, là où la mer ne la borde pas, c'est le désert, cette mer de sable, qui lui sert de limite.

Jamais on ne fera une description de l'Égypte si vraie, si poétique, si exacte, que celle que fit dans une lettre Amrou au khalife Omar, qui lui demandait de lui faire un tableau exact de sa conquête... « Prince des fidèles, dit Amrou, peins-toi un désert aride et une campagne magnifique au milieu de deux montagnes, dont l'une a la forme d'un monticule de sable, et l'autre celle du ventre d'un cheval maigre ou bien du dos d'un chameau.

« Telle est l'Égypte; toutes ses productions, ses richesses, depuis Isoarjusqu'à Morcha (depuis Assouan jusqu'aux frontières de Ghaza), viennent d'un flot béni, qui coule avec majesté au milieu d'elle; le moment de la crue et de la diminution de ces eaux est aussi réglé que le cours du soleil et de la lune.

« Il y a un temps fixe où toutes les sources de l'univers viennent payer à ce roi des fleuves le tribut auquel la Providence les a assujetties envers lui ; alors les eaux augmentent, elles sortent de leur lit, et elles arrosent la surface de l'Égyte pour y déposer le limon producteur.

« Il n'y a de communication d'un village à l'autre que par le moyen de barques légères, aussi innombrables que les feuilles du palmier.

« Ensuite, lorsqu'arrive le moment où les eaux cessent d'être nécessaires à la fertilisation du sol, ce fleuve docile rentre dans les bornes que le destin lui a prescrites, pour laisser recueillir le trésor qu'il a caché dans le sein de la terre.

« Un peuple protégé du ciel et qui, semblable à l'abeille, ne paraît destiné qu'à travailler pour les autres sans profiter lui-même du fruit de ses peines et de ses labeurs, ouvre légèrement les entrailles de la terre et y dépose les semences, dont il attend la prospérité de cet être suprême qui fait croître et mûrir les moissons ; le germe se développe, la tige s'élève, son épi se forme par le secours d'une rosée divine qui supplée aux pluies et qui entretient le suc nourricier dont le sol s'est abreuvé.

« A la plus abondante récolte succède tout à coup

la stérilité. C'est ainsi que l'Égypte offre successivement, ô prince des fidèles, l'image d'un désert aride et sablonneux, d'une plaine liquide et argentée, d'un marécage couvert d'un limon noir et épais, d'une prairie verte et ondoyante, d'un parterre orné des fleurs les plus variées, et d'un vaste champ couvert de moissons jaunissantes. Béni soit le nom du créateur de tant de merveilles !

« Trois déterminations contribuent essentiellement à la prospérité de l'Égypte et au bonheur de ses enfants: la première est de n'adopter aucun projet tendant à augmenter l'impôt ; la seconde, d'employer le tiers des revenus à l'augmentation et à l'entretien des canaux, des digues et des ponts ; et la troisième, de ne lever l'impôt qu'en nature sur les fruits que la terre produit. Salut. »

Je le répète, aucune description ne peut égaler celle-là pour peindre en quelques lignes l'image vraie de cette contrée. Le dernier paragraphe de cette lettre nous apprend qu'à cette époque on se préoccupait du bonheur des enfants de l'Égypte... Hélas ! à présent, les nouveaux maîtres turcs disent : « Ce ne sont pas des hommes, ce sont des brutes, des bêtes de somme, créées par Dieu pour nous enrichir de leur labeur !... »

Dans ce temps-là, un tiers de l'impôt servait, nous dit Amrou, à payer l'entretien, l'augmentation des canaux, des ponts et des digues... Donc le peuple n'était pas forcé de le faire en corvée !...

En arrivant en Égypte, on se sent étonné, frappé de l'aspect de ce pays. On se dit : C'est bien vraiment un pays miraculeux, protégé, aimé de Dieu... Tout y est arrangé par une nature prévoyante et bonne : les inondations périodiques qui la fertilisent ; jusqu'à ces deux chaînes de montagnes nues et arides qui la défendent contre le vent chaud et dévorant du désert, contre cet affreux khamsin.

La terre d'Égypte est bénie de Dieu, disent les Arabes; ils ont raison... Et dire que ce peuple descendant de ces illustres Égyptiens qui ont inventé les arts, les sciences, les lois, qui ont allumé le flambeau de la civilisation alors que les autres nations dormaient dans les ténèbres, dire que ce peuple-là, qui est chez lui, sur la terre de ses ancêtres, ne possède plus une parcelle de cette terre bénie ! dire qu'il est forcé de la cultiver pour enrichir ses conquérants !... Est-ce assez triste et assez injuste?

Et pourtant tous ces beaux faiseurs de discours humanitaires, tous ces amis de l'indépendance des peuples, de l'abolition du pouvoir arbitraire, se taisent ; ils ne s'occupent pas de lui, ils disent : « Y a-t-il un peuple en Égypte, aujourd'hui? »

Mais s'il n'y a pas un peuple, il y a, messieurs, des hommes, des êtres ayant comme nous un cœur, une âme, qui comme nous ressentent la douleur, la joie, le bonheur.

Ces êtres-là, qui sont nos frères en Dieu, souffrent; leur sang coule sous le courbache toujours levé sur eux; ils vivent misérablement dans des huttes de boue, les pieds nus, avec une mauvaise chemise de coton bleu pour tout costume.

Ils sont expulsés de chez eux, et, de plus, ils sont forcés de cultiver, de semer, pour ceux qui se sont emparés de leur terre. C'est le pacha gouverneur qui possède l'Égypte en entier; le fellah ne possède la terre que comme tenancier; on la lui enlève s'il ne paye pas le *miri* (impôt), et encore il doit ne cultiver que ce qu'on lui ordonne de cultiver. Ainsi, dans ce moment l'Égypte n'est plus qu'un vaste champ planté de coton; et vraiment le coton, soit lorsqu'il est jeune et vert, soit plus tard lorsqu'il devient un petit arbuste, n'est pas gracieux à voir. Si Amrou avait vu l'Égypte en 1864, il aurait probablement écrit ceci : — O Omar, prince des fidèles, figure-toi de vastes champs en plein désert; ces champs, après l'inondation, sont d'abord verdoyants, d'un vert assez désagréable à l'œil: c'est une plante que l'on nomme coton qui est semée partout; cette plante devient arbuste, se dépouille de ses feuilles; alors les champs ressemblent à une immense plaine sèche où l'on aurait planté une masse de morceaux de bois sec; des tiges de ces bois s'échappe une boule blanchâtre : c'est le coton. Le coup d'œil qu'offre cette plaine ainsi est d'un laid dont rien n'approche. Une foule d'hommes, de jeunes enfants, ramassent ce précieux produit et l'enferment dans des sacs. On voit de loin en loin de grandes maisons carrées sans grâce et sans style: ce sont des usines à égrener le coton ; les plus grandes, les plus belles, appartiennent au roi, qui est, en même temps que roi, le plus grand marchand de coton de son pays.

Dans tous les villages on ne voit que des monceaux de balles de coton accumulées ; les trains ne portent que du coton, toujours du coton. Il y a une multitude de Grecs, Arméniens, Italiens, Français, Anglais, qui trafiquent sur le coton ; leur commerce consiste à aller dans l'intérieur du pays pour essayer de tromper le fellah en lui achetant très - bon marché ce qu'ils doivent, eux, revendre fort cher. Le courbache quelquefois les aide dans ces marchés. Pauvre fellah, bonne bête du bon Dieu, bon mouton que chacun tond... Ces hommes, venus en Égypte sans sou ni maille, à force de tondre le fellah ou d'exploiter le pacha turc, roulent carrosse à présent ; les uns se sont faits Beytifier (nommer Beys), les autres ont acheté un titre de comte à Rome ; ils mettent des armoiries à leur voiture, des plantes ou des graines de coton coquettement entrelacées. Dans les promenades, dans les rues, sur les places, dans le chemin de fer, dans les salons, au palais du vice-roi, on parle coton, de la baisse ou de la hausse.

Y a-t-il hausse à Londres, tous ces marchands prennent un air superbe, ils marchent la tête haute, le regard dédaigneux ; mais y a-t-il baisse, leur arrogance baisse aussi : on les voit la tête courbée, le nez allongé ; ils ne sont plus fiers du tout.

Il y a en Égypte des ruines de monuments superbes, ruines qui attestent sa gloire passée, bien passée, hélas! Ces ruines, le vice-roi s'en sert pour se faire construire des raffineries de sucre.

Il y a près du Caire des pyramides, œuvre grandiose, gigantesque, dans laquelle l'homme a voulu défier l'impossible; il a, pour les élever, taillé le roc, le granit; il a amoncelé des blocs de pierre, et, comme s'il voulait escalader le ciel, il s'en est fait une échelle colossale. Eh bien, cette merveille va, dit-on, disparaître; on assure que le vice-roi actuel, Ismaïl Pacha, va les faire démolir pour se faire construire d'immenses usines à égrener le coton et de vastes entrepôts pour mettre son coton. Hélas! trois fois hélas! vous n'auriez pas prévu, ô vous Khéops, Manéthon et Mykérinos, que ces monuments que vous laissiez là, pour témoigner de votre règne long et glorieux et du génie des autres peuples seraient si peu appréciés par un vice-roi d'Égypte, qu'il s'en servirait pour se faire des usines à coton!...

Il y a encore, ô prince des fidèles, continuerait Amrou, des obélisques, des colonnes en granit rose si bien taillées que la surface est polie comme un miroir; elles s'élèvent fières et coquettes dans les nues. Eh bien, l'on assure que l'on va les jeter à bas, les briser, pour prendre le plomb qui se trouve dans les jointures. De quelle profanation n'est pas capable une nation atteinte de la frénésie du lucre!

Tous les anciens dieux d'Égypte sont remplacés par

un nouveau, l'or !... Il y a encore un petit dieu satellite de celui-là, et qui a pas mal de dévots fervents : c'est Mercure !...

Si tous ceux qui ont quelques points de ressemblance avec cet infortuné Vulcain l'adoraient, il aurait aussi bon nombre de dévots !... Par exemple, peu, je crois, perdraient leur temps à fabriquer un filet !... Gagner de l'or, beaucoup d'or, tel est le but, la vie de cette nuée d'étrangers qui font assez l'effet d'une bande de vautours abattus sur l'Égypte...

Voilà sans doute ce qu'aurait dit Amrou, mais avec ce charme poétique des Arabes, s'il avait visité l'Égypte en 1864.

Le beau ciel d'Égypte a été vanté par bien des auteurs, et avec raison; il est constamment pur, son azur est d'un bleu qui n'est taché d'aucun nuage; jamais un éclair ne déchire la nue. Le jour, le ciel est d'un bleu blanchâtre ; l'atmosphère y est d'un lumineux qui étonne, charme, mais à la longue fatigue la vue; alors que le soleil est prêt à dire adieu pour douze heures à cette terre-là, le ciel devient d'un splendide dont rien n'approche ; il a des teintes que jamais peintre ne pourra reproduire, teintes safran ardent. Le Nil devient d'une transparence inouïe, le ciel se mire dans ses eaux comme dans une belle glace de Venise ; les bouquets de palmiers, les villages qui bordent ses rives, se reflètent eux aussi dans ses eaux.

Celui même qui n'est pas poëte se sent pris dans ce moment d'une indéfinissable rêverie ; son âme, à son insu, s'élève vers le créateur de ces merveilles ; la pensée voyage dans l'infini, dans le vague ; les yeux, éblouis, étonnés, contemplent ce spectacle dont aucun pinceau, aucune plume, ne saurait faire le fidèle tableau...

Si, au Caire, de l'esplanade qui se trouve devant la forteresse, là où l'on vous montre le saut du Mamelouk, vous assistez au coucher du soleil, vous êtes forcé de convenir que jamais spectacle si grandiose, si saisissant, n'a frappé votre regard.

Le soleil, prêt à disparaître derrière ces colosses de pierres, les pyramides, donne au ciel mille couleurs brillantes. Au couchant, il est d'une couleur orange lumineuse; au levant, il est rose. L'arc-en ciel traverse le ciel, le sépare, lui faisant comme une brillante ceinture; on dirait qu'une poudre d'or tombe en poussière sur le Caire. Les mosquées aux flèches élancées, les maisons mauresques à la fine et élégante architecture, les arbres, se dessinent nettement dans l'atmosphère, qui, à ce moment du jour surtout, devient d'une transparence qu'on ne retrouve dans aucun autre pays. Puis le soleil disparaît, la nuit descend peu à peu sur la ville, l'enveloppe de ses voiles ; à ce moment-là encore, les mille minarets du Caire, ses beaux palais, son île de Boulak, les pyramides, vus dans cette demi-obscurité, font un effet charmant.

Le clair de lune en Égypte est encore une chose qui étonne et charme ; il est si brillant, qu'à sa clarté on peut lire et écrire. Le Caire, vu de la citadelle au clair de lune, fait l'effet d'une de ces villes fantastiques des *Mille et une Nuits*.

A Tell-el-Kébir, dans le désert de Suez, se trouve un beau château que Saïd Pacha a fait construire. Ce château, qui a été acheté par la Compagnie de l'Isthme, est admirablement situé ; il est construit dans le style mauresque ; devant lui s'étendent de superbes jardins que l'oranger, le bananier, le grenadier, le citronnier, ombragent, où fleurissent les roses de mai au doux parfum ; ... derrière, à droite et à gauche, c'est le désert, sec, aride, effrayant à voir. A cent pas du château de Tell, se trouvent des dunes de sable; dans ces dunes, les bêtes fauves du désert ont fait leur terrier : ce sont la hyène, le chacal, le léopard.

J'ai passé quelques jours au château de Tell. Le soir, de huit à dix heures, je restais assise sur la grande terrasse ; du jardin m'arrivait la douce émanation des fleurs, leurs suaves parfums m'étaient apportés par la brise légère. C'était au moment de la pleine lune ; son disque argenté était si lumineux qu'à sa clarté j'ai écrit plus d'un chapitre de mon ouvrage, et je lisais facilement les caractères les plus fins... Jamais nuits ne m'ont paru aussi splendidement belles ; en face de ce désert sans fin, le Créateur de toute chose vous apparaît plus puissant, plus Dieu encore ; votre âme aspire à s'élever vers lui !...

Comme l'on oublie le monde avec ses mesquines,

ses sottes exigences ! Combien alors il vous paraît petit !...

Votre âme, on le sent, se dégage de la matière, et elle se met à planer dans l'immensité ; c'est alors que l'on sent bien que le corps, chez nous, n'est qu'une vile et sotte prison qui retient notre âme désireuse, elle, de s'envoler libre dans l'espace, dans l'infini !...

L'air est là pur et vivifiant : je le respirais avec bonheur à pleins poumons. Ce sable, gris argenté à des endroits, à d'autres gris foncé ou rouge, éclairé par ce ravissant clair de lune, me faisait l'effet d'une vaste mer ; de temps en temps sur une dune se dessinait la silhouette d'un de ces habitants du désert : c'était ou une hyène se promenant lentement, ou un léopard bondissant follement de dune en dune ; le chacal faisait entendre par moment son cri rauque et aigu : c'était le seul bruit qui vînt troubler le silence de la nuit...

J'ai beaucoup voyagé, j'ai vu bien des spectacles qui m'ont impressionnée, mais rien ne l'a fait aussi vivement que ces nuits passées en plein désert dans ce château de Tell !...

Le désert avec son horrible solitude, sa sombre mélancolie, m'a charmée beaucoup plus que les plus beaux sites.

J'ai vu l'Algérie avec ses montagnes où le cactus, le figuier de Barbarie, s'entrelacent, où l'on voit des orangers gros comme des chênes, couverts en même temps de fleurs et de fruits... J'ai vu la riante et verte

Allemagne, les immenses forêts de la Russie, les sites enchanteurs de Sorrente la belle et de Castellamare ; j'ai vu les rives du Bosphore, les montagnes arides de la Judée ; j'ai vu bien de choses encore : eh bien, rien ne m'a frappée, rien ne m'a émue et charmée en même temps, comme le spectacle de cette mer de sable brûlant, quand, au loin, à perte de vue de tout côté, on se voit entouré par elle, on se sent seul avec Dieu et la mort, qui est encore Dieu, car à chaque pas que vous faites vous pouvez la rencontrer... La vipère hatjé, la vipère à corne, sont là cachées sous le sable ; la couleur de leur peau fait qu'elles se confondent avec lui ; si par malheur vous marchez sur une, c'est fini : une heure ou deux après, votre cadavre seul sera là, votre âme n'y sera plus... Si le khamsin vous surprend, lui aussi peut vous donner la mort, mort affreuse : son haleine enflammée vous brûle la peau, vous dessèche la gorge ; le sable fin qu'il contient vous entre dans les yeux, dans le nez, dans la gorge... ce sable vous aveugle si bien, qu'alors vous perdez votre route, vous errez à l'aventure dans ce labyrinthe d'un autre genre, où, hélas ! vous n'avez pas la ressource du peloton de fil, et vous finissez par mourir de faim, de soif, de fatigue... C'est affreux, et malgré cela j'aime le désert ; c'est horrible, c'est vrai, mais c'est horriblement beau...

Le sable doré par le soleil a des teintes ravissantes. le khamsin amoncelle le sable, en fait de petites dunes qui ont mille formes fantastiques, lisses et unies; on dirait un granit gris taillé par la main de l'homme... Le coucher comme le lever du soleil dans le désert sont d'un effet impossible à décrire; ce sable uni reflète le ciel tout comme un miroir; le ciel a toutes les couleurs, depuis le pourpre éclatant jusqu'au rose; et si à ce moment-là une longue caravane se présente à l'horizon, si vous voyez avancer vers vous ces chameaux à pas lent et majestueux, ces Bédouins du désert avec leurs grands burnous blancs, éclairés par les rayons ardents des derniers reflets du soleil, il vous semble voir une apparition fantastique.

Rien n'est curieux et beau comme une caravane traversant cette mer de sable. L'été dernier, nous étions dans le désert de Suez beaucoup de Français; l'émir Abd-el-Kader était avec nous, nous quittions la petite ville d'Ismaïlhia, cette ville qui est sortie du sein des sables grâce aux ingénieurs de l'isthme, et qui en est sortie coquette et gracieuse. Nous nous rendions à un autre point du canal; nous avions six heures de marche à faire dans ce sable mouvant. L'émir Abd-el-Kader, trois autres personnes et moi, nous étions dans un grand char découvert, traîné par huit chameaux; de chaque côté de l'attelage un chamelier, avec sa longue robe en étoffe or et rouge, son burnous blanc, sa ceinture contenant deux poignards, deux pistolets, avec son long fusil sur l'épaule, monté droit sur sa selle, tirait de temps en temps un coup de fusil pour nous faire honneur, puis tous deux se mettaient à chanter pour exciter nos chameaux à aller plus vite : car, si vous battez le chameau ou le dromadaire, il se couche au lieu d'avancer ; mais si vous l'excitez par la voix, docile, il obéit. Autour de nous, six Algériens de la suite de l'émir, montés sur de superbes chevaux arabes, caracolaient, faisant faire de la fantasia à leurs chevaux, c'est-à-dire les lançant au grand galop, puis les arrêtant tout court sur leurs deux jambes de derrière, ou bien encore leur faisant décrire des zigzags, toujours lancés au galop. Dix ou douze des messieurs de l'isthme, enveloppés, eux aussi, de burnous blancs, un kouflé rayé rouge et or sur la tête, caracolaient également autour de nous.

A côté de notre char, monté sur un beau dromadaire, se tenait le cheik des chameliers, un homme superbe, le teint légèrement bistré, de grands yeux noirs veloutés bien fendus en amande, ayant une expression fière et tendre tout à la fois. Sa robe, une espèce de tunique, était toute chamarrée d'or ; le rouge, le vert, le jaune, s'y trouvaient réunis ; un kouflé (carré de soie à longues franges) rouge, or et vert, entourait sa tête, retombant sur ses épaules, et serré par une corde en poils de chameau. Un fin et blanc burnous était porté par lui avec la même dignité qu'un roi porte son manteau de pourpre ; à une riche ceinture étaient passés des poignards aux lames de Damas, manches incrustés d'ivoire ou d'or ; un magnifique fusil, long de 1 mètre 50, était en ses mains un jouet ; toujours pour nous faire honneur, il le faisait tourbillonner sur sa tête, le déchargeait tout en le jetant en l'air; puis, ce qui est une grande gracieuseté de leur part (à leur point de vue bien entendu), il nous tirait des coups de fusil, même sous le nez, de façon à me brûler à moi le bout du nez, à ces messieurs leur barbe.

Rien ne peut égaler en originalité, en grandiose aussi, l'effet que produisait notre caravane ; et je regrettais qu'un peintre ne fût pas là. Je me disais aussi : « Ce bon Parisien, qui n'est pas mal badaud, il faut bien en convenir, s'il voyait cette caravane se promener au bois ou sur les boulevards, bayerait joliment aux corneilles !... » Pour moi je trouvais le spectacle que j'avais sous les yeux bien préférable à celui de cette promenade autour du lac ou de ces courses qui font pourtant courir tout Paris !

C'était en juin, la chaleur était accablante, il y avait 55 degrés, le sable brûlait, la semelle des souliers se racornissait... Ah ! dame, toute médaille a son revers !...

Mais si l'on a pas soin, à l'exemple des prévoyants Bédouins, de se bien vêtir, de se couvrir de laine des pieds à la tête, la tête surtout (c'est indispensable), on meurt d'une insolation dans le cerveau au bout de quelques heures...

Les Bédouins disent avec raison que ce qui préserve du froid préserve également de la chaleur. Cela est vrai avec ce soleil incandescent ; or, plus on est couvert, moins on est incommodé.

Si, dis-je, on suit l'exemple des Bédouins, on supporte cette chaleur parfaitement ; ce qui le prouve, c'est que, m'étant couverte de laine, j'ai passé mon été ou en plein désert, ou à Suez, ou au Caire, sans être malade ; ma santé s'est même rétablie...

Il y avait deux heures que nous cheminions ainsi de par le désert ; l'émir, qui est un excellent poëte, nous disait des vers ; les chameliers chantaient toujours, le temps ne nous paraissait pas long. Mais tout à coup la chaleur devient plus intense, un vent qui semble sortir des entrailles de la terre soulève de petits tourbillons d'une poussière fine qui nous entre dans les yeux et nous aveugle ; nous en respirons par le nez, par la bouche, ce qui nous dessèche la gorge. Les chevaux se mettent à hennir comme s'ils pressentaient un danger, les chameaux qui traînaient notre char se couchent, ceux des conducteurs en font autant ; on a beau les exciter de la voix, essayer de les battre, ils restent immobiles.

Le cheik chamelier nous dit : « Voilà le khamsin qui arrive ; nous n'avons d'autre ressource que de nous coucher à côté des chameaux, de nous envelopper dans nos burnous et d'attendre qu'il soit passé. »

Nous faisons tous une horrible grimace : rester là couchés sur ce sable, avec cette chaleur accablante, la gorge desséchée, nous souriait peu.

Le ciel était tout à coup devenu grisâtre ; le soleil, à demi voilé, avait une couleur sanguinolente ; on sentait dans l'air qu'une révolution soudaine s'opérait. Les chevaux frémissaient d'effroi sous leurs cavaliers ; les chameaux faisaient entendre de petits cris plaintifs, mais ils restaient couchés immobiles ; rien n'aurait pu les faire se redresser ; les chameliers nous dirent qu'il était complétement inutile de l'essayer.

Nous délibérâmes sur ce qu'il y avait à faire, car rester là, nous ne le voulions pas. Nous nous disions que nous étions assez peu éloignés d'Ismaïlhia pour ne pas désespérer de pouvoir y rentrer. Voici à quoi nous nous arrêtâmes : ceux qui étaient à cheval, conduits par un chamelier qui monterait aussi à cheval pour éviter qu'on s'égarât dans le désert, iraient au grand galop à Ismaïlhia et nous enverraient des chevaux pour tous ceux qui étaient dans le char ou à chameau ; l'on essayerait de rentrer avant que le khamsin devînt plus violent, et l'on laisserait là les chameaux sous la garde des chameliers.

J'avais souhaité vivement voir ce fameux khamsin, mais j'en avais déjà assez. Je demandai que l'on me donnât un cheval pour être de la première caravane : un Arabe de la suite de l'émir mit pied à terre et me céda le sien... Le cheik chamelier monta aussi sur un cheval pour nous conduire, car avec ce maudit vent, les tourbillons de poussière qu'il soulève et qui font qu'on ne voit plus, rien n'est plus facile que de s'égarer ; et nous nous disions que, si au lieu d'arriver à la ville nous nous égarions, indubitablement nous mourrions de soif et de fatigue. J'avais déjà la gorge en feu, je me disais que ce devait être une mort affreuse.

Je n'avais pas mon amazone, mais, hélas! une crinoline, et pas un cheval avec une selle de femme... En vain on me fit remarquer que je ne serais pas solide, que je ferais une chute; je n'écoutai rien. J'aurais vendu non pas mon droit d'aînesse, mais mon droit de cadette, pour un verre d'eau. Je voulais partir de suite. Je quittai ma crinoline, j'enfourchai le cheval de l'Arabe, lequel cheval avait une selle arabe pour comble de malheur. Vilaine invention que ces selles-là : elles ont un piquet devant et derrière, de sorte que, si l'on se renverse en arrière, le piquet vous entre dans le dos; si l'on se renverse en avant, l'autre vous entre dans l'estomac... J'avais là-dessus une drôle de tournure, mais j'y songeais peu, et, enveloppés comme nous l'étions par ces tourbillons de poussière qui n'arrivaient ni du nord ni du sud, mais qui semblaient sortir de la terre, personne ne pouvait le voir... Le cheik s'orienta pour la direction à prendre en regardant le ciel, et il lança son cheval au galop; tous le suivirent. Je restai en arrière, ayant quelque peine à me tenir en selle, j'en conviens; alors un Arabe mit son cheval tout près du mien, me prit la main droite pour me soutenir, et lança nos deux chevaux; je fermai les yeux et me laissai emporter à la grâce de Dieu...

Le khamsin augmentait, le ciel était effrayant à voir, nos chevaux hennissaient de peur, ils galopaient d'une façon effrénée.

Le vent faisait voltiger nos burnous et nos kouflés,

nous avions l'air de blancs fantômes nous livrant à une sarabande infernale. J'étais essoufflée, je perdais l'équilibre à chaque instant; deux fois, sans ce bon Arabe, je tombais de mon fougueux coursier; mais avec cette prévenance de l'Arabe, ce soin qu'il a pour la femme, qu'il considère comme un enfant, un être très-faible qu'il doit protéger constamment, d'un bras vigoureux il me soutenait en selle, de l'autre il dirigeait son cheval et aussi le mien, dont il avait pris la bride pour que je pusse me tenir de la main gauche au piquet de ma selle.

Quelle promenade !... Quel genre d'équitation désagréable !...

Soudain le cheik chamelier s'arrête net, nos chevaux se cabrent sur leurs pieds de derrière, ce qui m'enfonce d'une façon fort peu agréable le piquet de devant dans l'estomac.... Il regarde le ciel à droite et à gauche; nous comprenons qu'il n'est plus sûr de sa route. J'avoue que je me suis sentie frémir d'effroi; c'est peu brave, mais, que voulez-vous, j'avais la gorge aussi sèche et aussi chaude que si j'y avais eu des charbons ardents... Après un arrêt de cinq minutes, il nous fait changer de direction... Je me disais : « Celle-ci sera-t-elle au moins la bonne? » Mon Arabe secoue la tête et me dit : *Là taït*, ce qui veut dire : « non bonne » ; il me montre une autre direction et lance son cheval avec le mien. J'hésitais à le suivre; j'avais un peu peur; je me disais : « Où me mène-t-il? » Mais d'abord, comment lui enlever les brides de mon cheval? J'étais sa prisonnière. J'appelai un Français, mais il ne m'entendit pas, et la poussière qui nous enveloppait fit qu'il ne s'aperçut pas même que mon Arabe me faisait suivre une autre route... Cependant mon compagnon vit que je n'étais pas rassurée; alors il me dit: « *Taït kitir Arabe*. Très-bon Arabe. » Je compris qu'il me disait qu'il était bon, de ne rien craindre... Je me laissai donc conduire par mon Arabe très-bon... Bien m'en prit : une demi-heure après, nous entrions à Ismaïlhia. Je demandai si l'autre caravane était arrivée, on me répondit que non. Je m'empressai de donner des ordres pour que l'on envoyât des chevaux.

Avec quel bonheur je me jetai sur une gargouillette d'eau! et que je fus contente de l'heureuse idée qu'avait eue mon Arabe de ne pas suivre la route du cheik. Lui me disait d'un air joyeux et fier : « *Taït Arabe*. — Oui, *Taït kitir* », lui répondis-je en lui serrant la main.

Une fois que je me fus baigné les yeux, débarrassée le plus possible de cette horrible poussière, et que j'eus bu quatre ou cinq verres d'eau, je songeai à mes malheureux compagnons d'infortune; jusque-là, je l'avoue à ma honte, je n'avais songé qu'au bonheur de me plonger dans l'eau... J'eus du reste le temps de me laisser aller à l'inquiétude : ce ne fut que quatre heures après qu'arrivèrent l'émir et les autres Français : dans quel état, grand Dieu!... Ils n'avaient plus figure humaine.... Je leur racontai com-

2.

ment mon Arabe m'avait fait prendre une autre direction que celle que leur avait fait suivre ce diable de cheik, et comment les autres n'étaient point encore arrivés. On conçut les plus vives inquiétudes sur leur sort : ils se seront égarés, disait-on, ils peuvent errer de longues heures dans le désert et mourir; ils peuvent encore, n'étant pas armés, être mangés par des bêtes fauves... Nous envoyâmes des Arabes dans toutes les directions avec des torches allumées, car la nuit était venue ; nous leur dîmes de pousser de grands cris, pour les prévenir s'ils étaient près de là.

Après cela, la fatigue l'emportant sur notre inquiétude, nous nous couchâmes. Le lendemain matin, un soleil splendide me réveilla de bonne heure ; j'avais eu le cauchemar toute la nuit, j'avais rêvé bêtes féroces qui me dévoraient et attaque de Bédouins ; je me levai à la hâte, et descendis pour prendre des nouvelles. En arrivant sur le perron j'aperçus ces messieurs les égarés qui descendaient de cheval.

« Comment, m'écriai-je, vous courez le désert depuis hier !... Savez-vous que j'étais très-inquiète sur votre compte ?

— Et nous donc sur le vôtre, me dirent-ils...

— Sur le mien ? et pourquoi ? »

Ils m'expliquèrent alors qu'après avoir couru cinq heures, le cheik leur assurant toujours que cette fois il était sûr de la direction à suivre, ils étaient arrivés non pas à Ismaïlhia, mais au seuil qui se trouve juste du côté opposé ; qu'arrivés là, ils s'étaient aperçus avec effroi que je n'étais plus avec eux: ils avaient fait mille suppositions lugubres, navrantes, qui heureusement n'étaient point vraies; ils avaient envoyé des Arabes à ma recherche. Je leur dis en riant que nous étions quittes de bons procédés, puisque j'en avais fait autant pour eux.

Ils s'étaient reposés toute la nuit, puis dès le grand matin ils étaient venus pour calmer nos craintes et avoir de nos nouvelles. Ils craignaient que l'Arabe ne m'eût enlevée.

Les chameaux étaient eux aussi de retour; le ciel était pur, le khamsin avait cessé; nous convînmes de faire, malgré notre mésaventure de la veille, notre excursion l'après-midi, et cette fois nous la fîmes heureusement.

L'émir Abd-el-Kader est vraiment un homme supérieur; il est très-intelligent, d'un esprit juste, vif et brillant; il a une grande aménité de caractère, quelque chose de digne et de bienveillant qui charme. Sa démarche est noble et fière, et sa figure belle encore, quoique le costume syrien lui aille moins bien que le costume algérien. C'est en tout point un homme remarquable; il aime le progrès, il voudrait voir la civilisation s'introduire parmi les siens. Il paraît très-attaché à la France, et surtout à l'empereur Napoléon III. Il dit, en parlant de lui, *notre empereur*, avec emphase et admiration. Je me suis longuement entretenue avec lui; il ne tarissait pas sur l'expression de son dévouement et de son admiration pour l'empereur. Il m'a paru vivement désirer de venir en France, mais surtout dans le but de voir Sa Majesté et notre petit Prince Impérial.

Son esprit, positif, juste et sérieux, a pourtant une tournure poétique qui donne un grand charme à sa conversation. On prétend et l'on croit à tort l'Arabe non susceptible d'être galant, voire même poli pour la femme. Je déclare que l'émir a été pour moi d'une politesse exquise et d'une galanterie toute chevaleresque. Lorsque nous arrivions dans un village arabe (car j'ai fait en sa compagnie la tournée de l'isthme) et qu'un Arabe, à l'orientale, le servait avant de me servir, bien vite il me passait sa tasse, ou faisait signe que c'était moi que l'on devait servir la première, ce qui par parenthèse étonnait pas mal ces bons Arabes.

Pour tout ce qui est musulman, Abd-el-Kader a un prestige immense, il a sur eux une influence extraordinaire; en allant dans l'isthme, nous nous sommes arrêtés à deux stations; son passage avait été signalé : tous les Arabes sont venus se précipiter à ses pieds, baiser le bas de sa robe; on lisait sur leur figure une grande vénération pour lui. A Tell-el-Kébir, des Arabes, des Bédouins, sont venus à sa rencontre; ils ont fait en son honneur une superbe fantasia. C'était partout une marche triomphale qu'il faisait; partout il était acclamé, entouré. Le vice-roi Ismaïl Pacha se montre fort jaloux de ce prestige qu'exerce l'émir sur les Arabes; aussi, lorsqu'en janvier, cette année, il est revenu en Egypte au retour de son pèlerinage à la Mecque, il lui a fait donner l'ordre d'avoir à quitter au plus tôt le pays. Abd-el-Kader, froissé, a fait répondre qu'il était protégé français et Français de cœur, qu'il resterait donc sous le pavillon de la France. Le consul français l'a soutenu, mais alors l'émir s'est vu espionné, suivi par les mouchards du vice-roi. Ennuyé de cela, il est reparti pour Damas.

L'an passé, à son retour du désert, il a été à Alexandrie, il s'est fait recevoir franc-maçon par la Loge du Grand-Orient. Le vice-roi, que tout effraye, même son ombre, l'a été de cela : il s'est demandé pourquoi;

Si par hasard ce ne serait pas un moyen de conspirer contre lui.

Il s'est enquis de ce que c'était que la franc-maçonnerie, et quel pouvait être le but de l'émir en se faisant recevoir.

Ce qui a décidé Abd-el-Kader à se faire maçon, le voici. Lors de la conduite digne de tout éloge qu'il a tenue au moment des massacres de Syrie, la Loge du Grand-Orient de Paris lui a envoyé, paraît-il, une médaille d'honneur; étonné, il a demandé ce qu'étaient les Maçons; on le lui a expliqué. Plein d'admiration pour cette association, il s'est promis, depuis ce moment-là, d'être un jour des leurs... Le vice-roi Ismaïl n'entrait pour rien là-dedans; qu'il se rassure!...

Encore deux mots sur le désert et sur les Bédouins. Depuis que le canal d'eau douce a été creusé par la compagnie de l'isthme, beaucoup de ces Bédouins, qui étaient errants et vagabonds, ne vivant que du produit des caravanes qu'ils pillaient, sont venus se grouper autour des campements des employés ; on leur a construit des petits villages, on leur a donné des terres ; ils vivent là tranquillement ; ils se montrent doux, honnêtes envers tous. Le désert a perdu ses brigands, l'Égypte a gagné de bons cultivateurs... Cela est un nouveau grief du vice-roi contre l'isthme de Suez, puisque cela a rapproché les Bédouins de lui : il les aime fort peu, et se sent plus rassuré, entouré de ces bons moutons que l'on nomme fellahs, que s'il l'était par ces fiers et courageux rois du désert... En un mot, il a peur des Bédouins, et il les aimait mieux pillant dans le désert, parce qu'ils étaient plus loin de lui, que travaillant en Égypte, parce que cela les rapproche de sa personne.

Les Bédouins sont des hommes superbes ; ils ont la démarche fière et digne ; ils se drapent avec majesté dans leurs grands burnous ; on peut dire d'eux qu'ils ont un port de roi ; leurs manières sont affables. Du reste, rien de surprenant comme ces peuples de l'Orient : l'homme du peuple, l'homme en haillons, a un air digne, fier, qui vraiment le ferait prendre pour quelque souverain déchu se drapant dans sa gloire passée.

Ces Bédouins vous font les honneurs de leurs modestes tentes avec une grâce, une politesse exquise ; on dirait un grand seigneur vous recevant dans son castel.

Quand j'étais à Tell-el-Kébir, j'eus la fantaisie un jour d'aller visiter un village de Bédouins qui est à cinq milles de là, plus avant dans le désert ; je partis à cheval avec un seul drogman. Arrivée à destination, je fis dire au cheik que je désirais visiter son village et lui rendre une visite. Aussitôt que mon drogman lui eut traduit mon désir, il vint à ma rencontre, me disant qu'il était heureux de l'honneur que je lui faisais ; il m'offrit la main pour descendre de cheval, me fit entrer dans sa tente ainsi que le drogman. Cette tente, assez grande, était coupée en deux par un rideau fait d'un tapis turc ; la place où je me trouvais était le salon de réception, l'endroit où les étrangers sont reçus ; l'autre était le sanctuaire de la famille. Les tapis étaient jetés les uns sur les autres dans un coin. Il choisit le plus joli, l'étendit par terre, me faisant signe de m'asseoir dessus ; derrière moi et plus loin il en plaça un pour le drogman ; puis enfin à mes côtés, mais à une certaine distance, il plaça le sien.

Avant de s'asseoir, il passa sa tête de l'autre côté du rideau et dit quelques paroles ; une minute après, un petit Bédouin, son fils, m'apporta un coussin qu'il plaça lui-même sous mon coude... Quelques minutes plus tard, une jeune femme, une des siennes, vint nous offrir le café ; une petite fille portait le plateau.

La jeune femme vint s'agenouiller près de moi, et me baisa la main par sept fois en me disant ceci, que mon interprète me traduisit : « A toi, belle étrangère, qui honores ma modeste tente de ta présence. Sois la bien venue ; qu'Allah te donne autant d'enfants que le grenadier a de branches et autant d'années de vie qu'il a de feuilles... » Avouez que pour une Bédouine le compliment n'était pas mal tourné... Elle était, du reste, bien belle, cette jeune Bédouine. Petite, mais admirablement bien faite ; ses bras, sa gorge, son cou, semblaient avoir été taillés par le ciseau de Phidias... Son teint était bistré et avait des teintes chaudes et dorées ; ses yeux avaient un velouté, une suave expression de tendresse, qui vous allait à l'âme...

Son costume, quoique bien simple, ne manquait pas d'élégance et lui allait à ravir : les jambes nues, des bracelets d'argent aux chevilles, une grande chemise en étoffe bleu foncé, chemise un peu courte, laissant voir les jambes, et serrée à la taille par une large ceinture en laine de toutes couleurs ; les manches étaient si larges qu'elles retombaient jusqu'à ses pieds ; elles avaient bien deux mètres de largeur dans le bas. Elle avait deux bracelets d'argent, deux en verroterie, autour du cou un collier en sequins ; ses cheveux étaient divisés en une masse de petites tresses, et retombaient sur ses épaules ; sur toutes ces tresses (dans toute leur longueur) étaient fixés de tout petits sequins ; lorsqu'elle faisait un mouvement, tous ces sequins remuant s'entre-choquaient et faisaient entendre un bruit argentin.

Voyant que je considérais sa toilette et que je lui serrais la main amicalement, elle devint plus hardie, examina elle aussi fort curieusement mon costume d'amazone. Je fis demander au cheik si je pouvais entrer dans l'autre partie de la tente ; immédiatement il dit à sa femme de m'y conduire. Il y avait là une autre femme plus âgée, la première ; la jeune fille qui avait apporté le café était sa fille, le petit garçon était le fils de la plus jeune... Ces deux femmes avaient l'air de vivre en bonne intelligence. La jeune s'appelait Haïda. « Guemil (jolie) Haïda », me dit la vieille en me montrant la jeune femme. Celle-ci l'embrassa pour la remercier de son compliment...

Le cheik nous invita à dîner, et, ma foi ! je voulais savoir ce que c'était qu'un dîner de Bédouin, j'acceptai. Je vis préparer le repas, car la cuisine se fait en plein air.

On saigna un mouton (les Arabes ne mangent jamais que de la viande d'un animal qui a été saigné, car pour eux le sang est chose impure), on le fit griller sur une pierre, tandis que sur du feu bouillait un bon pillaff. Le pillaff est une espèce de pilo. Le riz est à peine cuit et il est préparé au gras ; il est très-épicé.

Quand ces deux mets, qui devaient composer notre dîner, furent prêts, on entra le tout dans le premier compartiment de la tente. Un tapis servait de table. Dans un grand plat on plaça le mouton découpé : le riz fut laissé dans la même marmite où il avait été cuit; deux gargoulettes d'eau et du pain furent placés à côté de nous et le dîner commença. Le cheik, le drogman et moi seuls nous mangeâmes: les femmes et les enfants ne devaient manger qu'après. J'insistai en vain pour qu'il les fît mettre à table; il refusa, car il aurait cru me manquer de respect en le faisant : il m'expliqua que ses femmes le servaient et mangeaient ensuite. Pas de cuillers, pas de fourchettes; il fallait manger avec les doigts. Je me résignai d'assez bonne grâce; mais ce à quoi je ne pus me résigner, ce fut à avaler une fameuse boulette que me passa le cheik dès que nous fûmes assis. Il plongea sa main dans le plat de riz, en retira une poignée, la roula entre ses deux mains, en fit une boulette et me la tendit.

Je savais bien qu'en agissant ainsi il s'acquittait d'un devoir de politesse et qu'il me faisait honneur; je savais aussi qu'en ne la mangeant pas, je l'insultais presque; mais, que voulez-vous, les forces humaines ont des limites, les miennes n'allaient pas jusqu'à me permettre d'avaler cette fatale boulette. Je la pris, le remerciai de mon plus aimable sourire, puis je la portai à la bouche et fis semblant d'en manger; mais dans le fait je n'y touchai pas, je me contentai de l'écraser dans ma main et je la laissai retomber dans mon assiette. Il prit un morceau de mouton et me le tendit; celui-ci je le mangeai, ayant soin de laisser ce que ses doigts avaient touché, puis bien vite je pris moi-même une grosse poignée de riz en enfonçant au plus profond pour avoir celui qui n'avait pas été touché.

Le mouton ainsi grillé est fort bon. Le café que l'on nous servit était excellent. Somme toute, je déjeunai d'assez bon appétit.

Lorsque je pris congé de ces bons Bédouins, les femmes me firent mille démonstrations d'amitié et de regret de me voir partir, me faisant promettre de revenir les voir. L'une me fit présent d'un bracelet en sequins, l'autre d'un chapelet de ces cornalines que l'on trouve dans le désert et qui sont fort jolies. Le cheik m'offrit, lui, une belle turquoise qu'il avait achetée à un Persan. J'étais confuse de n'avoir rien à leur offrir, aussi dès le lendemain j'envoyai des bibelots aux femmes et aux enfants, et un revolver Devisme au cheik. Celui-ci voulut m'accompagner jusqu'à moitié chemin. Il monta donc sur un superbe cheval, qu'il fit élégamment caracoler à côté du mien. Arrivés à l'endroit où nous devions nous séparer, il mit pied à terre, vint me baiser la main, me fit dire par le drogman qu'il me remerciait de l'honneur que je lui avais fait, qu'il espérait me revoir, que sa tente était aussi la mienne, et que, telle que la fleur qui longtemps après elle laisse un doux parfum où elle a passé, j'avais laissé dans sa tente un souvenir aussi doux, mais plus durable. Avouez qu'un Parisien n'aurait rien trouvé de plus aimable à me dire !

Deux jours après, comme je l'avais invité à venir,

lui aussi, me rendre visite à Tell-el-Kébir, je le vis arriver avec trois de ses frères. L'un de ces derniers parlait un peu italien. Ils me dirent qu'ils devaient le lendemain faire dans le désert une grande chasse à la gazelle, aux faucons, me demandant si je voulais y assister. J'acceptai cette invitation avec empressement, et le lendemain dès quatre heures du matin j'étais à cheval. Celui des frères qui devait me servir de drogman vint me chercher : il montait un superbe cheval, et il le montait avec une bonne grâce parfaite. C'était un très-beau garçon de vingt ans.

Tous les Français qui étaient à Tell-el-Kébir, qui déjà avaient voulu m'assurer que c'était fort dangereux d'aller dans ce village de Bédouins pillards du désert, gens, disaient ils, barbares, cruels, jetèrent des cris d'effroi quand je leur parlai de mon intention d'aller assister à cette chasse. Ils me dirent que ces gens-là prenaient ce prétexte pour m'attirer dans le désert; que, s'ils me retenaient prisonnière, personne ne pourrait aller m'y chercher.

Mais j'avais confiance : mon cheik m'avait si bien accueillie, il avait une si bonne, si loyale figure; il m'avait si gracieusement assurée qu'il avait pensé à organiser cette chasse en mon honneur et pour me distraire, que je ne pouvais me figurer que cette offre aimable cachât un piége... Je partis donc, dédaignant même d'emmener un domestique ou le drogman qui m'avait accompagnée au village, comptant sur l'italien, assez mauvais il est vrai, de ce Bédouin qui devait me servir d'interprète. Une heure après nous rencontrâmes ses autres frères. Le cheik était à leur tête; comme aîné de la famille et comme cheik, les autres avaient pour lui une grande déférence. Dès qu'ils m'aperçurent, ils déchargèrent leurs fusils et commencèrent une fantasia en mon honneur.

Derrière eux, six Arabes à cheval suivaient, portant sur le poing chacun un faucon. Cette chasse m'intéressa beaucoup, et je pus me convaincre que mes hôtes étaient de parfaits cavaliers et d'excellents chasseurs, et aussi de parfaits gentlemen. Leur conduite fut grave, mais d'une courtoisie qui me charma. Nous prîmes bon nombre de gazelles, que galamment ils m'offrirent.

Vers le soir, tous ensemble ils m'accompagnèrent à Tell-el-Kébir, où je rentrai enchantée de ma chasse et de ces Bédouins. On fut presque étonné de mon retour, car on était persuadé que ces gens-là allaient m'assassiner ou m'enlever.

Moi je me dis que j'avais eu raison d'avoir confiance. Du reste, montrer de la défiance, c'est d'abord maladroit et c'est faire injure à ces gens-là. Leur témoigner de la confiance est la meilleure arme, cela leur impose.

Maintenant, l'amour de la vérité me force à convenir que ces Bédouins si hospitaliers, si galants, sont malgré cela parfois pas mal barbares; ils ont leur genre de barbarie. Toutefois, tant que vous êtes chez eux, alors que vous leur avez demandé l'hospitalité, vous êtes sacré pour eux, vous êtes un ami; mais autrement vous êtes un ennemi, et ils vous traitent en conséquence. Voici un bon conseil pour ceux qui voyagent dans ces pays. Si vous vous trouvez dans le désert près de Bédouins, vite, allez leur demander l'hospitalité, alors vous n'avez plus rien à craindre. Si vous apercevez une caravane, envoyez un seul homme au devant d'eux leur faire dire que vous êtes des amis qui désirez faire une halte d'un instant avec eux; demandez-leur du café et leur protection dans le désert, soyez sûr qu'alors ils ne vous feront aucun mal, et vous défendront contre les autres au péril de leur vie même.

Leur genre de vie, leurs mœurs, sont assez curieux; mais ce sera le sujet d'un autre volume. Je voudrais bien vous signaler dès à présent un de leurs usages qui est d'une barbarie dont rien n'approche; mais c'est bien difficile à dire, si difficile que je ne sais vraiment par quelles périphrases vous faire comprendre... Essayons pourtant. Vous savez cette fameuse ceinture qui se trouve à l'hôtel de Cluny, que les Croisés avaient inventée. Je ne sais le nom qu'on lui donnait, mais en tout cas on ne pouvait pas l'appeler ceinture de confiance, car la plus atroce défiance l'avait fabriquée. Les Bédouins en font une pareille à leurs jeunes filles. Je dis ils font, car une aiguille et du fil leur suffit pour la faire. La veille du mariage, on la coupe. Cette opération est horriblement douloureuse et d'une barbarie sans pareille.

Ceux qui partent pour une longue excursion dans le désert refont la même ceinture ou cadenas à leurs femmes...

La confiance est décidément le moindre défaut de ces rois du désert. . . . . . . . . . . . . . . . . . . . . . . . . . . . . . . . . . . . .

Lorsqu'on arrive en Égypte, une des choses qui choque le plus, c'est l'absence de tout costume que l'on rencontre à chaque instant, l'été surtout... D'abord, partout où il y a une rigole d'eau, vous voyez des hommes se baigner, puis se sécher au soleil à l'état d'Adam dans son premier costume, celui que lui avait donné le Créateur divin. A quelque distance d'eux, vous voyez aussi des femmes dans le même costume sans façon; si des hommes s'approchent, bien vite elles se voilent la figure. Pour le reste du corps, on peut le voir, cela leur est indifférent. L'été, toute cette population qui se trouve aux alentours du Caire, et en allant aux Pyramides, a aussi une absence complète de costume. Ils grouillent, se vautrent dans la poussière, s'allongent au soleil comme des lézards... Dans la haute Égypte, la moitié de la population est nue; tous ces grands gaillards qui conduisent les barques ont aussi ce costume. Et, chose qui m'étonne, c'est que les Anglaises ne crient pas du tout *schocking!* Ces blondes myladies, ces jeunes miss, regardent ces gens-là et ne sont point scandalisées. En voici, je crois, la raison : si cela choque moins dans ce pays que dans un autre, c'est que premièrement on se sent là dans la terre primitive des patriarches; avec ce soleil ardent, ce sable brûlant, on comprend que ce costume-là est celui que Dieu avait créé pour ces gens. Ensuite, cette population est ou noire ou fortement bistrée; cette couleur foncée les habille.

Hérodote remarquait que les Égyptiens ne faisaient rien comme les autres peuples. Aujourd'hui, en parcourant l'Égypte, on fait encore la même réflexion. Ainsi, par exemple, on voit les femmes aller aux champs, porter de lourds fardeaux; les hommes assis devant leur hutte ou tente, ou même sur un âne, tricoter ou filer. On voit même, dans les casernes, des soldats assis se tricotant des bas... Les hommes sont doux, patients avec les enfants; on les voit les porter avec amour et précaution dans leurs bras; jamais je n'en ai vu un seul en battre un... Plus de cent fois j'ai vu des mères battre leurs enfants avec tant de brutalité, que je n'ai pu m'empêcher de m'arrêter pour leur dire des sottises et leur arracher des mains ces pauvres petites créatures toutes meurtries.

J'ai vu bien des femmes crier après leurs maris comme de vraies harpies, les battre même; jamais je n'ai vu un fellah, ou un Nubien, ou un Abyssinien, ou un Cophte, battre sa femme... Ces hommes-là m'ont paru meilleurs que les femmes, tout au moins comme caractère.

Une des principales occupations des femmes du peuple dans cette contrée, c'est de ramasser avec soin ce que les chevaux, les ânes, les chameaux, les buffles, les bœufs, etc., laissent tomber sur les chemins, dans les rues; elles pétrissent cela avec les mains, en font des espèces de galettes. Dans les campagnes, vous voyez toutes les huttes tapissées de ces galettes. Quand elles sont bien sèches, les femmes les enlèvent et les entassent dans un coin de leur hutte: c'est là leur provision de bois pour l'hiver, c'est avec cela que le peuple fait sa cuisine..., et c'est aussi avec cela que l'on fait la soupe aux soldats. Ainsi, un de nos officiers français, au service de l'Égypte, voyait un jour dans la liste des frais de l'armée: *trente mille galettes pour la soupe des soldats.*

Étonné, il demanda ce que c'était que ces galettes. Lorsqu'on lui eut expliqué que c'était là le charbon qui servait à cuire la soupe de l'armée, il jura bien de ne jamais en goûter.

Une chose pour laquelle on ne saurait trop blâmer le vice-roi actuel, qui, élevé en France, devrait se préoccuper de développer le progrès dans son pays, c'est celle-ci : les cimetières sont des lieux d'infection l'été. Ce qui vient de ce que, dans ce terrain sec et argileux que le soleil crevasse, les morts sont enterrés à 1 mètre tout au plus. Cela a un grave inconvénient, surtout avec les Orientaux, qui ont la manie de faire leurs cimetières dans les villes mêmes, et, si par hasard ils sont en dehors, tout autour il y a toujours des maisons, une espèce de village.

Ainsi au Caire, à Choubrah, il y a un petit cimetière sur la route; l'été, en passant là, on est asphyxié. Une maison, qui donne même dans ce cimetière, a la réputation d'être une maison maudite, car tous ceux qui l'habitent meurent bien vite : l'odeur qui leur arrive du cimetière, voilà ce qui les tue.

Pour se rendre aux tombeaux des Kabyles, on traverse aussi un cimetière dont j'ai oublié le nom. Je l'ai traversé l'an passé, j'ai cru que j'allais me trouver mal...

L'année dernière, l'épizootie a tué plus de soixante mille bestiaux en Égypte, tant bœufs que moutons. Ces diables d'Arabes, avec leur indolence, leur paresse habituelles, les enterraient si peu profondément que leurs quatre pieds ressortaient de la terre. On comprend sans peine quel foyer d'infection ç'a été pour le pays, surtout avec les 50 degrés de chaleur qu'il faisait.

Il en coûterait si peu au vice-roi d'apprendre par un décret à son peuple que cela peut lui amener la peste, et de lui ordonner d'enterrer au moins à 2 mètres! Je ne comprends pas que la peste ne soit pas en permanence dans ce pays-là avec l'incurie qui y règne. Après l'inondation, Dieu sait la quantité de bêtes noyées qui restent sur la terre en état de putréfaction! Les cimetières eux-mêmes sont quelquefois atteints par les eaux, et l'on voit des cadavres mis à nu... Eh bien! le gouvernement ne se préoccupe pas de parer à cela, l'Arabe est bien trop indolent pour le faire de lui-même, et l'infection devient aussi désagréable que dangereuse...

Ceux qui gouvernaient les anciens Égyptiens, avec cette prudence, cette prévoyance, qui les caractérisent, avaient fait au peuple une loi religieuse d'embaumer tous les corps. S'ils lui persuadaient que l'ibis, le bœuf, le chat, etc., étaient des animaux sacrés, c'était uniquement pour le forcer à les embaumer avec soin, parce qu'ils avaient compris qu'avec cette terre tantôt sèche, crevassée par le soleil, tantôt rendue marais par l'inondation, tous ces corps, mélangés à elle, deviendraient un sujet d'infection, de maladie pour le pays... Aussi à cette époque la peste était chose inconnue en Égypte.

A présent il serait inutile, ridicule même, de leur inculquer ces croyances; mais le gouvernement devrait leur faire comprendre que leur sécurité à tous exige que ce foyer d'infection disparaisse. Une loi devrait les forcer d'abord à inhumer plus profondément leurs morts, ensuite à enlever avec soin de dessus la terre les bêtes mortes que le Nil laisse en se retirant, et à les enterrer avec soin...

Voici qui vous donnera une idée de l'indolence et de la paresse de ce peuple.

En me promenant dans le haut du canal de Mammoudièh, je remarquai un jour un petit monticule au milieu même de la route. « Qu'est-ce que cela? demandai-je à mon cocher arabe?

— Une tombe, me répondit-il.

— Mais pourquoi a-t-on enterré cet homme là?

— Eh! dit-il en remuant la tête d'un air insouciant, on l'a mis là parce que le cimetière était trop loin!...

Eh bien, c'est comme cela pour tout. Au Caire, il y a une superbe promenade, Choubrah; elle est ombragée par des grands sycomores. Un jour, un de ces arbres a été abattu par un fort coup de khamsin; il est tombé juste sur le milieu de la route. Pendant un an je l'ai vu toujours à la même place, et bien sûr il y est encore. Les voitures, les chevaux, ont beaucoup de peine pour passer; mais c'est égal, personne n'a l'idée de l'enlever, et comme le gouvernement ne s'occupe ni de l'entretien des rues ni de celui des routes, çà reste là... Le Caire n'est pas éclairé, il y a de quoi se casser le cou si l'on se promène le soir, car il y a des tas de pierres, de décombres, au milieu des rues, des places. Il n'y a pas de balayeurs de rues, et cela reste là éternellement.

Enfin, on peut dire que le gouvernement actuel ne fait rien ni pour le bonheur ni pour la sécurité de ce peuple; il pense à faire les choses seulement qui doivent lui rendre de l'argent... Le système de succession suivi en est un peu la cause. Chaque vice-roi possède l'Égypte à bail; on peut le comparer à un fermier à qui on donnerait une riche terre à bail, mais qui saurait qu'après sa mort cette terre sera donnée à un autre. Que ferait-il? Il chercherait à faire rendre à cette terre le plus possible, pour enrichir ses enfants. Il ferait si bien qu'il ne laisserait qu'une éponge pressée et bien pressée à celui qui lui succéderait.

Le vice-roi d'Égypte sait qu'après lui ce bon royaume reviendra non pas à son enfant, mais à un homme qu'il déteste de tout son cœur, par la seule raison qu'il est son successeur... Il fait donc de son mieux pour pressurer le pays, lui faire rendre le plus possible. Voyez plutôt ce que fait le vice-roi actuel, Ismaïl-Pacha. Il n'est préoccupé que d'amasser des millions ; il suce jusqu'aux dernières gouttes le sang de son peuple ; il prend des terrains partout où il peut, il lève corvées sur corvées pour les faire cultiver, leur faire rendre gros. Lui propose-t-on quelque chose de bien et d'utile pour le pays, pour l'intérêt du peuple, comme de faire des routes, par exemple, il répond : « Pas si bête, un jour peut-être mon successeur en profiterait !... »

Mais, en revanche, comme il déteste cordialement le successeur, par la raison d'abord qu'il est son successeur, il veut lui laisser ce pays, si un jour la mort le force à le lui laisser, dans des conditions impossibles... Ainsi, il fait emprunt sur emprunt et à de longues échéances, il s'engage pour des travaux que son successeur aura à payer... et cela dans le but de rendre bien difficile l'administration du pays à ce successeur.

Mais voyez la position de ce pauvre peuple au milieu de tout cela !...

C'est lui qui paye les pots cassés, c'est lui sur qui

tout retombe. Il n'a jamais un gouvernement stable... Chaque nouveau vice-roi qui arrive n'a rien de plus pressé que de défaire ce que l'autre a fait. Les ministres, les employés eux-mêmes, sachant qu'ils seront en disgrâce avec le futur, par la seule raison qu'ils étaient en faveur auprès de l'ancien, ne songent qu'à une chose, à faire leur fortune... L'intérêt du pays leur importe peu!... Du reste, il n'y a presque pas d'Égyptiens, tout ce qui est place est occupé par des étrangers, par des Arméniens, la plus terrible des plaies de l'Égypte depuis Joseph.

Oui, si la Providence envoyait enfin à ce pauvre peuple opprimé, martyrisé, un vice-roi intelligent, éclairé, juste et bon, et n'étant point rapace comme celui-ci, il faudrait que la Porte donnât à son fils la succession directe. Sans cela, cette province, passant de main en main, sera toujours dans une position précaire.

Quel beau royaume pourrait faire de l'Égypte un prince éclairé et bon!... Son sol est si fertile, et si facilement on pourrait augmenter d'un tiers les terrains cultivés, prendre sur le désert, qui avec l'eau du Nil cesse de l'être!... Si ce prince rendait enfin le peuple possesseur, alors celui-ci cultiverait la terre avec plus de zèle, la culture y gagnerait.

Et quel beau rôle aura le prince qui viendra briser les fers du fellah, lui rendre sa dignité d'homme; le prince enfin qui sera assez civilisé pour vouloir gouverner des hommes, et non des brutes, des machines;

qui donnera à ce pauvre peuple des lois qui le protégent contre la tyrannie des beys et pachas ; celui qui se dira : Dieu m'a confié cette haute mission non pour que j'amasse de l'or, mais pour que je travaille au bonheur de ce peuple... Car ce peuple, n'allez pas croire qu'il ait de mauvais instincts, qu'il soit par nature barbare et cruel. Non, il est doux, bon ; il est intelligent, laborieux : les jeunes Égyptiens venus dans les écoles de Paris se sont tous distingués par leur esprit vif, profond ; ils ont appris avec facilité et rapidement... Je pose en fait que ce peuple-là a une bonne, une excellente nature ; le meurtre, le vol, lui sont inconnus : tout ce qui se commet de vols ou d'assassinats en Égypte, ce n'est jamais par les gens du pays, mais bien par les Italiens ou les Grecs qui sont venus y tenter fortune.

L'homme qui gouvernerait ce peuple sagement, paternellement et intelligemment, en ferait un peuple qui rivaliserait avec les Européens.

Le vice-roi qui n'exploiterait pas le pays, mais qui le gouvernerait, en ferait la plus riche contrée du monde.

Espérons qu'un jour ce peuple si malheureux trouvera enfin non pas un tyran, un oppresseur, mais un père.

Peut-être ce prince Mustapha, à qui tous ceux qui l'approchent se plaisent à reconnaître de bonnes et excellentes qualités, qui a un cœur bon, compatissant, une grande intelligence ; qui connaît, apprécie et étudie la civilisation de l'Europe ; peut-être ce prince sera-t-il appelé au trône un jour, quoique son frère n'ait que quarante jours de plus que lui. Son avénement sera sans doute le signal d'une ère de prospérité pour le peuple égyptien, à qui, j'aime à le croire, il enlèvera le joug abrutissant qui pèse sur lui. Aussi désintéressé que son frère est intéressé, il lui donnera un peu de répit, ne l'écrasera pas d'impôts, et édictera les lois qui lui manquent.

On dit que tout enfant il frémissait d'indignation lorsqu'il voyait le sang du pauvre fellah ruisseler sous le courbache. Nul doute donc qu'il n'abolisse cet inique usage, qui certes n'existe pas en Turquie.

Lui, je le crois, se contentera d'être vice-roi, sans être fabricant, marchand, raffineur, etc.; il aura donc plus de temps à donner à l'étude de ce qu'il y a à faire et à abolir pour assurer le bien-être de ce peuple et la prospérité du pays. Mais, hélas! ceci est l'avenir, et en attendant le pauvre Égyptien souffre, et, grâce au coton, n'a même plus rien à manger!

L'Égypte est, comme on le sait, divisée en basse Égypte, moyenne et haute Égypte. Chacune de ces provinces a son cachet spécial.

La haute Égypte, la Thébaïde des anciens, charme l'œil par la richesse de ses ruines, par les souvenirs qu'elle évoque. A chaque pas l'on rencontre les restes de ces grands monuments, chefs-d'œuvre d'architecture, avec leur caractère imposant et leurs sculptures emblématiques.

Thèbes, cette ancienne et superbe cité, bâtie elle-même sur des ruines si anciennes qu'elles remontent à... qui jamais pourra le dire? peut-être un jour quelques débris de monuments, quelques pierres sorties du sable, l'indiqueront-elles à nos savants...

Thèbes, chantée par Homère, et qui après vingt-quatre siècles de désolation conserve encore des ruines si grandiosement belles que l'on s'arrête devant elles saisi d'une admiratien et d'une émotion indéfinissables.

Elle était la capitale religieuse et politique de l'Égypte, et aussi la ville commerciale la plus riche du royaume. C'est dans cette toute royale cité, dit Homère, qu'étaient entassées toutes les richesses de l'Orient.

Aussi rien n'égalait sa splendeur. Diodore de Sicile, qui l'avait visitée l'an 57 avant Jésus-Christ, nous dit que les fondateurs de Thèbes en avaient fait la ville la plus grande du monde entier; que ses temples aussi bien que ses autres monuments étaient magnifiques, que les maisons des particuliers s'élevaient jusqu'à quatre et cinq étages, que rien n'égalait la beauté des statues en or, en argent, en ivoire, que l'on y voyait, ainsi que celle des obélisques monolithes que l'on y remarquait, et que quatre temples se faisaient admirer surtout par leur magnificence, en premier celui de Karnak, qui n'avait pas moins de treize stades de pourtour.

Puis il nous parle du fameux tombeau du roi Asymandgas, qui était une merveille.

C'est aussi Thèbes la superbe qui avait ces deux colosses monolithes dont l'un était cette fameuse statue parlante qui, aux premiers rayons du soleil, rendait un son doux et plaintif, statue dont on aperçoit encore aujourd'hui les débris.

Rien ne peut exprimer, la plume est impuissante à peindre, le coup d'œil que le regard charmé embrasse du haut de cette colline d'Abd-el-Kournah, qui se trouve près de Louksor. A ses pieds, l'on voit l'immense plaine où sont amoncelées les ruines de cette Thèbes aux cents portes, qui n'avait pas moins, nous dit Diodore de Sicile, de 140 stades (24 kilomètres) de circonférence. On aperçoit le Nil qui, comme un large ruban argenté, coule du sud-ouest au nord-est, et qui, partagé en plusieurs canaux par quatre îles vertes et coquettes, est du plus joli effet. Une double chaîne de hauteurs enveloppe la plaine à droite et à gauche et lui fait comme un rempart naturel.

On reste là, ému et impressionné, à considérer ce qui reste de cette splendeur passée, et l'on se complaît à rebâtir par ce grand architecte, l'imagination, Thèbes telle qu'elle était.

Je le répète, la haute Égypte a un charme, un attrait, tout particuliers, à cause des vrais chefs-d'œuvre que l'on rencontre à chaque pas.

Elle vit sur son passé. Sa gloire a été si grande que pendant bien des siècles encore elle rejaillira sur elle, quoique à présent elle ne soit plus qu'une misérable bourgade. En effet, on n'y voit, en fait de villes modernes, que de pauvres villages avec des huttes en boue. De çà, de là, quelques maisons en pierre appartenant ou à des Européens, consuls ou négociants, ou aux gouverneurs Moudir ou Wégil. Le style prosaïque de ces maisons fait frémir d'horreur et d'indignation les anciennes ruines.

Les unes sont l'image fidèle de ce que l'Égypte a été, les autres sont celle, hélas ! de ce qu'elle est aujourd'hui, une terre déchue !

On voit dans la haute Égypte le palmier-doum, qui est bien l'arbre le plus grotesque, le plus original, que j'aie jamais vu, et que l'on ne rencontre que là. Son tronc, haut de dix à douze pieds, se bifurque de droite et de gauche, ainsi que ses branches courtes et inflexibles, qui portent à leur extrémité un tubercule, gros, dur, d'une forme singulière. Ce fruit a la couleur et aussi un peu le goût du pain d'épice ; il est fort apprécié par les Arabes. Aux extrémités des branches se trouvent des touffes de feuilles qui forment un éventail. Vrai, rien d'original comme ce palmier.

La moyenne Égypte a pour elle une splendide végétation, et des ruines aussi.

Le Fayoum, avec ses vastes champs de roses qui embaument l'air; le Payoum, où fleurissait cette belle fleur vénérée des anciens, le lotus, et qu'hélas! on ne retrouve plus, mais où se voit encore le joli nopal, aux feuilles larges, épaisses, d'un vert superbe, ce nopal qui forme des murailles de verdure autour des champs de roses.

Dans la moyenne Égypte, l'ancien Saïd, la végétation est encore plus riche que dans la basse Égypte... Le blé, l'orge, transforment une partie de ses plaines en vastes champs d'or à certains moments; le trèfle, la lupin, y font un charmant tapis de verdure; il y a des rizières superbes; c'est là aussi que croît le henné, qui sert aux femmes orientales à se peindre les ongles en rouge, mode suivie par elles depuis la plus haute antiquité...

Le palmier, le grand laurier-rose, le bananier, le tilleul, l'ombragent. On y trouve aussi le bamier au fruit vert et gluant, la carthame à fleur rouge...

La canne à sucre y est si grande, si belle, qu'elle forme comme de petites forêts naines.

Le Fayoum était célèbre, dans l'antiquité, comme végétation, par ses vignes, qui produisaient, il paraît, un raisin exquis, dont on faisait un vin que les anciens appelaient un nectar divin. Hélas! ces vignes ont disparu : l'horreur qu'ont les enfants de Mahomet pour le jus de la treille en est sans doute la cause.

Il était surtout célèbre par ce fameux labyrinthe,

dont les ruines ont été retrouvées par l'Allemand Lepsius, et dont il ne reste plus grand' chose. La pyramide Howara en marque l'emplacement. Cette pyramide est en fort mauvais état, parce qu'on s'est servi de ses pierres pour bâtir Médineh.

Elle recouvre un rocher qui s'élève environ à 40 pieds dans l'intérieur de la pyramide. Le reste du labyrinthe consiste en quelques fragments de colonnes de granit rouge, en blocs de calcaire compacte; sur l'un de ces blocs, près de l'angle occidental de la pyramide, Lepsius a découvert une partie d'inscription qu'il a ainsi rétablie : « A la reine Cléopâtre, déesse Philométor, sœur et femme de roi. »

Ce fameux labyrinthe subsistait encore dans le temps où Hérodote a visité l'Égypte.

Voici ce qu'il en dit :

« J'ai vu ce monument, que j'ai trouvé supérieur à sa grande réputation ; je crois même qu'en réunissant tous les bâtiments construits par les Grecs, on resterait au-dessous de cet édifice et pour le travail et pour la dépense, quoique le temple d'Éphèse et celui de Samos soient justement célèbres... On y voit dans l'intérieur douze *aulæ* recouvertes d'un toit, et dont les portes sont opposées alternativement les unes aux autres ; six de ces *aulæ* sont exposées au nord et six au midi ; elles sont contiguës et renfermées dans une enceinte formée par un mur extérieur. Les chambres qui composent le labyrinthe sont toutes doubles, les unes souterraines, les autres élevées sur ces premières ; elles sont au nombre de trois mille, quinze cents à chaque étage.

« Les chambres du dessous contiennent les tombeaux des rois qui ont fait construire le labyrinthe et les momies des crocodiles sacrés. Celles du dessus ont été visitées par nous, et nous n'avons jamais vu rien de si grand parmi les ouvrages sortis de la main des hommes ; la variété infinie des communications et des galeries rentrant les unes dans les autres, que l'on traverse pour arriver aux *aulæ*, cause mille surprises à ceux qui visitent ces lieux, en passant tantôt de ces chambres qui les environnent dans les portiques, tantôt de ces portiques dans d'autres *aulæ*. Les plafonds sont partout en pierre comme les murailles, et chargés d'une foule de figures sculptées en creux. Chacune de ces *aulæ* est ornée d'un péristyle en pierres blanches parfaitement assemblées ; à l'angle qui termine le labyrinthe on voit une pyramide de quarante orgyes de haut, décorée de grandes figures sculptées en relief ; on communique à cette pyramide par un chemin souterrain. »

Voilà ce que dit Hérodote de ce fameux labyrinthe, une des sept merveilles du monde.

On sait que le labyrinthe servait de lieu de réunion pour les grandes assemblées politiques de l'Égypte ; le roi convoquait là les députés de chaque nome (province).

On le voit, les Égyptiens avaient inventé avant

nous un Corps législatif, et leur palais était autrement splendide et grandiose que le nôtre.

C'est aussi dans le Fayoum qu'était le lac Mœris, cette œuvre gigantesque du roi de ce nom, qui, pour la prospérité de son pays, n'avait pas reculé devant le travail colossal de faire creuser à main d'homme un lac sur une hauteur...

Ce lac, on le sait, était destiné à contenir le trop plein du Nil qu'un canal y conduisait. Ces eaux, retenues là, suppléaient aux inondations qui n'étaient point assez fortes.

Le Delta offre par moments l'aspect d'une grande prairie; dans d'autres, c'est une grande plaine unie à la terre grisâtre; quelques bouquets de palmiers, disséminés de çà et de là, en brisent seuls la triste et maussade uniformité.

---

# LES CINQ PACHAS D'ÉGYPTE

## LEUR FAMILLE.

Méhémet-Ali. — Ibrahim-Pacha. — Le Defterdar. — La Princesse Naslé-Hanen. — Abbas-Pacha. — Saïd-Pacha. — Ismaïl-Pacha et Mustapha-Pacha.

Méhémet-Ali est né à la Cavala, petite ville de la Roumélie, vers l'an 1768. On ne peut savoir au juste l'année exacte ; bien souvent Méhémet-Ali cherchait lui-même, d'après ce qu'il avait entendu dire à ses parents, à découvrir l'âge qu'il pouvait avoir. Un Turc ne sait jamais au juste son âge. Grâce à cette déplorable absence d'état civil, ils naissent sans être enregistrés, ils meurent sans que l'on dresse aucun acte mortuaire. Méhémet-Ali aimait à dire qu'il était né la même année que Napoléon, et ses courtisans ne manquaient pas de lui dire que la même année avait vu naître les deux hommes les plus illustres de leur siècle. Il est de fait que ce grand pacha est un des hommes les plus remarquables que l'Orient ait vus naître. Né de parents pauvres, orphelin de bonne heure, celui que l'on appelle le « grand pacha » passa sa jeunesse dans l'obscurité et dans la misère. Il a vécu plusieurs années à Constantinople, où il était simple *caikjié* (batelier). Un jour, ennuyé de cette vie de labeur, désireux aussi de revoir sa ville natale, il alla trouver un petit banquier arménien et il lui dit : « Je voudrais aller m'établir à la Cavala, y faire le commerce de tabac ; mais je n'ai pas le sou. Si tu me prêtais six mille piastres, tu me rendrais un grand service. Je te rembourserais cette somme dès que je le pourrais. »

Ce banquier était de bonne humeur ce jour-là, il avait fait une bonne affaire, il lui prêta cet argent. Et comme Méhémet-Ali voulait lui donner un reçu, il lui dit : « A quoi bon ? Si avec cet argent tu fais une petite fortune, je te crois trop honnête pour ne pas songer à me le rendre. Si, au contraire, il ne te porte pas bonheur, et si tu fais de mauvaises affaires, je n'irai pas te le réclamer pour ajouter à ta peine. »

Tout enchanté, Méhémet-Ali prit cet argent, en acheta du tabac et alla se fixer à la Cavala, où il fit de suite, sinon de brillantes, du moins de bonnes affaires.

Un jour, il était chez le pacha gouverneur de la Cavala ; il venait essayer de lui vendre du tabac. Le pacha était dans une colère affreuse, on lui apprenait à l'instant qu'un cheik de village se révoltait et refusait de payer l'impôt. Le gouverneur se trouvait sans soldats, il avait envoyé tout son contingent à la Porte ; il lui restait au plus deux cents hommes pour sa garde personnelle. Il se voyait donc dans l'impuissance de réprimer la rébellion de ce cheik.

Méhémet-Ali lui dit : « Puisque tu es si furieux contre lui, je m'engage à te l'amener pieds et poings liés d'ici à quatre jours. »

Le pacha, entendant cela, haussa les épaules : « Comment veux-tu, lui dit-il, arriver à le faire prisonnier? Il me reste à peine deux cents soldats, c'est au plus si je pourrais t'en donner la moitié. Avec cela, tu ne pourrais jamais avoir raison des révoltés, qui sont trois ou quatre cents.

— Je n'ai pas besoin de cent soldats, répondit le marchand de tabac. Si tu veux m'en donner deux, seulement laisse-les-moi choisir moi-même, je t'engage ma parole que dans quatre jours le cheik sera ici à tes pieds. »

Le pacha trouva la chose assez impossible; cependant, comme il ne risquait que deux hommes, il consentit à les lui donner, lui promettant une superbe récompense si réellement il lui ramenait le cheik prisonnier.

Méhémet-Ali choisit deux soldats courageux et forts, tous deux ses amis, et tous les trois ils se mirent en route pour ce village. Arrivé à quelque distance, il laissa les soldats, leur recommandant de ne pas se montrer; il leur avait, du reste, fait quitter leur costume militaire. Tout seul et à pied, il entra dans le bourg. Il était grand matin, les musulmans étaient à la mosquée à faire leurs prières ; il s'y rendit aussi, et, apercevant le cheik dans un coin, occupé à prier, il alla, sans avoir l'air de le reconnaître, se mettre tout près de lui. Là il se prosterna à plusieurs reprises, marmottant à demi voix des versets du Coran. Enfin, lorsqu'il vit son voisin prêt à quitter la mosquée, il se leva et sortit en même temps que lui.

Il le connaissait, plusieurs fois il lui avait vendu du tabac. Il le salua respectueusement et lui demanda s'il n'avait pas besoin de tabac. Celui-ci lui répondit que si. « Eh bien, lui dit Méhémet-Ali, j'en ai en poche de deux qualités différentes. Fume une cigarette de chacun, tu me diras celui que tu préfères et je t'en apporterai dans quelques jours. » Le cheik accepta une cigarette, se mit à la fumer et à marcher à côté de Méhémet-Ali. Quand ils furent un peu à l'écart, celui-ci lui dit : « J'ai quelque chose de grave à te dire. Viens un instant avec moi. Je viens de la Cavala. Le gouverneur est furieux, je suis venu pour te prévenir de ce qu'il médite contre toi. » Le cheik, sans défiance, le suivit. Il l'amena dans le chemin par où il était venu, là où il avait laissé les deux soldats. Il lui raconta que le pacha, fort mécontent de sa rébellion, avait fait redemander des militaires à la Porte pour pouvoir le châtier; que d'ici à quinze jours ils seraient arrivés, et qu'il comptait envoyer brûler le village par eux et le faire, lui, prisonnier... Le cheik écoutait avec attention. Tout à coup, sur un signe de Méhémet-Ali, les deux soldats, cachés derrière une touffe de cactus, se jettent sur le cheik, lui mettent un mouchoir sur la bouche, lui lient les mains, et, sortant un pistolet de leur poche, le menacent de lui brûler la cervelle s'il tente de se dégager ou d'appeler au secours. On le force à monter sur un cheval qu'on avait amené exprès pour lui; les trois autres montent aussi à cheval, se plaçant un de chaque côté de lui, un autre derrière. Et bien vite ils reprennent au grand galop le chemin de la Cavala, craignant que l'on ne s'aperçût dans le village de l'enlèvement du chef.

Le quatrième jour, comme il l'avait promis, Méhémet-Ali amena au pacha, les pieds et les mains liés, le cheik rebelle, demandant seulement qu'on lui laissât la vie sauve. En effet, le gouverneur se contenta de l'accabler d'injures, de le faire jeter en prison, mais il ne le fit pas mettre à mort.

Ce fait témoignait de plus de ruse et d'astuce que de vrai courage, pourtant il enchanta le gouverneur. Dès ce jour, il prit le marchand de tabac en affection; il voulu se l'attacher complétement; il lui donna en mariage sa fille, divorcée depuis quelques mois à peine d'avec son premier mari.

Dès ce moment-là Méhémet-Ali quitta son commerce de marchand de tabac et entra dans l'armée turque. Son beau-père et protecteur le fit arriver promptement à un grade. Dès lors sa fortune va aller en grandissant, pour s'arrêter à la position de vice-roi d'Égypte. Il faut en convenir, la suite de son histoire le prouvera, Méhémet-Ali a été un homme remarquable, si l'on songe surtout que, sorti du peuple, il n'avait reçu aucune éducation. A quarante-cinq ans, une esclave de son harem lui apprenait à lire. C'est vraiment de lui que l'on peut dire : Il a été l'enfant de ses œuvres.

Courageux jusqu'à la témérité, connaissant à fond la stratégie de la guerre par intuition, car il ne l'avait pas apprise ; bon général, d'une conception vive, d'une grande intelligence, c'est une belle figure. C'est le grand homme de son siècle que ce caïkjié marchand de tabac devenu vice-roi.

Mais une chose choque certains esprits dans l'étude de son caractère : c'est que l'astuce, la trahison, tout autant que le courage et l'adresse, l'ont aidé à sa fortune. Pour arriver, tous moyens lui ont paru bons. On va le voir sacrifier à son ambition ceux qui l'ont protégé, ses amis, ceux qui l'ont aidé. Ainsi, nous le verrons, favori du vice-roi Khosrew, envoyé par lui contre les mamelouks, et, n'ayant pu par hasard les combattre, tirer parti de cela aux yeux des mamelouks, se jeter dans leur camp, trahir Khosrew au profit de son rival Bardissy. A la tête des mamelouks, il le fait prisonnier, l'amène au Caire. Le voilà l'ami du nouveau vice-roi Bardissy, grâce à sa trahison envers Khosrew son bienfaiteur. Plus tard, il flatte encore les mamelouks, se sert d'eux pour arriver au pouvoir ; ensuite il les fait égorger tous.

Plus d'une fois, dans le cours de sa vie, on l'a vu sacrifier à son ambition ses amis et ceux qui lui avaient prêté un zélé concours.

On l'a dit bon et clément. C'est vrai, jamais il ne s'est montré cruel sans nécessité ; il ne l'a été que lorsque son intérêt l'exigeait. On pourrait peut-être se demander s'il était généreux et clément par orgueil, car faire parler de lui en Europe était son but, son grand désir ; ou bien s'il l'était par nature.

Le caractère de cet homme est très-difficile à analyser, car il a fait de grandes, de nobles actions, et à côté de cela, la trahison, la ruse, ont eu aussi leur place dans sa vie. Ensuite, il faut le reconnaître, le bonheur du peuple égyptien l'a fort peu préoccupé. Accablé d'impôts, impôts qu'on le forçait à payer à coups de courbache, décimé par les guerres qu'il avait eues à soutenir, il n'a pu vraiment considérer ce pacha comme un bienfaiteur. Les fellahs lui ont donné le nom de Zalem-Pacha : *Zalem*, en arabe, veut dire tyran, oppresseur.

Du reste, par ses actes on pourra mieux le juger ; reprenons son histoire. Peu de temps après son mariage, eut lieu l'invasion française en Égypte. La Porte demanda des soldats au pacha son beau-père. Celui-ci envoya trois cents hommes commandés par son fils Ali-Agha, à qui il donna pour lieutenant Méhémet-Ali. Cette petite troupe se joignit à celle du grand visir, et l'une et l'autre essuyèrent une terrible défaite à Aboukir.

Ali-Agha, effrayé et découragé de cet échec, repartit pour la Cavala, abandonnant à son lieutenant le commandement du restant de sa troupe.

Méhémet-Ali ne quitta pas l'Égypte ; il assista à la gloire de nos armes, il vit Bonaparte, Kléber, Desaix,

Régnier, Bon, Murat, Dommartin, Caffarelli-Dufalga, Menou, etc.; il vit de près le génie français joint au courage faire des prodiges. D'une nature ardente, ayant soif de tout voir, de tout apprendre, il tâchait de saisir quelques bribes du génie militaire de ces héros, car déjà des projets ambitieux roulaient dans sa tête; la vue de nos grands hommes lui donnait le vertige. Il se disait déjà : « Je veux, moi aussi, en devenir un. Je veux que l'Europe s'occupe un jour de mes hauts faits. » C'est au contact de notre armée qu'il a pris ce premier germe de civilisation que l'on a plus tard remarqué en lui, comme aussi la sympathie, l'admiration, qu'il a témoignées pour la France, ont pris naissance pendant notre expédition en Égypte. En voyant de près tous les grands hommes que nous avions envoyés là, il s'est dit qu'une nation qui avait produit de pareils héros devait être une grande nation. Aussi, une fois vice-roi, sa politique est restée française; sans cesse il s'est efforcé de copier les institutions françaises, il s'est entouré de Français, leur a confié des postes éminents et de haute confiance.

Le règne des fameux mamelouks, qui avant l'occupation française gouvernaient l'Égypte, commençait à pâlir. La Porte, jalouse de leur force, les empêchait de recruter des hommes en Circassie et en Géorgie pour remplir les vides qu'avaient faits dans leurs cadres les guerres avec les Français. Les races étrangères ne peuvent se reproduire en Égypte; tous les enfants qu'avaient les Mamelouks étaient étiques et mouraient de bonne heure ; leur nombre allait donc en diminuant ; leurs deux principaux chefs, Osman-Bardissy et Mohammed-l'Elfy, jaloux de leur pouvoir réciproque, se faisaient une guerre acharnée, ce qui diminuait encore leur force et leur puissance.

Méhémet-Ali vit tout cela, il comprit le profit qu'il pourrait en tirer lui-même, et dès lors, flattant les uns, servant les autres, il commença à assurer sa puissance en Égypte. La Porte nomma Mohamed-Khosrew vice-roi de l'Égypte après le départ de l'armée française, lui ordonnant de détruire peu à peu la puissance des mamelouks.

Méhémet-Ali s'attacha à la fortune du nouveau vice-roi, qui le nomma *serchimé*, chef de trois mille hommes, et l'honora de son amitié et de sa confiance. Dès ce moment il fit tout son possible pour se mettre bien avec l'armée, se rendre populaire dans ses rangs. Peu de temps après, le vice-roi envoya une armée composée d'Albanais pour combattre les mamelouks, Méhémet-Ali faisait partie avec ses troupes de cette expédition ; seulement son corps d'Albanais arriva trop tard pour prendre part à l'action. Les mamelouks, du reste, furent complétement victorieux. Alors le serchimé eut l'idée de se faire un titre à leurs yeux de ce retard, leur faisant entendre qu'il avait été volontaire, et fit cause commune avec eux, pour mettre leur bey Bardissy à la place de Kosrew. Il vint assiéger celui-ci dans Damiette, le fit prisonnier et le conduisit au Caire, le livrant au mameluk Ibrahim-Bey (première trahison).

La Porte, furieuse, envoya un nouveau vice-roi en Égypte, Gezairli-Pacha, lui donnant l'ordre de châtier durement les auteurs de cette révolte. Ce nouveau vice-roi fut mis à mort par ceux qu'il venait punir.

Voici donc Méhémet-Ali l'ami, le conseiller, le favori du vice-roi mamelouk Bardissy. Celui-ci ne jouit pas longtemps de son triomphe sur son compétiteur au pouvoir; le bey l'Elfy était allé demander de l'appui à l'Angleterre, qui lui avait promis sa protection moyennant des engagements fort nuisibles à l'Égypte, engagements qu'avait signés le bey. Il revint donc en Égypte fort des promesses de l'Angleterre, et une lutte acharnée recommença entre les deux rivaux. Méhémet-Ali, comprenant les fruits qu'il pourrait tirer de ces dissensions pour lui-même, attisa dans le cœur de Bardissy des sentiments de haine contre son rival; il lui conseilla de s'en défaire par la violence. En effet, l'Elfy fut attiré dans un guet-apens, mais il trouva moyen de s'échapper, et il se retira dans la haute Égypte. Peu de temps après la retraite de son compétiteur, les Albanais à la solde de l'Égypte, à l'instigation de Méhémet-Ali, réclamèrent impérieusement huit mois de solde qui leur étaient dus... Bardissy, craignant une révolte s'il ne faisait pas droit à leur requête, mais ayant son trésor à sec, frappa les habitants du Caire d'une forte contribution. Ceux-ci, indignés, se levèrent en masse, encore à l'instigation de Méhémet-Ali, qui se mit avec ses soldats à leur tête et qui vint assiéger son ami Bardissy jusque dans son palais. (Seconde trahison !) Celui-ci parvint à se sauvor, mais il quitta le Caire pour ne plus y rentrer.

Voilà donc Méhémet-Ali débarrassé de ses rivaux et au faîte du pouvoir. Se faisant l'ami de tous, il avait aidé sans remords à leur perte !... Pourtant, jugeant que le moment n'était point venu encore de dévoiler ses vues ambitieuses, il refusa le titre de vice-roi, feignit un grand respect pour les ordres de la Porte, et fit nommer à ce poste un pacha turc, Kourchid. Mais lui fut nommé grand kaïmakam. Dans ce nouveau poste il montra beaucoup de ruse, d'adresse, en un mot une grande diplomatie, mais fort peu de franchise. Les mamelouks et les Turcs luttaient à qui mieux mieux, les uns pour soutenir le reste de leur puissance, les autres pour achever de la détruire. Méhémet-Ali ne se prononça pour aucun parti. Tantôt flattant l'un, tantôt flattant l'autre, il sut se maintenir bien avec les deux. Plus tard il devait trahir la Turquie en levant l'étendard de la révolte contre elle... et faire égorger les mamelouks jusqu'au dernier ! Il consacra tous ses soins à miner les forces des deux partis en entretenant sous main leur mutuelle rivalité. On l'a vu attaché tantôt à la cause des pachas contre les mamelouks, tantôt à celle des mamelouks contre les pachas. Il cherchait à se concilier les bonnes grâces des cheiks, celles des oulémas, en affectant un grand amour pour le bien-être de ce pays, en déplorant les troubles qui le ruinaient et en affichant un zèle religieux exagéré. Et cependant il fomentait habilement les dissensions entre les Turcs et les mamelouks. Lorsqu'il vit le peuple bien fatigué de cet état de choses, et qu'il comprit qu'il avait assez de partisans, il se rallia les cheiks, la population du Caire, les oulémas; il suscita une nouvelle révolte, assiégea Kourchid-Pacha dans son palais, l'en chassa et se rendit maître du Caire (troisième trahison). Les mamelouks l'avaient aidé; mais, une fois la victoire gagnée, il les chassa à son tour; les Albanais et les oulémas le nommèrent pacha à la place de Kourchid. Il feignit de refuser, se laissa prier, offrir de superbes cadeaux, et enfin il daigna accepter ayant l'air d'y être contraint et forcé, tandis que depuis de longues années il travaillait à en arriver là... La Porte, lasse de toutes les dissensions qui désolaient l'Égypte, confirma ce choix et envoya au pacha un firman d'investiture. Ceci se passait en 1805. Mais Méhémet-Ali, pendant quelques années, ne commanda que dans la basse Égypte : la haute Égypte était restée au pouvoir des beys mamelouks. A Alexandrie, un délégué de la Porte commandait. L'Elfy-Bey et Bardissy-Bey mirent tout en œuvre pour le renverser. L'Elfy surtout chercha un appui dans l'Angleterre, qui ne manqua pas de le lui accorder. L'ambassadeur de cette puissance à Constantinople fit si bien que la Porte envoya une flotte en Égypte porter l'ordre au pacha de quitter ce pays, lui donnant comme compensation le pachalik de Salonique. Méhémet-Ali, au lieu de suivre cet ordre, chercha un nouvel appui dans les mamelouks, dont plusieurs se rallièrent à lui pour combattre la Turquie. La France le soutint aussi, et enfin la Porte lui envoya un nouveau firman qui le rétablissait dans sa vice-royauté moyennant un tribut de 5 millions de francs qu'il payerait au Grand Seigneur.

Bientôt sa puissance fut consolidée pai la mort de ses deux adversaires, l'Elfy-Bey et Bardissy-Bey... Mais l'Angleterre, furieuse de l'échec qu'avait essuyé sa politique, envoya huit mille hommes en Égypte pour renverser le pacha, pensant que les mamelouks se joindraient à eux... Cette expédition fut un nouvel échec pour l'Angleterre; les Anglais furent battus par les troupes du vice-roi, celui-ci à leur tête... Méhémet-Ali, la victoire gagnée, fit couper la tête à mille Anglais; il envoya ce trophée au Caire : ces têtes furent placées tout autour de la place du Roumlyeh... Il est vrai qu'il essaya de racheter cet acte de cruauté en rendant plus tard tous les prisonniers sans aucune rançon...

Les Anglais partis de l'Égypte, le pacha commença à respirer; il chercha alors à se fortifier chez lui, rêvant de secouer un jour le joug de la Porte. Mais celle ci devina ses intentions, et, pour ne pas lui laisser le temps de se livrer à ses projets ambitieux, le sultan lui envoya l'ordre d'aller combattre les Wahabys, qui menaçaient de s'emparer de la Mecque. Méhémet-Ali comprit tout le danger qu'il y aurait pour lui à quitter le pays; emmener la majeure partie des troupes, c'était laisser aux mamelouks le temps et les moyens de ressaisir le pouvoir. Il résolut alors leur perte. Il voulait arriver à la gloire, au pouvoir, à un pouvoir sans entraves : pour cela il ne recula devant rien, et de sang-froid il médita la mort de quinze à vingt mille personnes, par la seule raison que ces hommes-là faisaient ombrage à son ambition...

Pour commettre cet horrible forfait, le meurtre de vingt mille personnes..., Méhémet-Ali se servit encore de ruse; il invita tous les chefs et tous les mamelouks à un grand dîner d'adieu à son palais de la forteresse au Caire, il les reçut le sourire aux lèvres, les combla de marques d'amitié et de bienveillance...

Ce palais est bâti sur une petite montagne qui domine le Caire; on y arrive par des rues étroites, bordées de hautes murailles et de maisons... Il avait donné l'ordre à ses fidèles soldats albanais de se poster à l'entrée de toutes ces issues et de massacrer tous les mamelouks sans faire quartier à aucun, à la sortie du palais. La fête terminée, le vice-roi congédia amicalement ses hôtes, qui, sans défiance et enchantés de l'accueil qui leur avait été fait, s'engagèrent dans ces petites rues; alors les soldats embusqués fermèrent les deux issues des rues, se précipitèrent sur eux inopinément, et les égorgèrent avant qu'ils eussent pu même se mettre en état de défense... Ce fut une boucherie horrible !...

Un seul s'échappa, Hassan-Bey, le frère de l'Elfy-Bey. Monté sur son cheval, il parvint à passer au milieu des rangs des soldats; il arriva sur la plate-forme du palais même, devant une des portes; là il lança à droite son cheval dans le vide; il tomba d'une hauteur de plus de vingt mètres. Son cheval fut tué sous lui, mais lui ne se fit aucun mal. Il fut recueilli par des fellahs qui le cachèrent chez eux. On nomme encore aujourd'hui ce côté de la plate-forme le saut du mamelouk. Un jour que j'étais là assise, admirant la vue que l'on découvre de cet endroit, un vieil Arabe vint s'asseoir près de moi. « C'est de là, dit-il, qu'a sauté le mamelouk, se recommandant au Prophète, qui a amorti sa chute et l'a sauvé, voulant qu'il restât au moins un de ces infortunés pour pouvoir conter leur terrible disgrâce et maudire leur bourreau... » J'étais tout étonnée.

« Qui es-tu donc? lui ai-je demandé... — Je suis, m'a-t-il répondu, le fils d'un mamelouk français.

— Français !... Comment, il y en avait de français...

— Oui, lorsque l'armée française a quitté l'Égypte, elle a abandonné quelques traînards et quelques blessés. Ces malheureux, dont mon père faisait partie, n'ont pu se sauver de la barbarie des Turcs qu'en se faisant musulmans; on les a alors incorporés dans le corps des mamelouks. Voilà comment mon père s'est trouvé mamelouk... » Alors il m'a conté leur fin tragique, le carnage affreux qu'on en a fait... «J'ai connu, m'a t-il dit, ce malheureux qui seul s'est sauvé; ce terrible drame l'avait tellement frappé, qu'il a fini par devenir fou... Dans sa folie il voyait toujours les Albanais massacrant ses frères : alors il tombait en convulsion. Les Arabes l'avaient en grande vénération, ils prenaient soin de lui et le traitaient avec toutes sortes d'égards...

— Et les mamelouks français, les a-t-on tués aussi? ai-je demandé...

— Non, m'a-t-il répondu, leur nombre était trop petit pour faire ombrage, et puis le grand pacha a voulu, en les épargnant, flatter la France. C'étaient de braves et courageux soldats que ces mamelouks, a continué le pauvre homme en essuyant une larme qui coulait sur sa joue ridée, et leur massacre a été une horrible action; je gage que c'est son souvenir qui plus tard a fait que celui qui l'avait ordonné est devenu fou lui aussi; et bien sûr, dans sa folie, il devait voir les cadavres de ces malheureux, entendre leurs cris de douleur... » Je partage assez l'opinion de ce brave homme, car pour moi, femme, je ne reconnais aucune raison politique assez forte pour faire égorger un homme, et encore moins vingt mille!... Je trouve le massacre des mamelouks une tache ineffaçable sur le règne de celui que l'on nomme le grand pacha; d'autant plus que ces mamelouks avaient été ses amis, plus d'une fois il avait fait cause commune avec eux !...

Je quittai la forteresse le cœur serré péniblement. Le vieillard vint m'accompagner jusqu'à ma voiture. En arrivant à l'entrée de la place de Roumlyeh, il me dit : « Oui, voilà où le reste de cette glorieuse armée a fini, traîtreusement égorgé. Tu vois, ce défilé était tortueux ; une fois qu'ils ont été engagés là, on a fermé les issues, on a tiré sur eux ; des soldats étaient embusqués là, derrière ces murs, ces rochers ; d'autres se sont précipités sur eux. Ils n'ont pas même eu le temps ni la possibilité de défendre leur vie : ç'a été une vraie boucherie. Le bey Soleiman, à moitié nu et couvert de blessures, courut sous les fenêtres du harem du pacha demandant protection. Hélas ! le harem fut inhospitalier, des soldats le prirent et le décapitèrent sous ces mêmes croisées. » Vrai, j'étais là émue tout comme ce fils d'ancien mamelouk; il me semblait voir ruisseler le sang de ces infortunés, entendre leurs cris de détresse. Je remontai dans ma voiture, et, après avoir donné un batchiche à ce brave homme, je m'éloignai en me disant que la politique est une atroce chose, ou que plutôt on se sert de son manteau pour commettre des atrocités !...

Pendant le massacre de ceux qui dix minutes avant étaient ses hôtes, qu'il avait traités en amis, invités à une fête pour les faire égorger, Méhémet-Ali était enfermé dans son palais. Comme preuve de la bonté de son cœur, ses admirateurs prétendent qu'au bruit de la fusillade, il était pâle et ému au point de demander un verre d'eau! Je crois vraiment qu'un cœur de roche aurait été ému!

L'ordre avait été donné, et dans toutes les provinces le même massacre fut fait. Dans un même jour donc l'Égypte vit mourir tous les mamelouks!

Rassuré de ce côté, ayant l'armée et le peuple pour lui, Méhémet-Ali songea, après cette sanglante exécution, à remplir les ordres de la Porte; il envoya ses fils Ibrahim et Toussoun faire la guerre aux Wahabys; lui-même marcha à la conquête du Hedjaz à la tête d'une nombreuse armée. Le sultan pensa que le moment était bien choisi pour enlever l'Égypte à ce pacha : il envoya Satif-Pacha avec un firman d'investiture au Caire. Méhémet-Bey, le wéquil de Méhémet-Ali, fidèle et dévoué à celui-ci, reçut fort bien Satif-Pacha; il feignit de favoriser sa reconnaissance par les ulémas, ensuite il s'empara de lui et le fit mettre à mort.

Toujours le même système chez les Turcs : l'astuce et la trahison. Un Français l'aurait reçu les armes à la main ; celui-ci le reçoit le sourire aux lèvres, lui fait mille salamalecs, l'appelle son seigneur, son frère, et traîtreusement il s'empare de lui et le fait tuer... Les Turcs, en hypocrisie, en fausseté, rendent des points à notre fameuse institution des Jésuites. Méfiez-vous d'un Turc qui vous appelle son frère. Règle générale : plus il vous déteste et est prêt à vous nuire, plus il vous accable de tendresses.

Sauvé encore une fois du chagrin de perdre ce bon pachalik d'Égypte, Méhémet-Ali ne songea plus qu'à assurer sa puissance, à se débarrasser du joug de la Porte; un moment même il rêva la conquête de tout l'Orient.

Il s'occupa des moyens de rétablir les finances épuisées. Pour cela il créa l'impôt en nature. Cette institution avait du bon et du mauvais; j'en parlerai plus tard. Elle enrichit non le pays, mais une foule d'Européens. Il réprima le brigandage des Bédouins, donna des soins à l'agriculture, jugeant que c'était la vraie richesse du pays. Ayant admiré l'excellente discipline, la façon de manœuvrer de l'armée française, lors de son occupation de l'Égypte, il créa à Assoun un camp d'instruction sous les ordres d'un Français nommé Selves, depuis devenu Soliman-Pacha. Il demanda à la France des généraux, des officiers, pour organiser son armée. Il créa des écoles militaires avec des instructeurs français; une école de médecine, dirigée aussi par des médecins français; plusieurs écoles pour faire donner quelque instruction à la jeunesse du pays. Enfin il montra un grand désir d'améliorer l'Égypte, surtout le désir de l'installer à l'instar de la France, nation, comme je l'ai déjà dit, qu'il admirait beaucoup. Il déploya en cela une grande intelligence et une grande fermeté. Tout ce qu'il reste encore de bien en Égypte est l'œuvre de ce pacha; ses successeurs ne se sont plus préoccupés que d'une seule chose, lui faire rendre le plus d'argent possible, et s'y enrichir eux et leur famille. Ce fut lui qui le premier eut l'idée d'envoyer de jeunes musulmans en France pour les faire instruire dans nos écoles, écoles de commerce, écoles militaires.

Se souvenant de son ancien métier de négociant, il donna tous ses soins au commerce de son pays ; on peut dire qu'il est le créateur du commerce de l'Égypte avec l'Europe. Il établit des fabriques, faisant venir des modèles de France. Enfin, grâce à son impôt en nature, il organisa un grand commerce avec l'étranger. Chaque gouvernement devait lui donner celui-ci tant de blé, celui-là tant de cannes à sucre, un autre du tabac, un autre du café. Tous ces produits étaient déposés dans de vastes entrepôts appartenant au gouvernement, et vendus en bloc à des négociants. C'est à ces achats que les Pastré et autres négociants venus à cette époque en Égypte ont fait de brillantes fortunes. Le vice-roi leur donnait aussi des commandes pour l'Europe, et, tout comme le font encore aujourd'hui ceux à qui Ismaïl donne des commandes, ils lui revendaient ces objets le triple et plus encore de ce qu'ils leur coûtaient à eux.

Cet impôt en nature paraissait plus facile à payer pour le peuple, mais il avait son désavantage. Au hasard, le pacha disait : « Il faut que tel gouvernement me donne tant de blé ou de coton, » sans se préoccuper si la terre était propice ou non à la culture de ce qu'il demandait, et si les fellahs étaient habitués à cette culture-là. Et puis, si ceux qui achetaient ces produits au pacha y gagnaient des sommes énormes, le pauvre peuple n'y gagnait, lui, qu'un surcroît d'impôt; c'était lui qui avait à fournir le surcroît du gain de ces messieurs les négociants. Aussi le pauvre fellah a-t-il été bien malheureux dès le règne de Méhémet-Ali. Épuisé par les guerres, il a eu à remplir quand même les trésors vides de l'État. Pour cela, on l'a accablé d'impôts, on les lui a fait payer en lui distribuant sans pitié des coups de courbache. Une masse de corvées ont été levées pour construire tous les établissements qu'a fondés Méhémet-Ali.

Les employés aussi n'étaient pas très-heureux; leurs appointements leur étaient payés en nature: l'un recevait mille tarbouches en payement de son traitement, l'autre du blé, l'autre du coton; ils étaient obligés de revendre tout cela à vil prix à des espèces d'usuriers.

C'est pendant le règne de Méhémet-Ali que la culture du coton à longue soie a été introduite en Égypte. Quelle reconnaissance doit lui avoir Ismaïl-Pacha, qui est le plus grand marchand de coton de l'Europe, et qui aime tellement ce bon coton, en fait si bien ensemencer toute l'Égypte, qu'on y meurt de faim à l'heure qu'il est!...

Pendant que Méhémet-Ali s'occupait de l'organisation de l'Égypte, son fils Ibrahim continuait à faire la guerre aux Wahabys. Enfin, en 1818, il remporta sur eux une éclatante victoire; il fit prisonnier leur chef, mit leur armée en déroute. Le chef Àbd-Allah-ben-Sounoud, envoyé au Caire, porta lui-même au pacha les bijoux qu'ils avaient enlevés à la Mecque... Le pacha l'envoya ensuite à Constantinople, pour prouver au sultan qu'il avait si bien exécuté ses ordres que le chef était son prisonnier. Là le malheureux fut mis à mort... A cette occasion, Méhémet-Ali fut nommé khan, et son fils Ibrahim pacha de la Mecque, la plus haute des dignités dans la hiérarchie ottomane.

Fier de ce succès et rêvant d'agrandir ses États, Méhémet-Ali voulut faire la conquête du Sennaar, où il espérait trouver de grandes richesses. Il fit donc partir son fils Ismaïl-Pacha, avec une armée de six mille hommes et dix pièces de canon, pour cette expédition.

Le jeune général eut à combattre une nation assez belliqueuse, les Chaylayé, bons cavaliers et guerriers courageux. Pourtant, comme ils n'avaient pour toute arme qu'une espèce de sabre à deux tranchants, il ne tarda pas à avoir raison d'eux, et il s'établit dans le Sennaar, où bientôt son beau-frère le defterdar Ahmet-Bey vint le joindre avec une troupe de trois mille hommes. Ismaïl-Pacha profita de l'arrivée de son beau-frère pour lui confier le commandement provisoire des troupes, et aller avec deux cents hommes faire une excursion jusqu'à Chendy, où il espérait trouver enfin les fameuses mines d'or but de l'expédition... Arrivé là, il fit appeler le Melek-

Nemr, gouverneur, espèce de roi du pays. « Je veux, lui dit-il, que tu me donnes de l'or de quoi remplir ma barque, d'ici à cinq jours; que tu me fournisses deux mille hommes pour mon armée. Si tu n'obéis pas, je viens avec mes troupes brûler ta ville et vous égorger tous... » Melek-Nemr promit d'exécuter cet ordre. Alors Ismaïl s'établit dans la plus belle maison du pays, fit camper tout autour ses soldats et ses chevaux; ensuite il dit au Melek-Nemr qu'il lui ordonnait de lui amener sa fille, pour qu'elle passât la soirée avec lui. Le malheureux père voulut protester, mais le général égyptien s'emporta et le menaça d'un châtiment exemplaire s'il n'obéissait pas... Ce pauvre père ne dit plus rien, il s'inclina en signe d'acquiescement. En effet, une heure après, lui-même amenait sa fille à Ismaïl, qui la fit entrer chez lui... Dans la soirée, alors qu'Ismaïl s'adonnait tranquillement au bonheur de posséder sa jeune beauté, car elle était jeune et belle, le Melek-Nemr fit transporter de la paille que lui avait demandée le pacha pour ses chevaux et pour faire coucher ses soldats; il la fit placer tout autour de la maison et du cordon que formait la petite troupe; il en fit apporter une grande quantité. Les soldats riaient et disaient: « Il a peur, le vieux, il fait du zèle, il nous en apporte tant et tant »; et, sans défiance, ils voyaient s'amonceler cette paille autour d'eux... C'était pourtant leur mort qui se préparait là, sans qu'ils s'en doutassent: le père outragé méditait une terrible vengeance....

Une foule d'hommes et de femmes arrivent bientôt en dansant, en chantant et en brandissant gaiement des torches enflammées à la main ; ils entourent la maison, faisant une joyeuse farandole; le tambourin fait entendre sa musique criarde. Ismaïl se mit sur la porte de sa maison, s'appuyant sur l'épaule de la jeune fille, qui, les yeux rougis par les larmes, les cheveux en désordre, ressemblait à la statue du Désespoir. Le pacha, gai et insouciant, regardait ces joyeuses danses improvisées en son honneur; les soldats riaient à gorge déployée de l'effet produit par ces gens noirs comme la nuit, éclairés ainsi à la lueur rougeâtre des torches...

La langue de cette contrée diffère de celle de l'Égypte. Si le pacha, si les soldats avaient pu comprendre le sens des paroles du chant qu'ils entendaient, ils auraient tous frémi d'épouvante...

Le père de la jeune fille chantait ainsi tout en conduisant la farandole :

« Mes frères, mes amis, vous le voyez là ce traître : non content de venir troubler notre tranquillité, nous demander notre or, il veut encore nous asservir à ses lois; il demande deux mille d'entre vous pour le servir. Obéirons-nous à cet infidèle?...

— Non, non! s'écriait la foule en chœur....

— Mes frères, mes amis, continuait le père, pour lui rien n'est sacré... J'avais une noire colombe, une douce gazelle, que j'avais conservée pure et chaste pour son fiancé.... Il vient de la souiller, de la déshonorer. Regardez-la près de lui, les cheveux en désordre... Laisserons-nous ce traître, qui ne respecte rien, impuni?...

— Non, non! » s'écrièrent-ils tous en chœur... »

Un jeune et beau garçon entonna, lui aussi, le chant suivant :

« Mes amis, mes frères, j'avais pour fiancée une jeune fille ; ses yeux étaient plus beaux que ceux de la gazelle, sa gorge ferme et ronde, sa bouche plus rouge que la fleur du grenadier, sa voix plus douce à l'oreille que le bruit de la brise qui le soir caresse la terre... Au seul bruit de sa voix, à la seule vue de son voile blanc, mon cœur bondissait d'allégresse... Hélas! la voyez-vous là à présent? Elle est souillée par un impur contact, elle est morte pour moi. Hélas! hélas! ma fiancée est morte!... Laisserons-nous son ravisseur jouir en paix du vol qu'il m'a fait?

— Non, non! qu'il meure lui et les siens! » hurla la foule...

« Écoutez, amis, dit le père ; écoutez et obéissez promptement. Cette paille, je l'ai placée là pour leur servir de cercueil. Au troisième cri que je pousserai, tous jetez vos torches sur la paille, saisissez vos armes et égorgez ceux qui pourront parvenir à franchir ce mur de feu.

— Mais, chanta le fiancé, la malheureuse Irsilla deviendra, elle aussi, la proie des flammes?...

— Comme tu l'as dit, pour toi ta fiancée est morte; pour moi ma fille est morte aussi. »

Et les soldats riaient en entendant ces chants, en voyant ces danses échevelées autour d'eux ; et le pacha considérait cette foule d'un air gai et insouciant. Soudain le père poussa trois cris aigus, perçants, qui résonnèrent au loin comme le son du clairon de guerre ; au troisième, toutes les torches furent jetées sur la paille, qui en une minute s'enflamma. Une immense lueur s'éleva vers le ciel et éclaira un singulier et affreux spectacle : le pacha, les soldats, épouvantés, poussaient des cris d'effroi et de douleur ; ils tentaient de franchir ce mur de feu, mais les autres, rangés en rang tout autour, les rejetaient dedans avec de grands bâtons, avec leurs longs sabres. Les femmes poussaient des hurlements de joie : on aurait cru assister à une sarabande chez les dieux infernaux. Folle d'effroi, la noire Irsilla se précipita les bras tendus vers son fiancé, qu'elle apercevait ; lui hésita un instant, puis, d'un bond franchissant les flammes, il vola vers elle, la saisit dans ses bras vigoureux et refranchit une seconde fois ce rempart de feu ; il retomba de l'autre côté. Ses vêtements, ceux de son infortunée fiancée, étaient en feu. Il déchira à pleines mains ceux de la jeune fille, il la roula dans la poussière, et parvint à éteindre la flamme ; ensuite il songea aux siens. Tous deux couverts de brûlures, nus comme Adam et Ève, étaient là l'un dans les bras de l'autre. « Merci de m'avoir sauvée ! murmura Irsilla à l'oreille de son fiancé, je suis encore digne de toi. » Pourtant, le père arriva près d'eux. « Malheureux ! dit-il au jeune homme, pourquoi l'as-tu tirée des flammes? Est-ce pour me forcer, moi son père, à la tuer de ma propre main? » Et déjà il brandissait son sabre sur sa tête, la tenant par sa noire chevelure que le feu avait à moitié consumée. « Arrête ! dit le jeune homme, en saisissant le bras du père, elle est ma femme, tu n'as plus aucun droit sur elle. » Cette scène se passait à la lueur du feu, aux cris des malheureux expirant dans d'horribles souffrances. Ismaïl-Pacha et tous ses soldats périrent ainsi. Pendant trois jours, la population, ivre de vengeance, vint danser autour de ce brasier humain.

Le defterdar, beau-frère d'Ismaïl, apprit bientôt l'horrible fin de ce jeune prince et de sa suite; il quitta au plus vite le Kordofan, où il se trouvait, et jura de faire tomber vingt mille têtes pour venger son beau-frère. Le defterdar était, comme on pourra le voir au chapitre suivant, un homme cruel, féroce de nature; il tint religieusement sa parole. Le village de Chendy fut détruit de fond en comble, ses habitants, femmes, enfants, vieillards, furent tous égorgés; le defterdar inventa pour eux les supplices les plus atroces; ensuite, devenu commandant en chef de l'armée du Sennaar et du Kordofan, il décima plus de la moitié de la population. Les habitants de ces contrées disaient : « Ce n'est plus un homme, c'est un démon échappé de l'enfer. » Ses soldats mêmes finirent par frémir de terreur à sa vue, au son de sa voix. Méhémet-Ali aimait beaucoup ses enfants, il pleura amèrement en apprenant la triste fin de son fils Ismaïl. Il était encore tout au chagrin de cette mort, lorsque le peuple égyptien accablé d'impôts, les fellahs arrachés à leur famille pour aller en corvées travailler aux fabriques du vice roi, las de murmurer, de se plaindre sans résultat, se révoltèrent ouvertement. L'émeute se déclara dans le Saïd, sous les instigations d'un marabout. Méhémet-Ali fut furieux de voir que le peuple osait ne pas être content et ne pas trouver bien tout ce qu'il faisait. Il donna ordre à la troupe de marcher sur les rebelles, de ne leur faire ni grâce ni quartier. Les soldats eurent bientôt raison des révoltés. Ceux-ci, forcés de quitter les armes, furent encore plus malheureux qu'avant.

Le pacha, très-préoccupé de l'idée de se former une nombreuse armée, de la rendre bien disciplinée, pour s'en servir plus tard en faveur de ses vues ambitieuses, faisait de nombreuses levées de recrues. Les fellahs sont un peuple pasteur et agriculteur, mais nullement guerrier; la guerre avec ses carnages leur fait horreur. Aussi, pour se soustraire aux lois du recrutement, se crevaient-ils un œil ou se coupaient-ils un doigt. On le voit, le sentiment guerrier était tout à fait négatif chez eux, puisqu'ils aimaient mieux se mutiler que d'être soldats. Méhémet-Ali eut alors une idée assez baroque, mais qui eut pour résultat de faire cesser l'habitude de ces mutilations : il composa un régiment de tous les mutilés, borgnes, manchots, et, la guerre arrivant, il le mit au premier rang...

Remplir ses coffres, former son armée, lui faire apprendre les manœuvres européennes : voilà à quoi s'occupa le pacha pendant deux ou trois ans. Il se forma aussi une marine. Lorsque la Grèce tenta de secouer le joug de la Turquie, le sultan demanda des soldats au pacha d'Égypte, ainsi que son escadre; Ibrahim-Pacha partit d'Alexandrie en 1824 avec seize mille hommes et huit cents chevaux. Son escadre se composait de soixante-trois vaisseaux. Ibrahim était un habile général, un soldat courageux, un intelligent stratégiste; il était sévère à l'excès peut-être, mais juste : il récompensait comme il punissait, avec justice; les soldats l'aimaient beaucoup. Dans sa guerre contre la Candie il fit des prodiges de valeur, payant toujours de sa personne comme un simple soldat. Cette guerre fut longue, elle coûta bien de l'argent. Méhémet-Ali y perdit son escadre et nombre de soldats. Pour rétablir les cadres et remplir de nouveau les coffres de l'État, Dieu seul sait ce qu'a eu à souffrir le pauvre peuple fellah. On le rouait de coups pour lui faire payer l'impôt. Tandis qu'il ne restait aux champs que les vieillards, les femmes et les enfants, tout le reste était enlevé pour l'armée; on rencontrait à chaque pas dans les campagnes des pauvres fellahs pleurant, sanglotant, conduits le carcan aux mains. Si ces années ont été des années de gloire pour le pacha, elles ont été des années de désolation pour le peuple égyptien. Voyez plutôt la position faite aux fellahs obligés de cultiver non ce qu'ils voulaient, mais ce qu'on leur ordonnait; obligés de livrer tous les produits de leur récolte, pouvant à peine garder pour eux ce qui était indispensable à leurs besoins; forcés de faire en corvée tous les travaux de construction, le travail des fabriques, des usines...; chaque fellah soumis à une contribution extraordinaire de neuf piastres pour les frais de la guerre, chaque maison frappée d'une taxe. On le voit, Méhémet-Ali ne gouvernait pas l'Égypte, il la possédait. Aussi le fellah, pour ne pas mourir sous les coups de bâton, vendit d'abord tout ce qu'il avait pour payer l'impôt; puis, n'ayant plus rien, il résolut de déserter ce sol si peu hospitalier pour lui. En peu de temps, malgré les postes établis aux frontières, plus de dix mille fellahs quittèrent l'Égypte pour aller s'établir en Syrie.

Tous ces ennuis et cette mauvaise position financière n'empêchèrent pas le pacha de songer à la conquête de la Syrie. Un petit différend avec le pacha d'Acre, Abd-Allah, lui en fournit le prétexte. Celui-ci avait fait bon accueil aux fellahs émigrés, avait refusé de les renvoyer au pacha d'Égypte, qui les réclamait impérieusement comme ses sujets... Abd-Allah mettait en avant les lois du Coran, qui commande de ne pas trahir l'homme qui se met sous votre protection; ensuite il ajoutait que ces fellahs étaient des sujets du sultan, et que comme tels ils avaient le droit de rester en Turquie.

Méhémet-Ali lui écrivit alors qu'il irait lui-même reprendre ses dix mille fellahs et qu'avec eux il prendrait un homme de plus... Il fit donc ses préparatifs de guerre en 1831. Vingt-quatre mille hommes et quatre-vingts canons se mirent en route pour la Syrie... La plus grande partie prit la route du désert; Ibrahim, à la tête de ses troupes d'élite, prit la mer et alla débarquer à Jaffa.

Abd-Allah avait fort peu de troupes; il se retira à Saint-Jean-d'Acre et se prépara à défendre cette ville.

Ibrahim se rendit facilement maître de Jaffa et de Caiffa, puis il vint assiéger Saint Jean-d'Acre, disant fièrement que, si Napoléon avait échoué dans la prise de cette ville, lui serait plus heureux. Mais pendant cinq mois il s'épuisa en efforts inutiles; la place, vigoureusement attaquée, était défendue de même. Le pacha commençait à croire qu'il avait trop présumé de ses forces; le découragement se mettait dans les rangs de ses soldats. Enfin, un Italien, officier du génie, donna à Ibrahim un nouveau plan d'attaque, qui fut d'intercepter les vivres et les munitions envoyés pour ravitailler la place; ensuite on tenta un assaut général. Ibrahim montra beaucoup de courage. Toujours à la tête des troupes, le premier il monta sur la brèche, et enfin, en 1832, après six mois de siége, il entra victorieux dans Acre; il fit Abd-Allah prisonnier et l'envoya à Méhémet-Ali. Celui-ci ne se montra point cruel; il se contenta de l'accabler d'injures et de moqueries, puis il l'envoya vivre à Roudah, lui donnant pour prison une petite maison...

Maître de cette place, Ibrahim continua sa marche victorieuse à travers la Syrie; il s'empara de Tripoli, de Damas. Ali-Pacha, gouverneur de cette dernière ville, la lui abandonna sans même songer à la lui disputer... Partout où il arrivait, les Osmanlis fuyaient devant lui, lui cédant la place sans coup férir... Soliman-Pacha (le Français Selves) accompagnait Ibrahim dans sa campagne de Syrie; il l'aida puissamment dans trois victoires remportées contre les Turcs... Enfin, à Haleb, à Homs, à Beylan, les troupes du sultan furent battues... et bientôt même les Turcs commencèrent à déserter leurs rangs pour se mettre dans ceux des Égyptiens victorieux...

Le sultan Mahmoud, qui jusqu'alors avait paru peu se préoccuper des succès de l'armée d'Égypte, commença à s'apercevoir qu'elle pourrait bien, de victoire en victoire, arriver jusqu'à Constantinople... Il leva une nouvelle armée, et l'envoya, commandée par Reschyd-Pacha, grand visir, contre le conquérant. Ibrahim résolut d'aller lui-même à la rencontre de cette nouvelle armée; il quitta Adana, se rendit par les défilés du Taurus à Konièh... Smyrne lui ouvrit ses portes, le reçut non en ennemi, mais en libérateur; sa marche fut celle d'un triomphateur. Pendant ce temps, le sultan lançait contre le pacha d'Égypte et son fils mille anathèmes au nom du prophète Mahomet et mettait leurs têtes à prix...

Ce fut près de Konièh que l'armée du grand visir et celle d'Ibrahim se rencontrèrent... L'issue de la bataille fut néfaste pour Reschyd-Pacha; son armée fut mise en déroute, et lui-même fut fait prisonnier... Soliman-Pacha, toujours à côté du général égyptien, fit comme lui des prodiges de valeur...

Cette éclatante victoire assurait à Méhémet-Ali la possession de la Syrie, lui ouvrait même les portes de tout l'Orient... Tous les esprits étaient enflammés d'admiration par les hauts faits d'armes d'Ibrahim; les Turcs à l'envi se rangeaient sous son drapeau... Si dans ce moment-là Ibrahim eût marché droit sur Constantinople, cette ville lui ouvrait ses portes, le sultan était détrôné, et lui, le fils de Méhémet-Ali, devenait sultan de tous les enfants du Prophète... N'était-ce pas lui qui avait arraché la Mecque, leur ville sainte, aux infidèles Wahabys, ce qui lui donnait un nouveau prestige aux yeux des Musulmans...? Mais il tarda, il laissa le temps au sultan épuisé de réclamer l'appui de la Russie, qui lui envoya vingt mille hommes... Ibrahim dut donc renoncer à la conquête de la Turquie et se contenter de la possession de la Syrie, que lui reconnaissait le traité de Fustaieh...

La conquête de la Syrie avait pris moins d'une année au fils de Méhémet-Ali... Pendant sept ans, le pacha d'Égypte jouit en paix de sa conquête... Mais le sultan, irrité des honteuses défaites de son armée, projetait de se venger; il réorganisait son armée, sa marine. Enfin, lorsqu'il se crut assez fort, en 1839, il envoya Hafiz-Pacha à la tête de quarante mille hommes reconquérir la Syrie.

La victoire se montra constante à l'Égyptien, Hafiz-Pacha fut battu. Sur ces entrefaites, le sultan Mahmoud mourut, laissant pour héritier un tout jeune homme. Alors les Turcs appelèrent de tous leurs vœux Méhémet-Ali sur le trône, et, le 14 juillet 1839, la flotte ottomane entrait dans Alexandrie pour acclamer Méhémet-Ali comme sultan de toute la Turquie!

Quel beau rêve pour l'ancien kaikjié de rentrer sultan dans cette ville où il ramait sur un petit kaïk!...

Hélas! l'Europe s'en mêla, et ce beau rêve s'évanouit en fumée... Il a été une heure, un jour, sultan en rêve, voilà tout!... A partir de ce moment, où il était arrivé à l'apogée de la gloire, Méhémet-Ali apprit que la fortune est une fille fantasque et capricieuse... La Syrie se révolta... Les Druses traitèrent les Égyptiens en ennemis, en massacrèrent beaucoup. Pour conserver la Syrie, il épuisait ses coffres et était forcé de mettre tous les fellahs, valides ou non, sous les armes... La Prusse, l'Angleterre, la Russie, l'Autriche, signèrent un traité d'alliance avec la Turquie pour maintenir Méhémet-Ali au simple rang de vassal... On lui offrait le pachalik de Saint-Jean-d'Acre et celui d'Égypte... Le pacha refusa net, il avait foi encore en ses forces. Alors les Anglais envoyèrent Napier en Syrie. Beyrouth, Acre et plusieurs places de la Syrie furent prises par lui, et l'invincible Ibrahim battu à plusieurs reprises... Le fier pacha se vit forcé d'accepter la paix. On la lui fit alors à des conditions plus dures pour lui. Il dut réduire son armée à dix-huit mille hommes, renvoyer dix mille Syriens qu'il y avait incorporés, et on ne lui donna plus alors le pachalik d'Acre, mais seulement celui d'Égypte, héréditaire dans sa descendance mâle.

Voici la copie du hatti-chérif qui donne le pachalik d'Égypte à Méhemet-Ali et à sa famille :

## HATTI-CHÉRIF

*De Sa Hautesse qui confère à Méhémet-Ali l'hérédité du gouvernement de l'Égypte, en le soumettant à certaines conditions.*

« Mon visir, j'ai vu avec satisfaction les preuves de soumission que vous venez de donner, ainsi que vos protestations de fidélité et vos assurances de dévouement envers mon auguste personne et pour les intérêts de ma Sublime Porte. Votre longue expérience et votre connaissance des affaires du pays placé depuis longtemps sous votre administration ne me laissent pas douter que vous saurez, par le zèle et la prudence que vous apporterez dans ce gouvernement, acquérir de nouveaux droits à ma bienveillance et à ma confiance en vous, et qu'en même temps, reconnaissant le prix de mes bienfaits, vous tâcherez de transmettre à vos descendants ces qualités qui vous distinguent. — Sur cette considération, je me suis décidé à vous confirmer dans le gouvernement de l'Égypte, dans les limites tracées sur la carte qui vous est envoyée par mon grand visir, et à vous offrir en outre la prérogative de l'hérédité de ce gouvernement, sous les conditions suivantes :

« 1. Lorsque le gouvernement de l'Égypte sera devenu vacant, il sera confié à celui de vos enfants mâles que je choisirai, et le même ordre de succession s'appliquera aux enfants mâles de ce dernier, et ainsi de suite. Dans le cas où votre lignée masculine viendrait à s'éteindre, les enfants mâles issus des femmes de votre famille ne pourront avoir aucun droit à la succession.

« 2. Celui de vos fils qui sera choisi pour vous succéder devra se rendre à Constantinople pour y recevoir l'investiture.

« 3. La prérogative de l'hérédité conférée au gouverneur de l'Égypte ne lui donnera aucun rang ou titre supérieur à celui des autres visirs.

« 4. Les dispositions de mon hatti-chérif de Gulhané, ainsi que les lois administratives en vigueur ou à créer dans mon empire, et tous les traités conclus ou qui pourront se conclure avec les puissances amies, seront également suivis en Égypte.

« 5. Tous les impôts dont cette province se trouvera grevée seront perçus en mon nom ; et, pour que les habitants de l'Égypte, qui font partie des sujets de ma Sublime Porte, ne soient pas exposés à des avanies et à des perceptions irrégulières, les dîmes, droits et autres impôts y seront réglés d'après le système suivi dans le reste de mon empire.

« 6. Le quart des revenus des droits de douane, dîmes et autres impôts en Égypte, sera prélevé sans aucune déduction et versé au trésor de ma Sublime Porte. Les trois autres quarts serviront à couvrir les frais de perception de l'administration civile et militaire et de l'entretien du gouverneur, ainsi qu'à payer le blé que l'Égypte doit envoyer chaque année aux villes saintes de la Mecque et de Médine.

« 7. Le tribut ci-dessus dû par le gouvernement de l'Égypte et le mode de payement dureront cinq ans, à dater de l'an 1219 (22 février 1841). Ils pourront, par la suite, être réglés d'une autre manière, plus convenable à la situation future de l'Égypte ou à la nature de nouvelles circonstances.

« 8. Comme il est du devoir de ma Sublime Porte de connaître le montant des revenus annuels et la manière de percevoir la dîme et les autres impôts, et comme cet objet exige une commission de surveillance et de contrôle dans cette province, on y avisera ultérieurement d'après ma volonté impériale.

« 9. Le règlement si important des monnaies devant être fixé par ma Sublime Porte de manière à ne plus admettre aucune variation tant pour le titre que pour la valeur, les pièces d'or et d'argent qu'il continuera d'être permis de frapper en mon nom, en Égypte, devront être exactement semblables à celles qui sortent de la monnaie impériale de Constantinople, soit pour le titre, soit pour la forme et le module.

« 10. En temps de paix, dix-huit mille hommes de troupes suffisent à la garde intérieure de l'Égypte; ce nombre ne pourra être dépassé. — Cependant, comme les forces égyptiennes sont destinées à la défense de ma Sublime Porte non moins que les autres forces de l'empire, elles pourront être augmentées en temps de guerre dans les proportions qui seront jugées nécessaires.

« 11. D'après le nouveau système de service militaire qui a été adopté pour tout le reste de mon empire, les soldats, après avoir servi cinq ans, devant être remplacés par de nouveaux soldats, ce même système sera suivi aussi en Égypte. Ainsi, sur les deux dernières levées des troupes égyptiennes qui servent aujourd'hui, l'on choisira vingt mille hommes pour commencer le nouveau service, dont dix-huit mille seront gardés pour l'Égypte, et deux mille envoyés ici pour faire leur temps.

« 12. Le cinquième de ces vingt mille hommes devra être remplacé chaque année. On prendra annuellement en Égypte quatre mille recrues, d'après le mode prescrit par le règlement militaire, au moyen du tirage au sort, et en procédant avec toute l'humanité, l'impartialité et la diligence requises... Trois mille six cents hommes de ces recrues resteront dans le pays, et quatre cents resteront ici.

« 13. Les soldats qui auront fini leur temps de service, soit en Égypte, soit ici, rentreront dans leurs foyers et ne pourront plus être requis une autre fois.

« 14. Quoique le climat de l'Égypte puisse exiger une différence dans l'étoffe des habits militaires, les uniformes néanmoins, ainsi que les signes distinctifs et les drapeaux des troupes égyptiennes, ne différeront pas de ceux des autres troupes de l'empire.

« 15. De même, le costume et les signes distinctifs des officiers, matelots et soldats de la marine égyptienne, ainsi que les pavillons des bâtiments, seront les mêmes que ceux d'ici.

« 16. La nomination des officiers de terre et de mer, jusqu'au grade de lieutenant inclusivement, appartiendra au gouvernement de l'Égypte. Celle des officiers supérieurs dépendra de ma volonté impériale.

« 17. Dorénavant, le gouverneur de l'Égypte ne pourra construire de bâtiments de guerre sans mon expresse permission.

« 18. La concession de l'hérédité au gouvernement de l'Égypte étant soumise aux conditions ci-dessus énoncées, l'inexécution de l'une d'elles motiverait le retrait immédiat de cette concession.

« Le présent hatti-chérif vous est donc adressé afin que vous ainsi que vos descendants, reconnaissants de la faveur impériale que je viens de vous accorder, vous vous occupiez à remplir avec soin les conditions établies, à protéger les habitants de l'Égypte contre toute violence en pourvoyant à leur sûreté et à leur bien-être, et en vous gardant de contrevenir à mes ordres ; enfin, pour que vous ayez à faire connaître à la Porte les affaires importantes du pays confié à votre gouvernement.

« Le 21 zelhedji 1219 (13 février 1841). »

## SECOND HATTI-CHÉRIF

(Portant la même date)

*A mon vizir Méhémet-Ali-Pacha, gouverneur de l'Égypte, à qui a été nouvellement conféré en outre le gouvernement des provinces de Nubie, du Darfour, du Kordofan et du Sennaar.*

« Ainsi que le porte un autre firman impérial, je vous ai confirmé dans le gouvernement de l'Égypte, à titre héréditaire, avec quelques conditions et certaines limites ; de plus, je vous ai accordé, sans hérédité, le gouvernement des provinces de Nubie, du Darfour, du Kordofan et du Sennaar, avec leurs dépendances, c'est-à-dire avec tous leurs attenants hors des limites de l'Égypte Guidé par l'expérience et la sagesse qui vous distingue, vous vous attacherez à administrer et organiser ces provinces selon mes vues équitables et à pourvoir au bien-être des habitants. Chaque année, vous transmettrez à ma Sublime Porte la liste exacte de tous les revenus annuels.

« De temps en temps, des troupes attaquent les villages des susdites provinces, et de jeunes individus mâles et femelles qui sont pris restent aux mains des soldats en payement de leur solde. Non-seulement il en résulte la ruine et la dépopulation du pays, mais encore un pareil état de choses est contraire à la sainte loi et à l'équité. Cet abus, et cet autre abus de mutiler des hommes pour la garde des harems, étant entièrement réprouvés par mon équitable volonté et en opposition complète avec les principes de justice et d'humanité proclamés depuis mon avènement au trône, vous aviserez soigneusement aux moyens d'empêcher et de réprimer à l'avenir des actes aussi coupables.

« Vous publierez que, à l'exception de quelques individus connus, qui sont allés en Égypte avec ma flotte impériale, j'ai pardonné sans distinction à tous les officiers, soldats et autres employés qui s'y trouvent.

« Quoique, d'après mon autre firman, la nomination de vos officiers au-dessus du grade d'adjudant doive être soumise à ma décision, ceux qui sont en place aujourd'hui seront confirmés ; mais vous enverrez à ma Sublime Porte une liste de ces officiers pour qu'on leur envoie un firman de confirmation. Telle est ma volonté impériale, à laquelle vous vous hâterez de vous conformer. »

On le voit, si Méhémet-Ali s'était vu bien près de monter sur le trône du sultan, celui-ci, à présent, le rendait gouverneur de l'Égypte, il est vrai, mais simple gouverneur, et avec des termes et des conditions assez durs.

La conduite du sultan, celle de la Sublime Porte, pendant la conquête de la Syrie par Ibrahim, paraissent inexplicables pour ceux qui ne connaissent pas les Turcs... Il est dans leur caractère de ne se préoccuper d'un danger que lorsqu'il est tout à fait imminent. Ils ne réparent un pont que lorsqu'il s'est affaissé. Ils ne remontent leur maison que lorsqu'elle s'est écroulée en plein, écrasant la moitié de leur famille. Ils n'ont songé à arrêter le pacha d'Égypte que lorsqu'il a été à la veille d'enlever le sceptre à Mahmoud.

Dans ce moment-ci, le fameux hatti-chérif est loin d'être suivi, comme je le prouverai dans le chapitre du vice-roi actuel... Eh bien, la Porte n'y fera attention que lorsque l'Égypte arrivera à lui donner des ordres au lieu d'en recevoir... L'indolence orientale est vraiment une étrange chose!... Les Turcs sont forts pour faire des lois..., leur sultan des hatti-chérifs; mais les faire exécuter..., ils ne s'y entendent plus du tout.

Si le marchand de tabac de la Cavala, l'ex-kaïkjié de Stamboul, devait s'estimer heureux de se trouver gouverneur de l'Égypte, de pouvoir laisser cet héritage à ses enfants, le fier conquérant qui un instant avait tenu l'Europe en émoi, qui avait fait trembler le sultan sur son trône d'or, était saisi d'une rage sourde de voir sa gloire finir là, son ambition bornée. Aussi, à partir de ce moment, Méhémet-Ali sembla ne plus s'occuper d'autre chose en Égypte que de prélever impôt sur impôt, et en effet, depuis ce moment, ce pays est devenu pour les pachas d'Égypte une source de fortune, et voilà tout. Ils ne la gouvernent pas, ils la possèdent. Un mot maintenant sur le caractère et la vie privée de Méhémet-Ali. D'abord il a eu quatre-vingt-quatre enfants. Il est inutile de dire, avec ce chiffre-là, qu'il ne s'en est pas tenu à la femme qu'il avait épousée à la Cavala, mais qu'il a orné son harem d'un grand nombre de femmes. Du reste, son fils Ibrahim lui a envoyé en présent de nombreuses jeunes Grecques faites prisonnières lors de la guerre contre la Grèce.

Par la raison que j'ai déjà dite, que les races étrangères arrivent difficilement à se reproduire en Égypte, sur ces quatre-vingt-quatre enfants, il a conservé seulement cinq fils et deux filles, tous les autres sont morts en bas âge. Ses fils ont été : Ibrahim-Pacha, Saïd-Pacha, Ismaïl-Pacha, Halim-Pacha, Méhémet-Ali-Pacha, deux filles, dont une, mariée à un pacha, a été peu connue, et l'autre, la fameuse princesse Naslé-Hanen, femme du defterdar Atmeth-Bey, s'est fait une triste célébrité. (Voir chap. 3°). Méhémet-Ali était bon père, et les nombreuses femmes de son harem n'avaient aussi qu'à se louer de sa douceur pour elles.

Il aimait énormément les femmes, et au milieu de

ses graves préoccupations il a toujours trouvé de longues heures à consacrer à son harem. Les quelques Européennes qui ont eu l'honneur de faire sa connaissance l'ont trouvé très-galant, très-aimable, ayant toujours un gracieux compliment à la bouche. Une grande dame anglaise vint en Égypte. Méhémet-Ali était la célébrité du jour, elle fut prise du désir de le voir, pour pouvoir inscrire dans une page de son journal de voyage : « A tel jour, telle heure, vu le grand Méhémet-Ali-Pacha, etc., etc. » Elle lui écrivit un mot pour lui exprimer tout le bonheur qu'elle aurait à faire sa connaissance. Quoique la galanterie fût peu, à cette époque-là surtout, dans l'habitude des Turcs, et qu'il fût tout à fait contraire aux idées admises de recevoir la visite d'une femme, le galant pacha lui fit répondre qu'il serait enchanté d'avoir l'honneur de la recevoir. Notre Anglaise se rendit donc chez lui, il la reçut avec une bienveillance tout aimable, causa longuement avec elle, lui offrit le café et la pipe de l'hospitalité, pipe qu'essaya bravement de fumer notre lady. Au moment où elle prenait congé de lui, le pacha la pria de vouloir bien accepter un petit souvenir, et il lui offrit une superbe parure. La dame accepta, puis elle lui dit qu'il y avait un autre souvenir qu'elle serait bien heureuse qu'il lui donnât.

« Quoi donc, Madame ? lui demanda le pacha. Croyez que tout ce que j'ai est à votre disposition. »

Je vous donne en cent à deviner ce que lui demanda

notre Anglaise, une vraie excentricité d'Anglaise! Quelques poils de sa longue et soyeuse barbe blanche!

Méhémet-Ali, légèrement interdit de cette demande, prit pourtant des ciseaux, coupa une petite mèche des poils demandés et l'offrit à la dame, qui s'empressa de les enfermer dans un médaillon. Mais il fallait que le galant pacha fût réellement très-galant, car pour un musulman la barbe est une chose sacrée : il adopte une forme de barbe, va à la mosquée la faire consacrer par l'iman, et il ne la coupe plus, il la porte toujours pareille. Couper la barbe à un musulman serait lui faire une insulte affreuse, et la victime n'oserait plus se montrer en public avant que sa barbe fût complétement repoussée. Dans leurs querelles, le plus grand outrage que puissent se faire des musulmans, c'est de se tirer la barbe.

Notre lady a donc remporté un vrai triomphe.

Méhémet-Ali avait du reste une fort belle barbe dont il était fier et qu'il soignait beaucoup; sa main et son pied étaient aussi petits et bien faits.

Sa figure était fine; dans ses yeux vifs et ardents se lisait l'intelligence mélangée d'un peu d'astuce, cette arme redoutable des musulmans!

On ne peut pas dire qu'il fût précisément cruel, mais il était colère et emporté. On cite plusieurs faits qui prouvent qu'il ressemblait assez à un enfant mal élevé, volontaire jusqu'à la cruauté. Ainsi il avait dans son jardin un prunier venu de France; chaque jour il allait voir le progrès que faisaient vers la maturité quatre prunes qu'il portait. Mais une nuit le khamsin souffle, les prunes tombent, ce que voyant le matin, le pacha se mit en fureur et fit donner cent coups de courbache au jardinier, qui, hélas ! n'en pouvait mais. Il est vrai que, sa colère passée, il envoya un cadeau au malheureux. Je ne sais si ce cadeau eut la vertu de lui guérir les meurtrissures du courbache.

La grande exploitation du pacha d'Égypte par une foule d'aventuriers a commencé sous Méhémet-Ali, pour se continuer encore sous Ismaïl. Le premier pacha, comme je l'ai déjà dit, avait pu voir de près le génie des grands hommes qui avaient fait partie de l'expédition d'Égypte, et il était grand admirateur de la France ; il lui demanda des officiers instructeurs pour former ses armées, des ingénieurs, des médecins, etc. Il les paya tous fort généreusement... D'un autre côté, son impôt en nature le força à se mettre en relation avec le commerce européen. Plusieurs négociants firent en peu de temps de fort brillantes affaires en Égypte. Bientôt les bouches de la Renommée apprirent à l'Europe que l'Égypte était une mine qui produisait de l'or, beaucoup d'or, à qui savait l'exploiter. Alors vinrent des gens honnêtes, honorables, mais peu favorisés par dame Fortune, pour essayer si dans la terre des Pharaons elle se montrerait moins cruelle pour eux... Mais avec ces gens-là s'abattit sur l'Égypte une nuée de va-nu-pieds, de gens sans foi ni loi qui, chassés de chez eux par des faillites, des condamnations ou autre chose de ce genre, vinrent tenter de s'enrichir dans ce pays... Ces gens-là ou leurs enfants roulent carrosse aujourd'hui, portent la tête haute ; ils sont arrogants, superbes ; ils simulent un écusson sur les panneaux de leur voiture ; volontiers ils parleraient de leurs aïeux, de leurs quartiers de noblesse, s'ils savaient ce que c'est... C'est ce qui forme à présent la majeure partie de la société égyptienne, ce qu'on appelle avec emphase le grand monde.

Méhémet-Ali, sans se préoccuper des antécédents de ces gens-là, de leur moralité, ou plutôt sans s'apercevoir de l'absence de moralité qui brillait en eux, les accueillit tous indistinctement avec la même confiance ; il leur donna des places, des commandes d'achats en Europe. Il fut volé, exploité. Alors il se plaignit amèrement de ce que les Français n'étaient pas tels qu'il l'avait cru d'abord. Il fut impossible de lui faire comprendre que chaque nation a sa lie, sa quantité d'hommes sans foi ni loi, et que c'étaient de préférence ceux qui s'expatrient pour aller chercher fortune à l'étranger.

Maintenant le grand pacha a eu près de lui des hommes distingués, honorables, qui ont rendu à lui et à son pays de grands services, entre autres Selves, devenu Soliman-Pacha, qui est mort aujourd'hui ; d'Arnaud-Bey, ingénieur, qui est encore en Égypte, et qui a fait de grands travaux et rendu de vrais services au pays.

Il faut convenir que Méhémet-Ali avait eu une vie fort accidentée et bien remplie de sérieuses préoccupations et de poignantes émotions... Le cerveau humain, même chez les plus grands hommes, a ses limites de forces ; Dieu ne veut pas qu'ils oublient que leur nature est toute terrestre, et fragile par conséquent.

Le grand pacha avait abusé des forces que le Créateur lui avait données, son esprit avait trop travaillé, ses nerfs avaient été trop secoués par de puissantes émotions : la folie arriva. Ce qui la fit déclarer doit le rendre encore plus sympathique aux admirateurs de ce grand homme.

Déjà Méhémet-Ali avait donné quelques légers signes de dérangement ou de fatigue de cerveau .. Voici à quelle occasion sa folie se déclara.

Les rapports étaient rompus entre la Porte et la Grèce. M. ***, le consul grec en Égypte, était très-bien avec le pacha. Celui-ci lui dit : « Soyez tranquille, malgré les hostilités entre la Turquie et la Grèce, vos nationaux n'auront rien à craindre en Égypte, moi-même je les protégerai... » Le consul vécut donc tranquille, confiant en la parole du vice-roi... Or, un jour, voici ce qu'il arriva. Une femme turque alla acheter des légumes chez un marchand grec à qui elle devait déjà de l'argent. Le marchand lui dit : « Paye ce que tu dois déjà, ou bien je ne te donne plus rien. » La femme, sans tenir compte de ces paroles, prit sa marchandise, et se disposait à sortir en l'emportant, lorsque le marchand la saisit par le bras pour l'empêcher de s'en aller; elle se rejeta brusquement en arrière et tomba dans la rue; dans ce mouvement, son voile resta entre les mains du Grec. Elle se mit alors à crier : « Au secours! cet homme veut me violer! » Le public s'amasse, des cavas arrivent, la femme leur répète que cet homme a voulu abuser d'elle. « Où est ton mari? lui demande-t-on. — Soldat en Syrie, » répond-elle...

Les cavas s'emparent de ce marchand, l'entraînent en prison; là il est si bien roué de coups qu'il meurt.

Le consul grec apprend cela, il va trouver Méhémed-Ali, et lui dit :

« Altesse, j'avais compté sur votre parole. D'après elle, j'avais espéré que mes nationaux seraient protégés; et, loin de là, j'apprends que l'un d'eux vient de mourir sous les coups que votre police vient de lui faire donner injustement. — Mais, mon ami, que me dites-vous donc là? » répond le pacha.

Le consul lui raconta l'affaire. « Mais, s'écrie Méhémet-Ali, ce n'est pas ça du tout! Cet homme avait voulu violer la femme d'un de mes soldats qui se trouve en Syrie... »

Le consul lui dit alors : « Écoutez, Altesse, faisons une enquête. Si elle nous démontre que le fait s'est passé comme Votre Altesse le croit, je me tairai alors. Mais si, par contre, il s'est passé comme je viens de l'expliquer, Son Altesse me donnera satisfaction de ceux qui ont traité ainsi ce Grec. »

— Rien de plus juste », répond le pacha.

L'enquête se fait, et elle prouve que ce Grec n'avait jamais eu la pensée d'attenter à la vertu de cette femme, qu'il avait voulu seulement l'empêcher de prendre sa marchandise à crédit; la femme elle-même finit par avouer la vérité. Méhémet-Ali entre alors dans une fureur sans pareille, il mande auprès de lui le bey qui avait fait emprisonner et courbacher ce pauvre homme, ainsi que l'agent de police...

« Malheureux, misérables, leur dit-il, vous me compromettez, vous me faites passer comme un homme barbare aux yeux de toute l'Europe... Vous me faites manquer à ma parole; tandis que j'ai promis de protéger moi-même les Grecs, vous en faites mourir un injustement sous vos coups!

« Que voulez-vous que je dise au consul à présent?... »

La colère l'étouffait, il était rouge, les yeux lui sortaient de la tête... Bientôt il se mit à parler de chose et d'autre, à déraisonner complétement. Il était fou... Sa folie venant d'un motif pareil, doit lui acquérir de la sympathie; il se mettait en colère au nom de la justice, de l'équité; il était hors de lui qu'on l'eût fait manquer à sa parole.

A partir de ce moment, sa folie n'a plus cessé jusqu'au jour de sa mort... Il a eu même des instants de folie furieuse... Son fils Ibrahim gouverna en son nom jusqu'au moment où, son père mort, il monta lui-même sur le trône.

## IBRAHIM-PACHA.

Le vie d'Ibrahim se trouve dans la vie de son père. Valeureux guerrier, bon général, savant stratégiste, il a été un puissant auxiliaire à la gloire du grand Méhémet-Ali. De son règne on ne peut dire que ceci : c'est qu'il aurait fallu pour le bonheur de l'Égypte, pour sa prospérité, que ce règne, au lieu d'être de soixante-quinze jours, fût de soixante-quinze ans.

Avec l'esprit pratique, positif, ami du progrès, qui animait ce prince, les choses n'iraient pas comme elles vont aujourd'hui en Égypte. Si ce prince avait régné longtemps, il aurait poursuivi l'œuvre civilisatrice commencée par son père; et sa justice et sa fermeté auraient fait de cette nation une grande nation. Il se serait occupé des finances, et voici ce qui le prouve. En arrivant au pouvoir, il s'aperçut de leur état délabré, il vit aussi le gaspillage qui régnait partout, ainsi que les malversations de beaucoup d'employés; il convoqua tous les ministres et les membres de sa famille, et il leur tint ce langage :

« Il y a assez longtemps que vous puisez à pleines mains dans les coffres de l'État; ils sont vides, et il faut songer à les remplir sans établir de nouveaux impôts, car le peuple n'en est déjà que trop accablé. Pour cela, non seulement il ne faut plus puiser dans les coffres, mais encore il faut servir le pays pour rien... Toi, dit-il à Abbas-Pacha, tu as des dettes, tu es une canaille, tu n'as ni cœur ni moralité. Je payerai tes dettes, mais pars au plus vite pour le Hedjaz, si tu ne veux pas que je te fasse raccourcir de toute la tête...

« Toi, dit-il à Saïd-Pacha, tu es bon, excellent, trop bon même, c'est pourquoi tu as des dettes... Combien te rendent tes propriétés?...

— Tant de mille livres », répondit le jeune Saïd, qui, on le voit, était déjà à cette époque enfant prodigue.

— Seulement cela, lui dit Ibrahim. Tu ne t'entends en rien aux affaires. Je payerai tes dettes, à condition que tu m'abandonneras tes rentes, la gestion de tes biens pendant cinq ans, et je te payerai en pension la même somme que tu prétends à présent qu'ils te rendent. Le surplus que je leur ferai rendre, moi, suffira pour me rembourser. »

Après avoir parlé ainsi aux membres de sa famille, il s'adressa aux ministres et aux employés.

« Toi, » dit-il au fameux Chériff-Pacha, celui qui est mort dernièrement laissant soixante millions à son fils Kalil-Bey, ambassadeur de Turquie en Russie, et qui, se rendant en Égypte pour recueillir la succession de son père quinze jours après sa mort, s'est arrêté à Paris pour donner quelques joyeux dîners !

« Toi, Chériff, lui dit-il, tu as si bien puisé dans le trésor du pays, que tu as plus de cinquante millions : c'est bien le moins qu'à présent tu serves quelque temps pour rien, et que tu laisses aux finances le temps de se rétablir... »

A tous il dit quelques vérités, puis il débuta par de sages mesures capables de raviver le bien-être dans ce pays, que les longues guerres avaient épuisé...

Hélas! un destin contraire à l'Égypte le rappela vers Dieu soixante-quinze jours après, et laissa le pouvoir à Abbas, son neveu.

Je le répète, la mort du prince Ibrahim peut être considérée comme une calamité pour l'Égypte; car lui seul aurait pu, après avoir aidé son père à la conquérir par sa vaillance, la rendre prospère et heureuse.

## LE DEFTERDAR ACHMET-BEY,

GENDRE DE MÉHÉMET-ALI-PACHA.

## LA PRINCESSE NASLÉ-HANEN,

SA FEMME.

Jamais on ne vit des époux mieux assortis que ne l'étaient le defterdar et sa femme la princesse Naslé-Hanen!...

C'étaient vraiment des époux bien intéressants!...

La Porte avait envoyé en Égypte Achmet-Bey, avec la mission de defterdar, c'est-à-dire surveillant: le sultan voulait s'assurer si son gouverneur général ne lui dissimulait pas le chiffre des impôts, et si ces impôts étaient perçus et levés avec équité.

La question de l'impôt était une corde très-sensible

pour Méhémet-Ali, aussi voulut-il s'attacher l'homme chargé de cette mission ; il fit donc du defterdar son gendre en lui donnant en mariage sa fille Zora-Pacha, qui est plus généralement connue en Égypte sous le nom de Naslé-Hanen. Du reste, outre le désir de mettre dans ses intérêts l'inspecteur nommé pour surveiller les finances, Méhémet-Ali fut peut-être encore poussé à faire ce mariage par la persuasion qu'à pareille femme que mademoiselle sa fille il fallait un homme comme celui-là. Il aurait pu faire la réponse que fit un colonel français dont la fille, âgée de seize ans, avait déjà tous les vices possibles et impossibles, un caractère violent, impétueux, l'âme noire et perverse... Un jeune officier de marine s'en rendit pourtant amoureux, et il demanda en mariage à son père... « Comment ! s'écria celui-ci, vous voulez devenir le mari de ma fille !... Mais je n'y consentirai jamais : vous êtes un charmant garçon que j'aime beaucoup. Je destine ma fille à un Anglais ; je désire faire cette union pour me venger de cette nation, qui est ce que je déteste le plus au monde. »

L'homme que le pacha détestait, mais là, très-cordialement, c'était le defterdar ; aussi lui donna-t-il sa fille en mariage.

Le defterdar était un Turc assez instruit ; ses manières étaient affables, bienveillantes même, quand il le voulait ; de taille moyenne, parfaitement constitué. Sa figure n'était pas trop déplaisante ; mais son œil, d'un gris vert, était fauve et méchant. Il avait l'habitude de regarder dans le blanc des yeux ceux qui lui parlaient, et vraiment sous ce regard ceux-ci se sentaient mal à l'aise. Ce qui a rendu le defterdar célèbre, c'est une cruauté froide, inouïe. Il y a trente-huit ans qu'il est mort, les Égyptiens frémissent encore d'effroi en entendant prononcer son nom. J'ai raconté dans le chapitre de Méhémet-Ali comment il a vengé dans le Sennaar et le Kordofan le meurtre d'Ismaïl-Pacha et de sa suite. Là encore, l'indignation, la douleur du beau-frère, pourraient excuser jusqu'à un certain point les atrocités qu'il a commises; mais, de retour en Égypte, il en a commis d'inouïes et froidement. Cet homme-là avait du sang de tigre et de panthère dans les veines : la vue du sang, du meurtre, avait pour lui une âcre et suprême volupté... Son beau-père lui avait conféré un haut grade dans l'armée... Les soldats frémissaient d'épouvante à sa voix, à sa vue... Un volume entier ne suffirait pas pour raconter tous les actes de barbare cruauté dont s'est rendu coupable le defterdar. J'en prends quelques-uns au hasard qui pourront donner une idée de cet homme, de ce monstre plutôt... Tous ces faits, je garantis leur authenticité; ils sont, du reste, bien connus en Égypte; je les tiens de gens contemporains du defterdar.

Un jour qu'il se promenait au Caire, sur la place de l'Esbékyeh, il voit une femme qui se disputait avec un soldat. « Qu'est-ce? dit-il en s'approchant.

— Cet homme, lui dit la femme, m'a acheté pour

cinq piastres de lait, et il ne veut pas me payer.

— C'est faux, dit le soldat, je ne lui ai pas acheté de lait.

— Menteur ! s'écrie la femme, tu viens de le boire. »

Le defterdar demande au soldat si réellement il a acheté du lait à cette femme. Celui-ci persiste à dire que non, la femme que si. Le defterdar donna alors l'ordre aux cavas qui l'accompagnaient d'ouvrir l'estomac et le ventre de ce soldat. L'ordre est exécuté, le malheurenx est pourfendu avec un énorme poignard. Il y avait du lait dans son estomac. Le defterdar sort alors sa bourse, donne les cinq piastres à la femme en lui disant : « Tu avais raison. » Et il s'éloigne tranquillement, laissant ce pauvre diable étendu par terre dans les convulsions d'une horrible agonie. Il a vu éventrer cet homme d'un air impassible, fumant tranquillement son chibouk, et on aurait dit qu'il faisait là l'acte le plus naturel du monde.

Une autre fois, il entend un soldat qui murmurait. « Pourquoi n'es-tu pas content, lui dit-il? Que signifient ces murmures? — Mais voyez-donc, Excellence, lui répond cet homme, je sers mon pays et je n'ai pas même de souliers, les miens tombent en loques... — Ah ! c'est parce que tu n'a pas de souliers que tu murmures, dit le defterdar. Eh bien, je vais t'en donner et qui resteront longtemps à tes pieds. » Il envoie chercher une paire de souliers, ainsi qu'un maréchal ferrant, fait attacher le malheureux soldat et lui fait clouer les souliers aux pieds.

De pareils faits n'ont pas besoin de commentaires.

Une autre fois, il se rendait dans l'intérieur et voyageait à cheval. En passant sous un arbre, une branche accrocha son tarbouche (bonnet rouge); il ne s'arrête pas et le laisse là. Quinze jours après, il repasse par le même endroit et n'aperçoit plus ledit bonnet. Il fait venir le cheik El-Bélett du village voisin et lui dit : « Informe-toi de suite qui a volé le tarbourche que j'avais laissé là il y a quinze jours. Si dans une heure tu ne m'as pas amené le voleur, je te fais bâtonner. » Il fait poser sa tente sous cet arbre et se met à déjeuner. Une heure après, un malheureux fellah lui était amené par le cheik. « C'est toi qui as volé mon tarbouche? lui demande-t-il. » Le pauvre diable balbutia en tremblant : « Oui, Excellence; mais je ne savais pas à qui il appartenait.

— A qui qu'il appartînt, tu ne devais pas le voler, » lui répond le defterdar, qui donne ensuite l'ordre de le pendre à la même branche où son bonnet était accroché, ce qui fut fait.

Plus d'une fois il a fait attacher des fellahs à la bouche d'un canon. Restant à quelque distance, il s'amusait à voir voler en morceaux le corps de ces infortunés.

Je l'ai dit, le defterdar était assez instruit pour un Turc; il avait même des notions géographiques assez exactes. Dans son expédition dans le Sennaar et le Kordofan, il s'occupa à tirer une carte géographique du pays. Cette carte est la seule au monde de son espèce... Il l'a faite avec du sang humain, une encre de son invention!

Voici comment il s'y est pris (je tiens ces détails d'un officier français qui faisait partie de l'expédition du Sennaar avec le defterdar). Son armée suivait une ligne droite, il écrivait chaque jour : « A tant de distance de..... nous traversons une plaine ou un désert, à droite tel village ou tel oasis, ou le désert. » Pour avoir de l'encre il fit trancher la tête à un homme, fit nettoyer l'os du crâne, s'en fit un encrier. Lorsque sa provision fut épuisée, il fit couper encore une tête, et ainsi de suite jusqu'au jour où sa carte fut terminée. Il eut à son retour l'idée de faire hommage de sa carte à l'Institut géographique de Paris. L'Institut reconnaissant accepta la carte (elle y est encore), et lui envoya un de ses membres, M. Parissy, lui apporter en Égypte sa nomination de membre honoraire dudit Institut. La visite de M. Parissy au defterdar fut rendue assez drôle par l'incident que voici :

Le defterdar habitait au Caire le palais qui se trouve sur la place de l'Esbékych tout près de l'hôtel anglais, palais qui est à présent habité par M^me Kamill-Pacha. On introduisit Parissy dans un superbe salon du séblanlik. Il s'assit, en attendant le maître du logis, sur un magnifique et moelleux divan. Il était là depuis un instant, contemplant d'un œil étonné ce luxe oriental, quand tout à coup la porte, laissée entr'ouverte, est repoussée, et entre, calme, fier et majestueux, un énorme lion, qui se dirige droit sur Parissy. Celui-ci pousse un cri perçant, ne fait qu'un bond à la croisée. Heureusement pour sa peau, malheureusement pour sa peur, il y avait des barreaux : il ne put donc sauter, mais il se mit à grimper tout en haut, se pelotonnant, se faisant aussi petit que possible. Le lion s'était approché de la fenêtre, il regardait d'un œil curieux la gymnastique de notre membre de l'Institut, qui, craignant que l'animal ne grimpât après lui pour le dévorer, poussait des cris de détresse à se faire entendre des bords du Nil. Ces cris firent accourir les domestiques, qui, voyant ce malheureux cramponné tout en haut des barreaux, se mirent à pousser des éclats de rire, des cris de joie. Parissy traduisit cela par des cris de frayeur, et il eut encore un peu plus peur lui-même, d'autant plus que les domestiques s'éloignèrent en courant.

Bientôt le defterdar, averti par eux, paraît sur le seuil de la porte. Lui aussi, en voyant Parissy dans cette burlesque situation, est pris d'un fou-rire. Enfin il s'avance, lui tend la main pour l'aider à descendre en lui disant gracieusement : « Eh quoi ! monsieur, c'est ce bon et fidèle animal qui vous a si fort épouvanté ? — Mais, dit Parissy un peu honteux, il me semble qu'il y a de quoi ! Nous, Parisiens, nous ne sommes point habitués à vivre en société de ces bêtes-là. »

Alors le defterdar, après avoir fait asseoir son visiteur et s'être assis lui-même, se mit à l'assurer que son lion était plus doux qu'un agneau, et pour preuve il lui donna une tape. Le lion rugit sourdement et le defterdar laissait sa main dans sa gueule s'il ne l'eût pas retirée prestement... « Mais, dit Parissy en se sentant repris d'un frisson d'épouvante, l'agneau me paraît assez peu mouton !

— Je ne sais ce qu'il a aujourd'hui, il fait le méchant. Je vais le faire châtier. » Il appelle un domestique et lui dit : « Donnez une correction à cet animal. »

Le serviteur pâlit affreusement... Parissy aurait bien demandé à s'en aller s'il l'avait osé. La porte ouverte, dans l'appartement à côté fut conduit le lion; l'Arabe lui donna un grand coup de poing sur la tête. Le lion bondit sur celui qui osait lever la main sur lui et l'étendit roide mort.

« Quelle superbe bête ! dit le defterdar à Parissy avec un aimable sourire. Comme il est beau et majestueux dans sa fureur ! » Et sans plus faire attention à cet homme mort à côté de lui ni au lion, il se mit à parler de chose et d'autre à son visiteur. Celui-ci se sentait fort mal à l'aise ; il offrit au defterdar son brevet de membre honoraire de l'Institut, ainsi que les remercîments que la savante société lui adressait pour son envoi, et il prit congé jurant bien ses grands dieux, *in petto*, qu'il ne reviendrait plus chez son collègue égyptien... Il partit en effet sans revenir chez lui.

Le defterdar avait toujours un ou deux lions près de lui, en guise de chiens. Son grand bonheur, sa distraction de prédilection, était, pour la moindre des fautes commises, de livrer un de ses serviteurs aux fureurs de ces bêtes. Il forçait le malheureux coupable à battre le lion ; celui-ci, mis en colère, se jetait sur lui, le déchirait à coups de griffes et de dents. Pour le bey ce spectacle avait autant de charme qu'en a pour nos dilettanti une bonne représentation aux Italiens.

Le defterdar était devenu un objet d'épouvante pour tout le monde. Lui ne craignait qu'une seule personne, sa femme, la fameuse princesse Naslé-Hanen. Il sentait par intuition qu'ils avaient tous deux la même nature, les mêmes instincts. Comme deux ennemis redoutables, ils se toisaient, se regardaient en face ; peut-être s'admiraient-ils mutuellement. Le fait est que lui, cruel, farouche pour tout le monde, a toujours été assez convenable pour sa femme. Celle-ci, de son côté, n'a commencé ses exploits amoureux et néfastes qu'après qu'elle a été veuve.

Méhémet-Ali, le fier guerrier, finit par trembler devant son gendre. Il l'avait d'abord, pour l'éloigner de lui, envoyé dans le Sennaar et dans le Kordofan ; mais, la guerre ayant pris fin, le général revint, et donna carrière à sa nature barbarement cruelle au Caire et à Alexandrie. Le grand pacha n'osait lui faire aucune observation, redoutant le courroux de cet homme qui n'avait d'humain que la figure. Bientôt, je le répète, il prit peur de cet être. Un jour il parla à sa fille la princesse des sentiments de crainte que lui inspirait son mari.

« C'est bien, mon père, » répondit-elle. Le lendemain, de sa blanche main elle servait à son mari une tasse de ce bon et délicieux café arabe. Elle lui tendit la tasse avec un charmant sourire, il la but d'un trait. En Orient, le café est quelquefois malsain. Le defterdar ne vécut qu'un quart d'heure après avoir avalé cet excellent café.

Les Égyptiens ne lui donnèrent certes pas un regret. Les fellahs dirent : « L'enfer a repris son démon. »

La princesse était donc veuve : elle préféra cette position-là aux chances d'un nouveau mariage. Elle commença dès lors à renouveler en Égypte les exploits de Marguerite de Bourgogne, de néfaste mémoire ; le Caire eut sa tour de Nesle, ou plutôt ses tours de Nesle. Car la princesse aimait changer souvent de logement ; ces changements avaient pour but de mieux cacher ses exploits amoureux. Elle habitait tour à tour sa villa sur le Nil, son harem situé dans le Mouski, son pied-à-terre sur la place de l'Esbékyeh, et une autre maison donnant sur le canal du Khalig.

Naslé-Hanen était loin d'être jolie ; elle était petite, avec un embonpoint tout à fait oriental.

Mais elle avait une nature ardente, impétueuse. C'était la Messaline de son siècle.

Seulement la grande dame voulait bien avoir des amants, en changer tous les huit jours ; mais elle ne voulait pas ternir sa réputation, subir les conséquences de cette vie déréglée qui lui aurait attiré le mépris des musulmans et la colère de sa famille.

Elle ne connaissait certainement pas l'histoire de cette fameuse Marguerite de Bourgogne; le récit de ses amours néfastes n'était sans doute jamais parvenu jusqu'à elle, et cependant elle donne aux habitants du Caire un spectacle pareil à celui que Marguerite avait donné jadis aux Parisiens.

Ayant toujours vécu enfermée dans son harem, elle devait peu connaître le caractère des hommes, et cependant, par intuition, elle devina ceci : c'est que compter sur leur discrétion est une vraie folie, que le plus discret des hommes raconte tout au moins à son ami le plus intime, qui à son tour la raconte au sien, et ainsi de suite, la bonne fortune qu'il a eüe.

Elle avait deviné que leur cœur est peu accessible à la reconnaissance, et qu'alors qu'une femme les a honorés de ses faveurs, a eu pour eux un tendre sentiment, ils sont après les premiers à la compromettre et à dire du mal d'elle; que c'est là toute la reconnaissance qu'ils ont des bontés que les femmes ont eues pour eux.

Elle agit donc en conséquence. Elle avait besoin du secret, du secret le plus absolu : elle ne le demanda pas àses amants, sachant que c'était inutile, mais à la mort...

Un certain docteur, attaché à la personne de cette princesse, a joué dans tout cela un rôle assez ignoble. Tout en étant son amant, il lui amenait de jeunes étrangers. Ces étrangers étaient conduits là les yeux bandés, on ne leur disait pas chez qui ils allaient. Voir de près une femme musulmane étant le rêve de tous les Européens, ce bon docteur italien leur disait : «Je vous faciliterai cette bonne fortune. A telle heure, ce soir, soyez à tel endroit. » Ils n'avaient garde de manquer au rendez-vous. Un eunuque arrivait, leur bandait les yeux et les conduisait chez la princesse. Une fois là, ils étaient bien traités, bien choyés pendant huit ou quinze jours, selon qu'ils avaient plus ou moins le talent de plaire à la reine du logis ; ensuite elle leur disait : «Mon mari va revenir, il faut que vous partiez ; mais lorsqu'il sera encore absent je vous ferai revenir.» Ils partaient, mais pour l'autre monde. Si elle habitait dans ce moment-là son palais sur le Nil, on rebandait les yeux au jeune homme, l'eunuque le prenait par la main, et, au lieu de le conduire à la porte par où il était entré, il le conduisait à une autre donnant sur le Nil. Une fois la porte ouverte, l'eunuque prestement lui assénait un violent coup de poing sur la nuque et le jetait ainsi à moitié assommé dans le Nil. Les eaux du fleuve transportaient au loin le cadavre, et tout était dit.

Lorsqu'elle habitait son palais sur le Khalig, canal qui traverse le Caire, les choses se passaient à peu près de la même façon.

Lorsqu'elle était dans son harem de Mouski, grande rue du Caire, une citerne remplaçait le Nil. Pourtant la mort elle-même trahit souvent les secrets qu'on lui confie. Il le faut, car sans cela les crimes resteraient impunis.

Bientôt la rumeur publique se préoccupa de ces nombreuses disparitions. On avait vu au clair de lune des eunuques de la princesse jeter un corps à l'eau; au Mouski, les voisins de son harem avaient vu, assuraient-ils, des eunuques introduire un homme. Ils n'avaient plus vu ressortir cet homme; mais, quelques jours après, ils avaient entendu des cris étouffés, comme si on étranglait quelqu'un.

D'autres disaient qu'un soir, dans un *café*, ils avaient vu un eunuque, qu'ils avaient bien reconnu pour être de la maison de la princesse, parler tout bas à un jeune Grec, que ce Grec l'avait suivi, et que depuis ce moment-là on n'avait plus revu ce jeune homme, et que sa famille le faisait en vain chercher partout.

Mais l'on se disait cela tout bas, car la princesse étant fille du grand pacha : on craignait de se compromettre.

Un jour pourtant ces rumeurs arrivèrent aux oreilles d'un jeune Italien, très-beau garçon et d'humeur assez aventureuse. « Eh bien, dit-il à ceux qui lui racontaient ces funestes bruits, je vais aller dans ce café hanté par les eunuques de cette dame, et s'ils me proposent d'aller voir leur maîtresse, j'irai, et, vous le verrez, j'en sortirai en vie ! »... En vain on lui dit et on lui répéta que son projet était insensé, imprudent; il n'écouta rien, et à partir de ce jour il s'installa dans ledit café.

Il était très-beau garçon, ce jeune Italien; les eunuques ne tardèrent pas à le remarquer, et un soir, l'un d'eux vint fumer sa pipe tout près de lui.

« Je connais une fort jolie femme qui est amoureuse de toi, lui dit-il. Veux-tu venir la voir? Je suis à son service et je m'offre à te faire parvenir près d'elle sans danger...

— Mais j'irai avec grand plaisir si elle est jolie, répondit l'Italien; seulement je ne le puis ce soir. Veux-tu m'y conduire demain?

— Oui. Sois à la porte vers les sept heures, lui dit l'eunuque, et lorsque je passerai près de toi, suis-moi sans rien dire. »

Le lendemain, à l'heure indiquée, notre jeune téméraire était là. Quelques instants après, l'eunuque passa près de lui; il le suivit. Lorsqu'ils furent arrivés dans une rue isolée, ce verbe neutre s'approcha de lui et lui dit : « Pour que je t'introduise près d'elle, il faut que tu te laisses bander les yeux, car il ne faut pas que tu saches chez qui tu vas. — Bande-moi les yeux, puisqu'on n'a pas confiance en ma discrétion, » lui répondit le jeune homme, qui se prêta de bonne grâce à cette formalité.

Après cela, l'eunuque le prit par la main, le fit marcher longtemps, puis enfin le fit entrer dans une maison, lui fit monter un escalier, et l'amena dans un appartement brillamment éclairé; on lui enleva le bandeau, et il se trouva dans une chambre somptueusement meublée à l'orientale. Une femme qui n'était pas belle, mais à qui des riches atours donnaient un certain prestige, était allongée sur un divan; elle jouait avec un chapelet en corail rose et diamants; une esclave agenouillée près d'elle l'éventait avec un éventail en plumes d'autruche. Elle lui fit signe de s'avancer vers elle et le fit asseoir sur un coussin à ses pieds. Il put s'apercevoir que, si elle n'avait pas de beauté, elle avait de l'esprit; sa conversation était enjouée, entraînante. Il n'eut pas grand'peine à jouer son rôle d'amoureux; du reste elle fit des avances fort gracieuses.

Bref, il passa là huit jours fort agréables, et il se convainquit que la princesse Naslé-Hanen n'avait pas usurpé sa réputation de femme ardente et passionnée.

Elle lui fit les honneurs de chez elle avec une grâce charmante. C'était tantôt des danses exécutées par les jeunes esclaves, tantôt de la musique, des repas succulents; ils dînaient en tête-à-tête, au son de la plus voluptueuse musique.

Mais tout a un terme en ce monde; notre Italien, que cette vie avait d'abord charmé, commença à s'en lasser; malgré lui, il devenait moins tendre.

Le huitième jour, terme fatal, arriva. La princesse lui dit, en l'embrassant fort tendrement : « Il faut nous séparer, mon bien-aimé, au moins momentanément; mon mari va revenir. S'il vous trouvait ici, nous serions perdus tous les deux. Mais nous nous reverrons, je l'espère bien.

— Madame, lui dit alors avec calme, mais avec fermeté, le jeune homme, votre mari ne va pas revenir, car vous êtes la princesse Naslé-Hanen, veuve depuis longtemps. » Et comme elle faisait un mouvement négatif : « Ah ! croyez-le, madame, poursuivit-il, je sais qui vous êtes, je sais même le sort qui m'attendrait si je n'avais pas pris mes précautions. Votre eunuque me reconduirait par une petite porte qui donne sur le Nil ; là, il m'assommerait d'un coup de poing, puis il me jetterait dans l'eau.

— Et quelles précautions avez-vous prises, Monsieur, lui demanda la princesse ? qu'elles sont les précautions qui, cela étant, pourraient vous sauver ?

— Mon Dieu, madame, elles sont fort simples. Je n'ai point suivi votre émissaire le premier jour, je lui ai dit : « Demain j'irai. » J'ai donc été prévenir mon consul, et quand votre eunuque est venu me chercher, à deux pas de nous était un homme du consulat ; il nous a suivis, il sait donc que je suis ici ; mon consul, par conséquent, est averti. Je lui ai dit que, si le huitième jour il ne me revoyait pas, c'est que j'aurais subi le sort que vous faites subir à vos amants, que j'aurais été tué. Il s'adressera alors à Son Altesse le vice-roi. Vous voyez d'ici le scandale que cela fera ! La rumeur publique vous soupçonne de nombreux crimes, alors c'est une certitude qu'elle aura ! »

La princesse était là devant lui interdite : on voyait

qu'une sombre colère l'agitait; mais elle comprenait la logique du raisonnement qu'on lui faisait.

Enfin, elle dit, essayant de sourire, mais ne pouvant y parvenir : « Tout cela, monsieur, est une plaisanterie, je n'ai jamais fait tuer personne, vous êtes le premier homme que je fais pénétrer dans mon harem, croyez que vous allez en sortir sain et sauf; je vous demande seulement le secret sur tout ceci. » Après cela, elle congédia notre Italien, qui parvint en effet sans accident dans la rue, où il trouva un cavas que son consul, fort inquiet, avait envoyé là pour l'attendre. Il va sans dire qu'il ne garda pas le secret, il raconta son aventure à tout le monde.

Plus tard, sous le règne de Saïd-Pacha, quoiqu'arrivée à un âge avancé, la princesse continuait ses exploits amoureux. Seulement, on savait si bien à quoi s'en tenir, que ses fournisseurs, son docteur et ses eunuques, avaient de la peine à trouver des hommes désireux d'aller rendre visite à leur dame; ils étaient forcés de s'adresser aux nouveaux arrivés, à ceux qui n'avaient point encore ouï les histoires effrayantes de la princesse Barbe-Bleue; pourtant elle trouvait encore des visiteurs. Mais la police s'était émue de tous les cadavres de jeunes hommes que l'on trouvait fréquemment sur le canal de Khalig, non loin du palais de cette dame. Ces bruits étaient arrivés aux oreilles de Saïd-Pacha, il avait fait de sévères remontrances à sa parente, qui avait tout nié, bien entendu, et il avait donné l'ordre à la police de surveiller activement, jurant bien que, s'il parvenait à acquérir la preuve de ses crimes, il la punirait.

Sur ces entrefaites, un jeune Grec aussi aventureux que le jeune Italien voulut, lui aussi, tenter s'il ne parviendrait pas à échapper sain et sauf de chez Naslé-Hanen : il était fortement curieux de connaître cette femme qui s'était fait une si triste célébrité.

Il cacha un petit revolver et un poignard dans la poche de son paletot et il alla assidûment au fameux café.

La princesse, pour déjouer la police, avait quitté son palais sur le Khalig et était venue dans son harem de la rue du Mouski.

Il y avait plusieurs jours qu'il passait inutilement ses soirées dans ce café, il n'avait pas aperçu encore le moindre eunuque, lorsqu'un soir il reconnut le premier le chef de la princesse; il était assis devant la porte. Négligemment, il vint s'asseoir à côté de lui, lui demanda du feu, puis enfin lia conversation avec lui. Celui-ci finit par lui dire : « Vous êtes jeune et beau, ma maîtresse vous a remarqué. Je gage qu'elle me donnerait un beau batchiche si je vous conduisais vers elle... — Diable ! mais son mari ? dit le Grec.

— Oh ! moi vous conduisant, vous n'aurez rien à craindre. Du reste, il est absent, et tenez, si vous voulez venir, ce soir même je vous conduis vers elle. » Il ne voulait pas cette fois-ci donner le temps à celui-là aussi de prévenir son consul.

Notre Grec accepta. Lorsque la nuit eut répandu

un voile épais sur le Caire, que les dernières boutiques furent fermées, il lui dit de le suivre. Il le mena dans une petite rue; là, comme à l'autre, il lui parla du bandeau. Le Grec se laissa bander, lui aussi, les yeux; il arriva ainsi chez la princesse, qu'il feignit de ne pas reconnaître. Il resta là quelques jours, puis on le congédia. Il savait ce qui l'attendait, c'est-à-dire qu'on allait l'étrangler dans la cour et jeter son corps dans la citerne qui s'y trouvait. Une fois dans l'escalier, les deux eunuques marchèrent devant lui; comme ils étaient prêts à se retourner pour se jeter sur lui, il les prévint et leur déchargea un coup de revolver à chacun; ensuite, prenant son poignard aux dents, son revolver toujours à la main, il courut dans le jardin, qui communiquait, il le savait, avec celui d'un pacha de ses amis. Cependant le bruit de la détonation avait attiré d'autres domestiques; il fut encore forcé d'en tuer un autre et d'en blesser deux avant de parvenir à monter sur le mur et à arriver de l'autre côté. Il y parvint enfin et il alla frapper à la porte du pacha, à qui il conta tout, après quoi il courut se réfugier dans son consulat. Cette dernière aventure fit un grand scandale. Saïd-Pacha, voulant en finir, fit enfermer la princesse Naslé-Hanen dans son harem; les portes et les fenêtres furent murées, il lui enleva tous ses eunuques et esclaves, lui en donna seulement deux des siens dont il était sûr; ensuite il fit partir de l'Égypte son médecin et complice.

Aujourd'hui la princesse Naslé-Hanen est morte,

mais on voit encore son harem du Mouski qui est inhabité, dont toutes les fenêtres sont encore murées, et l'on se raconte toujours ses exploits amoureux.

## ABBAS-PACHA.

Abbas est une des grandes, on pourrait même dire la grande figure, le héros du siècle !

Avez-vous lu quelquefois un de ces contes que les nourrices disent aux enfants ?

On y trouve un ogre, c'est-à-dire un affreux monstre, un être qui est le génie du mal incarné.

Il se repaît de meurtres, de sang. Pour un mot, un geste, moins que ça, un caprice, il fait rouler une tête, dix têtes à ses pieds...

Le mal est pour lui un nectar dont il s'abreuve avec volupté... Chacun le maudit, mais chacun tremble devant lui, frémit d'épouvante au bruit de ses pas, aux sons discordants de sa voix de fausset, stridente et aiguë...

En lisant cela alors que vous êtes devenu un homme, vous vous êtes dit : Cet être, cet homme, ce monstre, c'est la création de l'imagination en goguette d'un romancier, qui s'est complu un instant dans l'effroyable, dans l'impossible.

Un être pareil ne peut être sorti des mains du Créateur !... Mon héros, hélas ! a vécu, ce n'est pas un être imaginaire ; il a vécu, tout le peuple égyptien tremble encore d'épouvante en entendant prononcer son nom !...

Une foule de pachas en place et en faveur dans ce règne-ci pourraient vous dire les humiliations qu'il leur a fait supporter, les atrocités qu'ils lui ont vu commettre... Ils pourraient vous dire que les lignes que je vais tracer ne sont qu'une pâle et incolore esquisse du caractère, de la vie d'Abbas-Pacha... Bien des Européens qui sont encore aujourd'hui en Égypte l'ont connu. Ils vous diraient, eux aussi, que le portrait que je vais vous en faire ne donne qu'une faible idée de ce pacha.

Abbas-Pacha s'est d'abord vautré dans la fange, dans la boue du vice, vice honteux, bestial. Il s'y est vautré comme une brute, publiquement : son front ne savait point rougir, pas plus que son cœur ne connaissait un seul bon sentiment. Lâche, poltron, cruel sans raison, arrogant, fier, débauché sans vergogne, il a poussé tous ces vices jusqu'à leur dernière limite. C'est la laideur dans tout son éclat, qui en devient une chose monstrueuse, mais qui étonne, éblouit...

Abbas est le héros du mal de notre siècle. Les fellahs disaient en parlant de lui : « C'est l'enfer qui l'a vomi sur cette terre. » Ils avaient raison, Abbas était un ange de l'enfer, celui qui représente tous les vices du monde réunis en un seul être.

Avant d'être vice-roi, Abbas-Pacha était gouverneur

du Caire et aussi *kayat*, ministre de la justice.

Deux actes qu'il a commis à cette époque vous donneront une idée de sa nature perverse et cruelle, et aussi vous montreront combien ce sentiment que l'on retrouve même chez la bête féroce, l'amour des siens, était nul chez lui.

Il vit un jour au Caire une danseuse célèbre, appelée Soffia, célèbre par sa beauté sans rivale, et par sa danse, plus voluptueusement gracieuse que celle de toutes les autres almées.

Dire qu'il s'en rendit amoureux serait inexact: Abbas ne pouvait connaître ce qu'on appelle l'amour. Mais, soit amour-propre, soit qu'il ressentît pour elle un amour des sens, il la prit pour maîtresse. Il lui fit des cadeaux, lui donna un joli appartement.

Soffia n'éprouvait pour Abbas qu'une invincible répugnance, mais elle le subissait pour amant, connaissant sa cruauté et le sort qui l'attendrait si elle refusait cette faveur. Un jour, Abbas lui fit cadeau d'un narguillé superbe. Soffia se consolait de son triste sort d'être retenue en cage par un pareil tyran, elle la joyeuse ballerine, la folle fille du plaisir, en aimant en cachette un jeune Turc, doux, aimable, et qui l'aimait aussi... Ce jeune homme lui fit compliment de ce narguillé, le trouva superbe. Sa maîtresse le pria de l'accepter en souvenir d'elle.

— Un favori d'Abbas vit ce fameux narguillé chez ce Turc; en bon courtisan, il s'empressa d'aller prévenir le gouverneur de sa découverte.

Abbas fit appeler la Soffia chez lui. Là, il la fit étendre sur une table après lui avoir enlevé tous ses vêtements, et il lui fit donner cinq cents coups de courbache... Il assista à cette exécution, le sourire aux lèvres, en fumant son chibouck... La malheureuse fut mise en sang et en lambeaux. Ni ses cris de douleur ni ses prières ne parvinrent à toucher son implacable amant.

Après cela, voulant se venger sur toutes de la faute d'une, il fit rechercher toutes les danseuses et courtisanes du Caire et les fit transporter avec la Soffia à Esnèh, dans la haute Égypte; il les exila, et leur assigna cette ville pour prison.

Ces infortunées devinrent là la proie d'une soldatesque brutale : les unes moururent ainsi, les autres moururent de misère.

Le Caire fut encore le théâtre de maints exploits cruels et barbares... Un jour, il avait reçu une carabine de Paris... Il était dans le jardin d'un de ses palais, près du Nil.

« Elle est très-belle, Altesse, votre carabine, lui dit un monsieur qui se promenait avec lui.

— N'est-ce pas? dit-il.... Et elle est encore meilleure; vous allez voir comme elle est juste!... »

De l'autre côté du Nil, un malheureux fellah venait de recharger sur son dos son outre pleine d'eau qu'il venait de puiser; il remontait péniblement la côte, tournant le dos à Abbas et à sa société.

Abbas le met en joue; la balle traverse nécessairement l'outre et le dos du fellah, qui tombe mort.

Abbas rend tranquillement sa carabine à son domestique, et dit en souriant : « N'est-ce pas qu'elle est très-juste?... »

Il n'a pas eu plus d'émotion, ne s'est pas plus préoccupé de sa victime, que si ç'avait été un moineau.

Il avait aussi le goût, la passion du vol. Il volait ses administrés, le gouvernement. Il s'était approprié un terrain, terrain qui est celui où l'on construit dans ce moment l'hôtel anglais. Là, avec les chameaux du gouvernement, avec des hommes en corvées, souvent les soldats eux-mêmes, il faisait transporter des pierres qui appartenaient au gouvernement (la pierre est, on le sait, un objet cher et de luxe ici). Il rêvait de se faire construire dans cet endroit un immense palais au milieu d'un grand jardin, lequel jardin serait entouré d'un mur haut de quarante pieds, lequel mur aurait la double mission de le protéger contre les regards indiscrets et contre les attentats... Car il était poltron à l'excès ; il n'avait pas même le courage farouche du brigand, qui tue sans remords, mais expose sa vie sans crainte.

Il ne payait aucun employé et gardait l'argent pour lui. Malheur à celui qui osait réclamer !

Il était jeune à cette époque, mais déjà il s'était souillé et il se souilla constamment dans une honteuse débauche.

Une femme, celle qu'on appelait la grande princesse, sa tante Naslé-Hanen, se livrait, elle aussi, aux exploits amoureux et néfastes de Marguerite de Bourgogne, ainsi que nous l'avons vu précédemment... C'était la digne rivale d'Abbas en vice et en cruauté... Mais, pour couvrir ses méfaits, elle se plaignait hautement de ceux d'Abbas; celui-ci, qui déjà la détestait, lui voua une haine sans bornes; à son tour, il écrivit à Méhémet-Ali et lui détailla la conduite de Naslé-Hanen. Celui-ci répondit : « Faites finir ce scandale. » Pour un homme comme Abbas ces paroles ne pouvaient signifier que ceci : « Faites-la tuer. » Aussi s'empressa-t-il d'envoyer chez elle des hommes avec l'ordre de l'étrangler... Le dévouement de ses esclaves la sauva. Elle parvint à fuir par une porte dérobée, et elle alla se jeter aux pieds de son père. Méhémet-Ali lui assura qu'il n'avait point voulu donner une pareille signification à ses paroles, et c'était vrai, ce Pacha n'était pas homme à donner ainsi froidement l'ordre de tuer sa fille. Celle-ci voua dès ce moment une haine implacable à Abbas, et jura tout bas qu'un jour elle se vengerait.

Comme je l'ai déjà raconté, Ibrahim, en arrivant au trône d'Égypte, exila Abbas dans le Hedjaz... A la mort d'Ibrahim, Mary, lieutenant français au service de l'Égypte, nommé bey à cette occasion, partit de suite, accompagné d'un Turc, lui porter cette bonne nouvelle... Abbas, en l'apprenant, laissa voir une joie pareille à celle du tigre prêt à dévorer une bonne proie. En effet, ce bon pays allait devenir sa proie ainsi que les millions qu'il produit.

Dès son avénement au trône, comprenant bien l'horreur qu'il devait inspirer, il laissa voir toute la pusillanimité de son caractère : il donna ordre que tous les officiers, les grands dignitaires de l'armée, qui venaient le complimenter, laissassent leurs armes dans l'antichambre, et qu'ils fussent fouillés par des cavas pour voir s'ils n'auraient pas quelques armes cachées. Tout ce qui n'était pas militaire était aussi fouillé, et pendant tout son règne jamais les officiers n'ont pu l'approcher que désarmés.

Son premier soin, une fois vice-roi, a été de s'empresser de détruire tout ce que Méhémet-Ali avait fait de bien, de grand, en Égypte. On aurait dit le génie du mal personnifié en lui, soufflant partout la destruction. Il commença par supprimer ces écoles que Méhémet-Ali avait installées à grands frais et à grand' peine, et qui étaient appelées à apporter les lumières et la civilisation dans ce pays; ensuite il licencia toute cette vieille armée, cette armée qui avait été l'instrument de la gloire et de la fortune de Méhémet-Ali, ses compagnons d'armes, ses vieux généraux, ses amis. Il renvoya les soldats, sans même leur payer six mois de solde qui leur étaient dus; les officiers et les généraux, sans leur donner la moindre retraite.

Après cela, il se forma une armée composée exclusivement de tout jeunes gens, armée appelée des *maphrousas* (jeunes gens choisis). En effet, on choisit, d'après ses ordres, les jeunes gens les plus beaux de l'Égypte ; il nomma des officiers, des généraux. Le plus âgé de ces généraux avait vingt ans. Il s'entoura complétement de ces maphrousas, qui devinrent ses favoris, ces compagnons, ses instruments de débauche.

Il se fit construire un château sur la route de Suez, en plein désert ; un autre près de la forêt pétrifiée, celui de l'Abbassieh. Là il ordonna à tous ses officiers et généraux de se faire construire, eux aussi, des maisons, leur donnant le terrain et les matériaux pour rien. Il voulait faire de l'Abbassieh une ville toute militaire.

Le désert, avec sa sombre horreur, convenait à cette nature sauvage, c'était sa demeure de prédilection. Alors qu'il se rendait à un de ses châteaux dans le désert, lui y allait en voiture, mais les malheureux pachas, les ministres, les courtisans (car il avait aussi les siens), suivaient à cheval. Souvent il faisait dresser une tente ; sous son ombre il se reposait, mangeait ; jamais il n'offrait un verre d'eau à personne. Les malheureux étaient là, droits, en plein désert, le soleil plombant sur leur tête, mourants de soif et de fatigue, mais n'osant dire mot. Arrivé à son château, la porte s'ouvrait toute grande pour lui ; ensuite elle se refermait, et les pachas, comme de petits caniches, passaient courbés en deux par la petite ouverture pratiquée au milieu de la porte.

Humilier, abaisser, maltraiter tout son entourage, était pour lui un suprême bonheur. Jamais il n'avait une bonne parole, un procédé gracieux, pour personne. Ses ministres, ses favoris, avaient constamment l'échine pliée.

Un jour il invitait à déjeuner un Européen, assez grand personnage, dans un kiosque en bois qu'il avait sur le Nil.

Le déjeuner était gai, la conversation animée. Tout à coup l'Européen prête l'oreille, il entend dans l'appartement au-dessous de lui comme un trépignement, des cris étouffés... « Qu'est-ce? se dit-il. Étranglerait-on quelqu'un en bas? »... Mais il regarde Abbas : sa figure était calme, souriante, celle des autres convives impassible. « Non, ça ne peut être cela... Puis, ce serait trop fort de choisir ce lieu et ce moment pour une pareille opération! »... Au même instant, même bruit recommence, il prête de nouveau l'oreille. « Goûtez ce champagne », lui dit le pacha en lui faisant remplir son verre. Machinalement notre personnage boit son champagne. Pour la troisième fois le bruit recommence. « N'est-ce pas », lui dit le pacha en vidant lui aussi son verre, « qu'il est fort bon, et qu'il n'y en a pas de meilleur en France? »

Au même instant, la porte s'ouvre brusquement. Un pacha, pâle et défait, s'avance près du vice-roi, et lui dit à l'oreille :

« Tout est fini.

— C'est bien, » répond-il, et il continue comme si de rien n'était sa conversation sur la bonté de ses vins.

On venait d'étrangler, d'après son ordre, trois hommes dans la salle en dessous. Il n'avait pas même songé que le lieu ni le moment n'étaient bien choisis, et cela ne l'empêchait nullement de déjeuner et de déguster ses vins !...

Plus d'une fois il a poignardé lui-même des gens de qui il croyait avoir à se plaindre. Lorsqu'il avait condamné à mort ou à la bastonnade un homme, il faisait faire cette opération devant lui, après son dîner, pendant qu'il était en train de fumer son narguillé. La vue de la souffrance de ces malheureux semblait donner une douceur de plus au charme de son kieff.

Méhémet-Ali avait distribué aux principaux généraux de son armée, et à ceux des Français qui lui avaient prêté un zélé et intelligent concours pour civiliser et améliorer son pays, de riches décorations enrichies de diamants. Abbas les leur reprit à tous ; de ces brillants il fit faire des colliers pour orner le cou de pigeons qu'il avait à l'Abbassieh et qu'il aimait beaucoup. Le seul Soliman-Pacha refusa net de la lui rendre et la conserva, car Abbas craignait Soliman, vu l'influence, le prestige, qu'il exerçait sur l'armée.

Les pigeons n'étaient pas les seules bêtes qui habitassent son palais, il avait fait construire de grandes cages en fer où il avait fait mettre des lions, des tigres, des panthères. Son grand amusement était de leur jeter en pâture des chiens, et il riait beaucoup de les voir mettre en pièces par ces animaux féroces.

Il avait les femmes en aversion, quoique par luxe il en eût des harems remplis; il n'allait presque jamais les voir, et ces infortunées étaient menées fort durement; pour la moindre faute, il les faisait bâtonner. Il a eu un fils, Élami-Pacha, devenu gendre du sultan, et mort à présent, et une fille, qu'il eut d'une jeune Bédouine du désert de Suez. Cette fille est morte toute jeune, à la suite, dit-on, d'un embrassement trop vigoureux, mais non pas trop tendre.

M. Meurey était consul anglais en Égypte. Il parvint à prendre une certaine influence sur l'esprit d'Abbas en lui promettant la protection de l'Angleterre, au cas où il essaierait un jour de s'émanciper du joug de la Porte. Cette idée-là a été et est toujours la grande préoccupation des pachas d'Égypte. Donc, pour flatter l'Angleterre et son consul, le vice-roi destitua tous les Français employés en Égypte, même ceux qui avaient rendu les plus grands services. Deux seulement, qui étaient amis de M. Meurey, obtinrent grâce. Il concéda la ligne du chemin de fer d'Alexandrie au Caire à une société anglaise.

Méhémet-Ali avait établi des fabriques, des usines; il les fit détruire ou fermer et renvoya tous les employés, toujours sans leur donner de dédommagement, ni leur payer ce qui leur était dû.

Après cela, il forma un projet qui couronnait dignement tout ce qu'il avait fait jusque-là. C'était celui de se débarrasser d'un même coup de tous les membres de sa famille, de tous les ministres et fonctionnaires qui le gênaient, et de faire massacrer tous les Européens qui se trouvaient en Égypte.

Voici comment il devait s'y prendre. Il faisait une espèce de révolution religieuse. A cet effet, ne comptant pas assez sur ses soldats, il avait fait venir des Albanais et des Arabes du désert, de ceux qu'il savait être très-fanatiques, ensuite tous les cheiks religieux. Il devait leur persuader qu'au nom de Mahomet, le grand prophète, il fallait massacrer les infidèles. Quant aux membres de sa famille et aux pachas qui lui faisaient ombrage, voici comment il comptait s'en débarrasser : il les invitait tous à une grande fête à la citadelle (il résidait là alors); il avait fait miner le dessous de ce palais et y avait fait placer de la poudre. Après avoir comblé de politesse et de mets recherchés tout ce monde, au moment où, sans défiance, ils auraient été tous là, réunis dans le salon à causer, il s'esquivait lui, faisait mettre le feu aux poudres et les faisait tous sauter, se débarrassant ainsi d'un seul coup de toute sa famille... Quel bon petit cœur et quel amour de famille il avait, cet aimable pacha!

Et comme ce dernier trait donne une juste idée du caractère de cet homme!...

Tout ce plan, cet infâme projet, a été découvert après sa mort, d'abord par des notes écrites, des ordres qu'il avait donnés à ses complices, un peu aussi par l'indiscrétion de ceux-ci, et par les poudres et les préparatifs trouvés à la citadelle. La mort est venue le prendre à temps pour l'empêcher d'exécuter ce crime abominable.

Il a été, on le sait, étranglé par deux mamelouks qui le gardaient la nuit.

Voici les détails exacts :

La princesse Naslé-Hanen, en voyant arriver Abbas à la vice-royauté, s'était sauvée à Constantinople, redoutant les effets de la haine qu'il lui portait. Abbas lui confisqua tous ses fiefs, ce qui augmenta encore la rancune qu'elle lui gardait pour avoir voulu la faire tuer; elle jura de se venger, de se débarrasser et de débarrasser l'Égypte de cet homme.

Elle avait deux jeunes esclaves, deux mamelouks fort beaux garçons et qui lui étaient très-dévoués. Elle leur promit une magnifique récompense s'ils tuaient Abbas. Pour le cas où ils la trahiraient, elle prit leurs parents chez elle, les prévenant qu'immédiatement après qu'elle s'apercevrait qu'elle était trahie, ils seraient tous mis à mort.

Ensuite elle convint avec eux de ceci : c'est qu'elle les enverrait dans un bazar d'esclaves au Caire ; que sans doute l'intendant d'Abbas finirait bien un jour ou l'autre par les acheter sur leur bonne mine ; qu'une fois au palais, ils tâcheraient de s'attirer les bonnes grâces du vice-soi, et qu'ils profiteraient du premier jour où tous les deux ils seraient auprès de lui pour le tuer...

Ils promirent de se conformer à ces instructions. « Si j'apprends, dit la princesse, vous le savez, j'ai des espions au palais ; si j'apprends, dis-je, que vous vous êtes trouvés tous les deux une nuit sans faire la chose, je tue un de vos parents ; pour la seconde fois, j'en tue un autre ; ainsi de suite. » Ils vinrent au Caire, ils restèrent deux années entières dans le bazar ; enfin un jour l'intendant du prince les acheta, et ils furent amenés au palais... Abbas les vit, et, les trouvant bien, il leur confia la garde de sa personne, car il ne dormait jamais qu'avec deux mamelouks veillant près de lui. La première nuit que ces deux jeunes gens se trouvèrent dans sa chambre, le courage leur manqua pour exécuter leur sinistre consigne... Abbas était gros et robuste ; craignirent-ils qu'il parvînt à se dégager, à appeler, et qu'ainsi dévoilés, ils eussent à souffrir une mort affreuse, ou bien le cœur leur défaillit-il au moment de commettre ce crime? On ne le sait pas... Le fait est que la première nuit se passa sans accident pour le pacha. Mais, à quelques jours de là, celui-ci pour une légère faute, en fit attacher un comme un cheval dans une écurie, le fit bâtonner, et le laissa là huit jours.

La colère réveilla leur courage. Ils s'aimaient tendrement tous les deux, ils jurèrent bien que cette fois-ci la main ne leur tremblerait pas, et que la première fois où ils seraient de garde auprès d'Abbas ils en finiraient. Ils craignaient aussi que Naslé-Hanen, apprenant qu'une fois ils avaient manqué l'occasion, ne tînt sa parole (ils l'en savaient capable) et ne fît tuer un de leurs parents.

Peu de temps après, ils furent désignés pour passer la nuit auprès du pacha ; une fois qu'il fut endormi, tous deux se jetèrent sur lui, et le tuèrent sans qu'il eût eu le temps de pousser un seul cri. (Ceci se passait au château de Béna).

Après le crime accompli, ils descendirent aux écuries et dirent au palefrenier de leur seller au plus vite deux chevaux, car le pacha lès envoyait chercher quelque chose à l'Abbassieh. Comme il arrivait fréquemment que pour un caprice, une pipe, un châle, Abbas envoyât à toute heure de la nuit des courriers à franc étrier au Caire ou ailleurs, le palefrenier ne se méfia de rien ; il donna les chevaux et il se rendormit tranquillement. Les mamelouks vinrent au Caire à bride abattue. En passant près du palais du prince Halim-Pacha, l'un d'eux demanda à lui parler ; tout en se cachant la figure, il lui dit : « Abbas est mort, » puis il s'esquiva. Ils vinrent se réfugier au Caire, à l'hôtel du Nil, et de là, quelque temps après, ils s'embarquèrent pour Constantinople, où la princesse, selon sa parole, leur donna une très-forte somme. Pourtant, le prince Halim redoutait un piége d'Abbas ; il n'osa bouger de chez lui, et se contenta de faire prévenir sous main Saïd-Pacha, qui était amiral de la marine d'Alexandrie et qui se trouvait dans cette ville. Celui-ci craignit aussi un piége ; pourtant il prit des mesures, et ce fut heureux pour lui, car voici ce qui arriva.

Le lendemain, on était étonné, au château de

Béna, de voir qu'il était huit heures et que tout était tranquille et silencieux dans la chambre d'Abbas, qui avait l'habitude d'être très-matinal. Un eunuque, celui qui avait sa confiance, parut à la porte; il fut tout surpris de ne pas voir les deux mamelouks près de Son Altesse. Il s'avança, et il s'aperçut avec effroi que le pacha était froid et inanimé... Il ne dit rien. Pourtant il envoya chercher le docteur Yamenti, son médecin ordinaire, qui habitait avec sa femme le village de Bénia. Celui-ci constata la mort; mais, de peur qu'il ne la fît savoir au successeur, on le retint prisonnier au palais. L'eunuque alors dépêcha un courrier à Elfi-Bey, le grand kayah du Caire, créature d'Abbas. Elfi arriva en toute hâte à Bénia. Là, il donna l'ordre de tenir la mort d'Abbas secrète; voici dans quel but: Elami-Pacha, fils d'Abbas, venait de s'embarquer pour faire en Europe un voyage instructif, accompagné de plusieurs officiers et de Soliman-Pacha. Il avait quitté le port d'Alexandrie depuis trois jours seulement. Elfi voulait lui donner le temps de revenir pour le faire reconnaître vice-roi au détriment de Saïd-Pacha, à qui la couronne revenait de par la loi de Mahomet et de par le firman de la Porte. Escamoter cette sinécure à leur successeur, la donner à leur fils, est la marotte de tous les pachas, le but de leur politique européenne.

Elfi envoya à Alexandrie l'ordre de faire partir un vapeur tout de suite pour dire à Elami de revenir; il envoya des dépêches. Mais Saïd-Pacha avait beaucoup d'amis dans la marine; on prit un prétexte de machine cassée pour ne pas exécuter cet ordre. La dépêche ne fut pas envoyée. Grâce à l'avis que lui avait donné Halim-Pacha, le prince Saïd était sur ses gardes. Cependant Elfi-Bey, pour mieux dissimuler la mort du vice-roi, fit placer son cadavre assis dans le coin d'une voiture; il lui mit un chapelet à la main, tint lui-même son bras, pour faire faire à cette main des saluts aux gens qui passaient. Son cadavre pourtant était déjà à moitié en putréfaction, et le sang lui sortait nauséabond de la bouche; mais Elfi-Bey fit exécuter cette lugubre comédie à ce mort avec un grand sang-froid et beaucoup d'audace. De nombreuses voitures suivaient. Tout ce cortége se dirigea au château de l'Abbassieh. Là, la voiture s'approcha tout près du perron : l'eunuque et Elfi prirent ce cadavre par les bras, le montèrent droit comme ils purent et lui firent gravir ainsi les marches du perron.

Abbas est indisposé, voilà tout, disait-on au palais. Le médecin était toujours tenu au secret; sa pauvre femme était au désespoir : elle se figurait qu'on l'avait fait mettre à mort. En vain allait-elle demander de ses nouvelles, on la renvoyait sans rien lui dire; la malheureuse a souffert toutes les angoisses du doute pendant huit jours !...

Pourtant la nouvelle de la mort transpirait de tous côtés. Le peuple murmurait de ce qu'on ne l'avouait pas. D'un autre côté, garder plus longtemps ce cadavre devenait impossible. Elfi alors paya d'audace;

il espérait, du reste, qu'Élami allait bientôt revenir pour le soutenir. Il croyait que le vapeur était parti le chercher. Il alla à la citadelle ; il convoqua tous les ulémas (chefs de la religion), les minisres, et il fit reconnaître Élami vice-roi. — Mais Saïd n'avait pas perdu son temps : il avait expédié un courrier à la Porte. Il s'adressa à tous les consuls généraux, qui sommèrent Elfi-Bey de laisser reconnaître Saïd-Pacha vice-roi, d'après l'ordre de succession établi et conféré par la Porte... Elfi-Bey vit qu'il ne pouvait plus lutter... Saïd-Pacha convoqua lui aussi les ulémas, qui, avec tous les consuls généraux, le reconnurent vice-roi.

Elfi restait enfermé dans la citadelle, tremblant pour le sort qui l'attendait. Pourtant, Saïd-Pacha lui fit dire qu'il lui accordait son pardon, jugeant qu'un dévouement aveugle à la famille de son bienfaiteur Abbas l'avait seul égaré et porté à cet acte coupable. Mais Elfi, habitué au caractère barbare et sanguinaire de celui qui venait de mourir, ne crut point à la sincérité de ce pardon, et, le jour où l'on lut le firman d'investiture du nouveau gouverneur général de l'Égypte, alors que le canon tira vingt et un coups pour annoncer qu'un nouveau règne commençait, le premier coup de canon dut faire l'effet d'un glas funèbre à Elfi, car, en l'entendant, il pâlit affreusement, porta la main à son cœur, et il tomba mort. La peur l'avait tué...

« Quel imbécile ! dit Saïd-Pacha quand on lui apprit cette nouvelle. Je avais lui bien fait dire cependant que je lui pardonnais. » Puis, comme il était très-gai, il ne put s'empêcher de rire de cet homme mourant de peur au premier coup de canon qui annonçait son avénement.

Des deux mamelouks coupables, un a expié son crime... Élami-Pacha, le rencontrant un jour dans une rue de Stamboul, lui a brûlé la cervelle d'un coup de revolver à bout portant. L'autre, il l'a fait rechercher vainement : on suppose qu'il s'est enfui en Albanie, pour éviter le légitime courroux du fils de leur victime.

Telle a été la fin de cet homme, fin bien digne d'une semblable vie.

Les fellahs, en apprenant sa mort, s'écriaient tout joyeux : « Enfin, l'enfer l'a repris ! »

Ses châteaux ont été abandonnés, celui de l'Abbassieh est devenu une caserne. Celui de Bénia, comme la maison du crime, reste inhabité.

Chacun a tâché d'oublier jusqu'au nom de ce pacha. Sa sœur Naslé-Hanen a quitté Constantinople et elle est revenue vivre en Égypte, pensant qu'elle pourrait compter sur l'amitié, le dévouement de son frère Saïd, puisqu'elle venait, par un crime, de lui mettre le pouvoir en main.

## SAID-PACHA.

Saïd veut dire, en arabe, heureux.

Au moment où Saïd-Pacha arriva au pouvoir, il

était encore et il est resté toujours, du reste, l'enfant prodigue qu'avait admonesté Ibrahim.

Saïd avait de l'intelligence, de grandes idées, mais sa mobilité de caractère, et aussi le mauvais état où étaient toujours ses finances, l'empêchaient de réaliser les fort beaux projets qu'il concevait.

Il était bon et clément, généreux jusqu'à la prodigalité ; jamais de sang-froid il n'a ordonné de verser le sang de personne, n'a commis aucune cruauté. Mais, vrai enfant gâté, il était colère, emporté ; alors il ne savait plus ce qu'il faisait et devenait parfois cruel, mais c'est au plus si l'on compte cinq ou six de ces accès de colère. Un bon mot, une plaisanterie, suffisait, le plus souvent, pour dissiper sa mauvaise humeur. Alors il essayait de racheter ses torts en donnant un gros batchiche à celui qu'il avait maltraité.

Son premier soin, en devenant gouverneur de l'Égypte, fut de relever de son mieux tout ce qu'avait détruit Abbas, de rétablir toutes les sages institutions laissées par Méhémet-Ali ; mais la tâche était difficile, tant le souffle funeste d'Abbas avait tout renversé de fond en comble.

Il réorganisa l'armée, s'occupa de son organisation avec passion : le costume, la solde même des soldats, furent l'objet de sa sollicitude. Il voulut voir par lui-même comment l'armée était nourrie, et, trouvant qu'elle l'était mal, il donna des ordres en conséquence. Il rétablit une des écoles militaires et aussi l'école de médecine. Les premières années de son règne, tous les employés et les soldats reçurent leur paye très-exactement. Hélas! sa prodigalité fut cause que cela ne dura pas longtemps.

Saïd fut bon pour tous les membres de sa famille, aucun sentiment de rancune ou de haine ne le fit en persécuter aucun. Il rappela auprès de lui, et aux emplois qu'ils avaient occupés en Égypte, tous les Européens que son prédécesseur avait chassés.

Il aimait à s'entourer d'Européens, de Français surtout; il était pour eux d'une générosité folle. Un volume entier ne suffirait pas pour raconter toutes les intrigues, toutes les spéculations, tous les vols, dont Saïd n'a pas été dupe, il est vrai (car, s'il se laissait voler, il tenait à faire voir qu'il le savait), mais auxquels sa générosité a donné carrière.

Je m'étendrai plus longuement sur cela dans mon chapitre intitulé : *Européens et Consuls en Égypte.* Ce que je raconte paraîtra vraiment incroyable en Europe, mais il faut qu'on se souvienne qu'il y a dans ce pays quelques personnes honorables, c'est vrai, et il faut les estimer doublement de l'être restées en Égypte, car dans un tel milieu elles ont eu un grand mérite. Il est vrai aussi qu'à côté de ces personnes-là, il y a des milliers d'hommes, Italiens, Grecs, Allemands, Anglais, Français, la lie de toutes ces nations, qui, chassés de leur patrie ou par une condamnation, ou par une faillite, sont venus là chercher de l'argent et une position. Pour arriver, tous moyens leur ont paru bons.

Il y a des aventuriers sans foi ni loi qui, sans un rouge liard dans la poche, y sont venus bien décidés à faire fortune n'importe comment.

Tous ces gens-là amusaient Saïd-Pacha, qui, assez mal élevé, aimant à assaisonner sa conversation de gros mots, se faisant un malin plaisir de traiter ceux qui l'entouraient en laquais, se sentait plus à l'aise avec ces gens-là qu'avec des hommes du monde, qui, eux, auraient eu la dignité de ne pas se laisser traiter comme le pacha traitait ces messieurs. Il était intelligent, et il n'était pas du tout dupe du beau dévouement à sa personne qu'ils étalaient, sachant fort bien que l'exploiter le plus possible était leur seul et unique but. Il se laissait donc exploiter, mais il se donnait le plaisir de dire crûment à tout ce monde-là de fort dures vérités; eux les écoutaient en souriant. Leur épiderme était aussi dur que celui du crocodile, rien ne pouvait l'entamer.

Saïd-Pacha avait une facon de parler, des expressions, qui auraient fait rougir nos sapeurs-pompiers, voire même nos zouaves, réputés pourtant pour être peu prudes.

Comme conduite, on a aussi bien des choses à reprocher à ce vice-roi. Il s'était honteusement jeté dans toute la débauche orientale... Il n'avait qu'une femme, bonne, charmante et instruite; il la négligeait fort, restant des années entières sans lui rendre visite... Cette princesse a toujours supporté cet abandon avec une résignation angélique, n'a jamais fait entendre la moindre plainte, et, à présent qu'elle est veuve, elle n'a point voulu se remarier, par respect pour le souvenir de son époux. Elle mène une vie calme, digne.

Cette princesse était une jeune esclave que la mère du prince Saïd avait adoptée. Elle avait donc été élevée avec le prince ; tout enfants, ils jouaient ensemble. Son charmant caractère, son esprit vif, son instruction, avaient captivé Saïd-Pacha, qui la prit pour femme et qui ne lui a jamais donné de rivale ; mais sa seule consolation a été d'être unique maîtresse chez elle : car, je le répète, ce prince la négligeait beaucoup. Dans les dernières années de sa vie surtout, il ne la voyait presque jamais, et cela pour s'adonner à une honteuse débauche.

Le peuple égyptien aimait Saïd-Pacha, parce qu'il était bon, généreux, d'une humeur enjouée, et qu'il ne l'accablait pas d'impôts.

Une particularité de ce vice roi, c'était de ne pouvoir rester en place. Il n'avait pas plutôt annoncé qu'il resterait à dîner à tel palais, qu'il partait pour un autre. Il fallait que bien vite son cuisinier emballât le dîner et le suivît. Souvent il se levait en disant : « J'irai dîner au barrage. » Les cuisiniers partaient pour aller tout préparer ; mais une heure après il changeait d'avis, il annonçait qu'il dînerait à un palais ; puis, au dernier moment, à l'improviste, il partait pour le désert... A la hâte, il fallait emporter de quoi le faire manger ; et notez que, si le dîner était mauvais, il entrait en fureur.

Il a visité l'Égypte en tous sens ; il a remonté le Nil jusqu'à la troisième cataracte. Arrivé là, on lui disait que c'était imprudent ; mais sans rien écouter il s'est mis dans une petite barque et a franchi le tourbillon de la troisième cataracte, ce qui n'est pas sans péril. Il était, du reste, brave, courageux, indifférent au danger... Il avait un caractère qui était en tout l'opposé du caractère de son successeur, Ismaïl-Pacha.

Tous les étrangers trouvaient près de lui l'accueil le plus bienveillant, et, malgré ses quelques défauts, Saïd-Pacha se faisait aimer de tout le monde. On pardonne beaucoup à celui qui a le cœur bon, et fort peu à celui qui l'a froid et égoïste. Or, Saïd-Pacha avait un cœur d'or, sa langue seule était mauvaise, et son éducation aussi.

Nature ardente, passionnée pour le beau, M. de Lesseps trouva en lui un admirateur de son projet du percement du canal de Suez. Bien vite il comprit d'abord la gloire d'une telle œuvre, gloire qui rejaillirait sur celui qui l'avait conçue, M. de Lesseps, et sur celui qui la faciliterait, qui la rendrait possible. Avec entraînement il souscrivit donc à tout ce qu'on lui demanda, et il exprima lui-même le désir que les travaux marchassent rondement... Il voulait que son règne fût marqué par cette grande œuvre... Hélas ! la mort est venue trop tôt l'enlever..., et le pauvre canal n'a plus un admirateur, plus même un ami, dans le successeur de ce bon Saïd-Pacha.

C'est égal! l'histoire reconnaissante devra signaler le bon vouloir, la générosité, que Saïd-Pacha a montrés pour le percement de l'isthme, et l'intelligence avec laquelle il a compris la gloire qui en résulterait pour lui, le bien que cela ferait à son pays. C'est à lui qu'on devra que cette œuvre gigantesque ait pu s'exécuter.

Du reste, il était Français par le cœur; tout ce qui était français, intérêt français, était bien accueilli par lui...; absolument l'opposé d'Ismaïl-Pacha, qui voit avec méfiance les Français, favorise toujours l'Angleterre, sacrifie les intérêts français à ceux de la fière Albion... Dieu sait ce qu'il a fait pour flatter l'ambassadeur de cette puissance, l'illustre Henri Bulwer, qui a été passer son hiver en Égypte, se faisant héberger par le vice-roi, ne sortant que dans un attelage à quatre chevaux, avec huit saïs, tout comme le vice-roi. Il coûtait 1,000 fr. par jour à ce dernier. Que faisait-il en Égypte?... Je vous laisse à le deviner.

On se demandait s'il venait encore vendre une seconde île!... On sait qu'ayant eu l'idée d'acheter une île près de Constantinople, dans la mer de Marmara, y ayant fait beaucoup de dépenses et se trouvant à court d'argent, sir Henri Bulwer était venu déjà l'année précédente en Égypte : il avait persuadé au vice-roi qu'il devait lui acheter cette île, que cela lui mettrait un pied en Turquie, et le vice-roi avait acheté l'île, et l'avait payée 5 millions de francs.

Revenons à Saïd-Pach.

Saïd-Pacha, voyant que sa place était bien petite dans l'almanach de Gotha, voulait au moins que l'histoire pût le comparer à un nouveau Crésus, car l'ostentation entrait bien pour quelque chose dans sa générosité, puisque, quand on lui faisait observer qu'il n'enrichissait que des étrangers, il répondait: « Si j'enrichissais des Égyptiens, on ne saurait pas en Europe que je suis immensément riche, tandis qu'en faisant la fortune des Européens, ces gens-là sont la preuve vivante que le pacha d'Égypte est le plus riche des souverains de l'Europe... »

Saïd-Pacha se ruinait en largesses, se laissait voler par les uns et les autres. Ensuite, comme un enfant, il avait envie de tout ce qu'il voyait. C'était l'homme ne sachant pas compter, croyant son coffre inépuisable... Mais lorsque, après avoir fait mille folles dépenses, il s'apercevait que sa caisse était vide, alors il devenait de fort mauvaise humeur, il cherchait des expédients très-drôles pour la remplir de nouveau. Pendant quinze jours il ne parlait que de réformes économiques. Il en faisait quelques fois de curieuses; ainsi, après être venu en Europe et avoir dépensé à Paris et à Londres des sommes fabuleuses, il s'aperçut à son retour que son trésor était à sec. Alors il imagina ceci pour faire des économies : il renvoya tous les ministres, disant qu'ils n'étaient bons à rien (ce qui était vrai du reste), et qu'il se passerait bien d'eux ; il renvoya enfin tous les employés, depuis ses docteurs, ses ingénieurs, ses secrétaires, les moudirs (préfets), les wéqils (sous-préfets), tous enfin, ne conservant que le cheik-el-béleth. Le cheik-el-béleth est comme un maire de village, mais maire ayant tout pouvoir sur ses sujets, comme je l'explique dans mon chapitre *Système gouvernemental égyptien.* Donc Saïd-Pacha se dit: « Je n'ai plus besoin de toute cette foule d'employés qui me grugent. Les cheiks-el-béleth me suffisent : eux faisant payer l'impôt, faisant le recrutement, c'est tout ce qu'il faut, le reste ira tout seul... » Il licencia même la marine... Vous voyez d'ici, n'est-ce pas, la mine piteuse de tous ces gens mis à la porte, n'ayant plus de position ! tout cela pleurait, se désolait, faisait retentir de cris et de grincements de dents l'antichambre du vice-roi... Je crois que Saïd-Pacha n'avait pas une mauvaise idée : ministres, employés, en Égypte, ne font rien, si ce n'est exploiter le pacha, pressurer le peuple : donc tout aurait été aussi bien, même mieux, sans eux.

Seulement Saïd était foncièrement bon, je l'ai déjà dit, il ne put supporter longtemps la vue du désespoir de ces gens-là : il les rétablit dans leurs fonctions. Malgré sa mobilité de caractère et le mauvais état où étaient constamment ses finances, vu ses prodigalités, peut-être ce prince aurait fait autre chose que de beaux et utiles projets pour son pays s'il avait été mieux entouré, s'il avait eu plusieurs hommes capables et dévoués près de lui. Malheureusement il n'avait que M. Bravay, qui, intelligent, ayant un esprit profond et solide, pouvait bien le conseiller. Tous les autres, d'abord peu instruits, encore moins capables, ne songeaient qu'à l'exploiter, sans se préoccuper de son intérêt ni de celui de ce pays... Il désirait vivement civiliser l'Égypte, la rendre semblable à la France par ses sages institutions. Ami du progrès, il rêvait de lui donner ses lettres de naturalisation dans cette contrée... Mais que peut faire le souverain le plus désireux de bien faire, quand il est entouré d'une foule inintelligente, rapace, qui ne songe qu'à piller?

C'est triste à constater, et cela doit manquer de charme pour ces pachas d'Égypte. Mais les ministres, les employés, les favoris, ne sont mus que par un sentiment, celui de faire promptement une grosse fortune... Cet état de choses décourageait profondément le pacha dans certains moments; puis, sa mobilité de caractère prenant le dessus, il songeait à un mobilier à acheter, à une nouvelle construction à faire...

On peut dire que M. Bravay a été à peu près le seul homme utile au pacha par son intelligence et ses conseils, et le seul qui lui ait été sincèrement dévoué, puisqu'il a même été le seul près de son lit d'agonie, le seul qui l'ait accompagné à sa dernière demeure.

Saïd-Pacha avait une estime et une affection toutes particulières pour M. Bravay. Il avait su apprécier l'intelligence, l'esprit pratique, et la nature franche et loyale qui distinguent cet homme, qui est autant aimé presque en Égypte que dans son département, ce qui n'est pas peu dire, car l'on sait avec quelle persistance le Gard l'a réclamé pour député !

Si l'âme de ce bon pacha a pu, de l'autre monde, voir ses dépouilles mortelles portées en terre comme elles l'ont été, s'il a pu voir tous ces gens qu'il avait gorgés d'or l'abandonner lâchement sur son lit de douleur pour aller faire leur cour à son successeur, il a dû alors surtout les juger à leur juste valeur et se convaincre que la reconnaissance est lettre morte dans le cœur de certains hommes.

## LE VICE-ROI ISMAIL-PACHA

### ET SA COUR.

Les deux premiers actes de ce vice-roi, alors qu'il a pris en main les rênes du gouvernement de l'Égypte, ne font pas, vraiment, son éloge.

D'abord, il a oublié complétement ce qu'on doit de respect à la mort, ce qu'un homme doit aux restes mortels d'un de ses parents, quel que soit le sentiment de haine et d'envie qu'il ait nourri dans son cœur contre lui ; ce qu'un souverain doit de respect aux cendres de son prédécesseur, quelle que soit la joie qu'il éprouve de sa mort qui met le pouvoir entre ses mains.

Saïd-Pacha a été enterré comme le dernier des fellahs ne l'est pas ; aucun cortége, aucun honneur, ne l'ont accompagné. Non-seulement Ismaïl-Pacha n'a pas jugé à propos de conduire lui-même à sa dernière demeure son oncle et prédécesseur, mais il n'a donné aucun ordre pour qu'on lui fît un enterrement digne du rang qu'il avait occupé, digne de l'oncle de celui qui allait être vice-roi ; et pour que personne ne suivît son cortége, il a choisi l'heure où l'on devait enterrer Saïd-Pacha à Alexandrie pour se faire reconnaître vice-roi au Caire. Nécessairement tous les ministres, les employés, se trouvaient là, les courtisans s'y trouvaient aussi. Encenser le nouveau dieu leur paraissait plus urgent que d'accomplir ce pieux devoir de haute convenance envers un prince mort dont la grande bonté, la générosité folle, les avait enrichis.

C'est triste à constater, et le monde vraiment ne vaut pas grand'chose : il n'a pas même la pudeur de cacher ses sentiments bas, il étale sa noire ingratitude sans la moindre vergogne.

De tous les Européens que Saïd-Pacha avait comblés d'or, de bonté, pas un n'était là, tous étaient à faire leur cour à Ismaïl, qui les a reçus le sourire aux lèvres, avec plaisir et bienveillance, qui s'est même montré flatté de leur empressement, et qui ne s'est pas dit : « Ces ingrats-là, ils se conduiront de la même façon envers moi ; lorsque la mort sera venue me rappeler vers Dieu, ils m'abandonneront avant même que j'aie rendu le dernier soupir, pour courir faire leur cour à mon successeur !... » Non, il ne s'est pas dit cela, et il les a fort bien accueillis.

Quand j'ai dit que pas un des Européens que Saïd-Pacha avait comblés d'or et de bontés ne l'a accompagné à sa dernière demeure, je me suis trompée : un seul a suivi le modeste convoi avec recueillement et tristesse, c'est M. François Bravay, dont je viens de parler.

Dès que les médecins eurent annoncé que tout espoir était perdu, tous les courtisans qui entouraient Saïd-Pacha l'ont abandonné lâchement pour faire leur cour au prince Ismaïl; seul M. Bravay est resté près de lui, et lui a prodigué ses soins jusqu'aux derniers instants.

On avait tellement peur qu'il ressuscitât que, trois heures après sa mort, l'ordre est arrivé du Caire à Alexandrie de l'enterrer au plus vite.

Ismaïl-Pacha entouré de pompe, d'honneurs, de courtisans... Saïd-Pacha jeté en terre trois heures après sa mort, comme un pauvre malheureux !... est-ce assez triste, et cela n'inspire-t-il pas des réflexions philosophiques sur le sort des grands ?...

Dans les derniers mois de sa vie, Saïd-Pacha, comprenant que l'heure de sa mort approchait, s'était fait construire un superbe tombeau au barrage du Nil. Ismaïl-Pacha n'a pas même respecté ce dernier vœu d'un mourant, qui est ordinairement une chose sacrée pour tout le monde. Il a empêché que son oncle fût enterré dans ce tombeau-là, et il a donné l'ordre de placer ses restes dans une tombe de famille qui se trouve à Alexandrie.

Pauvre Saïd-Pacha ! bon comme il était pour tous, il ne se doutait guère que son successeur lui refuserait même le droit d'habiter la tombe qu'il s'était fait construire !...

Cet oubli impardonnable des convenances, ce premier début de son règne, n'a point attiré à Ismaïl-Pacha la sympathie des gens de cœur : cela en dénotait trop peu chez lui !

N'est-ce pas même de mauvaise politique, à celui qui arrive au pouvoir, de montrer au peuple le peu de cas qu'il fait des restes de son prédécesseur?

La royauté, comme la vice-royauté, pour se soutenir, a besoin d'être entourée de beaucoup de prestige !...

La mort de Saïd-Pacha me rappelle un fait qui s'est passé dans ce moment, fait qui peint bien le caractère des gens qui entourent les pachas d'Égypte.

Le voici.

Ismaïl-Pacha était au Caire ; il savait le vice-roi très-malade, il avait la fièvre de crainte et d'espérance. Il avait envoyé à Alexandrie un nommé Dervieu, agent des Messageries, pour le tenir au courant des progrès de la maladie. Ce Dervieu venait de lui télégraphier ceci (*textuel*) :

« Qu'on prépare la maison, le locataire déménage. »

Ce qui voulait dire : Qu'Ismaïl-Pacha se prépare à prendre le pouvoir, Saïd se meurt. Cette dépêche avait tout mis sens dessus dessous dans le palais du successeur, pourtant il n'osait rien faire tant que la mort n'aurait pas fermé les yeux de son oncle, il se disait : S'il allait en revenir !... Fort impatient d'avoir des nouvelles, il avait donné l'ordre au directeur du transit, Bessy-Bey, de rester la nuit et le jour au télégraphe et de venir prestement lui apporter la dépêche qui annoncerait que tout était fini...

Or, celui qui le premier donne au prince héritier la nouvelle de la mort du vice-roi est nommé par lui bey s'il ne l'est pas, pacha s'il est bey.

Ce monsieur était bey, il tenait à devenir pacha ; il s'installa donc au télégraphe à attendre la fameuse dépêche... Pourtant, au bout de quarante-huit heures, voyant qu'elle n'arrivait pas, mourant de fatigue et de sommeil, il voulut aller prendre quelques heures de repos ; il dit à un de ses petits employés :

« Je vais me reposer quelques heures à l'hôtel d'Orient ; toi, reste là, je laisse ma voiture en bas : dès que la dépêche arrivera, tu la prendras et tu viendras sans perdre une minute me l'apporter. Je te promets cinq cents francs pour récompenser ton zèle. »

L'employé promit de ne pas quitter un instant le bureau du télégraphe, et de faire toute diligence possible pour lui porter cette dépêche. Bessy-Bey alla tranquillement se reposer à l'hôtel.

La dépêche annonçant la mort de Saïd-Pacha arrive, le jeune employé s'en empare au plus vite ; mais, au lieu d'aller la porter à son maître, il court au palais d'Ismaïl-Pacha, se jette à ses pieds, en lui tendant la dépêche. Celui-ci la parcourt et il dit au jeune homme : « Relève-toi, tu es bey. »

Dans l'émotion que lui donnait cette nouvelle, Ismaïl laisse tomber le papier à terre. Le nouveau bey prestement s'en empare et la fourre dans sa poche tout en se relevant... Il pensait aux cinq cents francs !...

Il remonte en voiture, donne l'ordre au cocher d'aller à l'hôtel d'Orient. En route, il recachette la dépêche avec soin, il réveille son maître en lui disant : « Tenez, voilà la dépêche. »

Celui-ci se lève à la hâte. Sa joie était grande, il allait devenir pacha. Tout en s'habillant, il ouvre son secrétaire et donne les cinq cents francs à son employé, qui le remercie en lui baisant la main et empoche son argent.

Le bey va au palais, lui aussi se jette aux genoux d'Ismaïl-Pacha en lui tendant la dépêche. Ismaïl, étonné, lui dit : « Mais que m'apportez-vous là ? J'ai déjà reçu cette dépêche? »

Vous comprenez la fureur du bey en se voyant joué par son commis ; il va le trouver et commence par l'accabler d'injures ; mais celui-ci lui répond d'un air superbe :

« Veuillez me parler avec plus de respect, monsieur, car je suis bey tout comme vous. »

Voler un titre au détriment de son maître n'était pas assez aux yeux de ce monsieur ; il a voulu aussi avoir les cinq cents francs ! Eh bien, ce bey par trahison est à présent un personnage, il est wéqil de

D... On a trouvé au palais que c'était un garçon d'esprit et d'avenir. C'est possible, mais en tout cas les supérieurs et les amis de ce monsieur feront bien de se méfier de lui, car la loyauté n'est pas sa principale qualité.

Le second acte qu'a commis le vice-roi Ismaïl-Pacha ne fait pas non plus son éloge : c'est la persécution qu'il a fait souffrir au fils de Saïd-Pacha et à sa veuve, une princesse digne de l'estime de tous, bonne, généreuse, affable, instruite, remplie de dignité et qui méritait toutes sortes d'égards.

Grâce à toutes les taquineries, les persécutions, dont elle s'est vue l'objet, elle reste, elle et son fils, presque sans fortune. Son époux avait laissé, dit-on, une cassette contenant de quoi lui assurer une position honorable. Ismaïl-Pacha a prétendu que cet argent était au Trésor, et non de la fortune personnelle du pacha. Il s'en est donc emparé pour le verser, dit-on toujours, audit Trésor.

La veuve de Saïd-Pacha, cette princesse digne d'égards à tant de titres, vit presque sans fortune, délaissée de tous les siens. Il n'y a sorte de chicanes que ne lui fasse le vice-roi pour le peu qu'elle a encore.

Un seul exemple :

Saïd-Pacha avait fait bâtir à quelque distance d'Alexandrie, sur la route du Mesch, un très-beau château style rococo. Ce palais, presque fini, lui avait coûté des sommes folles.

Ismaïl-Pacha en a disputé la propriété à sa veuve, prétextant que ce château avait été bâti sur un terrain qui appartenait au pays, et non au vice-roi... Et pourtant Ismaïl prouve assez qu'il considère, lui, l'Égypte comme lui appartenant en entier, en s'appropriant quantité de terrains !

La princesse veuve n'a donc pu ni prendre possession de ce palais, ni le vendre. Il reste là inachevé, mais Ismaïl a eu soin de prendre, pour un de ses palais, des parquets fort beaux qui s'y trouvaient, et les garnitures de croisées, qui avaient été payées chacune 30,000 fr. par Saïd-Pacha.

Un troisième fait pourrait lui être reproché, c'est le beau discours qu'il a fait en arrivant à la vice-royauté... Il devait régénérer le pays, s'occuper exclusivement du bonheur du peuple confié à ses soins. Dieu sait si jamais il s'en est préoccupé !

Il allait, disait-il, abolir la corvée, qu'il qualifiait d'usage injuste et inique. Eh bien ! rien que pour ses canaux, la culture de ses immenses propriétés, comme je l'ai déjà dit, il occupe chaque année plus de cent mille hommes en corvée, et il laisse ses ministres, ses employés, les moudirs, les wéqils et les cheiks-el-béleth s'en servir et en offrir à leurs amis. La corvée n'a été abolie que pour le canal de Suez !... A quoi bon promettre lorsqu'on ne veut pas tenir ?

Ismaïl-Pacha a trente-six ans ; il est de taille moyenne, assez gros ; il a des petits yeux fauves, la barbe et les cheveux d'un blond ardent, autrement dit couleur carotte. Il n'a aucune des qualités nécessaires à l'homme qui a la haute mission de gouverner un peuple. Du reste, une passion est si dominante chez lui, celle d'amasser de l'or, de s'approprier le plus possible de cette riche et fertile terre d'Égypte, que cette passion, cette pensée de chaque instant, l'absorbe entièrement.

Saïd-Pacha, dit-on, était d'une générosité folle et a ruiné le pays.

Il était d'une générosité poussée à la folie, c'est vrai.

Mais qu'il ait ruiné le pays, c'est faux. Il s'est ruiné, lui, mais non pas le pays. Il n'avait point mis plus d'impôts, bien au contraire; s'il savait qu'une province avait été éprouvée, vite il renonçait à l'impôt. Ses largesses, sa générosité, retombaient un peu sur son peuple.

Ismaïl n'est pas généreux, il est avare, rapace; mais qu'est-ce que cela fait à son peuple?... Cela, certes, ne l'enrichit pas; bien au contraire, il a plus d'impôts que jamais à payer; plus que jamais les agents du vice-roi se montrent implacables pour les lui faire payer; le courbache, la pincette rougie, sont toujours employés pour le décider à se dépouiller de ce qu'il possède.

Or, l'économie, l'amour du lucre, d'Ismaïl-Pacha, loin de rendre son peuple moins malheureux, ne le condamnent qu'à plus d'impôts et de corvées.

Voilà plus de deux ans qu'il règne : a-t-il fait quelque chose pour améliorer le sort du peuple? a-t-il pris quelque sage mesure pour supprimer les actes d'exactions qui se commettent?

Non.

Il s'est occupé de développer le commerce, parce qu'étant le premier commerçant de son pays, c'est à lui que les plus gros bénéfices reviennent.

Comme tout ce qui est commerce est fait par des Européens, comme tout ce qui est places, bénéfices, est donné à des Européens, le peuple n'en a pas profité.

Un grand tort du gouvernement égyptien, et Ismaïl tombe dans ce travers plus qu'aucun de ses prédécesseurs, c'est de toujours considérer l'Égypte comme un pays conquis; de regarder le peuple comme des machines créées et mises au monde pour être bâtonnées, tyrannisées par eux, machines qui ne doivent travailler qu'à augmenter leur fortune et leur bien-être... Ce pauvre peuple non-seulement est gouverné par des Turcs, mais encore est exploité, mené par des Européens, qui occupent les bonnes places, les bénéfices, prennent son or, ne lui laissant que les labeurs.

C'est on ne peut plus injuste; de plus, c'est maladroit et impolitique. Puisque les descendants de Méhémet-Ali ont l'Égypte héréditairement, ils devraient tâcher de faire oublier au peuple qu'ils sont des conquérants; ils devraient donner les places, les sinécures, aux Égyptiens, et non pas aux étrangers. Se maintenir là par l'amour qu'ils inspireraient au peuple serait meilleur et plus sûr que s'y maintenir par la force et par un traité !...

Il y a de jeunes Égyptiens intelligents, élevés en France, qui végètent dans de plus que modestes places de six cents ou douze cents francs, tandis que de riches sinécures sont données à des Européens ou à des intrigants d'Arméniens... Cela exaspère le peuple égyptien, avec raison. Quel est le pays qui supporterait d'en venir à ne plus posséder une parcelle de la terre de ses ancêtres, à être forcé à travailler pour ses conquérants, et à voir même toutes ses places, son commerce, exploités exclusivement par des étrangers ?...

Si, comme je l'ai dit, Ismaïl-Pacha n'a ni l'intelligence ni les qualités nécessaires à celui qui gouverne un pays, il faut pourtant lui reconnaître une grande intelligence... commerciale. Il a le génie du négoce, du trafic, du commerce... Comme prince, il ne brille pas ; mais, si le sort en avait fait un financier, ç'aurait été un Rothschild ou un Pereire remarquable. Il est aussi raffineur de sucre : il possède une superbe raffinerie de sucre qu'il s'est fait construire avec les ruines d'une ancienne ville. Ces pauvres Pharaons se doutaient peu que les ruines de ces édifices qu'ils laissaient en souvenir de leur règne et de la splendeur de l'Égypte serviraient à bâtir une raffinerie de sucre à un gouverneur de ce pays !...

Le pacha vend en gros son sucre ; il le vend aussi

en détail dans une petite boutique au Caire, et si les pachas et les employés n'achetaient pas leur provision là, ils courraient grand risque d'être disgraciés... Il est en même temps banquier, et quelque peu associé dans cette grande banque qui prête à la semaine, au mois ou à la saison, et à gros intérêts, aux fellahs.

C'est le plus grand marchand de coton de l'Égypte, et pour cause : il possède un gros quart de la terre.

Pendant la dernière épizootie il n'a pas même dédaigné de se faire marchand de bœufs et de moutons. Il en a fait venir en grande quantité du dehors pour les revendre dans le pays, ce qui, par parenthèse, a ramené l'épizootie. Comme nécessairement ses bestiaux étaient dispensés par lui-même de la quarantaine, car la loi que l'on fait n'est jamais pour soi, ces bêtes étant malades, elles ont fait recommencer l'épizootie plus fort que jamais...

Il a aussi fait le commerce du charbon, ce qui du reste lui a réussi : il a fait apporter par les bateaux du gouvernement du charbon d'Angleterre, et il l'a revendu à son bon peuple avec un bénéfice de cinquante pour cent.

On voit qu'il oublie assez la loi de Mahomet, qui interdit le monopole. Il cumule, et de quelle façon ! puisque déjà nous voyons que Son Altesse est d'abord vice-roi, raffineur de sucre, banquier, marchand de bestiaux, marchand de charbon, marchand de coton... Notez que j'en passe... Il est aussi propriétaire du chemin de fer, ce qui est fort commode et très-lucratif pour lui, mais ce qui est fort incommode pour le public. Ainsi, le départ est-il fixé à huit heures, un harem doit-il partir, on attend qu'il plaise à ces dames d'être prêtes ; or, l'indolence orientale fait qu'elles n'arrivent qu'une heure ou deux après.

Un pacha, un haut personnage doit-il partir, on attend aussi. Je connais des voyageurs qui ont mis trois jours pour venir du Caire à Alxandrie (il y a un trajet de sept heures). Voici comment : le train part ; à une station le conducteur reçoit l'ordre de s'arrêter et d'attendre, il attend sept heures, après arrive l'ordre de retourner au Caire chercher une dépêche avec un personnage. Là, il attend de longues heures ; puis enfin, l'un et l'autre n'étant pas prêts ; on le fait repartir. A moitié route, il reçoit un nouvel ordre de s'arrêter, puis de retourner. Bref, ce n'est qu'après trois jours que les voyageurs sont arrivés à Alexandrie... Que dire ? Le chemin de fer appartient à Son Altesse, elle est libre de faire ce que bon lui semble.

Pour les négociants, c'est plus qu'incommode, c'est quelque fois très-onéreux.

Exemple :

Ils vendent sur la place d'Alexandrie des cotons livrables au délai de deux ou trois mois. Leurs magasins sont dans l'intérieur, à Tentat, à Damanour ou ailleurs ; ils ont à les faire arriver... Mais tout à coup paraît un petit avis ministériel annonçant que, pendant le délai d'un mois ou deux, le chemin de fer ne transportera que les marchandises du gouvernement, autrement dit les cotons du vice-roi. Les négociants sont consternés ..

Le délai fixé pour la livraison des marchandises arrive, l'acheteur les met en demeure de leur livrer leur coton, force leur est ou de se laisser faire un procès, ou d'aller acheter d'autre coton sur place, et de le leur livrer au lieu des leurs.

Or, ces cotons sont ceux du vice-roi, et leur prix est tenu très-élevé. Perte nette pour les négociants, mais, en revanche, gain pour Son Altesse. Ismaïl-Pacha est aussi un agriculteur des plus distingués, et l'on peut dire qu'il a l'amour de la propriété; cette bonne terre d'Égypte, si féconde, si fertile, donnant deux ou trois récoltes par an, a pour lui un grand attrait.

Dans dix ans, s'il continue à s'offrir chaque année le même nombre de fédams de terrain, l'Égypte en entier appartiendra à ses enfants. Ses successeurs auront les charges du gouvernement, mais aucun bénéfice. Le sultan, en venant rendre visite à son gouverneur général de l'Égypte, lui a fait la gracieuseté de lui offrir cinquante mille fédams de terrain.

Aussitôt, au moyen des corvées, cette terre a été sillonnée de canaux, ensemencée de coton.

Après cela, Son Altesse s'est adjugé, de son autorité cette fois-ci, d'autres cinquante mille fédams incultes, qui ont été cultivés de la même façon économique. Comme on le sait, il n'y a pas de terre infféconde en Égypte : dans ce terrain sec et aride amenez l'eau du Nil, et vous aurez deux et trois récoltes par an.

Maintenant Ismaïl a trouvé un autre moyen pour agrandir ses propriétés : il achète aux fellahs. Rien de mieux, dira-t-on : si le fellah vend, c'est qu'il le veut bien.

Allons donc!

Le fellah peut-il avoir une volonté sous le courbache toujours levé sur sa tête?

D'ailleurs, s'il refuse ou s'il demande trop cher, par mesure soi-disant d'utilité publique, on coupe les canaux qui arrosent ses terres, qui deviennent incultes, et alors Son Altesse, bonne et compatissante, consent à les lui acheter : il lui en donne fort peu, c'est vrai, mais ne sont-elles pas infertiles?

Une fois ces terrains devenus la propriété du vice-roi, le fellah a la fiche de consolation de venir rétablir les canaux, et de cultiver son ancienne terre en corvée.

Pauvre peuple! est-il assez malheureux!

Ce que je ne comprends pas, c'est que le sultan ne force pas les vice-rois d'Égypte, le hatti-chérif lui en maintient le droit, à donner au peuple égyptien les mêmes institutions, les mêmes lois, qui sont en vigueur en Turquie. Comme je l'ai dit dans mes ***Mystères du sérail et des harems turcs***, une chose qui m'a frappée en Turquie, c'est l'excellence de certaines lois, leur justice primitive, mais logique, et surtout la grande égalité qui règne devant la loi. Un simple paysan, un batelier, n'importe qui, peut attaquer un pacha, le grand visir même. Les juges ne font point attention au grade, leur jugement est toujours juste et équitable. En Égypte, le mot loi est un vain mot, le mot justice une dérision; la base fondamentale du gouvernement égyptien, c'*est le courbache.*

« La raison du plus fort (c'est-à-dire du plus puissant) est toujours la meilleure. »

C'est là surtout que cette fable du bon La Fontaine se vérifie.

Le peuple n'a aucun droit, aucun privilége, aucune loi qui le protége. Vice-roi, ministres, favoris, moudirs, wéqils, cheicks-el-béleth, pachas, beys, sont autant de tyrans, de sangsues, devant qui il doit s'incliner, par qui il doit se laisser soutirer son argent.

On l'exproprie, on l'envoie mourir dans la haute Égypte, on le roue de coups de courbache sans qu'il ait personne pour le protéger, aucune loi pour le défendre.

Un seul exemple de la façon dont se conduisent les beys et pachas envers ce pauvre peuple qui les enrichit par son labeur :

Un petit bey de fraîche date, Arménien cumulant le métier de marchand de bijoux et de prêteur à la petite semaine avant qu'Ismaïl-Pacha l'eût beytifié et placé près de sa personne, très-fier, très-hautain à présent, étant un jour à fumer sa cigarette à sa fenêtre, voit un fellah donner un coup de pied à un chien qui voulait le mordre. Or, ce chien appartenait au bey, qui entre dans une fureur verte de voir qu'un fellah osait battre un chien lui appartenant. Il donne aussitôt l'ordre à ses domestiques de courir après cet homme et de le lui amener.

Les domestiques reviennent disant qu'il a pris la clef des champs.

Surcroît de fureur du bey, qui ordonne alors que l'on prenne les quatre premiers fellahs que l'on rencontrera dans la rue et qu'on les lui amène.

Bientôt après, on lui présente quatre malheureux les mains liées, tremblants et blêmes.

Il leur dit ceci :

« Si vous ne me retrouvez pas le fellah qui tantôt a donné un coup de pied à mon chien, vous recevrez chacun cent coups de courbache. »

Ces quatre fellahs partent à la recherche du coupable, escortés des domestiques du bey; ils reviennent bientôt amenant un fellah, lui aussi les mains liées, et ils disent : « Voilà le coupable ! » Vous comprenez que si ce n'était pas celui-là, c'en était un autre. Pour se sauver eux-mêmes de la bastonnade, ils pouvaient bien avoir pris le premier fellah venu.

Le bey commande alors à ses domestiques de donner cent coups de courbache à cet homme.

Cet infortuné, sachant très-bien qu'on les traite comme des brutes et qu'il est inutile de résister, pâle comme un trépassé, ses dents grinçant de peur, s'est étendu à plat ventre pour recevoir les coups de bâton.

Une dame française se trouvait là. Jusqu'à ce moment elle n'avait rien dit, bien aise de connaître la façon dont tous ces beys de pacotille traitent le pauvre peuple égyptien. Mais, lorsqu'elle a vu que l'exécution allait commencer, elle a dit au bey qu'elle considérait comme une insulte personnelle que, devant elle, Française, on commît un acte inique pareil. Elle lui a dit enfin si carrément sa façon de voir sur un tel acte, que le bey, interloqué, a dit à l'homme de se lever et de partir, que cette dame venait de demander sa grâce.

Eh bien, de pareils actes se passent tous les jours en Égypte. Le vrai pacha, Égyptien ou Turc, ne le fera pas, ou moins souvent; mais tous ces beys et pachas, Arméniens ou Européens, croient se donner de l'importance en se conduisant ainsi.

Le pauvre peuple est complétement à la merci de tous ces prétendus personnages, de tous les employés, qui sont tous des étrangers. Les Européens, depuis longtemps, en Égypte, ne valent certes pas mieux, et eux aussi s'avisent à tout propos de faire donner le courbache. On les voit à chaque instant, dans la rue, battre, malmener ces pauvres gens.

Un jour, au Caire, sur la place de l'Esbékièh, je voyais un Européen battre comme plâtre un malheureux petit ânier de dix ou douze ans. Je m'arrêtai indignée; sur ma figure, sans doute, se lisait clairement mon indignation pour un pareil procédé. Le monsieur se tourne vers moi et me dit : « Que voulez-vous, madame, ces gens sont des brutes, il n'y a moyen d'en faire quelque chose qu'en les traitant ainsi. »

Ce pauvre enfant rendait du sang par le nez, par la bouche. Cela m'enleva mon sang-froid. Je ne pus m'empêcher de répondre à ce monsieur : « C'est possible, monsieur; mais, en tout cas, la plus brute de cet ânier et de vous, dans ce moment-ci, ce n'est certainement pas l'ânier.. »

Un autre jour, dans la gare d'Alexandrie entre un Maltais, un gros bonnet du pays ; un ânier le suivait en pleurant et réclamant le prix de l'âne qu'il lui avait loué. « Va-t'en au diable, lui dit-il brusquement, je t'ai payé.—Vous ne m'avez donné que dix sous, ce n'est pas assez, dit l'ânier... » Le monsieur ne lui répond plus, et se met à parler avec des Européens qui se trouvaient là. Le pauvre petit ânier se mit à pleurer plus fort pour attirer l'attention. « Le maître de la bourrique me battra, disait-il, pour ne pas m'être fait payer ce qu'il faut... » Notre Maltais, ennuyé, lance un coup de pied en pleine poitrine à cet enfant, et l'envoie rouler à dix pas, rendant du sang à pleine bouche.

Eh bien ! pas un des Européens qui étaient là n'a dit à cet homme : « Monsieur, vous êtes un lâche, un misérable ; cet enfant peut-être en mourra ! » Je crois même que plusieurs ont ri des cris de douleur que poussait ce pauvre petit.

Pas un des cavas qui étaient là n'a rien dit à cet

homme; j'étais exaspérée, j'en ai appelé un, et je lui dis assez haut pour que ce monsieur m'entendît... « Quoi! vous êtes là pour faire la police, et vous n'arrêtez pas ce misérable qui, au lieu de payer à cet enfant ce qu'il lui doit, le traite de cette façon?

— Nous n'avons pas le droit, m'a-t-il répondu, d'arrêter un Européen. »

Ceci est vrai, et si ces capitulations ont du bon pour certaines choses, d'un autre côté elles rendent le séjour de l'Orient impossible aux honnêtes gens. Il y a un ramassis de Grecs, d'Italiens, d'Européens enfin, rebut de la société de leur pays, qui font, Dieu sait quoi! Ils volent, ils assassinent, sûrs de l'impunité, car enfin le consul, avec ses deux cavas, ne peut pas être partout, tout voir, et, la police du pays ne pouvant les prendre, l'impunité leur est assurée.

Cet état de choses est fort ennuyeux pour les Turcs et pour les Égyptiens, et fort désagréable pour les Européens honnêtes établis en Orient. Une justice à rendre au vice-roi, c'est que le premier il donne l'exemple de traiter le peuple de cette façon : un bey, un pacha, fait-il rosser un fellah, il ferme les yeux... « Ce ne sont pas des hommes, dit-il lui aussi, ce sont des brutes!... » Que volontiers je dirais : Les plus brutes ne sont pas ceux qui sont battus, mais bien ceux qui battent!

Ce pauvre fellah si malmené le mérite pourtant si peu! Il est doux, bon, laborieux, industrieux même. Que serait l'Égypte sans lui?...

Et pourtant ce fellah qui seul connaît bien cette terre sablonneuse, qui sait lui faire rendre de l'or, est si docile et se contente de si peu ! La galette, les lentilles, un mouton dans les grandes occasions, voilà tout ce qu'il lui faut pour vivre; pour se vêtir, une chemise bleue, un bonnet en poil de chameau, voilà tout; pour s'abriter, une hutte en boue, qu'il se construit lui-même; pour couche, la terre avec un peu de paille ou un misérable tapis. Avec les eaux de ce Nil, fleuve miraculeux, qui portent dans leur sein l'abondance et la fertilité; avec ce climat si doux, si clément, qui permet aux roses de fleurir en janvier, la neige et les autans y étant chose inconnue; avec un pareil pays, qui de plus se trouve admirablement situé pour le commerce, un vice-roi intelligent, animé du désir du bien de son peuple, ferait de l'Égypte la plus riche et la plus heureuse des nations. Mais, hélas ! Méhémet-Ali, qui par sa grande intelligence était à la hauteur de cette mission, n'a point eu le temps de l'accomplir. Il lui avait fallu créer cette nation, ce qui était une tâche lourde et difficile. La mort est venue le prendre quand il avait à peine terminé. Il est vrai que déjà il avait indiqué à ses successeurs la route à suivre, en créant des écoles, en attirant des Français instruits. Tout ce qu'on retrouve eucore de bon en Égypte remonte au règne du grand pacha. Les autres, loin de continuer cette voie, ne se sont guère appliqués qu'à détruire ou rendre nul ce qui avait été fait par l'illustre fondateur de leur maison.

Ibrahim, homme fort énergique, doué d'une grande justesse de vue, d'une intelligence remarquable, n'étant point dévoré par une ambition personnelle, aurait pu faire beaucoup pour le bien-être, la civilisation de l'Égypte. Hélas! je l'ai dit, son règne n'a été que de soixante-dix jours!

Abbas n'était point un homme, c'était une incarnation du tigre, de la bête fauve. Saïd-Pacha avait l'intelligence nécessaire pour faire le bonheur de son peuple : cœur bon, excellent; il en avait le désir; mais sa grande mobilité de caractère, ses tendances effrénées vers le luxe et le plaisir, l'en ont empêché. Son entourage était loin de lui parler de ce qu'il y aurait à faire pour la prospérité du pays, pour le bonheur du peuple : c'était là, bien sûr, le moindre souci de ces messieurs, leur unique préoccupation étant d'exploiter à leur profit la générosité de Saïd-Pacha et d'amasser de l'argent. On peut dire de Saïd-Pacha qu'il avait toutes les qualités requises pour faire un bon gouverneur; mais, malheureusement, il avait tous les défauts de ces mêmes qualités, et les défauts annulent les qualités.

Ismaïl-Pacha, je le répète, n'est point né pour être gouverneur d'un peuple, il est né pour être négociant ou banquier : c'est à croire que le sang d'Israël coule dans ses veines au lieu du sang des enfants de Mahomet. Son règne sera une calamité pour l'Égypte. Heureusement que son successeur dans la vice-royauté d'Égypte est un prince d'une grande intelligence, instruit aux mœurs et usages de l'Europe, et étudie avec soin en vue de la mission qu'il aura à remplir un jour. Ce prince, qui est Moustapha-Pacha, vient presque chaque année en Europe. Il a le cœur noble et bon de Saïd-Pacha ; il a un peu de sa générosité, mais c'est une générosité raisonnée, qui n'est point poussée jusqu'à la folie comme celle de Saïd-Pacha.

Il a encore son esprit vif et enjoué, mais plus sérieux dans le fond, et il n'a pas cette mobilité de caractère qui empêchait Saïd-Pacha d'accomplir toutes les grandes choses qu'il projetait. Ceux qui ont l'honneur de connaître ce prince assurent qu'il a toutes les qualités voulues pour accomplir cette grande mission de civiliser l'Égypte, de tirer son pauvre peuple de cet état odieux d'esclavage et d'abrutissement dans lequel on le tient.

Ismaïl-Pacha et son successeur le prince Moustapha-Pacha sont frères, tous les deux sont fils d'Ibrahim-Pacha. Le prince Ismaïl, à présent vice-roi, a nourri dès sa plus tendre enfance un profond sentiment de haine et d'envie contre son frère Moustapha. Celui-ci, bon, généreux, ayant un caractère élevé, souffre beaucoup de ces sentiments antifraternels que lui témoigne son frère et de l'espèce de persécution dont il l'a toujours poursuivi; mais il ne les partage nullement, et il est très-affligé de les rencontrer chez son frère.

Voici l'origine de l'inimitié que le prince Ismaïl-Pacha lui a vouée, elle remonte à sa plus tendre jeunesse... Si ces deux princes sont fils d'Ibrahim, comme cela arrive souvent en Orient ils ne sont point de la même mère.

La mère du prince Moustapha était d'abord fort belle, de plus elle était très-intelligente et elle avait même de l'instruction, ce qui est rare chez les femmes musulmanes; elle avait une grande noblesse de sentiments, des manières affables et dignes. Avec toutes ces qualités, qui faisaient d'elle une femme supérieure, elle était facilement parvenue à prendre une grande influence sur le cœur de son époux. Le prince Ibrahim l'adorait; il parlait avec elle de ses affaires, souvent la consultait, sûr de trouver une réponse saine et sensée...

La mère d'Ismaïl-Pacha était loin de posséder toutes ces qualités, on peut même dire qu'elle n'en possédait pas une seule... D'abord elle était très-laide, d'un esprit étroit, borné, n'ayant qu'une passion, celle de l'avarice, qu'un sentiment dans le cœur, celui d'une haine profonde envers sa rivale, à qui elle ne pouvait pardonner d'être plus belle, plus intelligente qu'elle, et surtout de savoir se faire aimer par leur époux, qui n'avait au contraire pour elle qu'un sentiment médiocrement tendre... Dieu sait toutes les misères, les taquineries, les méchancetés, qu'elle inventait chaque jour pour rendre la vie dure à son heureuse rivale, qui, elle, souffrait en silence, ayant l'âme trop bonne et trop grande pour songer à se venger...

Toutes deux accouchèrent d'un fils à quarante jours de distance : le prince Ismaïl n'a que quarante jours de plus que le prince Moustapha...

Dès la plus tendre enfance de ces princes, on remarqua en eux les mêmes différences qui existaient entre leurs mères, tous deux tenaient d'elles. Le prince Ismaïl avait de petits yeux fauves, des cheveux rouges, le caractère méchant et sournois et l'esprit aussi peu développé que celui de madame sa mère.

Le prince Moustapha avait, lui, l'intelligence vive de sa mère, sa nature franche, loyale, son cœur bon et dévoué...

Enfin le prince Ismaïl était peu sympathique, tandis que le prince Moustapha se faisait aimer de tout le monde ; son père Ibrahim-Pacha avait pour lui une tendresse extrême. Tout cela fut un nouveau sujet d'amertume et de jalousie pour la mère du prince Ismaïl. L'épouse avait été humiliée dans la personne de son enfant, aussi voua-t-elle une haine implacable à sa rivale, et elle ne s'appliqua qu'à une chose, à faire partager ce sentiment peu louable à son fils, à lui inspirer de l'inimitié pour son frère ; elle y réussit parfaitement. Tout jeune, le prince Ismaïl ne répondait pas à l'affection que lui montrait son frère ; bien au contraire il lui témoignait en retour une grande antipathie. Ce sentiment ne s'est point affaibli par la suite, il est resté le même : Ismaïl l'avait sucé au sein de sa mère, il ne pouvait pas plus pardonner à son frère sa supériorité sur lui que sa mère n'avait su pardonner à sa rivale celle qu'elle avait en tout sur elle. S'il a hérité, ce prince Ismaïl, de l'esprit, du caractère de sa mère, il a aussi hérité de son avarice, de sa soif de l'or.

Dès qu'il est arrivé au pouvoir, que la vice-royauté est tombée dans ses mains, il a commencé à persécuter son frère tant qu'il a pu. Esprit peu élevé, il a fait même peser cette persécution jusque sur les affaires d'intérêt. Ainsi, on l'a vu et on le voit faisant mettre à sec les canaux de son frère pour empêcher ses récoltes, susciter mille ennuis à ses hommes d'affaires. C'est petit... Mais que voulez-vous, il ne faut pas oublier que le vice-roi Ismaïl a plus d'un point de ressemblance avec les princes marchands des Indes ; toutes ses vues, son intelligence, sont portées vers le commerce. Se mériter l'amour de son peuple par un bon et juste gouvernement, s'attirer des éloges des nations civilisées, c'est pour lui un détail. Son seul but, sa grande affaire, c'est d'amasser de l'or !...

Depuis un an, l'inimitié qu'Ismaïl-Pacha nourrit contre son frère ne fait que grandir, et tourne vraiment à la folie. En voici la raison. Occupé exclusivement à gagner de l'argent, il laisse le peuple dans la misère, il ne fait rien pour lui ; son entourage commet mille exactions, indispose tout le monde ; le peuple égyptien souffre et est fort mécontent. Ismaïl se sent, se sait détesté ; il sait encore que le peuple aspire au jour où le prince Moustapha sera vice-roi, parce que, sachant ce prince bon et intelligent, il espère qu'avec son règne commencera une ère de bonheur pour l'Égypte. Ismaïl, avec cette injustice des gens qui détestent, rend encore son frère responsable des sentiments qu'il inspire au peuple ; volontiers il croirait même que, si lui est détesté, c'est encore la faute de son frère.

Il ne veut pas que le prince Moustapha rentre en Égypte, parce qu'il craint que le peuple, lassé de son joug commercial, inintelligent et tyrannique, se révolte contre lui et appelle Moustapha au trône. Voilà le secret de cette grande inimitié. Seulement, le vice-roi d'Égypte, n'osant avouer qu'il craint l'amour que son frère a su inspirer au peuple, a préféré le calomnier, ce qui, selon moi, est une chose des plus condamnables. On peut ne pas aimer son frère, mais l'on doit toujours se souvenir que le même sang coule dans vos veines.

Ismaïl-Pacha oublie trop que le sang d'Ibrahim-Pacha, ce courageux et grand guerrier, coule aussi bien dans les veines de Moustapha-Pacha que dans les siennes.

Il est si vrai que le peuple égyptien est lassé et irrité de la façon de gouverner du vice-roi actuel, que dernièrement une insurrection a éclaté dans la haute Égypte, et cela au sujet de la levée de cent mille hommes en corvée qu'a faite le vice-roi, malgré son beau discours dans lequel il annonçait abolir cet usage inique. Un pacha du Caire a été envoyé à la tête de plusieurs mille hommes pour soumettre les révoltés; il y est parvenu facilement, par la raison que les Bédouins n'avaient point pris part au mouvement, et que les fellahs n'étaient pas ou étaient mal armés. Ce pacha a commis, du reste, à cette occasion, un fait inqualifiable, digne des temps les plus barbares.

Le voici :

A la tête des révoltés se trouvait un cheik, qui est tombé en ses mains prisonnier. Le père de ce cheik s'était jadis, lui aussi, révolté. Or le pacha a dit ceci : Son père s'est révolté, lui se révolte, décidément cette famille a un sang révolutionnaire dans les veines.

Ce raisonnement pouvait ne pas manquer de justesse, mais ce qui manquait de justice et d'humanité, c'est ce qu'il a fait.

Il a fait rechercher tous les membres de la famille de ce cheik : ils étaient au nombre de trente-quatre, fils, petit-fils, neveux et cousins ; il a fait mettre à mort tous ceux appartenant au sexe masculin, voire même de tout jeunes enfants ; les femmes et petites filles ont été vendues comme esclaves.

Eh bien ! le vice-roi a trouvé que son pacha avait fort bien fait ; lui-même il a raconté la chose à des Français, dont un colonel ; il l'a racontée en donnant des éloges à la prudence et à l'intelligence de son pacha, qui avait éteint ainsi une famille de révolutionnaires.

Une chose étonnante, c'est la tendance qu'ont ces vice-rois d'Égypte à s'entourer de gens de rien, de gens communs, sans instruction. Vrai, leur pays est un pays de cocagne pour les hardis aventuriers, aventuriers de bas étage. Il y a quelques hommes honorables, il y en a eu, je me plais à leur rendre justice, d'autant plus que pour rester honnête en Égypte il faut avoir une dose d'honnêteté cuirassée: le sens moral se perd dans le contact de ce monde. Donc ils n'ont que plus de mérite de l'être encore. Mais il en est vraiment à qui on ne saurait faire merci.

Ce qu'on appelle la cour du vice-roi est une chose assez curieuse.

On devrait bien plutôt l'appeler le parquet principal de la Bourse, la grande réunion des boursicotiers et des marchands de coton...

Car elle n'est hantée que par ces gens-là ; ce sont eux qui sont les amis du vice-roi, qui forment sa cour.

Les places
De grand maître des cérémonies,
De chambellan,
D'aide de camp de service,
Ces places ou dignités y sont complétement inconnues.

Dès le matin, l'antichambre de Son Altesse se remplit d'une foule de monde : c'est un gros bonnet du pays, un ex-agent des messageries, qui a gagné quelque argent; l'argent dans ce pays-là, tout comme le Champagne, grise. Ledit monsieur l'est passablement; de plus, il se dit que, hantant le palais, il doit être un haut et puissant personnage. Aussi, quand il traverse la ville dans sa voiture, il semble toujours attendre que le peuple pousse des acclamations et le salue. Il a l'air de dire : « Inclinez-vous, ô vous le commun des mortels, je suis D...! » Mais on sourit et on n'en fait rien. Le second favori, l'ami le plus intime de Son Altesse, est un Arménien, qui a gagné pas mal d'argent, lui aussi, dans les cotons. M... est un bon type; il fait moins d'embarras que le premier, il est moins grisé; cependant il se donne une certaine importance et copie parfaitement les allures du vice-roi. Il salue ses amis de la main, d'un petit air protecteur. Il est bien l'homme le plus superstitieux de l'Italie, voire même de la Sicile. Ainsi, le matin, il se lève et sort; mais, si le hasard fait que la première personne qu'il rencontre est une personne ayant le mauvais œil, bien vite il rentre, se recouche, puis se lève de nouveau et ressort. Il recommence ainsi jusqu'à ce que la première personne qu'il ait rencontré ait le bon œil... Il ne fait jamais d'affaires le vendredi, encore moins le 13; il a des cornes à ses breloques, dans son bureau il y en a de suspendues de tous côtés. Il n'est pas marié. Mais l'on assure qu'il a un sérail d'esclaves noires chez lui. Je le croirais, car la couleur lui a déteint sur les mains.

Cet Arménien est assez bon enfant; on jure qu'il croit surtout que prêter à un ami porte malheur, et qu'aussi il n'a jamais rendu un service à son meilleur ami... Je crois cela exagéré, et cela pourrait plutôt s'appliquer au premier.

M... a pour son maître, le vice-roi, un sentiment qui se rapproche de l'adoration.

Ces deux messieurs, bons banquiers ou négociants, ne sont ni fort instruits, ni d'une intelligence extraordinaire.

On voit encore dans cette antichambre un des O..., de Francfort. Ces banquiers ont une célébrité assez grande pour que je ne parle pas d'eux, chacun connaît leur histoire. Ils ont des millions, et ils sont persuadés qu'avec cela on est toujours de grands hommes.

On y voit encore un bey, ex-valet de chambre du vice-roi, puis un autre bey arménien, qui est bien le petit monsieur le plus nul et le plus mal appris de toute l'Égypte... encore deux ou trois négociants, Grecs, Italiens ou Arméniens, du pays.

Dans cette antichambre se tiennent les caïtjiés, qui ont mission de leur donnner des pipes et du café.

Ces messieurs causent avec eux, leur font leur cour, car ils se disent : S'ils allaient devenir beys, pachas, et puis ministres, ils pourraient nous être utiles.

Comme souvent ils passent des heures entières à faire antichambre, pour tuer le temps ils jouent.

Voici leur jeu favori :

L'un prend une poignée d'or, la jette en l'air, et l'autre dit *Pair* ou bien *Impair*. S'il a deviné, tout l'or lui appartient; s'il a perdu, il doit égale somme.

Ou bien encore ils jouent à pile ou face.

Enfin, ils sont introduits, et chacun fait la roue devant le pacha, essaye d'accrocher une affaire, une commande. Dans l'antichambre ils étaient bons amis, mais à présent c'est à qui essayera de plaire au détriment de l'autre. L'un obtient-il une affaire, les autres essayent de lui mettre des clous (expression du pays qui signifie empêchement, bâton dans les roues).

Son Altesse invite quelques-uns de ces hommes-là à sa table, ou bien tous. On cause coton ; quelquefois on fait de la haute politique... La politique de ces messieurs, vrai, ce doit être drôle !...

En un mot, ce qu'on appelle la cour de Son Altesse est composé de telle façon qu'un épicier en retraite du faubourg Saint-Denis la trouverait tout au plus digne de lui, et pourtant il faut voir la morgue de ces gens-là, comment ils parlent de tout le monde !

Car en Égypte tout le monde ou à peu près est fort mauvaise langue : on dirait qu'ils veulent éclabousser l'Europe entière pour dissimuler les taches de boue qui les recouvrent.

C'est avec eux que le proverbe provençal est vrai : « On n'est jamais éclaboussé que par la boue. »

Ceux qui ne sont point invités à la table du vice-roi peuvent dîner à la table du service, celle des employés du palais... A cette table-là on mange à la turque, c'est-à-dire avec les doigts !.. Si l'on juge le vice-roi par son entourage, on peut se dire qu'il a des goûts un peu roturiers, et qu'il n'apprécie ni l'esprit ni la bonne éducation. . . . . . . . . . . . . . . . .

. . . . . . . . . . . . . . . . . . . . . . . . . . . . . . . .

J'écrivais ces lignes au mois de juin... Les chaleurs m'ont forcée à quitter l'Égypte. Trois mois j'ai été respirer un peu d'air frais en Allemagne, en Russie... A mon retour, en décembre, j'ai trouvé tout bien changé à la cour de Son Altesse. D'abord, tous les favoris étaient en pleine disgrâce, ce qui enchantait fort le public, car ces messieurs, grisés par leur titre de gens en faveur auprès de Son Altesse, étaient légèrement insupportables pour tout le monde par leur morgue, leur air d'importance...

D'où vient leur disgrâce ?..

Le voici.

Ils avaient formé un cordon sanitaire autour de Son Altesse, un rempart infranchissable; ils ne voulaient laisser approcher personne. Ils étaient là sept ou huit à obtenir commandes, concessions ; un pacte d'alliance était conclu entre eux, ils se facilitaient la réussite les uns aux autres, et tous partageaient. Ils faisaient faire pas mal de bêtises au vice-roi, lui conseillant beaucoup de choses contraires à ses intérêts et à ceux du pays... Mais, bah ! se disaient-ils, pourvu que cela nous rende de l'argent !.. Le vice-roi doit être pour nous la poule aux œufs d'or ; l'Égypte, une mine d'or à exploiter ; ses habitants, des machines qui doivent servir à notre fortune... Ils circonvenaient donc Son Altesse, la retenaient comme prisonnière dans leur réseau, disant : « Halte-là ! on n'approche pas, » dès qu'un autre voulait percer...

Mais M. D...., M. O....., M. M..., M. R..., et compagnie, ce qu'on appelait avec esprit les néo-dévorants, n'avaient certes pas des ressources d'esprit inépuisables, bien s'en faut ! Au milieu d'eux Son Altesse a fini par se sentir asphyxiée ; elle s'est senti le besoin de respirer dans une autre atmosphère. Elle s'est aperçue alors du cordon sanitaire formé autour de sa personne, du rempart bâti autour d'elle, et l'a brisé d'un coup ; elle a fait condamner sa porte à tout ce monde-là. Quelle débâcle, grand Dieu ! et quelle mine déconfite avaient tous ces gens-là !..

Pour que le public ne rît pas trop de leur disgrâce, pour la dissimuler autant que possible, ces messieurs envoyaient chaque jour leurs voitures au palais, quelquefois ils y allaient eux-mêmes, mais ils n'étaient reçus que dans l'antichambre des domestiques. Là ils donnaient des batchiches à ces derniers, faisant les aimables avec eux pour avoir le droit de venir.

Mais ce manége ne trompait personne, et le public applaudissait des deux mains à leur éloignement du palais ; on se disait : Le vice-roi s'est enfin aperçu de leur nullité et de leur rapacité...

Ce dernier vivait isolé, n'ayant appelé près de lui

qu'un homme qui est fort aimé en Egypte, parce qu'il n'est point envieux, qu'il est toujours prêt à rendre service. Il s'appelle M. Bravay. Cet homme, le même qui était l'ami de Saïd-Pacha, est tout dévoué au vice-roi actuel ; mais, comme il l'est aussi au pays et qu'il ne conseille que des choses utiles et bonnes, chacun lui rend justice, sauf pourtant les néo-dévorants. Ce que j'ai entendu dire de M. Bravay me l'a rendu sympathique, car cela m'a prouvé que ce n'était point un vil courtisan, un homme avide de s'enrichir, mais une nature franche, loyale, un esprit vif, enjoué et une grande intelligence. Du reste, né dans la classe moyenne de la société, il est l'enfant de ses œuvres; par son intelligence, son activité, il est parvenu à se faire une grande fortune...

M. Bravay était donc le seul en faveur, tous les autres étaient aux abois. Ils se disaient : Il n'y aura plus rien à faire, car celui-ci n'est pas un intrigant !

Mais ces messieurs d'Égypte ont l'esprit inventif pour gagner de l'argent... Une société s'est formée, ayant en tête un monsieur Grec ou Arménien, ou je ne sais trop quoi, mais qui est vice-consul d'une puissance européenne. On pourrait appeler cette société celle des inventeurs de conspirations, des fabricants de conspirations...

Il leur fallait quelqu'un ou quelque chose à exploiter, ils se sont aperçus que l'article *commandes* s'usait : le vice-roi actuel est trop bon commerçant, trop habile calculateur, pour se laisser vendre le triple un objet; il sait marchander... Il fallait donc trouver autre chose... Ces quelques futurs favoris se sont assemblés un jour, présidés par le vice-consul en question. « Que pourrions-nous bien faire pour gagner de l'argent, prendre les places que les disgrâces de MM. D..., M..., O..., G..., F..., ont laissées vacantes?.. » Ils ont cherché, bien cherché, et à force de se gratter l'oreille le président a dit :

« J'ai trouvé : notre fortune à tous est assurée, notre faveur également...

— Qu'avons-nous à faire pour cela ? se sont-ils écriés en chœur...

— Ce que nous avons à faire, le voici, a dit le président. Écoutez et comprenez : Saïd-Pacha était généreux, nous exploitions donc sa générosité avec succès... Ismaïl-Pacha a pour moindre défaut la générosité, mais il a un défaut qu'on n'a pas songé à exploiter encore, ce défaut est la peur. Vous le savez, il est d'un caractère pusillanime, ayant peur de son ombre, ne rêvant qu'assassin, poignard et poison!... Nous allons donc fabriquer, pour ensuite les découvrir, des conspirations contre sa personne. Je lui persuaderai d'organiser une police secrète dont je serai chef... Je lui dirai, et il me croira (un poltron croit toujours au danger), je lui dirai : « Altesse, vous êtes entourée de traîtres, on en veut à votre vie, le danger est grand ! Mais soyez sans crainte, mon dévouement est plus grand encore. Je suis là près de vous avec quelques amis à moi, je veille, nous veillons... Sous notre garde le danger n'osera s'approcher de vous; mais ne laissez personne autre s'avancer, éloignez tout le monde... » Comprenez-vous?... — Oui, nous comprenons à merveille : le vide se fait autour de lui; dès qu'un homme est prêt à accrocher une bonne affaire, nous disons tout bas au vice-roi : « C'est un conspirateur!!... » Il l'éloigne de lui avec indignation, et un de nous hérite de l'affaire... C'est cela, n'est-ce pas, disent-ils tous...! — Précisément... »

Ce programme a été suivi à la lettre, le président-directeur de ladite société a été trouver un jour Son Altesse le vice-roi Ismaïl-Pacha, et lui a tenu à peu près ce langage : « Vous connaissez, Altesse, mon profond dévouement à votre personne?...

— Oui, oui, a répondu Ismaïl. Quelle affaire venez-vous me demander?... »

L'autre s'est relevé de tout son haut... « Je ne viens rien vous demander, c'était bon pour tous ces gens qui vous entouraient, qui ne songeaient qu'à leur fortune... Mais je ne leur ressemble pas, croyez-le; l'intérêt que je porte à votre personne m'amène seul près de vous... »Puis, plus bas, d'une voix sourde et grave : « Altesse, vous êtes entourée de traîtres, d'assassins, de conspirateurs ; on en veut à votre auguste vie... » Le vice-roi, pâlissant un peu : « Quoi! comment! que dites vous?...

« — Oui, Altesse, je viens de découvrir une noire, une

infâme conspiration !... Sans moi, vous seriez mort empoisonné ces jours-ci !... »

Le vice-roi pâlissant beaucoup : « Grand Dieu ! est-ce possible ? Vite, donnez-moi des détails !...

— Voici, Altesse. On sait que vous adorez les sardines, que vous en mangez chaque matin à votre déjeuner ; alors on a empoisonné des boîtes de sardines superbes qui étaient destinées à votre usage... Mais je veillais, car je savais vaguement que l'on conspirait : j'ai tout découvert... Tenez, voilà une boîte de ces sardines, faites-en manger une à un chien ; vous le verrez bientôt après se tordre dans les douleurs de l'agonie... » On tente l'expérience... Le chien meurt... Son Altesse, fort émue, remercie avec effusion son sauveur, lui donne deux cent mille francs, que l'autre empoche tout en jurant de son dévouement et de son désintéressement... Alors, séance tenante, il fait un plan au vice-roi pour organiser une police secrète. Nécessairement, il se fait nommer le mouchard en chef, comme tel se fait assurer de fort beaux appointements ; puis il pense à ses amis, les propose pour remplir les postes de mouchards en sous-chef... Et voilà ces braves gens devenus mouchards, qui dénoncent comme conspirateurs tous ceux qui leur portent ombrage. Leur chef, devenu le meilleur ami, le confident du vice-roi, est en train de se faire une fort belle fortune. Il garde la part du lion, mais il laisse les bribes à ses amis.

Pour prouver l'utilité de leurs emplois, ils imaginent de temps en temps quelque canard comme les boîtes à sardines... Son Altesse, grace à eux, ne dort plus, car il rêve conspiration, poignard, poison! Il ne mange plus que ce que sa mère elle-même lui prépare; il ne prend plus de café, sachant mieux que personne combien le café est une boisson dangereuse en Orient. On lui a dit: « Ne fumez plus, car on pourrait empoisonner le tabac ou les cigares... » Il ne fume plus... Un jour ses chevaux se sont emportés et ont failli le jeter dans le Nil; un soldat, en s'élançant à leur tête, les a heureusement arrêtés... Il a eu une peur affreuse. Le soldat son sauveur a été nommé général; mais, à son grand désespoir, il n'a pu faire rouer de coups son cocher, qui était Anglais: il a fallu qu'il se contentât de le renvoyer.

Aussitôt le vice-consul lui a dit d'un air lamentable: « Je vous l'ai bien dit, que vous étiez entouré de conspirateurs, entouré de piéges! On essayera de faire emporter vos chevaux, de faire sauter les trains du chemin de fer. »

Ismaïl croit à tout cela, il ne voit pas qu'il est le jouet d'intrigants habiles qui l'exploitent. Il n'ose plus sortir; si son ombre se projette sur le parquet, il s'écrie, épouvanté: « A moi! on m'égorge! » Il est enfermé dans son palais de Désirah, qui est dans l'île de Roudah. Un vapeur chauffe tout près de son palais pour servir en cas d'alerte. Chéliff-Pacha a donné un bal, il n'y a point assisté; il n'a point été aux courses, craignant qu'un de ces êtres imaginaires dont lui parlent sans cesse ses mouchards ne fût là. Il est enfin le plus malheureux des hommes, dupe de ces gens-là, ne comprenant pas qu'eux sont les seuls conspirateurs qu'il ait à redouter, conspirateurs qui vident sa bourse, — car entretenir une police secrète coûte très-cher! —qui finiront par ruiner sa santé. N'oser pas seulement respirer l'air, manger à sa faim, est un régime fort malsain.

Personne n'ose dire à Son Altesse : Vous êtes la dupe de ces gens-là. Vivez en paix, nul ne songe à attenter à vos jours. Au lieu de vous préoccuper l'esprit de conspirations imaginaires, occupez-vous un peu d'améliorer le sort de votre peuple, de le rendre moins malheureux; songez que celui qui est roi ou vice-roi a charge d'âmes, qu'il aura à rendre à Dieu compte de ce qu'il a fait pour le bonheur de son peuple. Faites cela, et vous redouterez moins la mort; lorsqu'elle arrivera, elle vous trouvera plus résigné. Sachez, du reste, que Dieu, qui est le maître souverain ici-bas, a d'avance fixé l'heure de votre mort, qu'il ne dépend pas de tel ou tel misérable d'en avancer l'heure.

Non, personne ne dit cela à Son Altesse, parce que tous ceux qui l'approchent sont des courtisans, mais non des amis dévoués. Ils cherchent à plaire, mais non à être utiles.

Ceci vous paraîtra incroyable, et pourtant cela est. Eh bien, Son Altesse avait mal aux dents, il souffrait horriblement; il allait faire venir un dentiste pour se faire soigner... On lui a dit : « N'en faites rien, ce dentiste pourrait vous enfoncer son outil dans la gorge et vous étouffer. » Et Son Altesse a gardé sa dent, en a souffert et en souffre encore !...

Moi, je ne me suis pas gênée de dire ma façon de penser tout haut sur la conduite de certains Européens, sur leur chantage continuel, leur exploitation du pacha... Alors on m'a signalée comme conspirant aussi... et Dieu sait les misères que cette chère police m'a faites ! Cela m'a aussi instruite, je me suis dit avec logique : « Puisqu'on dit aussi que je conspire, et que c'est bien le moindre de mes soucis, les autres accusés doivent être aussi blancs que moi... » J'ai su comment on se conduisait dans ce pays envers ceux qui ne voulaient pas quand même mentir à leur conscience et dire et écrire que tout s'y passait comme dans le meilleur des mondes possible...

Un jour de bal masqué, au théâtre, apercevant le préfet de police, j'ai mis un loup, et j'ai été l'intriguer. Je lui ai d'abord reproché d'avoir fait emprisonner à leur débarquement des Monténégrins qui n'avaient commis d'autre crime que de venir pour travailler au canal de Suez; je l'ai engagé à les mettre dehors.

« Qui êtes-vous donc, madame? m'a-t-il demandé.

—Une femme que vous avez mission de surveiller, lui ai-je répondu.

— Ah ! j'y suis : hôtel d'Europe, 26...

—Oui ; mais, permettez, vous êtes un peu naïf pour un préfet de police.

— Puisque vous savez, madame, que l'on vous surveille, savez-vous qui et pourquoi ?

— Qui ? Le premier et le plus grand marchand de coton du pays... Pourquoi ?... Mais parce qu'il faut bien que ceux qui ont mission de découvrir des conspirateurs aient l'air de n'avoir pas qu'une simple sinécure.

— Il y a encore autre chose, madame.

— Ah ! oui, j'y suis : c'est qu'à Paris j'ai rencontré dans quelques salons le prince successeur, prince qui est fort estimé du gouvernement français. Je sais que le présent vice-roi déteste toujours le futur, c'est de règle. Eh bien, voici ce qui en est. J'ai pour ce prince une estime parfaite, car on le dit bon, intelligent, capable de faire un excellent souverain. Tous ceux qui, à présent, se permettent de dire du mal de lui, un jour, lorsqu'il sera vice-roi, iront lui baiser les pieds, l'assurer de leur dévouement ; ils essayeront de lui dire de son successeur ce qu'ils disent à présent de lui à Ismaïl. Seulement, lui, moins crédule et sachant ce qu'on doit à un frère, les fera taire promptement. De plus, je suis sûre qu'il gouvernera mieux que lui. Voilà mon avis et mon opinion. Vous le voyez, je ne la cache pas, vous pouvez aller le dire à votre maître. Du reste, pour que plus facilement vous puissiez me surveiller, voilà ! Regardez-moi bien. » Et j'ai quitté mon loup.

Une justice à rendre à ce préfet de police, c'est qu'il a pris ma sortie en homme d'esprit ; il m'a même offert des glaces, que j'ai prises, quoique les personnes qui m'accompagnaient m'assurassent à l'oreille que c'était fort imprudent.

« Vous le voyez, lui ai-je dit, moi je ne suppose pas aux autres de vilaines pensées. Je prends vos glaces, votre café, malgré les avertissements qu'on me donne de me méfier du café ; vous devez voir que je n'ai point peur. Surveillez-moi, espionnez-moi, que m'importe? je n'ai rien à cacher. J'écris ; mon manuscrit sur l'Égypte est dans ma chambre, sur la table. La porte de ma chambre est toujours ouverte. Faites de moi tout ce que vous voudrez. Quoique le caractère, la façon de gouverner de Son Altesse, ne me plaise pas, que j'aie peu de sympathie pour lui, je lui rends pleinement justice : il est incapable de m'envoyer dans l'autre monde. C'est ce que je vous dis, à vous, et ce que j'ai dit à ceux qui m'ont dit : « Écrire contre le gouvernement est malsain ici ; prenez garde ! » Je suis convaincue de cela, je suis fort tranquille. Mais si quelqu'un, par un excès de zèle, voulait me donner la fameuse tasse de café, espérant un bon batchiche, je le préviens que je crois d'abord que le vice-roi le désapprouverait, et je l'avertis que nous tous Français nous avons un père puissant qui veille sans cesse sur nous, prêt à nous aider, prêt à nous venger : ce père, c'est notre empereur. Il vengerait ma mort, j'en suis sûre.

« Voilà, monsieur, ce que je pense. »

Puis je l'ai salué et suis partie.

On m'assure que le lendemain ce bon préfet a été conter au vice-roi ce que je lui avais dit. Seulement, il paraîtrait qu'il a changé légèrement les rôles, et n'a pas eu une mémoire très-fidèle.

Oui, je passais pour une conspiratrice en Égypte... A quoi, diable, n'est-on pas exposé dans certains pays!

Après tout, le comte Litta, partant avec deux de ses amis pour aller chercher de la graine de vers à soie, a bien eu le même sort. On le jeta lui et ses compagnons dans un noir cachot, où il a pensé mourir de faim et de froid, et cela sous le prétexte qu'il venait conspirer contre le gouvernement. Sans la Russie, ces messieurs seraient encore dans leur cachot.

Moi j'ai à voter des remercîments à Son Altesse Ismaïl-Pacha : il n'a point tenté de m'enfermer dans un noir cachot. J'ai été de par le Caire, de par le désert, fort tranquillement, et il ne m'est rien arrivé.

Aussi je compte retourner dans son pays cet hiver, et compléter les notes que j'y ai prises.

Maintenant, je veux dire un mot d'une opinion émise par des gens très-sensés sur le rôle des découvreurs des conspirations. Ils prétendent qu'outre l'appât du gain, une vieille rancune contre le pacha les pousse; ils veulent le faire devenir fou en lui cornant aux oreilles qu'il est entouré de gens qui veulent le tuer... ou le faire mourir d'un coup de sang en l'empêchant de sortir, de prendre l'air.

Je livre cette idée à la perspicacité de Son Altesse Ismaïl.

---

## SYSTÈME GOUVERNEMENTAL ÉGYPTIEN.

---

Le *courbache*, voilà le vrai système gouvernemental suivi par les pachas d'Égypte!

Le courbache est une lanière en cuir à deux ou quatre branches. De grands gaillards, les exécuteurs des hautes œuvres, se mettent tout nus pour ne pas être gênés dans leurs mouvements, et ils administrent les coups de courbache à tour de bras. Le patient hurle de douleur..., le sang jaillit!... Le pacha ou le bey chargé d'assister à cette exécution fume tranquillement sa pipe et rit des grimaces de la malheureuse victime.

Je l'ai dit et je le répète, le courbache est infligé aux fellahs sans rime ni raison, sans jugement préalable, au gré et au caprice de tous les beys, pachas, employés, favoris de Son Altesse.

Le courbache est à peu près le seul système gouvernemental en Égypte. Il sert à faire payer l'impôt; on y ajoute quelquefois la tenaille rougie. Il sert à forcer le fellah à livrer le produit de ses terres au prix qu'on veut. Quand c'est un homme puissant qui achète, il sert à faire de lui un eslave soumis, docile, qui doit faire aveuglément tout ce qu'on lui ordonne. Il sert à calmer les mécontents. Il sert à faire droit aux réclamations. Osent-ils en faire une, cent ou deux cents coups de courbache leur prouvent qu'ils ont tort. Enfin, le pacha avec son courbache est le loup de la fable, et le fellah est le pauvre agneau.

Comme accessoires il y a des ministres. Ce qu'ils font, je n'en sais rien... Ah! mais si: ils s'enrichissent! L'illustre Arménien Nubar-Pacha est ministre, il est directeur des postes du gouvernement, directeur du chemin de fer; que sais-je encore ce qu'il n'est pas! Il donne, —je dis donne, façon de parler, —des concessions, des commandes; c'est le grand distributeur des faveurs vice-royales. En ce moment, il est lancé au galop dans le chemin de la fortune; encore deux ans de faveur, il aura 10 ou 12 millions à lui. Les ministres, en Égypte, ont comme appointements 50,000 fr. par an.

Nubar-Pacha me rappelle un autre ministre égyptien qui s'appelait Joseph. Des marchands arméniens le vendirent au roi d'Égypte. Hélas! depuis ce moment l'Arménien a été une des cent et une plaies de ce pays. Ce bon ministre Joseph, s'il possédait la faveur du roi, devait peu posséder la sympathie des Égyptiens. Vous vous souvenez que la disette se déclara dans ce pays. Suivant le conseil de son ministre, le roi avait fait ample provision de blé; le peuple affamé le supplia de lui donner quelques miettes pour subsister... Joseph répond, au nom de son maître : « Nous voulons bien, mais payez. » — En payement d'un peu de blé, on lui demande son or, tout son or... Il le donne. Celui qui meurt de faim donnerait tout ce qu'il a pour un rosbif. Pourtant tout a une fin dans ce monde. Le blé que ce Joseph, homme d'affaires de ce digne et paternel roi, leur avait vendu, s'épuise, la disette continue. De nouveau le peuple est affamé ; il s'adresse encore au roi. Joseph répond : « Nous vous donnerons du pain, *mais* payez. — Hélas ! répond le peuple en chœur, nous n'avons plus le sou, vous nous avez tout pris !

— Vous avez encore des terres, donnez-les en payement », leur dit le ministre. Ils donnent leurs terres : que ne donnerait-on pas lorsqu'on a l'estomac tiraillé par la faim !... Quelques mois se passent, ce blé acheté est dévoré, ils n'ont rien à mettre sous la dent, ces pauvres Égyptiens... Ils viennent de nouveau implorer le ministre du roi. Celui-ci leur dit encore : « Nous vous donnerons du blé, mais payez-le. — Que voulez-vous que nous vous donnions ? s'écrie le peuple en sanglotant, vous nous avez pris notre or, nos terres, il ne nous reste plus rien.

— Si, il vous reste, leur dit ce digne Joseph, votre liberté. Vendez-la au roi. »

Le peuple s'indigne, refuse ; mais la faim, cette terrible mégère sans cœur et sans entrailles, les presse. Désespérés, pour ne pas mourir, ils se vendent ; les voilà les créatures, les esclaves de ce roi parâtre et juif, qui est heureux, enchanté, et comble de richesses et d'honneurs ce Joseph, ce précieux ministre.

Eh bien ! l'Arménien Nubar-Pacha a quelque chose de son prédécesseur, aussi est-il loin d'être comblé de bénédictions par le peuple. Il est vrai qu'il s'en moque, la faveur vice-royale lui suffit; il a une cour nombreuse, c'est chez lui que vont tous les solliciteurs. Ceux qui savent le prendre sont sûrs de sa protection.

Il y a donc en Égypte des ministres, c'est une sinécure qu'on leur donne pour arriver à la fortune.

L'Égypte est divisée en provinces : chaque province a un moudir, espèce de préfet, et un wéqil, espèce de sous-préfet; dans chaque village il y a un cheik-el-béleth, espèce de maire.

Lorsqu'il s'agit de percevoir l'impôt ou de faire le recrutement, le ministre des finances dit au moudir de chaque province : « Il faut que tu m'envoies une somme de tant, arrange-toi. »

Celui-ci fait la répartition de cette somme (qu'il a soin pourtant d'augmenter pour qu'il lui reste quelque chose pour lui) entre les divers villages, et il dit lui aussi au cheik-el-béleth : « Il me faut cette somme, arrange-toi. » Celui-ci, tout comme le moudir, s'arrange pour qu'il lui reste quelque chose pour lui. Or, les Égyptiens ne sont pas enregistrés à leur naissance, ils meurent sans qu'il soit dressé un acte mortuaire, aucun recensement n'est fait, rien ne peut donc guider, aucun contrôle ne peut être établi sur la façon dont cet impôt est perçu. Le cheik-el-béleth le fait à sa guise, à son caprice, accablant ceux qu'il déteste, épargnant ceux qu'il aime. Il a tout droit sur les habitants de son village, ce monsieur-là, droit de les pendre, de les bâtonner, de les tenailler avec des tenailles rougies, et il en use de ce droit! On comprendra, sans que je m'étende davantage sur ce sujet, tous les abus auxquels donne lieu une pareille façon de percevoir un impôt ! Ensuite, autre chose, la Porte a dit au vice-roi : « Vous avez tant à me donner, tant aux villes saintes, le reste est pour vous ! » Mais ce reste, grâce à ce qu'il n'y a pas une fixation régulière d'impôt, que son chiffre dépend de la volonté du vice-roi, s'élève à une somme si forte que, pour riche que soit l'Égypte elle sera bientôt épuisée.

Pour le recrutement, cet état déplorable de choses a le même inconvénient. Aucun état civil ne désignant ceux qui doivent servir, le ministre de la guerre dit à chaque moudir : « Il faut que ta province me fournisse tant d'hommes. »

C'est encore l'arbitraire et le caprice du cheik-el-béleth qui envoie les Égyptiens sous les drapeaux. Voici comment il s'y prend. Il voit d'abord les Arabes les plus riches, ceux qui tiennent le plus à conserver près d'eux leur fils, et il leur dit : « J'ai choisi ton fils, il va partir... » Celui-ci pleure, se lamente, ça ne lui sert absolument à rien ; alors il offre de l'argent. Lorsque la somme est assez forte, le cheik l'empoche et laisse le fils de l'Arabe au village; si elle n'est pas assez forte, il l'enrôle... Ce sont donc toujours les pauvres seulement qui sont soldats, et chaque levée de recrues rend gros aux cheiks, et aussi aux moudirs et wéqils, qui naturellement demandent leur part du butin.

Le gouvernement ferme les yeux sur la conduite des cheiks-el-béleth. Il les laisse s'enrichir... Mais voici ce qu'il fait lorsqu'il sait qu'un de ces cheiks, à force de piller le peuple, a fait une belle fortune. Sous main, il fait dire à un fellah de son village: « Votre cheik est une canaille, il vous vole, vous pille; dénonce-le et nous te nommerons à sa place. » Celui-ci le dénonce, et vite on fait une enquête, enquête qui prouve que le cheik a volé. On le destitue, le gouvernement s'empare de sa fortune: n'est-ce pas un bien volé? Seulement, comme toujours, le volé n'a rien du tout, le gouvernement garde cet argent... Le nouveau cheik fait absolument comme le premier, on ferme les yeux jusqu'au moment où son pécule est assez fort, alors la même répétition a lieu... Vous le voyez, c'est toujours le peuple qui paye les pots cassés!...

Saïd-Pacha avait l'intention de renvoyer tous les employés, d'abolir toutes les administrations et de ne conserver que ces maires de villages... Le fait est qu'ils font tout : ils lèvent l'impôt, font le recrutement, rendent la justice... Dieu sait quelle justice!... Toutes les autres places ne sont que des sinécures...

Le cheik-el-béleth est responsable de tout ce qui arrive dans son village. Si un vol se commet, c'est à lui de trouver le voleur ou de payer; si un crime se commet, il doit encore trouver le coupable, ou lui-même est puni. Aussi, se sachant responsables, il faut voir comme ils traitent leurs administrés! Il n'y a pas de despote, de tyran, qui puisse rivaliser avec eux. On les craint, on leur obéit aveuglément: n'ont-ils pas droit de vie et de mort?... Jugez encore les abus et les inconvénients de cela!...

Ils s'arrogent le droit du seigneur sur toutes les jeunes et jolies fellahines, et de quelle façon!...

La police est en Égypte une institution privée, elle ne tient pas au gouvernement; il y a un chef suprême, des chefs en sous-ordre, puis une masse de cavas, espèces de sergents de ville... Seulement la police répond de tous les vols commis.

Exemple : Vous prenez deux hommes ou quatre hommes de la police pour surveiller votre maison ou votre campagne; vous faites un contrat avec eux, vous leur donnez tant par an : moyennant quoi ils répondent de votre argent et de votre personne; s'ils vous laissent voler, ils sont forcés de vous rembourser; s'ils vous laissent assassiner, ils sont pendus!...

Cette institution met, du reste, dans son service, beaucoup de bonne foi, il faut le reconnaître.

Si, vous aventurant dans l'intérieur, vous prenez un homme à la police, il répond de votre bourse sur sa bourse, de votre vie sur sa vie... Aussi rien n'égale son zèle à vous protéger... Cette idée-là est assez ingénieuse, et nous n'aurions qu'à gagner en Europe à avoir une police répondant des vols et méfaits : ça stimulerait son zèle d'une singulière façon !

Il va sans dire que le chef ou les chefs de la police ont tous de la fortune, et ils ne prennent que des agents ayant aussi quelque bien... En vérité, rien n'est honnête comme ces gens-là. Jamais on n'hésite à tuer l'homme qui a laissé tuer l'Européen qui s'était confié à lui, et à le forcer à lui rendre ce qu'il lui a laissé voler...

Il n'y a en Égypte ni tribunaux ni police correctionnelle; aussi avec quelle hilarité a-t-on appris la nomination d'un Arménien, Eram-Bey, au grade de président du tribunal d'appel !...

On se disait : « Le vice-roi ferait bien de nommer un tribunal de première instance avant de nommer un président de la Cour d'appel... » Du reste, cette Cour se réduit à ce monsieur président.

---

# LA CORVÉE.

—

La corvée est une ancienne institution égyptienne. L'histoire nous dit que Sésostris, de retour de ses brillantes expéditions guerrières, ramenant avec lui un grand nombre de prisonniers, fit construire par eux en corvée des canaux et une partie des monuments dont ce grand roi avait doté l'Égypte, et dont les ruines sont encore là pour rappeler son règne glorieux.

La corvée a été depuis fort appréciée par tous les souverains ou gouverneurs de l'Égypte; ils ont trouvé fort commode de faire faire, de cette façon tout économique, d'abord tous les travaux d'utilité publique, ensuite tous ceux pour leur utilité personnelle... Le grand Méhémet-Ali s'est servi de la corvée, mais lui au moins s'en est servi pour le bien et la prospérité du pays qu'il gouvernait, et non pour son intérêt personnel.

Tout ce qu'on voit de bon fait en Égypte a été fait par ce premier pacha, qui, lui, n'était pas préoccupé par un mesquin intérêt personnel, mais un peu par la gloire et par le bien-être de son peuple...

Hélas ! c'est bien changé à présent !...

Le vice-roi actuel se préoccupe de laisser à ses enfants une brillante fortune ; il se préoccupe du plus ou moins de rendement de sa raffinerie de sucre, du prix plus ou moins avantageux auquel il vend ses cotons... Mais le bonheur de son peuple est bien son moindre souci...

Les fellahs sont considérés par lui comme un troupeau de moutons, il les fait tondre le plus souvent possible, le plus ras possible, pour retirer de leur laine beaucoup d'argent...

Faire rendre à la province qu'il gouverne le plus d'argent que faire se peut... pouvoir en amasser, en dépenser, écraser de son luxe un peuple qui, lui, n'a rien, ne possède rien, dont la misère navre le cœur, voilà ce qu'il fait.

Mais je reviens à la corvée.

La corvée est due par le peuple égyptien, comme je viens de le dire, de temps immémorial.

Si l'on doit reconnaître qu'avec le caractère insouciant, le défaut de solidarité qui existe chez ce peuple, le seul moyen d'obtenir dans ce pays des travaux d'utilité publique est de le forcer à les exécuter, on comprendra, d'un autre côté, l'abus d'un système régi par l'arbitraire, et qui n'a jamais été réglementé ; aucune liste n'est levée pour que chacun fasse la corvée à son tour.

Jamais on n'a fixé combien de journées de corvée devait faire par an chaque fellah...

Jamais on n'a décrété que ceux arrivés à un certain âge, ceux qui étaient les soutiens d'une nombreuse famille, en seraient dispensés.

La même difficulté se rencontre pour lever les corvées que pour le recrutement.

Il n'existe aucun recensement du peuple égyptien; aucun acte d'état civil n'est dressé à leur naissance pas plus qu'à leur mort, ce qui donne lieu aux mêmes abus pour la levée des corvées que pour le recrutement.

Lorsque le vice-roi a besoin d'hommes pour exécuter tels ou tels travaux, il s'adresse à un moudir, lui disant: « Envoie-moi tant d'hommes. »

Celui-ci s'adresse à son tour à ses cheiks-el-béleth et demande à chacun d'eux un nombre, de façon à arriver au chiffre qui lui est demandé par le vice-roi.

Les cheiks-el-béleth, maîtres absolus, désignent ceux qui doivent partir, ne suivant d'autre loi que celle de leur caprice, de leur faveur, de leur haine ou de leur intérêt; mais l'intérêt l'emporte toujours: le fellah qui a de l'argent à donner à son cheik est sûr de ne pas être désigné.

Ce sont donc toujours les plus pauvres à qui échoit cette triste corvée.

Et chaque levée enrichit le cheik-el-béleth... Quelquefois aussi sa bienveillance pour les uns, sa malveillance pour les autres, le guident; mais l'esprit de justice, jamais...

Premier abus...

Le second abus est :

Qu'une fois la corvée admise comme une nécessité en Égypte, les gouverneurs ne s'en sont pas servis seulement pour les travaux d'utilité publique...

Moudirs, wéqils, cheik-el-béleth, ministres, pachas, favoris, Européens en faveur près du vice-roi, tout le monde s'en est servi; ce pauvre fellah est devenu une bête de somme que chacun a fait travailler, lui donnant pour tout salaire des coups de courbache...

A tout seigneur tout honneur!

Lorsque Son Altesse a des canaux à faire ou à parer sur ses propriétés personnelles, ses cotons à cultiver, des palais à construire ou à arranger, etc., tout cela est fait par des corvées...

Tous ceux qui sont bien en cour en demandent et en obtiennent; plus d'un Européen a fait construire ainsi usine et fabrique.

Tous les pachas font cultiver de cette façon leurs terres.

Le moudir, souverain absolu dans sa province, fait faire ainsi ses travaux, ses cultures.

Son wéqil suit son exemple, le cheik-el-béleth en fait autant...

Jugez du nombre des corvées!... et de l'agréable position de ce malheureux peuple!...

Notez que les corvées levées dans une des provinces les plus reculées de l'Égypte ont à se rendre à pied à leur lieu de destination, quelque éloigné qu'il soit; il ont à apporter leur nourriture pour tout le temps que durera leur corvée, leurs instruments de travail aussi, car ils sont forcés de les fournir. Pour tout salaire, on leur distribue des coups de courbache. Avouez que c'est dur !...

La culture des champs du peuple est donc abandonnée aux vieillards, aux femmes et aux enfants ; il est vrai qu'on leur en laisse si peu ! juste assez pour qu'ils ne meurent pas de faim.

Tout ce qui est fort, valide, sert comme soldat ou travaille en corvée...

En parcourant l'intérieur de l'Égypte, vous pourrez vous en convaincre ; vous ne verrez travaillant la terre que des vieillards, des femmes ou des enfants, comme je viens de vous le dire...

La richesse du sol et les labeurs du fellah, voilà ce qu'exploitent les pachas, les favoris et le vice-roi...

Ismaïl-Pacha, en arrivant au gouvernement de l'Égypte, a fait un discours fort beau et surtout rempli de philanthropie, il a promis monts et merveilles ; il allait ne se préoccuper que d'une chose, du bonheur du peuple confié à ses soins ; il allait abolir tous les abus existants... il allait enfin abolir la corvée... la corvée, cette horrible et barbare institution, qui était si contraire aux lois de l'humanité, et qui dénotait un pouvoir par trop arbitraire !...

Tout le monde a crié bravo... Les journaux ont encensé comme il convenait ce prince philanthrope, régénérateur de l'Égypte... On s'est dit : Enfin ce pauvre peuple égyptien va voir une ère de bonheur commencer pour lui...

Hélas! trois fois hélas!... je doute que jamais il ait été aussi malheureux...

Promettre, c'est quelque chose ; mais tenir serait plus encore!...

Or, Ismaïl-Pacha a-t-il tenu les belles promesses dont son discours était émaillé? Bien certainement non.

Qu'a-t-il fait pour le bonheur de son peuple? Rien...

A moins que l'on trouve que c'est pour lui un bonheur suffisant de voir son vice-roi le dépouiller de ses terres, s'enrichir à ses dépens!...

La corvée a-t-elle été abolie?...

Pour l'isthme de Suez oui, avec empressement, et pourtant les fellahs travaillant pour le canal étaient, comme je l'ai déjà dit, d'abord transportés en bateau, en chemin de fer, aux frais de la Compagnie ; ils étaient nourris par cette même Compagnie, payés 80 cent. le mètre cube, la moitié plus que ce qu'il est payé en France ; un service médical était mis gratis à leur disposition... On le voit, la Compagnie française de l'isthme s'était souvenue du droit de l'homme, le fellah était là traité comme un homme, et non pas comme une bête de somme.

Mais le vice-roi a-t-il aussi aboli la corvée pour la culture de ses immenses terres?...

Non.

A t-il défendu sévèrement à ses moudirs, wéqils, cheiks-el-béleth, de s'en servir?

Non.

Elle a été abolie en apparence; en réalité, elle existe plus que jamais.

Le but du vice-roi, en disant qu'il abolissait la corvée, était de ne pas tenir l'engagement du défunt vice-roi Saïd-Pacha, de fournir un nombre de travailleurs par an pour le creusement du canal...

Une fois son but atteint, la corvée a continué en Égypte.

Il est vrai que les journaux du pays et le vice-roi jurent qu'elle n'existe plus, ses favoris l'assurent aussi... Les Européens habitant le pays, occupés à gagner de l'argent, s'en soucient fort peu, ils ignorent ce qui se passe dans l'intérieur de l'Égypte...

Donc, on croit généralement que la corvée est abolie.

Eh bien, il n'en est rien, je le dis et l'affirme; ceux qui en douteront peuvent, pour s'en convaincre, faire ce que j'ai fait, aller parcourir toutes les provinces, et ils verront par leurs yeux ce que moi j'ai vu, c'est que d'abord les immenses terres de Son Altesse sont cultivées par des hommes à corvées... C'est plus économique!...

Ses canaux sont creusés de même, et le chemin de fer qu'il fait construire en ce moment, chemin de fer pour sa seule commodité, est fait par corvée; il va de Zagazig à une grande propriété de Son Altesse.

Sa raffinerie de sucre emploie constamment plus de douze cents hommes en corvée.

Enfin, je l'affirme, revenant du désert, me trouvant dans l'intérieur, j'ai rencontré dans l'espace de huit jours cinq corvées, les unes composées de cinq cents hommes, les autres de deux cents. Plus d'un malheureux fellah était conduit les mains enchaînées, ce qui prouvait assez évidemment que ce n'était pas par amour pour son souverain qu'il allait travailler pour lui.

Je tenais à être édifiée : les amis du vice-roi m'avaient si bien juré leurs grands dieux qu'il n'y avait plus de corvées !

Chaque fois, je suis donc descendue de mon dromadaire. Au moyen de mon interprète j'ai questionné le cheik conduisant ces malheureux, et aussi plusieurs fellahs : tous m'ont répondu qu'on les avait arrachés à leurs villages, à leurs familles, à leurs cultures, pour les amener travailler sur les terres de Son Altesse.

Ils portaient d'une main un sac contenant des galettes et des lentilles, de l'autre leurs instruments de travail.

« Combien êtes-vous payés », leur ai-je dit. Ils m'ont regardée avec un air de profond étonnement. « Payés, nous !... Nous avons des coups de courbache lorsque les forces nous manquent et que nous ne travaillons pas assez. »

Il est vrai que, de retour à Alexandrie, alors que

j'ai raconté cela, les mêmes amis du vice-roi m'ont assuré que j'avais eu une hallucination, rêvé en plein jour ; que la corvée ne pouvait plus exister, puisque le Grand Seigneur avait dû l'abolir.

Ah! courtisans, vous serez toujours les mêmes! Il est vrai encore qu'à Alexandrie et au Caire on a convoqué les consuls de toutes les puissances pour leur montrer que les fellahs travaillant pour les travaux d'utilité publique même étaient payés, et pour le prouver on a distribué de l'argent à quelques corvées.

Mais, si les consuls tenaient à être édifiés, ils n'auraient qu'à aller se promener dans l'intérieur et faire ce que j'ai fait, moi.

Le vice-roi se flatte d'être un des plus riches souverains de l'Europe.

C'est vrai, mais il s'enrichit avec la sueur, le sang de son peuple.

Souverain absolu, ayant un pouvoir arbitraire que personne ne lui conteste, il lève les impôts à sa fantaisie, rançonne selon son caprice, économise en tout, n'a rien à payer pour les travaux d'utilité publique, fait cultiver gratis ses propriétés, fait fabriquer gratis son sucre, etc., etc.

Le moyen de ne pas se faire des millions et des millions de rente!

Ce qui prouve de quelle façon la corvée est abolie, c'est ce qui se passe dans ce moment-ci, décembre 1864; un décret annonce que, le vice-roi s'étant engagé à faire faire les travaux de prise d'eau dans le Nil pour le canal d'eau douce allant de Zagazig à Suez, trente mille hommes de la réserve de l'armée du vice-roi sont levés pour aller faire ces travaux.

Notez que l'armée du vice-roi est de douze mille hommes...

Notez qu'il peut appeler l'Égypte entière la réserve de son armée!... Cette tournure de phrase n'est qu'une manière de dissimuler qu'il fait une levée de corvée de trente mille hommes; que ces trente mille malheureux fellahs, arrachés à leurs villages, à leurs familles, ont eu une longue et pénible route à faire pour se rendre sur les lieux du travail; qu'ils vont avoir un travail dur et fatigant à faire avec leurs propres instruments, qu'ils auront à se nourrir, et recevront en payement des coups de courbache...

L'autre jour, je causais corvée; des favoris du vice-roi étaient là, ils juraient qu'il n'y avait plus la moindre corvée...

Arrive un riche Égyptien me faire visite, on cause de choses et d'autres... « Vous êtes l'ami, je crois, du wéqil de telle province? » lui dis-je... Il me répondit ceci : « Son ami n'est pas le mot, mais je tâche d'être bien avec lui, je lui fais souvent des cadeaux, enfin je tiens à ses bonnes grâces, par l'excellente raison qu'il m'est très-utile. J'ai une grande propriété dans la province où il est wéqil, et, en retour des cadeaux que je lui fais chaque année, il me donne deux ou trois corvées pour nettoyer mes canaux, ensemencer et recueillir mon coton, ce qui me fait une grande économie. »

Je me mis à rire en regardant les favoris, qui eux étaient assez confus.

« Mais, dis-je à ce monsieur, avez-vous eu une corvée cette année-ci?

— J'en ai une dans ce moment de trois cents hommes qui travaille à arranger mes canaux... »

Très-bien, j'étais enchantée. Tenant à mieux confondre encore ces messieurs, je continuai... « Mais sans doute ce qu'on fait pour vous est une faveur unique en Égypte, cela ne se fait pour personne autre? — Mais si, madame, me répondit-il, cela se fait pour beaucoup de personnes... D'abord, pour les pachas, les amis des pachas; pour les terres des moudirs, de wéqils, cheiks-el-béleth, et pour celles de leurs amis. — Mais je croyais la corvée abolie! » A son tour, il se mit à rire... « Oui, elle l'est pour la forme, mais elle existe autant qu'avant, sinon plus. »

Je savais tout cela, mais j'étais enchantée de ce démenti donné immédiatement aux paroles de ces courtisans du pouvoir.

Savez-vous par quel procédé ingénieux on stimule le zèle de ces malheureux fellahs?... Lorsqu'ils arrivent en masse pour faire tels ou tels travaux, ne sachant pas bien ce qu'on demande d'eux, peu habitués au genre de travail qu'ils ont à exécuter, souvent ils sont un peu longtemps à se mettre en train. Pour parer à cette perte de temps, voici ce qu'on a imaginé... Un effendi, homme de confiance du vice-roi, a mission de surveiller ces travailleurs. Il leur explique donc ce qu'ils *ont à faire*, ensuite *il prend au hasard* un de ces malheureux, le fait pendre par les pouces et lui fait administrer des coups de courbache jusqu'au moment où tous les fellahs sont bien au travail..... L'effendi prétend que c'est le meilleur moyen de stimuler leur zèle. Il rit, du reste, de son idée ingénieuse et des grimaces du malheureux...

Tout cela se fait par des hommes appartenant à Ismaïl-Pacha, et par ses ordres !..

Et l'on dit que la civilisation brille en Égypte !

---

# LES FELLAHS.

Leur position sociale. — Leurs mœurs. — Mariages fellahs.

Parmi toutes ces différentes races qui peuplent aujourd'hui l'Égypte : Cophtes, Fellahs, Nubiens, Bédouins, Arabes, Osmanlis Abyssiniens, retrouver les vrais descendants des anciens Égyptiens n'est vraiment pas chose facile !...

Les savants se sont livrés à de graves recherches ; ils ont publié leur résultat... Leurs écrits sont certainement remplis de science, d'érudition ; mais ils offrent un grand désavantage pour ceux qui tiennent à être fixés... C'est que pas un de ces messieurs n'émet le même avis...

L'un reconnaît dans le fellah le descendant des Pharaons ; l'autre dit que le fellah est le produit de l'Arabe croisé avec le peuple cultivateur, qui a toujours existé et fait classe à part en Égypte.

Tout comme les Cophtes et les Nubiens, qui sont aussi considérés comme descendants des anciens Égyptiens, ont aussi croisé leur sang avec celui des conquérants.

Dès les premiers temps où l'histoire de ce pays

nous apparaît dégagée des fabuleuses inventions des anciens, nous voyons au milieu des classes bien distantes apparaître celle des cultivateurs, classe qui avait le triste privilége de nourrir toutes les autres par son travail, la sueur de son front.

Hérodote nous dit que les Égyptiens étaient divisés en quatre classes ; que chaque enfant était attaché de par la loi à la classe de son père.

Ces classes étaient :

Les agriculteurs, bergers et gardiens de troupeaux ;

Les commerçants ;

Les prêtres ,

Et l'armée.

Les commerçants et les agriculteurs étaient seuls soumis à l'impôt... C'étaient donc eux qui avaient mission de nourrir la famille royale, le clergé et l'armée.

Cet état de choses est encore à peu près existant en Égypte... C'est le fellah qui travaille pour tous, c'est le fellah qui, bonne bête de somme, cultive cette riche et féconde terre, lui fait rendre des millions, millions qui aujourd'hui servent à payer le luxe et à enrichir les vice-rois qui se succèdent, ainsi que les membres de leur famille et leurs favoris.

Le fellah est le peuple mouton, doux, craintif ; il a la guerre en horreur. Résigné à son sort, il supporte le joug qui pèse sur lui avec, on peut le dire, une évangélique résignation.., prêt non-seulement à tendre la joue, mais à baiser la main qui le frappe.

Pachas, beys, employés européens même, tout cela frappe sur son dos ; il se laisse faire, se contentant de pleurer alors que l'on frappe trop fort... Routes, canaux, chemins de fer, culture, c'est lui qui fait tout... et, pour le remercier, on le méprise ; chacun dit : Ce sont des brutes !... Non, ce ne sont pas des brutes... ce sont des hommes bons, honnêtes, mais d'un caractère faible et pusillanime. Comme des enfants, ils ont peur la nuit ! la vue du sang leur cause de l'épouvante ; dans leurs grandes disputes, le couteau, le pistolet, ne jouent jamais aucun rôle ; ils s'injurient, se tirent un peu la barbe, ce qui est pour eux une grande insulte, se donnent quelques coups de bâton, et si un passant s'approche des combattants en disant : « Allah ! Allah... » bien vite, se souvenant que Dieu n'aime pas les querelles, les deux adversaires s'embrassent, et la paix est faite...

Le vol, l'assassinat, sont choses complétement inconnues parmi les fellahs... surtout chez ceux qui n'ont pas trop vécu en contact avec les Européens.

On dit : Il est paresseux !

Allons-donc, parcourez l'Égypte, vous le verrez toujours travailler. Sur son dos courbé par le faix, il transporte des pierres pour la construction d'un édifice du gouvernement ou pour la maison d'un pacha... Dans l'eau jusqu'à la ceinture, il traîne les barques sur le Nil, il cultive le sol, il sème, il récolte, il fait enfin tout ce qui est travaux de grosse fatigue : sans lui, que deviendrait l'Égypte,

Il n'a maintenant; il est vrai, aucune émulation pour cultiver les terres qui lui sont données en concessions. C'est qu'hélas ! il sait par expérience que, s'il cultive bien toutes ces terres, les rend prospères, alors ou on les lui reprendra, ou on l'accablera d'impôts. Il ne cultive que ce qui lui est nécessaire pour se nourrir. Il n'a pas l'ambition de se faire une fortune, car il sait très-bien qu'alors qu'il l'aurait amassée, on la lui prendrait.

Le fellah est le pauvre paria qui travaille pour tous, à qui l'on laisse juste assez pour qu'il vive..., qui ne peut posséder la moindre parcelle de terrain.

Il est chez lui..., et lui seul n'a pas un mètre de terre !

Il est forcé de la cultiver pour les conquérants... C'est dur... Et pourtant il ne dit rien, ne se révolte pas. Il se contente de dire : « Allah qérim ! Dieu est grand ! » subissant le joug arbitraire et cruel non pas d'un seul tyran, mais de cent; n'ayant aucune loi pour le protéger, personne à qui pouvoir se plaindre lorsqu'on le maltraite. Vrai, son sort est affreux ; et lorsqu'on reste longtemps dans ce pays, que l'on sait combien le gouvernement d'abord, et tout le monde ensuite, est mauvais, injuste pour ces bons fellahs, on se sent pris de pitié pour eux.

Les pachas gouverneurs de l'Égypte ne considèrent point les fellahs comme une partie du peuple confié à leur garde, la partie travailleuse, productive, la meilleure par conséquent. Non. Ils les considèrent comme des machines, des bêtes de somme, leur chose enfin, leur appartenant corps et âme, de qui ils peuvent faire ce que bon leur semble ; qu'ils peuvent battre et tuer à leur gré, qui sont créés et mis au monde pour travailler à leur fortune.

Et le pauvre fellah travaille, travaille sans relâche : pour tout payement on lui donne des coups de courbache, pour tout merci on lui dit : Tu es une brute.

Et personne ne se préoccupe d'eux, et personne ne réclame, au nom de l'humanité, la fin d'un état de choses aussi injuste que cruel !

Pourtant ces gens-là sont aussi créés par Dieu. Ils ont tout comme nous une âme, un cœur, un corps qui souffre !

N'avez-vous jamais vu dans une famille un pauvre enfant pris en haine par tous, par son père, par sa mère, par ses frères et sœurs ? Il est le souffre-douleur de tous. Il a tout le travail de la maison à faire pendant que les autres se promènent. Il porte des haillons tandis que les autres sont richement mis. Quoi qu'il fasse pour contenter tout le monde, on ne l'abreuve que de sarcasmes et de sottises ; quoiqu'on le voie épuisé de fatigue, on trouve toujours qu'il n'en fait pas assez. Cet enfant, cependant, est bon, doux, patient. Vous ne comprenez pas le sort injuste qu'on lui fait ; vous êtes indigné envers tous les membres de cette famille, et vous vous prenez d'une sympathique pitié pour lui.

Eh bien, je ne saurais mieux vous comparer le

sort du fellah en Égypte qu'en vous le comparant à cet enfant-là.

Ses villages sont composés de petites huttes en boue, basses, à peine larges de quelques mètres. Ces huttes, d'aspect misérable, vous font mal à voir, enfumées, sans fenêtres, dans ce petit espace. Ils font leur cuisine en allumant sous une casserole un peu de bouse de vache, car un détail assez curieux sur ce pays est celui-ci : tout ce que les chevaux, les ânes, les chameaux, laissent tomber sur les routes, dans les rues, est soigneusement ramassé par les fellahines ; elles pétrissent cela en le délayant dans de l'eau, elles en font des espèces de galettes qu'elles lancent contre les murailles de leur maison. Cela s'applique là ; lorsque c'est sec, elles les détachent, et voilà ce qui leur sert de bois, de charbon, pour faire leur soupe et pour se chauffer l'hiver.

Revenons aux huttes des fellahs... Ils couchent donc là pêle-mêle, parents, enfants, sur des mauvaises nattes, dévorés par la vermine. Leur âne, leurs moutons, sont là aussi dans le même appartement.

Pour tout costume, le fellah et la fellahine portent une grande chemise en cotonnade d'un bleu plus ou moins foncé ; chemise qui nécessairement s'use, se raccourcit, se troue, et alors vous pourrez vous figurer l'effet que cela produit.

La fellahine se tatoue de bleu. Elle a généralement une fleur entre les deux yeux, une sur le menton ; une foule de dessins sur les bras et les mains, elle a les ongles et le dedans des mains peints en rouge au moyen du henné.

Elle s'enveloppe assez gracieusement dans un lambeau de voile en mousseline bleue. Ainsi drapée, elle représente assez bien Rébecca à la fontaine.

Le fellah est haut de stature, la poitrine large, les membres bien proportionnés, les traits fins et réguliers, une démarche majestueuse, et un air de noblesse répandu sur sa figure ; les yeux vifs, les cils noirs et longs, la peau bistrée plus ou moins fortement, selon qu'il habite la haute ou la basse Égypte, la campagne ou la ville.

La fellahine a, jusqu'à vingt ans, c'est-à-dire de onze à vingt, une perfection idéale de formes, les attaches d'une finesse exquise; rien n'est gracieux comme de la voir drapée dans son voile qu'elle ramène pudiquement sur son visage, sa lourde amphore sur la tête, et son bras s'arrondissant gracieusement pour la soutenir. Le seul reproche à faire au type qu'elle a, c'est que le bas de la figure, le menton surtout, est un peu trop carré, trop bestial, et souvent son nez est épaté. Beaucoup d'entre elles portent un grand et lourd anneau en argent pendu au nez; ce trou fait aux narines n'est point du tout joli. Elles aiment beaucoup les bijoux ; au cou, elles portent ou un gros cercle en argent, ou un collier en perles de couleur, de verroterie. Au bras, celles qui sont un peu aisées ont des bracelets en argent; elles en portent aussi aux jambes, à la cheville. Il va sans dire que fellahs et fellahines n'ont ni bas ni souliers.

Les fellahs qui habitent au Caire ou à Alexandrie sont à présent à leur aise; il y en a même de riches, parce qu'ils travaillent pour les Européens. Ceux-là se donnent le luxe de porter des souliers, et leurs femmes sont aussi plus coquettement mises.

Le fellah, je l'ai dit, a le caractère de l'enfant; il en a les défauts : le mensonge lui est assez familier, et il demande un-batchiche comme l'enfant demande un bonbon; comme lui il est insatiable.

Ils sont de mœurs passablement relâchées, et une fois que leur sœur et leur fille ont eu un mari, ils ne mettent aucun obstacle, ils se prêtent même, à ce qu'elles se vendent aux Européens ou aux Turcs.

A vingt ans, la femme fellah est vieillie, usée, plus que chez nous une femme de cinquante. Cela tient à la vie laborieuse qu'elles mènent, partageant tous les travaux de leur mari, ayant en plus les peines de la maternité. Elles sont très-fécondes, mais elles perdent beaucoup de leurs enfants, par la raison qu'elles n'ont ni les loisirs ni le savoir de donner à ces petits êtres-là les soins qu'ils exigent. Ceux qui vivent sont rachitiques, maladifs, jusqu'à huit ou neuf ans. Le sort qui est fait à ces femmes est assez triste; elles travaillent autant, si ce n'est plus que leurs maris. On rencontre fréquemment, dans l'intérieur, une malheureuse femme fellah un lourd fardeau sur la tête, un enfant à cheval sur son épaule, un autre à cheval sur sa taille, un autre dans son bras gauche. Elle suit ainsi péniblement son mari, qui, lui, est monté majestueusement sur son âne. Oui, généralement, les femmes vont à pied, et les hommes montent sur les ânes ; et l'on dit que la femme est faible !

Le fellah a en plus un souverain mépris pour la femme ; s'il parle à quelqu'un au-dessus de lui, il ne prononcera jamais le mot femme sans y être forcé, et s'il le prononce, il dira toujours : « Sauf votre respect, » formule qu'emploient les paysans en France lorsqu'ils prononcent le nom de cet animal détesté des Juifs et des Musulmans. La triste position faite à la femme fellah, l'excès de fatigue qu'elle a à supporter, lui aigrit, je crois, le caractère ; j'ai souvent remarqué, en traversant les villages, que son humeur est aigre, grondeuse ; elle crie, se démène ; pour un rien elle frappe brutalement ses enfants. L'amour maternel ne me paraît pas être fortement développé chez elle.

Voici comment se font les mariages chez les fellahs.

Les jeunes gens qui désirent épouser une jeune fille demandent aux parents ce qu'ils désirent la vendre, la somme, autrement dit, mais ce qui revient absolument au même, qu'ils exigent pour consentir à la leur donner en mariage. Cette somme varie de deux à vingt et vingt-cinq louis.

Souvent un jeune homme s'inscrit chez le cadi, alors que la fille n'a encore que sept ou huit ans ;

plusieurs même peuvent s'inscrire : elle appartient à celui qui donne plus vite la somme, ou qui la donne plus forte. Les parents ne feront aucune difficulté de la donner à un vieillard de préférence à un jeune homme, si ce premier donne un louis de plus.

Une fois le mariage convenu de part et d'autre, le futur donne le tiers de la somme comme arrhes : cela sert généralement à acheter le trousseau de la future et les meubles du ménage. Le trousseau consiste en une chemise neuve et un voile, les meubles, un mauvais matelas, le lit des futurs, une casserole et une gargoulette. Tout le mariage consiste en un espèce d'acte déposé chez le cadi... et en une fantasia que font le futur et ses amis..., fantasia pendant laquelle ils parcourent les rues de la ville ou du village, précédés de musiciens frappant sur des timbales et des espèces de petits tambours de basque.

Toujours le mariage se fait chez les musulmans le vendredi, c'est-à-dire le jeudi soir, car, d'après leur manière de compter les heures, le jour commence au lever du soleil, et il finit au coucher. Ils ont donc choisi le jour consacré par leurs ancêtres à Vénus pour célébrer les mariages...

La somme entière est alors comptée par le futur aux parents de la jeune fille. Le cadi inscrit le mariage...

Les hommes accompagnent en grande pompe, fantasia en tête, le futur au bain.

Les femmes en font autant pour la future...

Ensuite un grand dîner se donne chez les parents

de la mariée... On tue un mouton, mouton que l'on a acheté le jour des accordailles et que l'on a engraissé avec soin. Tous les invités doivent en manger. A ceux qui n'ont pu venir on en envoie un morceau, car, selon eux, cette chair est pure et elle a le privilége de purifier tous ceux qui en mangent...

Vers les dix heures, la mariée rentre avec toutes les femmes invitées et parentes des deux familles dans un appartement. Là on la couche sur une table; deux femmes la tiennent... Le mari s'arme d'une clef, ou d'un morceau de bois, et il fait ainsi une certaine opération... difficile à vous nommer...... opération qui fait qu'on ne saurait plus donner après à la jeune femme le surnom donné à Jeanne d'Arc.

Se marier vierge est pour elle un point d'honneur; du reste, elles savent bien que, si elles ne l'étaient pas, leur mari et leurs parents les tueraient...

Cette opération terminée, on porte à tous les hommes, restés dans l'appartement, la preuve de la sagesse de la jeune épouse... Les femmes alors s'emparent de la jeune femme et chassent le mari, qui doit rester huit jours, d'après la loi de Moïse, qu'ils suivent fidèlement, sans voir sa femme... Ce délai expiré, elle est conduite chez son mari...

J'ai dit que toutes les jeunes fellahines mettaient un point d'honneur à se marier vierges, c'est vrai... Mais il est une chose qu'elles n'ont pas, qui est même inconnue chez eux, c'est la virginité morale. Si dans les harems les femmes tiennent toutes sortes de conversations inconvenantes devant les jeunes filles..., chez les fellahs c'est bien pire... Pour vous donner une idée de l'impossibilité matérielle qu'il y a qu'elles conservent cette innocente chasteté qui fait le charme de la jeune fille en Europe et le pare d'une charmante auréole, je n'ai qu'à vous rappeler qu'ils vivent, qu'ils grouillent pêle-mêle huit ou dix, dont plusieurs sont maris et femmes, dans une seule pièce, large de trois ou quatre mètres... Du reste, ces gens-là n'ont aucune idée de la pudeur, de la décence... Ils ne savent pas ce que c'est que de se cacher pour faire quoi que ce soit... Ils font tout en public sans la moindre vergogne. Devant trente personnes, le fellah, la fellahine, s'il y a de l'eau, s'ils sont près du Nil, se déshabillent, font leurs ablutions bien tranquillement... Votre présence les préoccupe fort peu... Ils ne s'éloignent pas d'un pas.

En parcourant surtout l'intérieur de l'Égypte, les yeux sont choqués d'une étrange façon...

La fellahine a sa chemise faite de manière à montrer sa gorge, et bien au-dessous de sa taille...; mais peu lui importe... Si elle est jeune, elle cache son visage : ça lui suffit à elle, et aussi à son mari.

Les vieilles, et les jeunes filles, rarement sont voilées...

Celles qui travaillent aux champs ont un simple voile qu'elles ramènent sur le bas de leur visage; celles des villes ont pour voile un morceau d'étoffe noire, qui part des yeux et va jusqu'aux pieds en se terminant en pointe. Un morceau de canne ou une espèce de tire-bouchon en fil de fer le réunit à celui qui est sur leur tête : cela leur aplatit le nez, et n'est rien moins que gracieux... Une série de pièces de monnaie de sequins pend à ce voile. Les coquettes s'en mettent sur les tresses de leur cheveux... Toutes ont des bracelets en argent ou en verroterie aux poignets et aux chevilles. Quelques-unes portent un immense anneau en argent au bout du nez !... Vraiment, pour suivre cette mode barbare, il faut qu'elles soient bien sûres de la douceur leur mari, car, voyez-vous, s'il allait, dans un moment de colère, tirer sur cet anneau, leur pauvre nez serait horriblement déchiré !...

---

# ALEXANDRIE.

Aiguilles de Cléopâtre. — Colonne de Pompée. — Catacombes. Mamoudièh. — *Camp de César.*

---

## L'ANCIENNE ALEXANDRIE. — LA NOUVELLE ALEXANDRIE.

Entre toutes les villes Alexandrie est célèbre ; elle évoque mille souvenirs glorieux, cette antique cité bâtie par les ordres d'un héros, sous sa propre inspiration !...

Diodore de Sicile nous dit que l'an 331 avant Jésus-Christ, Alexandre, roi de Macédoine, après avoir soumis à ses lois tous les États qui avaient tenté de secouer le joug, et s'être couvert de gloire dans son expédition contre les Perses, vint à la tête d'une nombreuse armée attaquer l'Égypte.

Les Perses avaient irrité contre eux les Égyptiens, profanant leurs temples et en les gouvernant avec dureté ; aussi ces derniers virent-ils arriver les Macédoniens avec joie, et Alexandre se rendit maître de ce pays presque sans avoir besoin de recourir à la force des armes...

Il régla sagement l'administration de cette province; ensuite il alla consulter le fameux oracle d'Ammon-ra. L'histoire nous raconte le pèlerinage de ce grand homme à travers cet océan de sable... Le quatrième jour déjà, ses provisions d'eau étaient épuisées; la suite nombreuse qu'il avait avec lui se livrait au plus amer découragement, que faisait naître la triste perspective de mourir de soif... Une pluie abondante vint à leur secours... Chacun vit dans cela un heureux augure...

Le Dieu Ammon-ra lui-même prononça un oracle des plus bienveillants pour celui qu'il nommait son fils... « Personne, lui dit-il, n'a pu te vaincre jusqu'ici, désormais aussi tu seras invincible. »

Enchanté de cette réponse, Alexandre fit de grands présents au temple d'Ammon; il s'en retourna avec le projet de fonder une grande ville en Égypte, à laquelle il donnerait son nom. Il choisit l'emplacement qui se trouvait entre la mer et le lac Maræotis; il traça lui-même le plan, divisa la ville en rues coupées à angle droit. « Cette ville, dit toujours Diodore de Sicile, située très-avantageusement près du fort du Pharos, avait ses rues disposées de manière à donner accès aux vents étésiens. Ces vents soufflent de la mer, rafraîchissent l'air de la ville et entretiennent une douce température; la santé des habitants s'en trouve à merveille...

« Il fit ensuite entourer la ville d'une enceinte remarquable par son étendue et par sa forte assiette, car, placée entre le lac et la mer, elle n'est abordable du côté de la terre que par deux passages étroits et très-faciles à défendre.

« La forme de la ville représente assez bien une chlamyde; elle est traversée presque au milieu par une rue admirable par sa longeur et par sa largeur : elle a quarante stades de longueur sur un plèthre de largeur. Cette rue était bordée de palais somptueux, de temples magnifiques. Alexandre s'y fit bâtir pour lui-même un palais royal d'un aspect grandiose et d'un luxe féerique de décoration. »

Champollion nous dit qu'Alexandre le Grand, frappé de la belle disposition d'un isthme formé par le lac Maræotis et la mer Méditerranée, à l'ouest du Nil, sur un emplacement de cinq mille quatre cents mètres sur trente de large, jeta là les fondements de cette ville, à qui il donna le nom d'Alexandrie. Il traça lui-même le plan; la farine destinée à l'approvisionnement des soldats lui servit pour marquer la place des murailles; il indiqua lui-même la place des temples, des édifices, des places publiques. Il confia l'exécution de ce vaste plan à l'architecte Dinocrate; quelques auteurs l'ont appelé Dinochares; Plutarque lui donne le nom de Stasicrate. Il donna l'ordre de construire des temples et pour les divinités égyptiennes et pour les divinités grecques, témoignant par là de sa grande tolérance religieuse...

Il y appela, pour la peupler, les Égyptiens des autres villes, les Grecs, les Macédoniens, et permit à tout le monde de s'y établir. Il en fit ainsi, dans sa pensée et en réalité, le centre du commerce entre l'Orient et l'Occident.

Il laissa pour gouverneur de cette ville Cléomène. Plus tard, un de ses lieutenants y régna sous le nom de Ptolémée Soter. Peu de temps après sa fondation, Alexandrie avait, nous dit Diodore de Sicile, plus de trois cent mille habitants, sans compter les esclaves.

Le palais qu'Alexandre s'était fait bâtir, qui se trouvait sur l'emplacement connu plus tard sous le nom de promontoire de Louchias, était divisé en plusieurs parties.

L'une s'appelait le Muséum : c'était le siége des sciences et des lettres; un autre s'appelait Soma, c'est là que furent placés les tombeaux d'Alexandre le Grand et des rois Ptolémées.

Le quartier où se trouvait le palais se nommait Bruchium. On y voyait de superbes édifices, des palais somptueux...

Champollion nous dit qu'il faut en chercher les traces près des branches du canal qui se jette dans la mer, derrière la porte de Rosette.

Dans un autre quartier nommé Cæsarium, se trouvait ce fameux palais que Cléopâtre fit bâtir en l'honneur de César, et qu'elle décora de deux superbes aiguilles en granit rose, que l'on voit encore aujourd'hui, et qui nous donnent une idée de sa splendeur.

Une chaussée de sept stades de long, appelée Heptosdion, réunissait la fameuse île de Pharos au rivage où était située la ville. Cette chaussée, semblable à celle de Tyr, fut,* au rapport de Flavius Josèphe, construite par Ptolémée Philadelphe, et non par Cléopâtre, ainsi que le prétend Ammien Marcellin. Cette chaussée ou môle établissait une séparation entre le grand port, aujourd'hui Port Neuf, situé à l'est de la ville, et le port Eurostus, aujourd'hui Vieux Port. Dans le grand port était le port secret, complétement réservé à l'usage des rois ; il était en face du palais. En avant de ce port était l'îlot d'Antirrodus, où se trouvaient de très-beaux édifices... Un autre port, ou réservoir artificiel, appelé Kipotos, communiquait par un canal navigable avec le lac Maræotis. Il est comblé aujourd'hui.

Près du port secret se trouvaient encore le théâtre, la bourse et le fameux temple de Neptune, qui occupait la place du Posidium, que Marc-Antoine prolongea par une digue jusqu'au milieu du port secret. Il y bâtit un palais qu'il appela Timodium, en l'honneur du misanthrope Timon. Il comptait y passer le reste de sa vie dans le calme et la solitude.

C'est entre le Vieux Port et l'Eurostus que se trouvait l'ancien village de Rhocotis. Près de là, sur une colline, se trouvait le Sérapium, ou le fameux temple de Sérapis (ne pas confondre avec un autre temple de Sérapis qui se trouvait à Memphis, dans lequel on enterrait les bœufs sacrés, et qui était connu plus particulièrement sous le nom de Sérapium que celui d'Alexandrie. M. Mariette vient de découvrir les murs de ce temple), que Théophile, patriarche d'Alexandrie, fit détruire en 389... Cet édifice était une merveille. On y montait par cent degrés. Ammien Marcellin le compare au Capitole. De son sommet, comme du point le plus élevé de la ville, Caracalla contempla le massacre des chrétiens qu'il avait ordonné.

C'est au Sérapium, disent les auteurs anciens, au cœur même de la ville, que se heurtaient le plus les deux religions rivales ; c'est sur ses degrés que se tenait intrépidement Origène mêlé aux prêtres égyptiens, distribuant comme eux des palmes à ceux qui se présentaient, en leur disant : « Recevez-les non pas au nom des dieux, mais au nom du seul vrai Dieu. » C'est là que sous Julien les païens traînaient les chrétiens, immolant ceux qui se refusaient à sacrifier à Sérapis ; c'est là que, sous Théodose, les chrétiens se précipitèrent furieux, brisant les portes, renversant les idoles et remportant sur les murailles et les chapelles abandonnées cette victoire qu'Eunape, le Plutarque des philosophes alexandrins, célébra avec une amère ironie.

Dans une de ces extases prophétiques auxquelles aspiraient les philosophes alexandrins, l'un d'eux, Antonius, fils de la visionnaire Sosipatra, prédit la ruine du Sérapium, tout comme les prophètes de Jérusalem prédisaient la ruine du saint des saints. Un oracle sibyllin disait : « O Sérapis, élevé sur ton rocher, tu feras une grande chute dans la trois fois misérable Égypte ! »

Dans la partie ouest de la ville se trouvaient le Gymnasium, le Decasterium (tribunal). Au sud-ouest de la ville était la Nécropole, espèce de faubourg des morts où se trouvaient les tombeaux, et onze maisons destinées aux opérations de l'embaumement. Strabon nous dit :

« Les Égyptiens avaient toujours une ville des morts à côté de la ville des vivants, et toujours elle était située à l'ouest comme à Alexandrie. Cette habitude tenait à leurs croyances. Ils plaçaient dans la région où le soleil se couche la demeure des âmes, et ils exprimaient par le même hiéroglyphe et par le même mot, *amenti*, cette demeure mystique et la région du couchant. »

Sur l'île de Pharos, Ptolémée Philadelphe fit construire ce fameux phare, une des sept merveilles du monde. Il était situé au nord-est de l'île ; c'était une immense tour carrée en marbre blanc, qui servait de guide au voyageur égaré.

On aime à se représenter, à rebâtir par cet architecte chimérique, l'imagination, Alexandrie telle qu'elle fut embellie sous les règnes des Ptolémée.

Qu'elle devait être belle et grandiose ! Quelle est la ville du monde aujourd'hui qui peut se flatter d'être sa rivale ?

Que, telle qu'elle était, telle que nous la représentent les quelques fragments de cailloux, de ruines qui restent, elle ressemble peu à l'Alexandrie d'aujourd'hui! Oui, entre toutes les villes, Alexandrie est célèbre. M. Ampère a dit avec raison :

« Qu'on nous montre une autre ville fondée par Alexandre, défendue par César, et prise par Napoléon! »

Si cette ville était belle entre les belles, son histoire est aussi des plus intéressantes et des plus glorieuses. Sous les règnes des Ptolémée et de Cléopâtre, c'est-à-dire pendant une période de deux cent cinquante-deux ans, elle fut florissante, son commerce maritime s'agrandit; les sciences, les arts, y fleurirent et y firent des progrès importants; l'astronomie, la médecine, la philosophie, y eurent des chaires du haut desquelles on entendit des hommes qu'encore aujourd'hui nous admirons. L'histoire intellectuelle d'Alexandrie a laissé dans l'histoire d'inépuisables souvenirs, qui rendent cette ville à jamais célèbre.

Sa bibliothèque, la plus riche dont l'histoire fasse mention, prouve combien les arts, les lettres, les sciences, étaient cultivés et aimés dans cette ville.

Cette bibliothèque se composait d'environ sept cent mille ouvrages, dont quatre cent mille étaient conservés au Bruchium (musée du palais), trois cent mille au temple de Sérapis...

Cette bibliothèque avait été fondée par Philadelphe Sôter, et enrichie par ses successeurs, qui faisaient venir à grands frais des originaux de toutes les parties du monde et entretenaient toujours des copistes... Philadelphe surtout augmenta considérablement la bibliothèque, la mit à la disposition des savants, qui y vinrent puiser de vastes trésors de science. Sous ce règne Alexandrie devint le foyer de lumière du monde entier. L'astronomie y fut cultivée avec soin; tous les arts, les lettres, y brillèrent d'un vif éclat, sous la protection de, ce prince éclairé, qui, voyant que le goût de la poésie dramatique s'affaiblissait, institua les jeux d'Apollon pour le ranimer...

A l'école d'Alexandrie se formèrent les nouveaux disciples de Platon, d'Aristote, de Zénon et de Pythagore; les écoles des géomètres, des astronomes et des géographes, luttaient d'une heureuse rivalité avec celles des philosophes.

Alexandrie eut pour poëtes Callimaque, Lycophron, Apollonius, Conon, Aristarque, Aristophane de Byzance, savant distingué qui succéda à Hérodote dans les fonctions de bibliothécaire à Alexandrie.

Aristille, Conon, Timocharis, se livraient avec ardeur à l'étude des astres. Aristarque soutenait déjà le mouvement de la terre, et, comme plus tard Galilée, était accusé d'irréligion. Apollonius de Perge cultivait, lui, les mathématiques, et se rendait illustre dans cette science.

On le voit, tout concourait à faire d'Alexandrie une ville célèbre entre toutes; elle était devenue le vaste foyer des lumières, ses rayons se répandaient dans le monde entier.

La bibliothèque du Musée fut détruite pendant la guerre qu'eut à soutenir Jules César.

Pour celle du Sérapium les avis sont partagés. Des historiens prétendent que tous les livres qu'elle contenait furent brûlés par Amrou, lieutenant du calife Omar, qui, écrivant au calife et lui faisant part des richesses que contenait la ville, lui signala la bibliothèque du Sérapium et les nombreux livres qu'elle contenait. « S'il y a dans ces livres ce qui se trouve dans le Coran, brûle-les, puisqu'ils sont inutiles. S'ils ne contiennent pas ce qui se trouve dans le Coran, brûle-les encore, car ils sont mauvais... »

Et ils furent brulés par Omar...

On en chauffa pendant quinze jours les quatre mille bains que comptait Alexandrie.

Champollion dit que, selon lui, on a accusé à tort le calife Omar de cet acte de vandalisme; il avait été accompli par les chrétiens antérieurement à l'invasion des Arabes en Égypte... Le Sérapium n'avait-il pas été démoli par les ordres du patriarche Théophile?

Pendant le règne de Cléopâtre, que César vainqueur de Pompée plaça sur le trône, cette ville joua un grand rôle, et cette reine donna encore un nouveau prestige à Alexandrie.

Enfin, le second triumvirat fait éclater une guerre civile, Cléopâtre unit sa destinée à celle d'Antoine, elle voit sa fortune et sa vie finir avec lui à la journée d'Actium. L'Égypte devient sous Auguste une province romaine. A Rome on comprit l'importance de cette nouvelle province, et l'on donna un grand soin à tous ses avantages matériels.

Le christianisme, en s'introduisant en Égypte, donna un nouveau genre de célébrité à ce pays. La Thébaïde se peupla de moines; Alexandrie prit une grande part au mouvement religieux des premiers siècles de notre ère... Les querelles d'Arius, prêtre de cette ville, et de saint Athanase, son adversaire, qui fut patriarche d'Alexandrie, attirèrent l'attention du monde chrétien vers elle.

Pendant la guerre acharnée que se firent les Égyptiens jacobites (les cophtes) avec leurs dominateurs les Grecs, elle eut à souffrir beaucoup.

Et enfin, quand Amrou, lieutenant d'Omar, s'empara d'Alexandrie, en 641 de notre ère, après un siége qui dura quatorze mois, elle eut à souffrir des horreurs de la guerre, qui devint même civile: les Grecs voulaient secouer le joug des musulmans, les cophtes ou chrétiens soutenaient, eux, Amrou, préférant le joug des califes à celui des empereurs de Constantinople. C'est une chose assez curieuse que ce soient les chrétiens qui aient favorisé l'installation des Arabes dans l'Égypte!...

On vit les cophtes s'unir aux musulmans, signer alliance avec eux, et dès lors l'islamisme s'établir en maître à Alexandrie.

Alexandrie perdit son ancienne splendeur sous la domination des califes et des sultans mamelouks; surtout sa gloire intellectuelle s'amoindrit bien vite: sa bibliothèque n'existait plus, les savants s'éloignèrent d'elle, et elle entra dans une période tout à fait matérielle et commerciale.

Plus tard, après avoir appartenu aux Ommiades et aux Abbassides, l'Égypte devint un moment indépendante sous Achmet-ben-Touloum, qui dota Alexandrie de belles et fortes fortifications qui existent encore aujourd'hui.

En 882, les Fathimites, maîtres du pays fondèrent une ville appelée *Misr-el-Kaira* (le Caire). Celle-ci devint bientôt la rivale d'Alexandrie; elle fut à son tour la métropole des arts et des lettres.

La décadence d'Alexandrie marcha à grands pas. Ainsi, lorsque Amrou s'en empara, elle comptait trois villes : Ménné, Nékité et Iskandérié. Si elle contenait 4,000 palais, 4,000 bains, 400 théâtres, 1,200 magasins, à l'époque de l'invasion française ce n'était qu'une bourgade de 8,000 âmes, un repaire de brigands et de pirates.

Napoléon, comprenant l'importance d'une ville située comme Alexandrie, la dota de fortifications nouvelles (les siennes tombaient en ruines) et essaya de relever Alexandrie... Mais, hélas! les Français restèrent trop peu en Égypte pour pouvoir faire beaucoup pour elle.

Méhémet-Ali, arrivé au pouvoir, comprit, lui aussi, l'importance maritime, militaire et commerciale qu'avait une ville située comme celle-là, et il donna tous ses soins à l'agrandissement, au relèvement de cette ancienne et fière cité déchue de sa splendeur... C'est à Méhémet-Ali que la ville nouvelle doit tout ce qu'elle a de bien et d'être redevenue, d'une bourgade de 8,000 âmes, une ville riche commerciale de 300,000 habitants.

## ALEXANDRIE EN 1864.

Le coup d'œil qu'offre Alexandrie lorsque, arrivé dans son port, on la considère d'un œil curieux et impatient, n'a rien de beau : pas de quais, aucune belle construction ne se trouve faisant face au port; la seule que l'on aperçoive, c'est, à gauche, une construction d'aspect assez bourgeois : c'est le palais du vice-roi, palais appelé Ras-el-Tyn, placé sur la presqu'île de ce nom (Ras-el-Tyn veut dire *figuiers*). L'arsenal se trouve là aussi.

Hors cela, l'on ne voit que de sales petites maisons qui n'ont pas même le style oriental. Le débarquement est loin d'être facile; une nuée de bateliers arabes, de drogmans, envahissent le bateau; tout cela vous crie aux oreilles, vous secoue, vous enlève de force vos bagages; tous veulent s'emparer de votre personne, et se débarrasser d'eux n'est vraiment pas chose commode.

Un homme de la police vient à bord prendre les passeports; ce n'est qu'après qu'il les a longuement examinés ou fait semblant, car bien sûr il ne sait pas lire un mot de français, que vous pouvez entrer dans une barque avec vos effets. Vous commencez par être volé par vos bateliers, qui souvent ne demandent rien moins qu'un louis pour vous avoir transporté là. Votre drogman a l'air de se disputer avec eux, de leur dire qu'ils sont des voleurs, mais je crois que sa colère n'est que feinte, et qu'il s'entend avec eux pour vous voler : ils doivent partager. On vous débarque sur une mauvaise et sale petite jetée ; vous entrez par une porte étroite et basse dans une baraque, un officier de police vous regarde passer, vous fait un salut assez amical : c'est le même qui a reçu votre passeport, il a l'air devous dire : « Passez, je sais qui vous êtes. »

Vous vous trouvez alors dans une grande cour carrée où sont pêle-mêle balles de coton, charrettes, ânes et âniers, voitures, chameaux ; la traverser n'est vraiment pas sans danger : vous êtes forcé de monter sur des balles de coton, de passer entre les roues des voitures, sous le nez des chevaux; vous êtes abasourdi par les criailleries des Arabes ; ils hurlent, beuglent. On dirait qu'ils vont s'égorger : eh bien, pas du tout, ils causent, tout bonnement. Rien n'est moins harmonieux à l'oreille que l'organe des Arabes, il faut s'y habituer; non-seulement le timbre de la voix est désagréable, mais encore ils ont la déplorable habitude de crier en causant.

Enfin, vous sortez de cette cour après avoir été poussé, bousculé, par une foule d'Arabes. Cette première étape sur le sol égyptien vous donne une assez triste idée du pays. Vous arrivez à la Douane, où ni la propreté ni l'ordre ne règnent; vous n'avez pas la moindre contrebande dans vos caisses; pourtant, comme votre drogman vous glisse à l'oreille: « Donnez un batchiche au douanier, ce sera plus tôt fini, » vous lui donnez une pièce d'argent. Il referme vos caisses assez prestement alors; mais dix douaniers, des Arabes de toute sorte, vous entourent, vous secouent par le bras, se cramponnent à vous en vous criant : « Batchiche batchiche. » Vous montez en voiture, ils vous poursuivent, s'accrochent à la voiture, vous en êtes ahuri. Par une rue qui est très-étroite, sale, bordée de petites boutiques qui ressemblent aux échoppes de nos artistes en ravaudage de vieilles chaussures, vous arrivez à la place des Consuls.

Cette place est grande, les maisons qui l'entourent sont assez jolies. Le palais Zizinia s'y fait remarquer sinon par la beauté du style, au moins par ses vastes dimensions. Le consulat de France est aussi une grande construction : grande, mais non belle.

Cette place est plantée de beaux arbres, deux très-belles fontaines font jaillir en gerbes une eau claire et limpide. Il y a peu d'années, il est vrai, que ces fontaines ont de l'eau ; ce n'est que depuis que M. Cordier, ingénieur de Paris connu par les grands travaux qu'il a faits, a installé près d'Alexandrie sa superbe pompe, pompe qui fait monter l'eau du canal de Mamoudièh et l'envoie en masse à Alexandrie. Avant cette pompe, les fontaines existaient, c'est vrai, mais elles n'avaient pas une goutte d'eau. Les habitants étaient réduits à se la faire apporter dans des outres en peau de bête par des Arabes. Non-seulement elle revenait fort cher, mais encore elle arrivait sale et boueuse. A présent, grâce à cette pompe, qui est, il paraît, un chef-d'œuvre dans son genre; grâce à l'intelligente activité de l'ingénieur Cordier, l'eau jaillit dans les fontaines, la ville est arrosée, et les habitants peuvent boire leur soûl de cette bonne eau du Nil.

Des voitures élégantes, de belles calèches à quatre places, encombrent la place des Consuls. On est tout étonné de ce luxe de voitures et surtout de leur confort. Vrai, nos fiacres parisiens feraient triste figure à côté : il est vrai que nos fiacres coûtent 1 fr. 50 la course et 2 fr. l'heure, tandis que celles-là coûtent 10 fr. la course, cette course serait-elle de dix minutes; et si elles vont promener une femme ou deux, elles coûtent la modique somme de 25 fr.

Alexandrie a de fort bons hôtels. Le premier, qui est pour Alexandrie ce qu'est le Grand-Hôtel pour Paris, c'est l'hôtel d'Europe. Il est bien situé, sur la même place des Consuls... On trouve là des chambres assez confortables, des salons meublés avec un certain luxe, une saine et abondante nourriture, un grand personnel de domestiques européens.

Le directeur de l'hôtel, M. Joseph, est pour tous

les voyageurs d'une prévenance, d'une complaisance sans égale. On oublie dans cet hôtel que l'on n'est plus chez soi, que l'on est enfin à l'hôtel, car on y retrouve les petits soins de la famille. Ainsi j'y ai fait une grave maladie ; une horrible angine a failli me tuer en quelques heures. Je ne dois de pouvoir tracer ces lignes aujourd'hui qu'aux bons soins que l'on a eus pour moi dans cet hôtel... J'étais perdue si le directeur n'avait pas mis toute la promptitude, le dévouement le plus complet, à m'envoyer chercher un médecin, s'ils ne m'avait pas entourée de mille bons soins. On dit toujours : C'est affreux d'être malade dans un hôtel. Eh bien ! vrai, dans ma famille je n'aurais pas été mieux soignée !

Et dans un pays comme l'Égypte, c'est une grande consolation et une grande sécurité en même temps de se sentir dans un hôtel pareil. Tous les voyageurs, en quittant l'hôtel d'Europe, emportent un bon et excellent souvenir de la façon dont ils y ont été soignés et traités, ainsi que de l'obligeance extrême du directeur de cet hôtel, M. Joseph. Pour mon compte je ne l'oublierai jamais.

Une fois qu'on a vu et admiré la place des Consuls, il reste peu de chose à voir à Alexandrie. Cette ville a toute la prose d'une ville européenne mal bâtie... Le quartier arabe lui-même a perdu son cachet oriental.

Comme promenade, il y a la fameuse promenade du Mamoudièh. Le Mamoudièh est le canal qui relie

Alexandrie au Nil. C'est Méhémet-Ali qui l'a fait faire. Il a été commencé en 1819. Dans certaines parties ce canal suit la trace de l'ancienne branche canopique. Il a coûté 5,500,000 fr. au pacha, et il a coûté, hélas! la vie à plus de cinq mille Égyptiens, qui sont morts à la peine pour le creuser. Ce canal est bordé de jolies maisons de campagne appartenant à des Européens. Celles de MM. Pastré, Bravay et Zizinia sont fort belles. On y voit aussi quelques harems turcs. De loin en loin on aperçoit un fragment de colonne en granit, quelques élégants chapiteaux : c'est tout ce qu'il reste des splendides maisons de plaisance qui sous les Ptolémées embellissaient la voie canopienne.

Ce canal est, du reste, une promenade charmante; l'air y est embaumé par les fleurs des grands lauriers-roses que l'on y rencontre à chaque pas; la route est ombragée par de beaux tilleuls; vers le haut du canal, la promenade serpente entre un petit lac d'eau salée et le canal; au loin, à perte de vue, s'étend le lac Maræotis, à l'onde calme et bleue.

De loin en loin on aperçoit encore, de l'autre côté du canal un bouquet de palmiers se mirant dans les eaux, autour d'eux quelques misérables huttes de fellahs. D'un côté, c'est le quartier européen avec son luxe : grandes, belles maisons spacieuses, beaux jardins; de l'autre, c'est la misère avec toute sa triste laideur.

Dans le canal la fellahine vient puiser son eau; on la voit remontant le talus avec son amphore pleine sur la tête, sa démarche fière, ses poses de statue antique... L'affreux buffle se vautre aussi dans son eau, et remonte en étalant sa hideuse laideur et en reniflant fortement. Dieu, les vilaines bêtes!... De quatre à cinq heures, de nombreuses voitures longent ce canal; quelques amazones aussi et bon nombre de cavaliers..; et puis de nombreuses et joyeuses cavalcades à ânes, des femmes égyptiennes voilées accroupies sur leur monture d'une façon si peu gracieuse qu'on croirait voir un paquet jeté sur l'âne; de graves Turcs fumant leur pipe..., des courtauds de boutiques endimanchés se payant une promenade à âne comme extra.

Bref, le canal du Mamoudièh offre un coup d'œil pittoresque, et c'est une promenade qui ne manque pas d'attrait... Si l'on veut descendre de voiture, on a le grand jardin de Rosette, jardin public avec bancs, chaises, musiques, grands arbres, où l'on peut aller. Ce jardin est le jardin des Tuileries d'Alexandrie; c'est là que les enfants viennent prendre leurs joyeux ébats... Après avoir vu la place des Consuls, le Mamoudièh, il vous reste à voir les aiguilles de Cléopâtre, la colonne de Pompée, le camp de César, les catacombes. Des aiguilles de Cléopâtre, l'une est debout, fière et élancée, elle est en beau granit rose; l'autre est couchée. Le pacha avait fait cadeau de cette dernière à l'Angleterre; mais les Anglais n'ont pu trouver un moyen possible de transporter; elle est donc toujours là. Ces deux restes du somptueux palais de cette illustre reine sont entourés de décombres et placés dans un coin de la ville.

La colonne de Pompée, fort mal appelée puisqu'elle a été érigée en l'honneur de Dioclétien, est d'un granit rouge pailleté d'or superbe ; lorsque les rayons du soleil couchant l'éclairent, sur ce granit poli comme une glace ces paillettes d'or font un effet charmant. Elle s'élève sur un petit monticule qui domine un cimetière turc. Dernièrement, l'ingénieur du vice-roi, M. Darnaud-Bey, a eu l'idée de faire des fouilles tout autour, et il a découvert en dessous de grandes chambres souterraines, avec corridor, pas perdus, puis tout autour des fragments de colonnes. Tout semble indiquer que là devait se trouver l'ancien Sérapium, entouré, on le sait, de cent colonnes en granit rose ; les fragments de plus de cinquante ont déjà été trouvés. Jusqu'à présent on avait cherché en vain où pouvait se trouver l'emplacement du fameux Sérapium d'Alexandrie. Des fragments de statues, deux tout entières et bien conservées, ont aussi été découverts là.

Les catacombes méritent peu la peine d'être visitées, car l'entrée est si bien obstruée qu'on ne voit rien du tout. Le camp de César est aussi une immense déception. Vous arrivez, on vous dit voilà, et vous ne voyez rien, si ce n'est des traces dans le sable ; de ci et de là, quelques morceaux de briques rouges. Ah ! si, il y a une jolie tête de Méduse en mosaïque de pierres précieuses, porphyre, jaspe, etc.

Cette tête est fort belle. Saïd-Pacha, pour éviter qu'on l'abîmât, l'a fait entourer d'une petite construction. Il est vrai que celane l'a pas préservée complètement, car, un jour, des soldats qui campaient là sont entrés dans cette espèce de petit temple, ils ont allumé du feu, et n'ont rien trouvé de mieux que d'établir le foyer même sur la tête de la Méduse. Le Turc et l'Arabe sont de grands profanes au point de vue des antiquités, ils ne respectent rien. Lorsque vous avez vu cela, vous pouvez quitter Alexandrie, vous avez tout vu ; le reste, vraiment, ne vaut pas la peine.

Il n'y a aucune jolie mosquée. Le bazar est moins original, a moins de cachet que celui du Caire. Le quartier arabe n'a de l'Orient que l'horrible saleté. Le palais du vice-roi, Raz-el-Tim, ressemble à une grande caserne ou bien encore à une grande filature de coton. Le nouveau phare actuel, qui occupe toujours l'emplacement de l'antique phare, est loin d'être encore une des sept merveilles du monde.

Enfin, l'Alexandrie actuelle est une ville mercantile, commerciale et assez florissante, mais elle ne rappelle en rien l'Alexandrie d'Alexandre ; les ruines même ne se retrouvent plus, c'est au plus si en allant à la porte de Rosette on aperçoit, à moitié caché par le sable, un morceau de chapiteau ou de colonne. Peut-être en faisant des fouilles retrouverait-on des ruines. Ce serait d'un puissant intérêt que de retrouver quelque chose de ces somptueux palais qui ornaient l'ancien Bruchium.

Il y a une porte remarquable par son style, c'est la porte de Rosette.

Alexandrie possède deux théâtres, où l'on joue l'opéra italien : l'un, le théâtre Rossini, est mal construit, il est en bois, mais les chanteurs y sont assez bons ; l'autre est une grande construction rose, portant en tête le nom de son propriétaire, Zizinia. Il est assez bien coupé, à l'italienne, fraîchement et richement décoré, mais la troupe n'est pas des meilleures ; pourtant il faut de l'indulgence, c'est la première année que ce théâtre est ouvert.

On peut l'appeler le théâtre de l'aristocratie des écus, car il n'est guère abordable que pour ces messieurs. Jugez plutôt si le pauvre monde, ceux qui n'ont pas 100,000 francs de rente, peuvent y aller :

Une loge coûte la modique somme de 80 francs, et avec cela il faut encore payer l'entrée 2 fr. 50 cent. par personne.

Ajoutez une voiture pour aller, car ce théâtre est hors la ville, la voiture pour revenir : vingt francs pour aller, autant pour revenir, ce qui fait qu'une soirée au théâtre Zizinia coûte 130 francs.

C'est cher pour ceux qui ne font pas d'affaires en coton !

---

# TENTAH.

Sa grande fête. — Tombeau de Saïd-el-Bédouï. — Fête de ce saint. — Réminiscences des fêtes de Bubaste, d'Isis à Busiris, des Lampes ardentes à Saïs. — La procession des Croisés. — Courtisanes et Almées.

Tentah se trouve sur le parcours du chemin de fer du Caire à Alexandrie, entre Béna et Capr-el-Zaïte. Cette ville est placée aussi à la tête du chemin de fer de Menzoura à Damiette, située en plein Delta, entourée de la terre la plus riche, la plus fertile de l'Égypte.

Elle a une grande importance commerciale, depuis surtout que la culture du coton est venue augmenter encore les richesses du sol égyptien. Sauf une ou deux rues bâties ces dernières années par les négociants, les commerçants, les industriels européens, qui fourmillent en Égypte, Tentah est une ville entièrement arabe : rues tortueuses et étroites, huttes en terre ou en boue ; maisons plus grandes se donnant même le luxe de deux étages, construites aussi en terre, ornées, il est vrai, de ciselures, de découpures à la mauresque. De ci de là, quelques mauvaises maisons en pierre qui, au milieu de ces huttes argileuses, ressemblent à des palais (par effet de comparaison). La malpropreté y règne dans toute sa repoussante laideur. Une nuée de chiens galeux vous y accueillent, sitôt votre arrivée, par un concert peu harmonieux à l'oreille et peu rassurant pour vos jambes. Tel est Tentah, qui pourtant est le siége d'une moudirié (préfecture).

Mais ce qui rend cette ville célèbre, c'est sa grande foire d'abord;

Le tombeau de Saïd-el-Bédouï, que les Arabes considèrent comme un grand saint;

Et ensuite sa belle mosquée, bâtie avec l'argent des offrandes des fidèles. Elle n'est point terminée encore, mais déjà elle donne une idée de ce qu'elle sera un jour, un des plus beaux monuments modernes de l'Égypte. Les proportions en sont vastes et bien dessinées, ses coupoles aussi élégantes que grandioses, et, de plus, elle est décorée avec une profusion de richesses tout orientales.

Si en temps ordinaire Tentah est une triste et sale petite ville, pendant la grande foire elle offre le coup d'œil le plus féerique, le plus impossible, que puisse rêver le cerveau en délire d'un poëte dont la muse est l'amie du fantastique et de l'extravagant.

Ma plume se déclare impuissante à rendre ce tableau, il faudrait celle d'un de nos maîtres ou le pinceau d'un Rembrandt.

Je vais essayer, pourtant, de vous en faire une esquisse.

D'abord, il faut que vous sachiez que l'on retrouve dans l'Égypte, même encore aujourd'hui, une réminiscence de toutes les anciennes superstitions, de tous les anciens usages de l'Égypte ancienne; la religion du Coran ne les a point fait disparaître entièrement, et les vrais Égyptiens, chrétiens ou musulmans, font un amalgame des anciennes croyances avec celles qu'a données le prophète Mahomet : aux uns l'Évangile, aux autres le Coran... Si, dans le désert, les Bédouins ont conservé à leur façon le culte du bœuf Apis..., à Tentah, l'on retrouve une réminiscence des fêtes de Bubaste, de Babylone, de Saïs..., de Busiris...

C'est dans le Delta, on le sait, que se trouvait l'ancienne et fameuse ville de Bubaste. Les savants croient que le village appelé Tell-el-Basta, situé tout près de Cafner, faite Cafrezagati, a été bâti sur les ruines mêmes de Bubaste... Tentah est à quinze milles à peine de là...

Dans le Delta était aussi l'ancien temple de Vénus, qui était dans la ville d'Attambéchis.

C'est encore dans le Delta que se trouvait Busiris, où se célébrait la fête d'Isis!... Hérodote, en parlant de cette fête, se voile pudiquement la face et annonce que dire par quel dieu se commettent toutes les folies auxquelles la fête d'Isis donne lieu serait offenser la décence!... Qu'est-ce que ce devait être, grand Dieu!... car ce bon Hérodote a émaillé son ouvrage d'histoires assez fortes et assez crues!...

A Saïs avait lieu la fête des lampes ardentes, fête en l'honneur de la déesse Neith, qui avait là son temple. Pour fêter la déesse, chacun illuminait sa maison pendant huit jours.

De la fête de Bubaste Hérodote nous parle en ces termes :

« Chaque année, de toutes parts de l'Égypte se rendent à Bubaste des hommes et des femmes dans des barques.

« Les femmes agitent gaiement des castagnettes et font retentir l'air de leurs cris rauques et discordants.

« Les hommes jouent de la flûte...

« Lorsqu'on accoste près d'une ville, hommes et femmes, battant des mains, chantant, se livrent à la plus folle gaieté ; les femmes insultent les femmes des villes, puis, se mettant à danser, elles se livrent à la pantomime la plus cynique et la plus dévergondée. »

Voilà comment débutait la grande saturnale qui se passait chaque année à Bubaste. Une fois rendus dans cette ville, où la foule de gens venus là s'élevait, à ce qu'assurent tant Diodore de Sicile qu'Hérodote, à huit cent mille âmes, l'orgie la plus follement insensée, la plus échevelée, commençait et durait huit jours.

En parlant de Babylone, Hérodote nous parle aussi de l'usage suivant :

Chaque femme de Babylone devait se prostituer

une fois dans sa vie pour être considérée comme une bonne et honnête épouse...

Et qu'on dise que tout n'est pas affaire de convention dans le monde !...

Elles se rendaient donc dans le temple de Vénus, s'asseyaient en rang; les hommes venaient, parcouraient cette rangée de femmes, choisissaient celles qu'ils voulaient.

La femme, elle (décidément elles ont toujours été opprimées), ne pouvait pas choisir.

Elle était obligée de se livrer à l'homme qui lui jetait une pièce de monnaie sur les genoux, et elle conservait cet argent comme une précieuse relique.

Les jeunes et jolies femmes ne restaient pas longtemps dans le temple de Vénus, promptement elles trouvaient un homme qui leur faisait rendre hommage à la déesse ; mais les laides, difformes, venaient s'y asseoir pendant des années entières... Y rester peu était un grand point d'honneur pour la femme, et y rester lontemps une humiliation tout aussi sensible à l'époux qu'à la femme.

Eh bien, à Tentah on retrouve des réminiscences des fêtes de Saïs, de celles de Bubaste, et aussi quelque chose de l'usage de la ville de Babylone...

Tentah est peut-être la seule ville du monde où la prostitution s'étale en plein air librement et fièrement, où elle fête Vénus sans la moindre vergogne.

Vous allez vous en convaincre... J'arrive à mon esquisse :

Figurez-vous, d'abord, Tentah entourée d'une immense plaine. Tout autour de la ville, à deux lieues à la ronde, sont placées des tentes alignées et formant rues ; cinq ou six cent mille personnes campent là, Grecs, Albanais, Persans, Turcs, Algériens, Abyssiniens, Égyptiens... Les costumes les plus bizarres, les plus gracieux, les plus laids, les plus salement déguenillés, les plus dissemblables, les plus riches, étonnent les regards, et forment, éclairés par ce brillant soleil, un coup d'œil tout simplement féerique.

Mille petites boutiques sont improvisées. Dans les unes se vendent les abayes, les coussins, les écharpes fabriquées en Syrie ; dans d'autres, les riches étoffes et tapis venus de Perse. Tous les produits de l'Orient sont là : l'or, les couleurs les plus vives, étincellent au soleil.

D'un autre côté, se tient le marché aux chameaux, aux dromadaires ; plus loin, celui aux chevaux et aux ânes..., et enfin celui aux esclaves.

Le sultan Abdul-Méjid a défendu, par un haaht, la vente des esclaves en Orient... Je ne sais pas si sous Saïd-Pacha on se conformait à cette défense, mais ce que je sais, c'est que cette année-ci il s'est vendu à Tentah plus de cinq mille esclaves abyssiniens et circassiens.

Voici comment se fait la vente des esclaves. Ces infortunés sont sous des tentes ; lorsqu'un acheteur arrive, le marchand lui présente un esclave, il commence à lui faire l'éloge de sa force, et, comme preuve, il se met à lui donner des grands coups dans le dos, dans la poitrine; il le jette par terre, et le piétine. La victime doit supporter ces douceurs sans se plaindre ; car, s'il se plaint, il est bâtonné d'importance, l'acheteur parti... Il le sait, et il se tait. Si cet esclave ne convient pas à l'acheteur, même triste cérémonie recommence pour un autre ou pour d'autres.

Une fois que le marchand a prouvé, par tous ces petits moyens-là, combien sa marchandise est bonne et solide, l'acheteur commence, lui, ses expériences pour s'en assurer.

Et cela se passe en 1864, en Égypte, pays que l'on dit et croit civilisé !...

Pour les femmes et les petites filles, l'examen n'est pas du même genre, mais il n'en est pas moins révoltant.

Au milieu de ces tentes, de cette populace, circulent des Européens avec des chapeaux impossibles, casque, champignon, courge, melon, des coufiéhs par dessous, et sur les épaules des burnous blancs pour atténuer la force caniculaire des rayons du soleil.

De graves Turcs égrenant leur chapelet en ayant l'air de réfléchir profondément, et, dans le fait, ne pensant à rien du tout;

Des fellahs, avec leur chemise bleue pour tout costume;

Des Égyptiens, avec leurs larges pantalons, leurs petites vestes coquettement brodées;

Des femmes soigneusement voilées, et cachées par l'ampleur de leur grand ferrigié noir, vrai domino: l'incognito leur est assuré, leurs maris même ne sauraient les reconnaître; elles ressemblent toutes à un paquet sans forme et sans grâce;

Voilà le coup d'œil qu'offrent les alentours, les faubourgs improvisés de Tentah!

Celui qu'offre la ville même est encore plus curieux.

Cette foire dure huit jours. Or, pour ces huit jours, toutes les maisons de la ville de Tentah sont louées à l'avance par toutes les courtisanes égyptiennes ou almées... Elles louent ces maisons des prix fous. Il y a des maisons payées jusqu'à 5,000 fr. pour la semaine.

Elles viennent s'installer là, apportant leurs plus brillants atours.

Un autre usage existe en Égypte, usage qui y attire beaucoup d'autres femmes, courtisanes d'un autre genre. Le voici:

Le saint Saïd-el-Bédouï, très-vénéré par les musulmans comme ayant été un des compagnons de Mahomet, a, en sa qualité de saint, plusieurs priviléges, entre autres celui de rendre les femmes fécondes... Or, toutes les femmes égyptiennes qui désirent avoir des enfants viennent le prier et restent les huit jours de la foire, car la foire coïncide avec la fête religieuse de Saïd-el-Bédouï, ce qui attire un plus grand concours de monde.

Une femme égyptienne qui fait un vœu, si son mari l'empêche de l'accomplir, a le droit de divorcer. Un bon musulman ne doit jamais s'opposer à la réalisation d'un vœu.

Celles qui veulent venir s'amuser à Tentah pendant ces huit jours disent, dans le courant de l'année : « Je fais vœu d'aller à Tentah. »

Et leurs maris se conforment à leur désir. Comme on le sait, un mari turc ou égyptien n'accompagne jamais sa femme.

Les maris égyptiens dont les femmes veulent aller à Tentah les y envoient; les riches les font accompagner d'un eunuque; les moins riches les font escorter par une vieille femme, parente ou domestique; les femmes du peuple y vont en caravane fort gaiement.

Arrivées dans cette ville, les unes s'installent dans un appartement retenu à l'avance; les autres où elles peuvent, dans le premier petit bouge qu'elles trouvent à louer; les dernières, enfin, logent en plein air, sous des tentes.

A peine installées, elles vont, viennent dans la foule, et toujours, grâce à leurs masques, elles sont sûres de l'incognito le plus complet; celles qui ont pour gardien un eunuque ou trompent sa surveillance, ou l'envoient se griser avec du racki.

Enfin là elles jouissent de la plus complète liberté, et elles en profitent.

Du reste, le saint est un grand saint, et beaucoup reviennent grosses de leur pèlerinage.

Les huit jours finis, elles se baignent dans un ruisseau qui est près de la ville. Ainsi purifiées, elles rentrent chez elles ; leurs maris sont enchantés, et elles aussi.

Saïd-el-Bédouï est le saint vénéré entre tous par les femmes égyptiennes !

Vous vous figurez sans peine la masse d'intrigues que nouent et dénouent ces belles invocatrices du saint !

Je laisse à votre imagination le soin de vous en esquisser le tableau.

Maintenant, arrivons aux courtisanes ou almées, ce qui est synonyme.

Du reste, comme je le dis plus loin dans mon chapitre sur les cheiks-arianes et magnoûns, les femmes arabes sont persuadées qu'avoir commerce avec un fou est un honneur, un bonheur, et le vrai moyen de faire cesser la stérilité ; aussi les nombreux magnoûns qui se traînent dans tous les coins de Tentah au moment de la foire sont les don Juan, les plus heureux près de ces dames... ; ce sont les plus redoutés rivaux des maris, rivaux, il est vrai, à qui les maris musulmans reconnaissent des droits superbes... Cequi se passe entre ces fous et ces femmes, qui sont quelquefois des femmes de pachas, est inimaginable et impossible à dire ! On voit ces femmes les entourer, faire un immense rempart autour d'eux, pendant qu'une d'elles s'abandonne aux caresses de ce fou... Jamais impudeur plus grande ne s'est étalée en plein soleil !

Dans ce pays-ci, à chaque pas, à chaque instant, les yeux, les oreilles, sont choqués et scandalisés d'une étrange façon.

Le soir venu, les almées illuminent, au moyen de lanternes en papier de couleur, le devant de leur porte et leur escalier... Tentah est donc éclairé, ces huit jours-là, de mille feux de couleurs différentes ; il y a des lanternes rouges, d'autres bleues, vertes, jaunes. La foule compacte, riant, beuglant, se querellant, qui circule dans ces rues ainsi éclairées, a l'air de vrais diables sortant de l'enfer pour se livrer à une hideuse saturnale.

Les portes des maisons restent ouvertes à tout venant toute la nuit.

Je vais vous introduire dans une maison seulement, car partout la même représentation se donne. Dans le plus grand appartement, appartement entouré d'un large divan, se tient la principale maîtresse du logis : c'est une belle courtisane, vêtue d'étoffe or et gaze, qui a loué la maison, et a pris, moyennant tant pour les huit jours, de jeunes almées à son service... Des pipes, du tabac, du café, sont préparés ; elle reçoit ses nombreux visiteurs avec grâce et déférence.

Les Turcs s'accroupissent sur le divan et allument leur chibouque aussi gravement que s'ils étaient en conseil au Divan ; les Levantins, les Européens, vont, viennent dans la chambre.

Des musiciennes s'installent dans un coin ; ce sont généralement de vieilles femmes. Leur musique consiste à chanter un air lent et monotone, en frappant sur des espèces de cymbales en cuivres. Ensuite paraissent les fameuses almées...

Almées !... Ce nom-là est-il assez poétique et laisse-t-il un champ assez vaste à l'imagination !... Figurez-vous de sveltes et belles jeunes filles aux pieds mignons, à la taille fine, aux hanches cambrées, la bouche entr'ouverte par le sourire de l'ange du mal, les yeux provocateurs, yeux veloutés frangés de longs cils.

Figurez-vous ces sirènes venant prendre devant vous les poses les plus gracieuses, les plus lascives ; dansant mieux que Fanny Essler, ou la pauvre Emma Livry, effleurant à peine la terre...

Ce serait charmant, n'est-ce pas ?...

Cela répondrait bien à ce nom d'almée...

Malheureusement ce serait de la pure poésie ; or rien n'est plus éloigné de la vérité que la poésie... Dieu me garde de médire de cette muse charmante ! Je l'aime, je l'admire... Mais, pour gentille et séduisante qu'elle soit, dans l'histoire elle est tout à fait déplacée ; or je fais de l'histoire. Au risque donc de vous déplaire en dépoétisant à vos yeux ces almées filles de l'Égypte, je vais vous dire la vérité toute prosaïque sur ces danseuses.

Voici d'abord le costume qu'elles portent :

Un large pantalon en étoffe de couleur claire ou en gaze, pailleté d'or, lequel pantalon est si long qu'il cache complétement les pieds. On voit donc des jambes qui s'agitent, et les pieds ont l'air d'avoir été coupés ; ce n'est rien moins que gracieux !... Le haut du pantalon, trente centimètres à peu près, est en tulle, de façon à ce qu'elles montrent le dessous de la taille. Singulière manière de se décolleter, avouez-le !...

Elles ont une toute petite chemise en tulle, et là-dessus une veste un peu dans la forme des vestes espagnoles, la coupe gracieuse en moins.

Cette veste laisse leur gorge à découvert, leurs cheveux pendent sur leurs épaules, sont divisés en une multitude de petites tresses ; sur ces tresses sont posées des pièces de monnaie d'or ; elles portent aussi un collier formé de ces pièces et une espèce de diadème.

Une longue écharpe s'enroule autour de leur corps en dessous des hanches, car elles tiennent à ne laisser couvert que d'un transparent de tulle le bas de la taille.

La musique commence avec son accompagnement de chant... J'ai peut-être encore tort de vous le dire, mais elle ne charme pas positivement les oreilles.

Deux ou trois almées, quelquefois une seule à la fois, se mettent non pas à danser, car leur danse n'a jamais été une danse, mais à faire des contorsions plus obscènes que gracieuses et séduisantes.

Expliquer leur danse, ou du moins ce qu'elles appellent ainsi, est, ma foi, difficile.

J'y renonce...

Pendant la durée de cet exercice, elles s'approchent des spectateurs; la galanterie de ceux-ci consiste à prendre une pièce de monnaie : suivant leur générosité ou leur fortune, elle est en argent ou en or; ils la mouillent avec de la salive et l'appliquent adroitement sur la joue, sur le front ou sur la poitrine de la danseuse... Les plus jolies, les plus savantes, arrivent à être tatouées de pièces d'or...

Comme dans la même soirée dix ou douze dansent, cela revient fort cher pour les spectateurs, surtout pour ceux qui s'amusent à aller, par curiosité, dans un grand nombre de maisons. Des pachas, de riches Égyptiens, dépensent ainsi une centaine de livres dans leur soirée.

Cet argent est pour la maîtresse provisoire du logis; elle ne donne aux autres que le prix convenu, plus un cadeau à celles qui lui ont rapporté beaucoup.

Comme les portes des maisons sont ouvertes au premier venu, dans une seule maison, surtout dans celle où l'on sait qu'il y a de jolies almées, il entre dans une seule soirée deux ou trois cents personnes; les uns entrent, les autres sortent.

Il y a une danse qui a une grande célébrité en Égypte, c'est celle appelée danse de l'Abeille.

On peut la voir aussi exécutée par les almées à Tentah.

Voici en quoi elle consiste :

Une almée ou deux se mettent à se tortiller, tantôt lentement, tantôt avec *molto furio;* elles simulent qu'une abeille s'est introduite sous leur costume et les pique, prétexte pour quitter d'abord leur veste, ensuite leur chemisette, ensuite leur pantalon, et rester à l'état d'Ève avant le péché.

L'art de cette danse consiste dans la grâce, la souplesse, qu'elles mettent, dans la plus grande inconvenance de leurs contorsions, et dans la manière d'arriver à quitter, une à une, toutes les pièces de leur ajustement.

Vous le voyez, il serait difficile de trouver quelque chose de plus contraire aux lois de la pudeur, de la décence, de la morale, que ces fameuses danses égyptiennes.

Comparées aux almées, nos danseuses de l'Opéra méritent le prix Montyon.

Notez que je passe sous silence les scènes scandaleuses qui surviennent souvent pendant ces danses..., ce qui a lieu dans ces maisons à trois heures du matin, quand le gros du public est parti, et d'autres danses bien plus obscènes encore.

Les almées d'un rang inférieur, celles qui logent sous des tentes, dansent ou en plein air ou sous des tentes. Ici les scènes qui se passent sont inimaginables.

C'est la débauche éhontée, s'étalant sans vergogne aucune en public.

Et tout cela a lieu en 1864, en Égypte, pays que l'on dit civilisé.

La fête du saint, ou de Saïd-el-Bédouï, je l'ai dit, attire aussi de nombreux pèlerins : ceux-ci campent près de la mosquée, et passent leur journée en prières et en chants ; ils se mêlent peu au reste de la foule ; ils apportent de nombreuses offrandes qui servent à l'entretien et à la construction de la mosquée. Ceux qui ne peuvent faire eux-mêmes ce pèlerinage confient à ceux qui le font de l'argent pour des dons.

Le huitième jour, a lieu une procession assez curieuse.

On trouve encore à Tentah de belles armes ayant appartenu aux croisés. On sait que près de là saint Louis a perdu une bataille et a été fait prisonnier.

Une quantité d'Arabes s'habillent ce jour-là avec un costume rappelant celui des croisés ; ils prennent ces armes, et l'on simule une petite bataille où, il va sans dire, les croisés sont vaincus et les Égyptiens vainqueurs... Ensuite on fait défiler les vaincus en procession dans la ville. Ils sont hués, bafoués par tout le monde.

Le même soir, qui est le dernier de la foire, une autre procession, ou, pour mieux dire, une saturnale hideuse, a encore lieu. Cette fois-ci celui qui est hué et bafoué, c'est un Arabe qui se grime et représente généralement un consul peu sympathique ou un pacha détesté. La police ferme les yeux et laisse faire. Du reste, toute la police de l'Égypte entière ne suffirait pas, on le comprendra sans peine, pour maintenir le bon ordre parmi la foule de sept ou huit cent mille âmes qui se trouve réunie là.

Il est prudent, si l'on est tenté d'aller voir la foire de Tentah, de s'arranger de façon à pouvoir reprendre le chemin de fer du soir, sans cela on est exposé à coucher à la belle étoile.

Il n'y a à Tentah qu'un mauvais hôtel, qui est archicomble pendant la foire.

Il est même prudent d'y venir muni de provisions, car elles y manquent fréquemment, et souvent un morceau de pain s'y vend son pesant d'or.

Malgré la curiosité et la nouveauté du spectacle que l'on a sous les yeux, on est pressé de quitter Tentah; la vermine qu'y apportent et y sèment tous les gens qui y sont entassés vous en chasse bien vite. La quantité de mouches qu'il y a est incompréhensible. On est littéralement dévoré par elles. Tous les fruits, les sucreries, le pain, que vous voyez étalés dans des boutiques, sont complétement recouverts par un millier de mouches. Si l'on vous sert un verre d'eau, une tasse de café, du temps que vous le portez à la bouche dix mouches s'y sont noyées.

A celui qui serait égaré à Tentah, sans gîte pour

la nuit, je recommande d'aller demander une chambre à l'hôpital. Il trouvera là un lit à peu près propre.

La fête de Tentah a lieu en plein été, au mois de juin. C'est pourquoi cette foire et ses particularités sont peu connues en Europe... Les voyageurs européens viennent en Égypte l'hiver, et non pas l'été ; les négociants européens établis fuient eux-mêmes le pays pendant les mois des fortes chaleurs; ceux qui y sont retenus souffrent trop de la canicule pour aller se promener à Tentah... Du reste, que leur importe Tentah et sa foire?... Ils ne sont pas en Égypte pour s'amuser, mais pour gagner de l'argent... Je l'ai déjà dit, il est ici des Européens établis depuis vingt ans dans le pays qui ne connaissent rien de l'Égypte, de ses curiosités, de ses particularités, des lois, de la souffrance du peuple... Ils connaissent le taux de la rente, le prix du coton, l'antichambre du vice-roi, et voilà tout.

De nombreuses affaires commerciales se font pendant cette foire, achat et vente de tous les produits de l'Europe et de l'Orient. Les marchés entre l'acheteur et le vendeur sont curieux à voir. Le vendeur demande le double, l'acheteur offre le quart; ils discutent ainsi une heure, souvent en viennent aux coups. Comme rien n'est moins harmonieux que la langue arabe, qui est la plus gutturale qui existe, de par le monde, quand deux Arabes se disent des aménités ils ont toujours l'air de se quereller : jugez ce que ce doit être lorsque vraiment ils se querellent !

Enfin, quand acheteur et vendeur sont d'accord, ils vont chez une espèce de juge qui ratifie le traité, qui sans cela serait nul ; ce fonctionnaire perçoit un droit de deux pour cent sur le prix. C'est un petit impôt que met le gouvernement sur le commerce, et la foire de Tentah lui rend une somme assez ronde.

Tous ces gens quittent Tentah et lèvent leur tente le vendredi suivant, dernier jour de la foire. C'est encore un spectacle assez curieux que de voir ces caravanes avec des chameaux, des dromadaires, des ânes, s'en allant dans tous les sens ; ils ont tous des torches allumées, ce qui ajoute au pittoresque du coup d'œil. Il est assez malsain de se trouver ce jour-là dans le chemin de fer car, arrivé à cette station, il est littéralement pris d'assaut ; ils se jettent dans les voitures pêle-mêle, au risque de s'étouffer et d'étouffer les malheureux voyageurs qui s'y trouvent. Ceci me rappelle un accident qui est arrivé cette année. Au moment où le train passait près de Tentah, une caravane venant de la foire avec nombre de torches allumées cheminait tout près des rails. Une masse de voyageurs, dont beaucoup d'Égyptiens, étaient dans le train. La lueur de ces torches les a effrayés ; ils ont cru que le feu avait pris aux wagons, et ils ont sauté en bas des voitures, le train lancé à grande vitesse ; plusieurs ont été tués, d'autres blessés. Le train a continué tranquillement son chemin, laissant ces malheureux sur la route.

Il y a encore dans l'année deux petites foires à Tentah, mais elles sont loin d'avoir l'importance de celle du mois de juin.

---

# LES CHEIKS-ARIANES (1)

## ET LES MAGNOUNS (FOUS).

Savez-vous quels sont les seuls vrais don Juan, les don Juan irrésistibles, auprès des femmes musulmanes en Égypte? Je vous le donnerais en cent, voire même en mille, et je gage bien que vous seriez forcé de donner votre langue au chat. Je vais donc vous le dire.

Ces don Juan, n'ayant qu'à choisir, ayant pour harem tous les harems, pour femmes toutes les femmes, ne rencontrant point de cruelles, mais au contraire se voyant l'objet de l'agacerie de toutes les femmes, qui se disputent leurs faveurs; ayant même le rare privilége de n'avoir point à craindre le courroux vengeur des maris, car les maris sont heureux, enchantés et honorés lorsqu'ils veulent bien les déshonorer, ces bienheureux personnages jouissant des droits superbes des seigneurs d'autrefois, à qui, comme à eux, on peut chanter :

> Ah! vous avez des droits superbes
> Comme seigneur de ce canton....

(1) Les cheiks nus.

Ce sont... Bien sûr, vous ne devineriez jamais!

Ce sont les fous, les idiots, les maniaques!... des hommes qui se vautrent nus et couverts de vermine dans la rue, ou bien qui s'installent au coin d'une borne et n'en bougent plus, vivant de ce qu'on leur apporte, ayant les jambes racornies, les bras osseux, sales, boueux, le regard terne et hébété; d'autres courant de çà et de là, habillés comme Adam avant le péché, faisant mille folies; d'autres enfin, maniaques, vivant dix ou quinze ans, souvent davantage, accroupis à la même place, au coin d'une rue, sur une borne, ou se faisant enchaîner dans un coin de leur logis, et restant là des années et des années. Ceux-là sont les cheiks-arianes, traduisez cheiks nus, et, en effet, ils sont nus, c'est l'uniforme généralement adopté par les fous musulmans; et, comme l'on a de grands égards pour eux, on ne les force pas à se vêtir; du reste, la police n'a aucune loi pour punir les attentats à la morale publique dans ce bon pays d'Égypte; liberté complète quant au costume. Le fellah a sa chemise écourtée, le magnoûn rien du tout... Heureusement pour les yeux des Européens, peu habitués à ce costume-là, que leur couleur noirâtre ou jaune les habille un peu. Rien n'est plus vrai que cela; ce qui le prouve, c'est que, complétement accoutumée à voir souvent des gens nus en Égypte, à Jaffa j'ai été fort choquée de voir un grand gaillard fort blanc de peau se promener à l'état d'Adam. Cela a produit le même effet aux Européens de Jaffa; ils ont prié le pacha gouverneur de lui donner l'ordre de mettre au moins une chemise, mais il a répondu qu'il fallait laisser les fous agir à leur guise, sans jamais les contrarier.

De tout temps, les fous, les idiots, les maniaques, enfin tout ce qu'on peut appeler insensés, ont joui de toutes sortes de priviléges, ont été un objet de vénération pour les musulmans. Plusieurs passages du Coran leur en font un devoir sacré; dans plusieurs de leurs lois on trouve la marque de ce respect; dans le livre du droit musulman il est dit qu'on pourra faire une de ces quatre choses aux prisonniers infidèles tombés entre les mains du sultan :

« Les garder pour esclaves,

« Ou leur faire grâce et leur donner pleine liberté,

« Les échanger contre des prisonniers musulmans,

« Ou leur couper la tête, excepté aux insensés, aux femmes et aux enfants. »

On le voit, le Prophète place les insensés avant les femmes et les enfants!... On appelle en Égypte *Magnoûn* tous les fous, les idiots... Ils ne sont point enfermés, on les laisse librement circuler, aller où bon leur semble... Ce sont des êtres, disent les musulmans, aimés de Dieu, et qui ont le privilége de pouvoir converser avec lui; ils croient même que ces gens-là ont la faculté de lire dans l'avenir...

On voit une foule de magnoûns au Caire et dans l'intérieur de l'Égypte; tous ont un genre de folie différent; il y a des gens qui font, je crois, les fous par pur métier, et parce qu'ils ont des priviléges superbes, grâce à l'ignorance stupide des femmes musulmanes, qui se figurent qu'avoir commerce avec un idiot est un grand honneur, une chose agréable à Dieu; elles croient que cela doit mettre un terme à la stérilité, cette maladie que redoutent le plus les Orientales, supposant que la femme n'est autre chose ici-bas qu'une machine à fabriquer des enfants ! Ne pas en avoir est un affreux déshonneur à leurs yeux; aussi, que ne font-elles pas pour devenir fécondes ! Elles vont à Tentah... et elles se donnent aux magnoûns, à ces êtres sales, immondes, couverts de haillons, qui bavent constamment et qui sont rongés par la vermine...

Elles font cela avec une impudeur qui est vraiment inouïe. Figurez-vous ceci : il y a au Caire, comme dans toutes les villes de l'Orient, des hommes qui, fous ou maniaques, s'installent dans une niche au coin d'une rue, et ne bougent plus de là... Les femmes du quartier leur apportent à manger, leur donnent du tabac, du café, des vêtements lorsque les leurs tombent en lambeaux; de plus, comme à leurs yeux ce sont des saints, il n'est sorte d'égards, de prévenances, qu'elles n'aient pour eux. Vous voyez toujours autour de ces êtres une foule de femmes qui les entourent. Lorsque ce bonhomme, par un instinct de la brute, souhaite en posséderune, il n'a qu'à jeter son mouchoir : toutes sont prêtes et jalousent celle qui est choisie... Cet accouplement monstrueux se passe en plein air ; les femmes amies de la favorite l'entourent, lui faisant un rempart de leurs corps et de leurs voiles contre les regards des passants... La police ne dit rien, et, ce qui est pire, le mari non plus... Se donner à un magnoûn est chose tout à fait permise à la femme musulmane, et, si un enfant en est le résultat, le mari est doublement enchanté, cela lui promet la bénédiction de Dieu dans sa maison. Dans toutes les foires il y a une masse de ces êtres-là qui se traînent d'un coin dans un autre ; toujours quantité de femmes les entourent et sollicitent leurs faveurs !... Et cela en public sans la moindre vergogne.

Si un magnoûn entre dans une maison turque ou arabe, on le reçoit comme le bien venu, un saint qui apporte le bonheur, la protection du ciel. S'il lui prend la fantaisie de se permettre toutes sortes de choses avec les femmes du pacha, ni les eunuques, ni le pacha, n'y mettront obstacle : bien au contraire.

Ceci paraît par trop invraisemblable, n'est-ce pas ? et pourtant c'est l'exacte vérité... le mari lui prêterait main-forte si par hasard la femme refusait.

Parmi les fous ou magnoûns, les *cheiks-arianes* sont ceux qui occupent le premier rang dans l'ordre hiérarchique. Au Caire on trouve cinq ou six de ces personnages-là ; ce sont de vrais personnages pour les musulmans, qui les entourent d'un respect, d'une vénération, extraordinaires. J'ai été voir, par curiosité, deux cheiks-arianes, ayant bien soin de me faire accompagner par mon domestique et par trois messieurs, car y aller seule serait une grande imprudence pour une femme européenne qui ne partage pas le moins du monde la sotte superstition des femmes musulmanes.

Le premier auquel nous avons rendu visite habite au vieux Caire, dans une salle basse au rez-de-chaussée d'une grande maison. Un grand gaillard d'Arabe, qui avec son teint bistré, ses yeux luisants, ses cheveux teints en rouge, un sale carré d'étoffe rouge dans lequel il se drape majestueusement, a assez l'air d'un fils de Satan, nous a introduits près du cheik. Il est nu, couché sur un divan, une chaîne fort grosse s'enroule autour de son corps et est retenue à un anneau planté dans le mur, une autre plus petite s'enroule autour de son cou et va s'accrocher au même anneau, une mauvaise couverture est jetée sur lui et dissimule assez mal sa nudité.

Il nous a reçus par un grognement semblable à celui que pousse la panthère dérangée subitement dans sa tanière. Celui-là a la réputation de s'entretenir avec Dieu et de pouvoir ainsi prédire l'avenir. Chacun de nous l'a fait questionner par mon domestique, qui est Arabe et parle français; ses réponses étaient, comme de raison, complétement absurdes.

C'est un homme d'environ quarante-cinq ans; il paraît qu'il y a vingt ans qu'il est sur ce même divan, faisant le métier de devin et celui de féconder les femmes stériles. Du temps que nous étions là, trois femmes arabes fort bien mises sont entrées, elles sont venues baiser ses mains dégoûtantes de saleté. Le cheik nous a fait dire de nous éloigner, que pour aujourd'hui il n'avait plus rien à nous dire, mais que si nous voulions revenir le lendemain il s'entretiendrait avec Dieu pendant la nuit, et qu'il nous dirait une foule de belles choses. Nous avions assez comme ça des prédictions et de la vue de ce vieux fou ou de ce comédien, car rien ne m'ôtera de la pensée que ces braves gens exploitent la crédulité des musulmans, et grâce à cette comédie trouvent moyen de se faire nourrir, loger, choyer, et n'ont pas même besoin d'acheter des femmes pour avoir un harem riche et varié. Nous avons donné un louis à son introducteur, et nous l'avons laissé dire à ses belles musulmanes ce que Dieu ou le diable lui inspirait.

Nous sommes allés voir celui qui est dans le village de Roudah. Ici on nous a fait entrer dans une petite allée bordée de huttes en boue habitées par des fellahs ; les enfants ont couru après nous en nous criant : Batchiche ! les femmes se sont mises curieusement sur la porte de leur tanière, deux ou trois m'ont fait signe d'entrer chez elles, mais, vrai, je n'en ai pas eu le courage : Dieu sait la saleté de toute espèce qui se trouve réunie dans ce carré de cinq ou six mètres de circonférence qui forme une maison de fellah, et où ils font la cuisine en allumant de la bouse de vache dans un coin ou au milieu, où ils couchent pêle-mêle dix ou douze, sans compter un âne ou deux! Enfin nous avons aperçu une cabane dont la porte était ornée d'un tapis mis en guise de rideau, on nous a dit que c'était là la demeure de l'illustre cheik-ariane.

Un des messieurs qui étaient avec moi a soulevé la portière, mais bien vite il l'a laissée retomber. « Il y a des femmes, m'a-t-il dit, je n'ose pas entrer. » Mais l'une d'elles, enveloppée dans un grand voile blanc, avec des pantalons couleur canari, est sortie et nous a fait signe à tous que nous pouvions entrer. Elle a soulevé le rideau pour nous livrer passage, et alors nous nous sommes trouvés dans un bouge sombre, où une odeur infecte nous prenait à la gorge. On lui a demandé où était le cheik, elle nous a désigné un coin de la hutte, d'où partait un tintement de tambour de basque peu harmonieux Un de ces messieurs a allumé une allumette, et nous avons aperçu, pelotonné dans le coin d'un affreux divan, un être tourné du côté de la muraille, frappant sur son tambour de basque.

« Le voilà, a dit la femme, il demande à Dieu de lui donner l'inspiration. » Et comme nous avons voulu nous approcher, elle nous a priés de n'en rien faire, dans la crainte que notre respiration ne souillât l'élu de Dieu. « Venez demain matin, nous a-t-elle dit, alors il aura bien prié, et il vous dira ce que Dieu lui aura communiqué. » Nous avons bien juré en nous-mêmes que nous n'affronterions pas une seconde fois cette saleté et ce spectacle écœurant; nous avons donné une pièce de monnaie à la femme et nous sommes ressortis. Dans l'allée, une vieille femme nous a arrêtés au passage, elle nous a fait comprendre, par des gestes passablement inconvenants, que c'était elle qui avait eu l'honneur insigne de donner le jour au cheik et de l'allaiter. Nous lui avons donné quelques piastres pour la féliciter et nous débarrasser d'elle.

Il nous est resté de ces deux visites une assez triste opinion de ces gens que les musulmans appellent des saints.

Dans le village de Tell-el-Kébir, il y a aussi un de ces magnoûns. Il est couché au pied d'un arbre, dans le sable; on ne se souvient pas de l'avoir jamais vu se relever ni se promener; il est toujours là depuis quinze ans, dans un état complet d'immobilité. A côté de lui est un monceau de chiffons; lorsque les haillons dont il se couvre tombent en loques, les bonnes femmes de Tell-el-Kébir lui en apportent d'autres, et les vieux restent là près de lui; les passants ont le droit d'en prendre de tout petits morceaux, pour conserver en guise de reliques. Cet homme-là n'a plus rien d'humain, ni sur sa figure ni dans son corps, avec ses yeux toujours couverts de mouches qu'il ne prend pas la peine de chasser, ses grosses lèvres pendantes couvertes d'écume et de mouches, ses longs cheveux rouges qui ressemblent à une salle filasse, ses jambes grosses comme une canne, l'os seul recouvert d'une peau calleuse reste; elles sont toutes tournées, comme celles de feu Scarron, le prédécesseur de Louis XIV dans les bonnes grâces de madame de Maintenon.

Eh bien, tel qu'il est, cet être est un objet de vénération pour les Arabes de Tell-el-Kébir, et surtout pour les fellahines ; il n'a qu'à choisir parmi elles toutes, et c'est cet être qui a la faculté, le droit, la possibilité de rendre les maris de Tell-el-Kébir ce que les hommes redoutent tant d'être.

Et l'on dit les musulmans si jaloux ! Vraiment, cet usage, cette superstition, est incompréhensible, et il faut pourtant qu'elle soit profondément enracinée dans l'esprit des femmes musulmanes pour les faire passer sur le dégoût que devraient leur inspirer ces êtres-là.

---

## L'ANCIENNE FOSTATH, L'ANCIENNE EL-QATAYAH

## LE CAIRE

L'an 639 de notre ère, l'Orient était agité par les disputes théologiques des partisans du nestorianisme et ceux de l'eutychianisme. Héraclius, empereur de Constantinople, sévissait avec rigueur contre eux. Sergius, patriarche de Constantinople, et son turbulent clergé, semaient la discorde dans tout l'Orient. Les uns établissaient d'une façon, les autres de l'autre, comment les deux natures qui composaient la personne du Christ n'en formaient qu'une. Conciles sur conciles s'assemblaient; l'un condamnait ce que l'autre avait érigé comme règle de droit... Ces questions religieuses, ces dissidences du clergé, troublaient la paix et occupaient les esprits. Les Arabes en profitèrent pour s'emparer de la Syrie; Héraclius, trop préoccupé des controverses théologiques, les laissa faire, et ne songea pas à envoyer le moindre renfort de troupes dans cette province. Fiers de ce premier succès, les Arabes marchèrent vers l'Égypte.

La conquête de cette riche province était d'autant plus facile à faire, que le gouvernement des empereurs de Constantinople y avait fait de nombreux mécontents. Elle était divisée en deux classes distinctes, les gouvernants et les gouvernés, absolument comme aujourd'hui ! Les premiers, tous Grecs influents de Constantinople, occupaient tous les emplois, tous les bénéfices ; leur nombre était augmenté des descendants des familles patriciennes romaines qui étaient venues s'y fixer. La seconde classe se composait des Cophtes, c'est-à-dire les descendants des anciens Égyptiens... Ces deux classes vivaient dans le plus grand désaccord, sans fusionner ensemble; une haine invincible animait les vaincus (les Cophtes) contre les vainqueurs... Cette haine-là ouvrit les portes de l'Égypte aux Arabes. Les Cophtes préférèrent leur joug à celui qu'ils subissaient.

Le faible monarque Héraclius avait abandonné lâchement la Syrie aux musulmans; au lieu de prendre les armes, de voler au secours de ce pays, il se contenta d'obtenir une promesse du kalife Omar qu'il ne toucherait pas à l'Égypte, et, en retour de cette promesse, il consentit à lui payer un tribut.

Au moment où ce traité se signait entre Héraclius et Omar, Amrou, lieutenant de ce kalife, était déjà en marche à la tête de son armée pour aller conquérir l'Égypte. Omar lui expédia un message; mais Amrou, se doutant de ce qu'il contenait, dit à celui qui l'apportait qu'il ne pouvait, par respect pour l'écriture du prince des fidèles, lire ainsi sa lettre; qu'il n'en ferait la lecture que le lendemain, en grande pompe et en présence de toute l'armée. Il accéléra sa marche; le lendemain, il se trouvait à El-Aryck, sur la terre d'Égypte.

Alors le lieutenant d'Omar campa; il rassembla autour de lui son armée, prit la lettre du kalife, la baisa par trois fois, puis en fit la lecture à haute voix.

Voici ce qu'elle contenait :

*De la part du kalife Omar à Amrou.*

« Salut et bénédictions!

« Si, lorsque cet écrit te parviendra, tu es encore sur les terres de Syrie, arrête ta marche; mais si tu es déjà sur le sol égyptien, continue d'aller en avant, à la grâce de Dieu! »

Amrou se tourna alors vers les principaux chefs de l'armée, et leur demanda d'un air hypocrite : « Où sommes-nous ici?

— En Égypte! répondirent-ils en chœur.

— En avant donc! poursuivit Amrou, puisque le prince des fidèles nous l'ordonne. »

Le musulman possède au suprême degré les principes de Tartuffe :

« Il est avec le Ciel des accommodements. »

Il en trouve, lui, avec le ciel, avec la parole donnée, avec l'ordre reçu, et avec sa conscience. Vrai, il donnerait des points à la compagnie de Jésus !

Amrou s'empara de Memphis, des villes environnantes. Les Cophtes partout faisaient bon accueil aux musulmans, leur promettaient soumission sous condition que leur liberté religieuse leur serait conservée... Amrou s'y engagea, et, il faut en convenir, jamais les musulmans n'ont persécuté ni tourmenté les Cophtes. Ils leur ont laissé suivre leur religion en paix; même encore aujourd'hui on les laisse tranquilles. Ils leur avaient promis encore l'inviolabilité de leur propriété, et ils ont aussi tenu parole.

Les Grecs, eux, ne voulurent pas se soumettre ; ils se réfugièrent à Alexandrie et dans la forteresse de Babylone. Cette forteresse, construite par les Perses, était située sur le sommet du mont Moqattan, dominant le Nil (son emplacement était tout près de la nouvelle île du Caire, bordée, on le sait, par le mont Moqattan).

Amrou s'en rendit maître facilement et sans effusion de sang. Il pensa alors à se diriger vers Alexandrie. Son camp était établi entre le Nil et la forteresse de Babylone. Au moment de lever les tentes, les soldats s'aperçurent qu'un couple amoureux de colombes avait fait son nid sur la tente du général ; les œufs étaient près d'éclore, la mère les couvait avec amour et ne voulait pas les abandonner. Ils dirent cela à Amrou, qui s'écria : « Gardez-vous bien de déranger ces aimables bêtes ! Jamais bon musulman ne doit refuser sa protection à un être vivant, créature du Dieu Tout-puissant. Qu'on laisse donc ma tente en place, et que ces oiseaux y restent en sécurité ! »

Ce qui fut fait.

L'armée d'Amrou marcha vers Alexandrie, qui résista longtemps aux musulmans, car dans cette ville s'étaient réunis tous les Grecs et tout ce qui ne voulait pas du joug de ces nouveaux maîtres. Amrou fut même fait prisonnier par les assiégés, ayant voulu diriger lui-même une reconnaissance sous les murs de la ville. Ce qui le sauva, c'est que les assiégés ne se doutèrent pas que c'était Amrou, le fameux général, qu'ils avaient fait captif..., et celui-ci, par ruse, sous prétexte de se faire fort de persuader au général d'abandonner le siége, obtint grâce de la vie, et put quitter la ville... Une fois dans son camp, il activa les travaux du siége. Alexandrie ne recevant aucun secours de Constantinople, épuisée et affamée, se rendit enfin l'an 640 de l'ère chrétienne... Amrou traita ses habitants avec humanité. Il fut étonné et émerveillé de la richesse et de la beauté de cette ville.

Il écrivit à Omar ceci :

« J'ai conquis la ville de l'Occident, et je ne pourrais jamais énumérer tout ce qu'elle renferme.

« Elle contient quatre mille bains, douze mille vendeurs de légumes verts, quatre mille musiciens et baladins, etc., etc. »

Amrou quitta Alexandrie après avoir tout organisé

et avoir charmé ses habitants par sa bienveillance... Désireux d'organiser aussi l'intérieur de l'Égypte, il se rendit encore dans le Delta. Il fallait choisir un emplacement pour un nouveau camp. On se demandait où on le choisirait... « Là où nous avons laissé la tente du général ! » s'écrièrent en chœur les soldats. En effet, on vint camper là. On plaça les tentes autour de celle d'Amrou, sur laquelle les colombes avaient niché... Puis ces tentes furent remplacées par des maisons, et enfin une nouvelle ville se trouva bâtie. On la nomma Fostath (fostath en arabe signifie tente).

Fostath fut entourée de remparts. Amrou, devenu gouverneur de l'Égypte, y établit sa résidence; elle devint la capitale de l'Égypte. On ajouta à son nom de Fostath celui de Mers, affecté aux capitales de l'Égypte.

Telle est l'origine de la fondation de Fostath.

Plus tard, sous le règne du kalife Ahmed-ebn-Touloun, de la dynastie des Abbassides, Fostath ne pouvait plus suffire aux exigences d'une population qui augmentait tous les jours en nombre et en richesse. Alors ce kalife bâtit à côté, sur la plaine qui forme le plateau des hauteurs appelées le mont Yechkar, qui s'étend à l'orient de Fostath jusqu'au pied du mont Moqattan, une nouvelle ville qu'il appela El-Qatayah. Cette ville devint bientôt la plus florissante de l'Égypte. Mais elle subit, elle aussi, l'effet irréparable des ans et des révolutions. Elle fut dévastée, démolie, et enfin, sous le règne des kalifes fatimites, il ne restait d'elle que des ruines. Sur ces ruines une ville nouvelle fut construite, à laquelle on donna le nom de Caire : c'est la ville actuelle.

## LE CAIRE EN 1864.

On pourrait comparer les villes de l'Orient à ces vieilles coquettes surannées qui se peignent avec art et patience : de loin, elles font un certain effet, on est tenté de se dire : La belle femme! Mais si l'on approche d'elles, quelle désillusion, grand Dieu!... Ces noirs sourcils si bien arqués le sont par un pinceau habile, l'éclat du regard est l'effet du kholl, la fraîcheur du teint a été préparée dans le laboratoire d'un parfumeur. Sous tous ces trompe-l'œil les rides accusatrices apparaissent; on dirait une vieille ruine badigeonnée à neuf, mais qui, pour en être plus ridicule, n'en est pas plus jolie! On se dit : Pourquoi ne suis-je pas resté à distance?

Eh bien, de loin, les villes de l'Orient paraissent charmantes, coquettes et jolies au possible, avec leurs blancs minarets, dont les flèches s'élèvent fières et élancées dans les nues; leurs maisons à la mauresque, avec leurs moucharabièhs finement découpés; de çà de là, des bouquets de sycomores ou de palmiers; tout cela fait, je le répète, un effet charmant; mais si l'on approche, si l'on entre dans la ville, une odeur nauséabonde vous saisit à la gorge, une saleté révoltante blesse et étonne le regard; ces maisons qui de loin paraissaient si jolies,. elles sont poudreuses, elles tombent en ruine; ces balcons si artistement ciselés, des poutres en bois apparentes les soutiennent; les rues, tortueuses, sont remplies d'immondices; des chiens galeux sont couchés à travers : que vous passiez à cheval, à âne ou à pied, ils ne se dérangent pas davantage; c'est à vous de vous déranger, car il faut vous garder de leur faire du mal, les musulmans vous feraient un mauvais parti. Chose curieuse, pour un musulman le chien est une bête impure; si un chien le touche, il ne peut plus faire ses prières avant de s'être purifié; jamais on ne voit un musulman caresser un chien, et pourtant ils les laissent en paix, leur donnent à manger; s'ils voient quelqu'un les battre, ils se fâchent très-fort... Est-ce parce que ces chiens errants dans leur ville sont les seuls balayeurs de rues qu'ils aient?...

Peut-être.

Le Caire vu de loin, du sommet, par exemple, du mont Moqattan ou de la plate-forme de la forteresse, offre un coup d'œil ravissant; on voit au loin les pyramides, le désert de Sahara, qui s'étend à perte de vue; le Nil, ruban d'un bleu argenté qui serpente; l'île verdoyante de Roudah, qui s'élève au milieu; plus de mille mosquées, disséminées de par la ville, se montrent blanches et coquettes, perdues dans le fond bleu du ciel; leurs flèches aux ciselures élégantes, les beaux sycomores de la place de l'Esbékyèh, ceux de la promenade de Choubrah, coupent la monotonie de cet amas de maisons grises par une jolie verdure : c'est original, c'est coquet.

Mais le Caire, vu du Caire, c'est autre chose! Il se compose d'abord de la fameuse place de l'Esbékyèh. Çette place, grande, plantée de superbes sycomores, avec des masses de rosiers et de lauriers-roses, serait fort belle si elle ne servait pas de water-closet aux Arabes. C'est vraiment une chose inconcevable que l'incurie de ce gouvernement qui ne sait pas même prendre une mesure d'assainissement public, qui ignore que si la propreté est la principale beauté des femmes, c'est aussi celle des villes. Donc cette place, qui serait une promenade charmante, est un foyer d'infection!

Autour de l'Esbékyèh sont groupés les principaux hôtels du Caire : le grand hôtel Anglais, l'hôtel d'Orient, le charmant hôtel Royal, qui est celui où l'on rencontre le plus de confort et où l'on trouve la meilleure cuisine.

Il y a aussi beaucoup de maisons cophtes, mais aucunes ne sont remarquables ni par leur style ni par leurs proportions.

L'Esbékyèh, le soir, retentit de la joyeuse mais pas toujours harmonieuse musique des cafés chantants.... Ces cafés et le mauvais petit théâtre en planches que possède le Caire se trouvent dans l'allée ombrée de l'Esbékyèh, ce qui fait que, malgré les quelques lanternes qui éclairent ces établissements, cette immense place, plantée d'arbres au milieu et bordée de maisons tout autour, est d'un sombre effrayant... Lorsque le clair de lune fait relâche, c'est un vrai puits; on ne peut y faire vingt pas sans se butter contre un arbre, tomber dans un trou, sur un tas de décombres... Il faut se résigner à se promener un fanal à la main... Comme c'est amusant de promener sa lanterne!...

Ou bien il faut renoncer à sortir... Du reste, si dans le jour il fait chaud, dès le soleil couché un brouillard très-froid enveloppe le Caire comme d'un immense linceul... Aussi, on vient ici généralement pour guérir une bronchite ou une maladie de poitrine, et l'on prend un rhume, une seconde bronchite et du rhumatisme... En Russie il n'y a pas la moitié autant de douleurs rhumatismales qu'en Égypte!

Ceux, du reste, qui veulent sortir le soir n'ont guère que la ressource de l'Esbékyèh, car les rues du Caire sont impraticables la nuit; à huit heures l'Arabe est clos chez lui, les rues sont désertes... L'autre jour, pourtant, j'y ai fait, de dix heures à minuit, une promenade charmante; j'ai été avec deux amis parcourir toutes les rues du Caire : nous étions dans une voiture découverte; quatre sahïs portant des torches allumées couraient devant notre voiture; les chiens hurlaient, furieux d'être troublés dans leur sommeil... Ces rues sinueuses et étroites, avec ces masures qui ont toujours l'air prêtes à s'écrouler, les quelques Arabes ou Bédouins, avec leurs blancs manteaux, leur figure brunie, que nous rencontrions, tout cela avait un petit air fantasmagorique assez original!. .

Au bruit de la musique des cafés chantants se mêlent souvent des détonations d'armes à feu, car on s'assassine assez fréquemment sur cette bonne place... Dans tous ces cafés il y a des roulettes, roulettes où se rassemblent tous les scélérats du pays, et Dieu seul connaît leur nombre... Là ils jouent, se querellent; le tout finit par un coup de couteau ou un coup de revolver... La police s'émeut peu; les Européens disent : « Un Grec ou un Italien de moins; petite perte!... »

Il n'y a guère, en effet, que les Grecs et les Italiens qui se livrent à cet agréable exercice du couteau et du revolver en Égypte; ordinairement ils se tuent entre eux; pourtant, quelquefois des étrangers sont leurs victimes... Ces roulettes sont tenues généralement par une petite association de voleurs, et pire encore!... Si un étranger s'amuse à aller y jouer, s'il perd, il n'a rien à craindre; mais, s'il gagne, il est sûr qu'un des actionnaires l'attend à la sortie et le tue, reprenant ensuite l'argent qu'il a sur lui.

Cet été je suis restée trois mois au Caire : on a bien assassiné six ou sept personnes pendant ce temps-là... Un jour, je me promenais au bras d'un Parisien, devant un de ces cafés, pour prendre un peu d'air, car la chaleur était accablante. Tout à coup nous entendons un cri rauque... « On assassine un homme, » dis-je à ce monsieur. A l'instant dix ou douze Grecs, le couteau-poignard à la main, passent près de nous en courant : ils avaient reconnu le cri d'appel d'un des leurs. Trois sont restés sur le carreau ce soir-là... Depuis, je n'ai plus été tentée de sortir le soir...

Plus tard, j'y ai passé encore quatre mois. Cinq ou six fois j'ai entendu de ma chambre des coups de revolver tirés sur l'Esbékyèh, presque sous mes croisées, et on m'a parlé de cinq ou six assassinats... Notez que c'est si fréquent ici que l'on n'y fait pas attention, et que beaucoup ne sont pas connus... Du reste, une justice à rendre aux Européens habitant le Caire et Alexandrie, c'est qu'ils ont une grande prudence : s'ils entendent crier au voleur ou à l'assassin, ils se gardent bien d'aller porter secours, ils s'esquivent du côté opposé; si devant eux on tue un homme, le meurtrier peut s'en aller fort tranquillement, il n'a pas à craindre que personne mette la main sur lui. . Ainsi, au mois de juin, à onze heures du matin, sur la place des Consuls, à Alexandrie, un Italien se promenait sur le trottoir du côté du consulat de France; arrivé devant M. Magrini le libraire, il est attaqué subitement par deux autres Italiens : un lui a donné un coup de poignard dans le ventre, l'autre lui a enfoncé le sien dans le dos; le malheureux tomba mortellement blessé... Il y avait là une masse de monde,... pas un homme n'a eu le courage d'essayer d'arrêter ces deux brigands; ils s'en sont allés sans presser le pas, tout comme s'ils ne venaient pas de commettre un horrible crime... J'étais indignée : « Comment donc, ai-je dit à des messieurs qui étaient là à deux pas de l'endroit où s'était commis le meurtre, comment donc n'avez-vous pas arrêté ces assassins ?

— Pas si bête ! m'ont-ils répondu : ces gens-là sont une bande; si nous avions aidé à arrêter deux des leurs, les autres, pour les venger, nous assassineraient, nous aussi... Nous aimons mieux ne pas nous en mêler et les laisser se tuer entre eux !... »

Comprend-on une chose pareille ?... Et pourtant c'est le raisonnement de tout le monde ici... Et c'est ce qui fait que les assassinats sont si fréquents... Mais les cavas ? me dira-t-on... Les cavas sont généralement de bons enfants, mais le courage est la moindre de leur qualité... S'ils voient ou entendent que l'on se tue quelque part, bien vite ils courent, mais très-vite, d'un autre côté, en poussant, par exemple, de grands cris, et en faisant beaucoup d'embarras.

Ce serait ma foi bien le cas de remettre en vigueur une loi que les premiers législateurs avaient établie en Égypte... Elle punissait comme le voleur lui-même celui ou ceux qui auraient pu empêcher le vol et qui ne l'avaient pas fait, et elle punissait de mort celui qui n'avait pas prêté aide et secours à tout homme menacé, et qui n'avait pas arrêté le meurtrier... Cette solidarité devait empêcher bien des vols, bien des crimes !...

Et vraiment, ici, une loi seule et la peine de solidarité pourraient forcer ces messieurs à prêter main-forte à la victime et à arrêter le coupable.

L'autre année, un monsieur, un négociant, se promenait entre neuf et dix heures sur la place des Consuls, à Alexandrie, lorsque deux individus se jettent sur lui et lui donnent deux coups de couteau ; il tombe sinon mortellement, du moins grièvement blessé. Les deux hommes le regardent alors, et lui disent... « Ah ! mille pardons, Monsieur, nous nous sommes trompés !.. » Et ils s'éloignent : c'était un autre qu'ils voulaient tuer...

Voilà une méprise désagréable pour celui qui en est l'objet !...

Du reste, c'est assez curieux ! un beau jour on vous montre un homme en vous disant : « Voilà le plus grand assassin de toute l'Égypte !

— Comment diable le laisse-t-on en liberté ? demande-t-on.

— On se garderait bien de l'arrêter, il est toujours armé jusqu'aux dents ! » vous répond-on.

Le soir, l'Esbékyèh offre un coup d'œil amusant ; on y voit défiler une nuée de petits bourriquets, ces bonnes petites bêtes du bon Dieu ; les uns traînent de petites charrettes, les autres portent des fagots d'herbe, des charges de pierre ; les autres, recouverts d'un beau tapis rouge, d'une selle ornée de glands, de galons d'or, portent un grave Égyptien, un effendi, voire même un pacha : ceux-ci même ne dédaignent pas cette monture. Du reste, il y a une espèce d'âne ici qui est très-belle : blanc, haut de taille, infatigable; il coûte jusqu'à 2,000 ou 3,000 francs.

Les Européens, les étrangers, adoptent aussi ce moyen de locomotion, et l'on voit à chaque instant passer une joyeuse caravane. Les dames ont de petites selles à fourche ; les âniers courent après et donnent de grands coups aux ânes ; même, pour les faire aller plus vite, ils leur enfoncent un morceau de bois pointu dans la chair. Ces pauvres petites bêtes sont couvertes de plaies ; les mouches s'y acharnent, cela fait pitié à voir...

On ne peut aller nulle part au Caire sans passer sur l'Esbékyèh ; aussi la place a-t-elle une animation extraordinaire : les voitures s'y succèdent. Même les voitures de louages sont très-belles ici ; seulement, elles coûtent horriblement cher : la moindre course, serait-elle d'un quart d'heure, coûte 10 francs. Pour peu que vous la gardiez deux ou trois heures, c'est 25 francs.

Des chameaux, des dromadaires, défilent aussi d'un pas grave et lourd. Ils sont chargés souvent de grands diables de morceaux de bois, et si vous marchez distrait ou l'esprit préoccupé, le regard dans le vague, paff ! vous vous heurtez à eux, et vous vous fracturez la tête.

La plus belle rue du Caire est la rue du Mousky ;

c'est la rue de la Paix de Paris. Elle offre un coup d'œil assez pittoresque. On la dit grande, mais elle ne l'est que par comparaison, et, vraiment, y circuler n'est pas chose facile : elle est encombrée de riches équipages, de chameaux portant des maisons entières sur leur dos, de bourricots, de chevaux, de sahïs avec leurs jambes nues, leurs vestes rouge et or, leurs larges manches jointes derrière leur dos, un grand bâton à la main, courant devant les voitures ou les chevaux, criant gare à tue-tête, et distribuant des coups de bâton de droite et de gauche. Quel métier que d'être sahïs! Dire que l'on fait courir ces pauvres hommes de façon à suivre des chevaux lancés au grand galop, et cela, des deux, trois et quatre heures. C'est affreux!

Les beys et les pachas affectionnent la rue du Mousky. Ils viennent y magasiner; ils s'installent chez les marchands, fument, prennent du café. Les pachas, les plus fiers avec les gens qui les valent ou même bien au-dessus d'eux, sont toujours amis intimes de leur tailleur, de leur cordonnier, de leur perruquier; ils sont aussi au mieux avec leurs domestiques.

Le Mousky offre donc un coup d'œil pittoresque sans égal. La moitié de la rue est couverte avec une mauvaise natte, toutes sortes de vieux chiffons enfin; des cordes vont d'une maison à l'autre: c'est là que les femmes turques font sécher leurs lessives; ce linge vous dégoutte dessus; si vous passez à cheval, il vient même caresser désagréablement votre tête... Mais en Orient cela est un vrai détail : il faut bien s'habituer à des choses moins propres et plus ennuyeuses encore. La saleté, en Égypte, s'étale sans la moindre vergogne. Tous ces bons Égyptiens portent sur eux un nombre incalculable d'insectes : cela n'a pas l'air de les gêner du tout. Ils se garderaient de les tuer; tout au plus ils les prendront délicatement de peur de les blesser, et les jetteront par terre.

Se promener dans les innombrables petites rues du Caire est assez amusant; mais Dieu sait tout ce qu'on y ramasse.

Il y a de ces rues si étroites que c'est au plus si un âne peut y passer; si vous vous croisez avec lui, il vous faut vous écraser contre le mur pour lui livrer passage.

Ce qu'il y a de réellement joli au Caire, ce sont les fontaines; il y en a qui sont d'un goût, d'un travail exquis.

Il y a encore de fort belles mosquées. On en compte plus de quatre cents grandes et une centaine de petites. Celle d'Amrou, qui date de l'an 620 de Jésus-Christ, est très-belle. Cette mosquée, de pur style arabe, offre l'aspect d'un vaste cloître; une galerie à plusieurs rangs de colonnes l'entoure; le milieu est un ciel ouvert. La fontaine qui sert aux ablutions est d'une richesse, d'une élégance de travail remarquable. Du reste, ces mosquées ayant le ciel pour voûte inspirent un profond recueillement. Où peut-on être mieux pour prier Dieu qu'en face du ciel?

La mosquée du sultan Kalâoum-Sep-el-Dyn est aussi un très-beau monument. Ce sultan était, assurent les Arabes, un savant docteur, qui avait le don miraculeux de guérir tous les malades qui l'approchaient. Aussi, quoiqu'il soit mort en 1292, les Arabes malades vont encore dans cette mosquée; ils se font donner un des manteaux de ce sultan, une ceinture qui lui a appartenu: ils se recouvrent un instant de l'un et l'autre, et aussitôt, à ce qu'ils assurent, ils sont guéris. Il y a aussi dans cette mosquée plusieurs plaques de marbre qui ont des vertus miraculeuses. Sur l'une, ceux qui ont la jaunisse passent la langue et la jaunisse disparaît.

Sur une autre, les femmes qui désirent avoir des enfants viennent presser un citron; elles en sucent le suc... et elles sont grosses... toujours à ce que disent les Arabes.

Une autre plaque en marbre rouge, frottée par une pierre mystérieuse, rend rouges quelques gouttes d'eau dont on a mouillé la plaque... Cette eau, bue par les phthisiques, les guérit radicalement.

Dans le vieux Caire, est une grande mosquée où sont les jeunes étudiants arabes, ceux qui se destinent à devenir imans. Il est assez difficile de visiter celle-là. Ces jeunes néophytes sont passablement exaltés et peu tolérants. Si un Français veut y pénétrer, ils l'appellent chien, et sont tout disposés à le jeter à la porte d'une façon peu parlementaire. Moi, j'y suis entrée avec deux cavahs, et, malgré cela, ces jeunes musulmans m'ont tiré la langue, m'ont fait une foule de grimaces et dit maintes sottises en arabe.

Du reste, il y a peu d'Européens au Caire, et dans certain quartier un étranger ne court aucun risque sérieux, il est vrai, mais il peut être insulté.

Le château qui domine le Caire, que l'on nomme la citadelle, qui a été bâti sur l'emplacement de ce fameux château des montagnes dont parlent les légendes arabes, n'est pas précisément beau comme architecture, mais la vue dont on y jouit est merveilleusement belle... Méhémet-Ali y a fait construire une mosquée en albâtre qui est ravissante d'élégance et de coquetterie. C'est dans cette mosquée que se trouve le tombeau du grand pacha. Il repose sur un grand lit à baldaquin qui a de riches tentures. Il est couché et recouvert de sable du désert.

Les bazars occupent un grand espace de la ville; on le sait, ce sont de petites rues couvertes, bordées d'étroites boutiques; le marchand se tient là accroupi, fumant gravement son narguillé; il reçoit, du reste, l'acheteur avec une parfaite courtoisie. Son premier soin est de lui offrir du café, une cigarette; il faut se garder bien de refuser : je l'ai dit, le café est le pain et le sel de certains peuples.

Le bazar est un lieu de promenade, de réunion, aussi la foule y est compacte; les uns y viennent magasiner, montés sur un âne ou sur un cheval, ce qui rend la promenade encore moins facile.

Il n'y a pas moins de onze cent quarante cafés au Caire: Les musulmans viennent y causer et aussi dormir là; ceux qui ne sont pas occupés y passent leur vie. Il y a des conteurs d'histoires à chacun de ces cafés. Ils content des contes à dormir debout, des fables que les enfants trouveraient par trop naïves; malgré cela, ces bons musulmans les écoutent avec attention, et ça a l'air de les amuser beaucoup...

Il y a bon nombre de bains. Une justice à rendre à l'Arabe, c'est qu'il se lave constamment, ce qui, du reste, ne l'empêche pas d'être fort sale...

Je conseille peu aux Européens d'aller à ces bains; d'abord ils sont sales, et puis... ce n'est pas prudent... ils pourraient y faire une triste expérience des goûts orientaux!...

Choubrah est une allée plantée de sycomores qui longe le Nil; c'est la promenade des gens ayant équipage. Rien de curieux comme de voir dans cette allée de sycomores bibliques des élégantes voitures européennes. On se sent là dans la terre primitive, la civilisation européenne y jure. Voyez-vous à côté d'une file de chameaux conduits par un Bédouin ou par un fellah avec sa grande chemise bleue, passer une élégante calèche!...

A côté d'un bourricot sur lequel est juché un fellah filant tout en cheminant, passer un cavalier avec le paletot classique et le tuyau de poêle!...

J'ai séjourné un hiver et un été en Égypte, voulant savoir ce que c'est qu'un été et ce que c'est qu'un hiver dans cette contrée. Eh bien, l'été est insupportable au Caire, surtout quand le khamsin souffle : on se croirait dans le fin fond des régions infernales... Et puis, les bêtes y pullulent. Dire que du temps de Joseph les Égyptiens n'avaient que sept plaies et qu'ils se désolaient ! Hélas ! à présent, ils en ont plus de cent !...

Ils ont les Levantins, les Arméniens, ayant pour général en chef Nubar-Pacha ; les Européens, les pachas, les scorpions, les tarentules, cinq catégories de serpents à morsures mortelles ; les moustiques, les mouches, les puces et autres insectes ; ils ont... Dieu sait les plaies qu'ils ont encore !

J'ai trouvé dans ma chambre, l'été passé, des scorpions en masse, et jusque dans mon lit. Un jour, un serpent s'était gracieusement pelotonné juste au milieu ; des tarentules, j'en trouvais à chaque instant ; les chauves-souris entraient par centaines ; les rats mangeaient mes bas et mes souliers pendant mon sommeil. Eh bien, on finit par s'habituer à tout cela : on considère la morsure de ces bêtes comme une chance de mort de plus, et voilà tout... On visite avec soin son lit, on fourre son moustiquaire en tulle bien soigneusement sous son matelas, et, préservé par ce mur de tulle, on dort tranquillement en disant : Allah qérim (Dieu est grand). En Orient, on finit par prendre un peu du fatalisme des Orientaux.

Un chemin de fer relie Alexandrie et le Caire, puis se prolonge jusqu'à Suez.

Un chemin de fer, en Égypte !... la vapeur civilisatrice venant sillonner son désert, c'est un grand pas de fait vers le progrès, j'en conviens.

La vapeur remplaçant le chameau et le bourricot, c'est superbe !

Mais, vraiment, il arrive que ce chemin de fer va parfois avec une lenteur égale à celle du chameau.

L'esprit indolent, imprévoyant, des Arabes et des Turcs rend ce chemin de fer d'une inexactitude, d'une irrégularité incroyables.

D'abord, l'heure du départ est loin d'être fixée ; il suffit, pour la retarder d'une heure ou deux, qu'un pacha, un bey, fasse prévenir qu'il doit partir : nécessairement on l'attend... Il ne se presse pas, il sait qu'on l'attend, et les voyageurs restent deux heures à s'ennuyer à la gare, pour le bon plaisir dudit pacha... Jusqu'au dernier moment on délivre des billets, de sorte qu'il grimpe des gens dans les voitures, alors que déjà le train est en mouvement, au grand risque de se casser le cou.

Si un harem va d'Alexandrie au Caire, ou *vice versa*, vous êtes sûr que vous avez alors trois ou quatre heures de retard... On vous enferme dans la salle d'attente ; les eunuques arrivent avec leur air fier et triomphant, leur énorme bâton à la main, bâton dont ils distribuent des coups à droite et à gauche pour faire faire place ; le harem s'avance, la principale femme ou favorite est soutenue par dessous les coudes par deux eunuques; elles s'installent dans les voitures, ferment les stores, et là elles boivent, mangent du riz, de la viande, jettent les os, les pelures, les restes par terre, s'essuient les mains aux coussins... L'ail, l'oignon, figurent toujours dans leurs repas; aussi les voitures ne sont ni propres ni parfumées quand elles sortent de là; et comme nettoyer, essuyer, balayer, est une chose complétement inconnue en Égypte, elles restent dans cet état.

On se trouve avec des Grecs, des Italiens, qui ne sont pas précisément la fleur des pois de l'Italie et de la Grèce; des Égyptiens, qui quittent leurs souliers, charment leurs loisirs en se grattant les pieds, ce qui est très-bien porté ici. . Ils n'aiment pas descendre au buffet de Kafrer-za-yat, qui est pourtant très-bon : ils redoutent qu'on leur fasse manger, dissimulé sous une sauce quelconque, du porc..., cet animal honni des fils de Mahomet...; ils ont tous des vivres pliés dans leur mouchoir de poche ou placés dans un petit panier...; ils mangent avec leurs doigts, jettent les os par la portière, de façon à ce qu'ils vous effleurent la figure, c'est encore reçu chez eux; ensuite ils s'essuient, comme ces dames, les mains aux coussins...

Il y a au plus six ou sept heures pour aller d'Alexandrie au Caire, le train spécial du vice-roi ne met que trois heures,... eh bien, il arrive fréquemment que l'on part d'Alexandrie à quatre heures et que l'on n'arrive qu'à trois ou quatre heures du matin au Caire...

Ce qui est drôle, c'est qu'ici, où les musulmans exigent que l'on ait mille soins, mille attentions pour que les femmes soient seules et tranquilles dans les chemins de fer, il est impossible d'obtenir une voiture pour les Européennes voyageant seules, comme cela existe en Europe, et les employés se font un malin plaisir de faire monter des messieurs en masse, s'ils voient une dame ou des dames seules. Les Turcs eux-mêmes, eux qui ont un harem, sont les premiers à vouloir monter dans les wagons où ils voient des dames seules... Ainsi, l'été passé, je revenais de l'isthme de Suez, un de ces messieurs m'avait accompagnée jusqu'à Kafrer-za-yat. Arrivés là, lui prenait le train du Caire, moi celui d'Alexandrie; je remontai dans ma voiture, et je priai le conducteur de ne pas laisser entrer des messieurs; comme j'accompagnai ma demande de dix francs, il me le promit et ferma la portière à clef... A ce moment arrive un monsieur, l'air fier et hautain, sans doute à cause des broderies qu'il avait aux manches de sa redingote turque et à son collet.

« Ouvrez! » dit-il au conducteur d'un air superbe!...

— Son Excellence a un compartiment libre là à côté; madame désire rester seule, lui dit celui-ci.

— Ouvrez, vous dis-je...

— Mais, Son Excellence... voulut continuer le conducteur.

— Ouvrez, ou je vous fais donner cinquante coups de courbache. »

Le conducteur s'empressa d'ouvrir.

Je pris alors la parole, et, m'adressant au conducteur, je lui dis :

« Veuillez dire à monsieur, de ma part, que je désire rester seule ; que, s'il ne descend pas, moi-même je quitterai le wagon, et que je compte sur sa politesse pour ne pas me forcer à descendre d'une voiture où j'étais installée avant lui. »

Le conducteur s'acquitta de ma commission. Mais ce monsieur ne répondit rien, s'assit en face de moi, quitta ses souliers, croisa ses jambes, et alluma sa cigarette.

Je pris mon sac, mon ombrelle, je descendis de cette voiture, et je montai dans l'autre. A la station d'après, cet aimable et joli personnage quitta sa place, et vint pour monter dans mon wagon. Pour le coup, mon exáspération fut au comble. Je me mis à ma portière mon ombrelle à la main, et je le menaçai de lui casser la tête avec, s'il persistait à entrer. J'aurais eu quelque peine, car sa tête paraissait pas mal dure.

Il comprit mon désir de rester seule exprimé de cette façon, et il se retira.

Le conducteur m'apprit que c'était le wéqil d'une province, ...-Bey, le même qui a apporté la dépêche à Ismaïl qui le faisait vice-roi, et qui est devenu bey par trahison.

Vrai, je me dis que Son Altesse ferait bien mieux d'envoyer ce monsieur-là à l'école que de le nommer wéqil n'importe où...

Donc, en Égypte pas la moindre voiture réservée aux dames... C'est d'autant plus ennuyeux qu'une foule de gens montent sans billet, donnant un batchik au conducteur; ces gens-là montent un peu partout... Du reste, la moitié des gens des troisièmes, des secondes, vont aux premières... On n'y fait pas attention.

Dès que l'on sort d'Alexandrie, on se trouve entre le canal Mahmoudièh et le lac Marœotis... puis bientôt l'on entre en plein dans le lac Marœotis; à droite, on voit, au loin, la mer; à gauche, à perte de vue, on n'aperçoit que les eaux stagnantes, dégageant des miasmes infects, du lac Marœotis.

La première station est à Damanhour, petite ville qui n'a rien de joli; ses maisons sont presque toutes en terre; les quelques-unes qui sont en pierres appartiennent à des négociants européens. Une foule d'Arabes viennent se presser aux portières des wagons, passant curieusement leurs têtes; l'été, c'est insupportable, car ils obstruent l'air et apportent une odeur nauséabonde.

Les femmes fellahs viennent nous offrir de l'eau dans des gargoullettes, des oranges... Un homme fellah est venu m'offrir du café; or, comme j'aime beaucoup le café arabe, je m'en fais verser un jour une tasse, après avoir eu la précaution de laver moi-même la tasse; mon fellah, qui avait pour tout costume une sale chemise bleue, qui était en transpiration, met la main dans une poche de sadite chemise, y prend un morceau de sucre et le jette dans mon café... Vous pensez que je n'ai pas eu envie de le boire... Eh bien, des Égyptiens, des effendis, s'en sont servis, et le laissent parfaitement sucrer avec ces morceaux de sucre qui ne sont pas mêmes pliés dans un papicr. La malpropreté est poussée ici à un point incroyable.

On parcourt le Delta dans toute sa largeur, pour aller d'Alexandrie au Caire; on passe à quelque distance de la ville de Tentah, on aperçoit le dôme de sa belle mosquée... Là se détache l'embranchement de Damiette, non achevé.

Bena est un assez joli village que l'on traverse, qui se trouve sur la branche du Nil, dite de Damiette, au bord du Nil, tout près de la station. On aperçoit le palais de Bena, bâti par Abbas-Pacha, là où il a été tué par les deux mameloucks.

A Bena se trouve l'embranchement du chemin de fer de Zagazic; enfin, on aperçoit au loin la chaîne libyque, la chaîne arabique, et l'on voit se dessiner dans le fond bleu du ciel la masse énorme des trois pyramides de Gizzeh. En approchant du Caire, le terrain devient aride, sablonneux; on entre dans le Désert.

Le Delta offre un aspect assez uniforme, et par cela même monotone : une immense plaine, sèche et aride l'été, verte l'hiver ; de loin en loin un bouquet de palmiers élevant fièrement leur tête dans les airs et se découpant sur l'azur d'un ciel sans nuage ; un soleil brillant ; de distance en distance, de petits villages arabes, huttes de terre dont les unes n'ont pas plus d'un mètre cinquante centimètres de haut ; presque toujours ils sont placés au milieu d'un bouquet de palmiers ; des huttes même sont construites autour du tronc d'un de ces arbres, qui se trouve au milieu de leur logis, et ressort par le milieu de la cabane ; son feuillage fait comme un éventail au-dessus d'elle.

Sur le monticule de sable le plus rapproché de ces villages se trouve le cimetière ; rien n'indique que c'est un cimetière, si ce n'est quelques tas de boue formant un rond : ce sont les tombes !...

On aperçoit à travers les champs une longue file de chameaux transportant toutes sortes de choses... une caravane d'Arabes, les hommes montés sur un âne, la femme suivant à pied, portant un ou deux enfants, et avec ça souvent un énorme paquet. Chaque fois que je vois cela, l'envie me prend de donner des coups de canne à ces hommes, de les faire dégringoler de leur monture et d'y faire monter leurs pauvres femmes.

Un canal longe tout le parcours du chemin de fer. Son eau est boueuse, dégoûtante, et pourtant elle sert de boisson à tous les gens des villages et à ceux des villes que traverse le chemin de fer. Des Arabes tout nus s'y baignent; les femmes viennent y faire, elles aussi, et *coram populo*, leur toilette : peu importe qu'on les voie, elles ont la figure cachée.

Je l'ai dit, une justice à rendre à l'Arabe, c'est qu'il se lave fort souvent, ce qui ne l'empêche pas d'être toujours plus que sale... Ça se comprend, du reste : généralement il se lave dans une eau qui ne peut que le salir davantage. Près d'Alexandrie, près du Caire, près de toutes les villes, dès qu'il y a un petit ruisseau, un trou d'eau, toute boueuse et dégoûtante qu'elle soit, vous voyez des Arabes en train d'y faire leur toilette complète, et cela, en plein midi, à la face de tous les passants.

Arrivé au village de Dahani, le chemin de fer passe sur un pont qui traverse la branche de Rosette, qui est très-large. Ce pont, tout en fer, est très-beau. A Kafrer-za-yat, il y a un buffet excellent, le seul qui soit sur la route ; on y dîne parfaitement. C'est peut-être l'endroit de l'Égypte où l'on mange le mieux... Il y a un grand nombre de voyageurs, car les deux trains se rencontrent là : celui qui va à Alexandrie et celui qui va au Caire. Quand c'est le passage de la malle des Indes, c'est une cohue impossible à décrire, et une variété de costumes qui récrée l'œil ; les coiffures surtout y brillent par leur variété et leur originalité. Il y a le fez, ou bonnet rouge des Turcs, que même beaucoup d'Européens adoptent, soutenant que c'est très-bon pour le soleil ;

le casque, le melon, la pastèque; enfin, il y a des chapeaux ronds, carrés, pointus; les uns avec des voiles verts, d'autres avec des voiles blancs ou bleus; d'autres enfin entourés d'une coufie (grand carré de soie que les Arabes mettent sur leur tête).

Se trouvent réunis là :

Le fellah avec sa simple chemise bleue, le Bédouin avec ses deux ou trois burnous, l'Égyptien avec son large pantalon et sa petite veste brodée.

Ceux qui reviennent des Indes ont un costume qui ne ressemble plus à rien, vrai costume que dame Fantaisie a taillé, mais non la Mode.

On entend parler anglais, allemand, italien, arabe, grec, turc, arménien, français. Rien ne donne une idée de la tour de Babel comme le buffet de Kafrer-za-yat.

Près de là se trouve le petit village de Sa, construit sur les ruines de l'ancienne Saïs, dont il ne reste plus même aucun vestige, si ce n'est quelques briques rouges.

L'arrivée au Caire est assez curieuse : la gare est encombrée; des Bédouins, des Arabes, sont couchés là par terre, il faut passer par-dessus leur corps. Une fois sorti de la gare, on est assiégé par les voituriers, les âniers, qui vous crient aux oreilles, vous tiraillent chacun de leur côté, car tous veulent s'approprier votre personne. Pour arriver sur la place de l'Esbékyèh on passe par un petit pont et une avenue bordée de boutiques arabes. On vend là des mouchoirs de couleur, des confitures, de l'épicerie, du pain; on se sent en plein Orient. Du reste, le Caire est une des villes de l'Orient qui ont le mieux conservé le cachet arabe. Dans le vieux Caire, à Boulak, on se sent dans le vrai pays des Mille et une Nuits.

---

# LA FÊTE DU TAPIS, OU MOULLET-EL-NEBI.

La vapeur a tellement rapproché les distances, que les voyages qui jadis n'étaient entrepris que par quelques hardis voyageurs sont maintenant faits par une foule de gens...

Certains pays avaient le droit de rester endormis dans les ténèbres de la barbarie : ils étaient si loin de nous !!...

Mais à présent, c'est autre chose ; la vapeur les a mis si près, si près, que, lorsque nous nous y aventurons, nous sommes fort étonnés de les trouver non civilisés.

Ainsi, lorsqu'on arrive en Égypte, certains usages barbares que l'on y retrouve encore choquent énormément, par la seule raison qu'on va de Paris au Caire dans huit jours ; si l'on mettait encore un mois et demi ou deux mois pour s'y rendre, on trouverait cela tout naturel ; on dirait : « Ce pays est si loin de nous !... »

Entre tous les usages barbares qui m'ont heurtée

désagréablement, la fête du Tapis est en première ligne.

Chaque année, une caravane part du Caire, tous les bons musulmans se rendent en pèlerinage aux villes de la Mecque et de Médine. Tout musulman fervent doit faire au moins une fois dans sa vie ce pèlerinage; ceux qui l'ont accompli se reconnaissent à la devanture de leur maison, qu'ils barbouillent en jaune, rouge et vert, ce qui est un grand honneur pour les habitants de ladite maison et leur vaut la considération de tous.

Beaucoup partent, mais, hélas! beaucoup moins en reviennent; le voyage est long et fatigant, et bien des morts sont laissés en route...

Les Arabes supportent les souffrances de la route avec un courage stoïque : ils ne font entendre pas un soupir, pas une plainte.

Ceux qui meurent, meurent heureux et sans donner un regret à la vie.

Leur Prophète leur a dit :

« Ceux qui mourront pendant le voyage iront tout droit au paradis. »

Or, le paradis de Mahomet est, on le sait, un lieu enchanteur, où les rivières sont de lait, de raki, des liqueurs les plus exquises, où l'eau est parfumée;

Et où enfin chaque fidèle musulman aura un essaim de jeunes et belles vierges (appelées houris) pour lui tout seul, et, ce qui est mieux encore, le pouvoir de les avoir!...

Il faut avouer que ce bon Prophète connaissait bien le cœur des hommes!

Pour les forcer à accomplir une religion dont les préceptes sont quelquefois assez durs à remplir,

Il leur promet,

Quoi?...

Un essaim de jeunes et belles houris!...

Aussi il faut voir comme le musulman est exact à suivre sa religion!...

De plus, il meurt généralement gaiement; en face du danger, il est calme et résigné, et dit:

« Hallah est grand!... Hallah qérim! »

Ceux des fidèles qui ne vont pas à la Mecque envoient des présents qui sont destinés ou à l'entretien ou à l'ornementation du tombeau du Prophète.

Ces dons sont emportés dans un tapis consacré à cet usage.

La caravane ne part de la Mecque qu'au mois de saphir, et passe par Médine; elle est de retour au Caire le 1er de rahié-el-vouel, jour de la fête du Prophète, fête qui s'appelle *Moullet-el-nebi.*

Le chef de la religion, au Caire, que l'on nomme *cheik-el-bekre,* va à la rencontre du tapis à Rassaout, escorté de tous les fidèles musulmans; on rapporte en grande pompe ce tapis jusqu'à la citadelle, où le vice-roi lui-même est là pour le recevoir; on l'enferme précieusement avec les trésors de la citadelle...

Voici où l'horrible va commencer, car jusqu'ici rien de plus naturel.

Il leur est parfaitement permis et loisible de fêter tant qu'ils veulent le retour de ce bienheureux tapis; rien là qui puisse blesser le regard ou l'esprit.

Mais, il n'en est pas de même pour la cérémonie qui vient après.

Le cheik-el-bekre monte, pour cette cérémonie, un superbe cheval blanc, cheval sacré qui doit avoir une tache noire au milieu du front, et une à je ne sais plus quelle jambe.

Le cheval destiné à cet usage n'est monté, ne sort de son écurie que ce seul jour par an... Jugez de son ardeur, de ses tendances à prendre la clef des champs et à briser son mors!... Quatre sahïs ont toutes les peines du monde à le retenir.

Eh bien, lorsque le cheik, monté sur ce cheval, précédé de ces quatre sahïs, revient de la citadelle, retournant à sa mosquée, qui se trouve dans une petite rue près de l'Esbékyèh, une foule innombrable d'Arabes, venus de tous les coins de l'Égypte à la seule fin de se procurer ce plaisir, cette douce distraction, l'attendent sur l'Esbékyèh.

Dès qu'ils l'aperçoivent venir, ils se jettent à plat ventre par terre, formant sur tout le chemin qu'il doit parcourir un tapis humain, serrés les uns contre les autres ; c'est une masse compacte, et cela sur un parcours de plus d'un demi-mille.

Le cheik arrive au grand galop sur son coursier indompté, qui piétine avec rage, rue, se cabre; cheval, sahïs, tout cela piétine sur les têtes, les corps de ces malheureux Arabes !

C'est affreux à voir !...

J'en ai encore le frisson !...

Que de têtes broyées, d'épines dorsales cassées, de jambes et de bras brisés !

Et pourtant on n'entend pas un cri de douleur, pas une plainte.

On n'entend au contraire que les hourras de joie de la foule, qui contemple ce hideux spectacle avec les signes de la plus vive allégresse.

Lorsque le cheik a fini cette horrible fantasia sur le corps de ces pauvres fanatiques, qu'il est rentré dans sa mosquée, tous se relèvent (ceux, bien entendu, qui sont en état de le faire, car il n'est pas rare d'en voir rester morts sur place).

Chacun envie le sort de ceux qui ont eu la chance de mourir, car ils vont aller tout droit au paradis.

Les blessés n'inspirent aucun sentiment de commisération. C'est considéré comme un grand bonheur d'être tué ou blessé par le cheval sacré.

Si la foi sauve,

Bien sûr tous les musulmans iront au paradis, car franchement, il faut l'avouer, ils ont une foi robuste.

Le présent gouverneur général, Ismaïl-Pacha, a été élevé à Paris ; il a la prétention d'être fort civilisé, et d'avoir fait déjà beaucoup pour allumer le flambeau de la civilisation dans son gouvernement... Je m'étonne qu'il n'ait point encore songé à abolir, à défendre un pareil usage. Ce serait un acte d'humanité qui lui ferait honneur ; car il pourrait d'autant mieux empêcher cette triste fantasia, que rien dans le Coran, rien dans la religion musulmane ne l'ordonne ; elle ne se fait qu'en Égypte.

C'est une coutume barbare et non un précepte de religion.

Il est vrai que les Égyptiens, les fanatiques surtout, prétendent que le cheval du cheik-el-bekre a le pouvoir miraculeux de ne blesser ni tuer personne.

Aussi soulève-t-on les blessés et les force-t-on à marcher quand même. Ceux qui restent morts sur le pavé, on les relève en les soutenant par-dessous les bras, et l'on dit à la foule : « Le cheik-el-bekre va le guérir. »

Ce jour-là, le fanatisme musulman se réveille, et si un Européen faisait entendre un murmure improbatif, il courrait grand risque de passer un mauvais quart d'heure ; mais, en tout cas, il n'aurait pas à courir celui d'être jeté sous les pieds du cheval sacré, car cet honneur n'est pas fait pour un chien de chrétien, disent les fils de Mahomet.

---

# LES PYRAMIDES.

—

Lorsqu'on arrive au Caire, on se sent un désir irrésistible d'aller bien vite admirer les fameuses pyramides, contempler de leur sommet le lever du soleil et le panomara féerique qui se déroule d'en haut à vos yeux charmés.

Mais, hélas! voilà une curiosité que l'on paye doublement cher, d'abord par un nombre considérable de backchiche; ensuite, par une courbature affreuse... Voilà trois jours que j'ai fait cette promenade, ou plutôt ce voyage; je suis encore brisée, j'ai des douleurs dans les bras, dans les jambes, et ne puis faire un mouvement sans souffrir; c'est à peine si je puis tenir la plume pour vous raconter notre expédition, car c'en est une véritable.

Jeudi, donc, nous sommes partis à six heures du matin, ce qui, par parenthèse, nous a forcés à nous lever à cinq, ce qui est souverainement désagréable, pour des Parisiens surtout, habitués à se coucher souvent à cinq heures, mais à ne se lever qu'à midi. Or, je suis Parisienne ; me lever à cinq heures me rend malade et de mauvaise humeur pour la journée...

Mes compagnons étaient un vieil Anglais, sa femme, un peu moins vieille, ayant, comme de rigueur, les cheveux roux lissés en bandeaux, une longue taille raide, une absence complète de formes, du reste bonne personne et assez amusante ; le comte de S..., de Paris ; et M. C..., jeune israélite, Parisien lui aussi.

Le rendez-vous était dans le salon de l'hôtel Royal. Tout le monde a été exact ; je suis arrivée la dernière, je l'avoue humblement ; il est vrai que j'avais eu à revêtir un costume d'homme ; or, l'expérience me manquait un peu pour me l'ajuster, et ma femme de chambre n'en avait pas plus que moi. J'entre donc dans le salon, avec mon pantalon gris, mon paletot étoffe et coupe anglaises, de grosses bottes, un tarbouche rouge sur la tête ; autour, une grande coufie en soie rouge et jaune me le retenait, dissimulant mes cheveux et ayant aussi la mission de garantir mon cou des rayons du soleil... rayons ardents, quoique nous soyons en janvier. D'abord on me regarde sans me reconnaître, ensuite on se met à rire. Mon Anglaise (je l'avais prévu) pousse un : « Oh ! » qui voulait dire littéralement ceci : « Une femme mettre des pantalons d'homme, s'habiller en homme ! *shocking*, *shocking !* » Je me suis immédiatement avancée vers elle, lui ai serré la main à l'anglaise, de façon à lui défaire le bras, et lui ai dit :

« Je devine votre pensée, milady ; mais, de grâce, attendez à ce soir, c'est-à-dire à notre retour, pour vous prononcer, à savoir si mon costume est oui ou non *shocking*. Et, tenez, si vous vouliez écouter mon conseil, vous prendriez vous aussi ce costume-là. Priez votre mari de vous en prêter un : croyez qu'avant trois heures d'ici vous vous applaudirez d'avoir quitté pour un jour le costume de notre sexe pour prendre celui du sexe fort.

— Moi, m'habiller en homme, mettre un pantalon d'homme? Jamais ! me répond-elle d'un air scandalisé.

— Bien, bien, milady, lui dis-je ; seulement, vous me direz ce soir lequel de votre costume ou du mien vous aura paru le plus *shocking* pour cette expédition. »

Nous sommes montés en voiture, emmenant mon domestique, qui parle le français un peu et le comprend très-bien ; c'est un Égyptien... Nous emportions un immense panier de provisions ; nous avions envoyé des ânes et leurs âniers nous attendre à Boulak, près des barques que nous avions fait retenir, l'une pour passer les ânes, l'autre pour nous passer, nous.

Souvent l'on m'a dit qu'il fallait des cavas pour aller aux Pyramides, que sans cela les Bédouins de là-bas vous ennuyaient, que ce n'était même pas très-sûr; mais avec mon opinion très-arrêtée que l'on calomnie ces bonnes gens, qui ont une nature douce, excellente, et qui sont parfaitement inoffensifs, j'ai influencé pour que nous y allassions sans le moindre cavas...

Nous sommes arrivés au bout d'une heure de voiture à nos barques; nous avons passé le Nil sans autre désagrément que celui d'avoir à nous disputer, en débarquant, avec nos bateliers, qui nous demandaient deux napoléons pour chaque barque; nous avons fini par leur donner dix francs pour les deux.

Là nous avons grimpé sur nos ânes. Milady avait une selle de femme; moi, bravement, j'ai monté à califourchon. Ces ânes sont de vraies bêtes du bon Dieu; ils trottent, ils trottent, que c'est plaisir; ils ont du sang de chèvre dans les veines, car ils grimpent, passent par des endroits impossibles; on croirait que tout au plus une chèvre ou une gazelle peuvent y passer, et eux montent, descendent, sans jamais faire un faux pas.

Arrivés au petit village de Roudhah, six Bédouins robustes et forts se sont mis à courir après nous, en nous criant : « Pyramides? — Oui! » avons-nous dit, et ils nous ont suivis.

Le comte de S... a fait remarquer qu'ils ne nous seraient d'aucune utilité, puisque nous en trouverions d'autres aux Pyramides.

« Laissons-les toujours venir, a dit l'Anglais :

s'ils ne nous sont pas utiles, nous nous en débarrasserons en leur donnant un léger backchiche. »

Le mien m'était déjà très-utile, car mon diable d'âne courait, courait si bien, que je perdais l'équilibre. Un Bédouin s'était mis à côté de moi, me soutenant par la taille et courant à côté de mon âne. Les autres s'étaient placés de la même façon auprès de ces messieurs, qui ne dédaignaient pas leur appui; mais milady, en se sentant prise par la taille par l'un d'eux, à poussé une exclamation d'effroi. Son mari l'a rassurée, lui disant que, peu habituée à ce genre d'équitation, il était plus prudent qu'un de ces hommes restât là près d'elle pour lui éviter une chute.

« *No! no!* je ne veux pas que ces hommes me touchent, » s'est-elle écriée. On a dit au Bédouin de se tenir à distance.

Vrai, je crois que son ânier, jeune gamin qui comprend l'anglais et le français, l'a fait exprès : il a donné un fort coup de bâton à l'âne, qui, sans crier gare, est parti au galop. Milady ne s'y attendait pas; elle a perdu l'équilibre et elle est tombée à la renverse... Bien vite nous avons tous quitté nos montures, et nous nous sommes précipités vers elle. Comme elle poussait des cris de paon, nous l'avons crue blessée. Heureusement il n'en était rien; seulement elle avait eu grand'peur, et elle a commencé à s'apercevoir qu'un costume de femme et une crinoline surtout n'étaient pas précisément ce qu'il y avait de plus commode pour monter à âne, et surtout pour en descendre sans le vouloir !

Elle est remontée sur sa bête, et elle-même, cette fois, elle a appelé le Bédouin, et elle l'a prié de la soutenir pour lui éviter une seconde chute. L'ânier riait sous cape : vrai, il l'avait fait exprès, volontairement il lui avait ménagé ce billet de parterre gratis.

Après une heure de course à baudet, nous sommes arrivés devant une grande nappe d'eau. Nous nous sommes arrêtés consternés devant cet obstacle imprévu. Comment traverser cet étang?

Les Bédouins ont relevé jusqu'à leur ceinture leur chemise, l'unique vêtement qu'ils eussent, et ils nous ont fait signe de descendre de nos montures. Quoique nous ne comprissions pas tout à fait dans quel but, nous avons mis pied à terre. Alors ils nous ont fait signe qu'il fallait monter à cheval sur leur cou.

J'avais déjà fait dans la mer Rouge ce genre d'équitation, j'étais donc fixée ; mais je riais en voyant la stupéfaction de notre Anglaise. Nos âniers nous ont expliqué qu'il y avait trois ou quatre mares d'eau à traverser avant d'arriver aux Pyramides, qu'il fallait nous résigner à monter à cheval sur le cou des Arabes, que c'était le seul moyen, car les ânes auraient de l'eau jusqu'aux oreilles ; qu'il serait, du reste, impossible de les faire passer... En effet, nous avons voulu essayer, mais inutilement ; ces pauvres bêtes disparaissaient sous l'eau, elles se seraient noyées.

Ces messieurs, et j'ai suivi leur exemple, sont donc montés à califourchon sur le cou d'un Arabe, milady est restée à nous regarder. Nous avons traversé ainsi le gué; arrivés de l'autre côté, nous sommes descendus de nos montures d'un nouveau genre, et nous avons vu milady s'installer tant bien que mal sur son Bédouin, fort gênée par ses jupes et sa crinoline, se cramponnant à la tête de l'Arabe dans la crainte de tomber dans cette eau bourbeuse.

Le fait est que ce gué passé de cette façon offre un coup d'œil assez pittoresque; ces grands gaillards d'Arabes n'ont aucune idée des lois qu'imposent dans ce monde la pudeur et la décence, et, dans ce bon pays d'Égypte, il faut habituer ses yeux à des spectacles pas mal *shocking*... Aucunes lois pour sauvegarder les bonnes mœurs ne sont en vigueur ici, et l'on rencontre bien souvent des hommes portant le costume d'Adam avant le péché sans la moindre vergogne, des femmes se baignant dans le Nil, sortant de ses ondes à l'état d'Ève, se contentant, si elles voient approcher des hommes, de se voiler pudiquement... la figure avec leurs mains. Le reste de leur corps, peu leur importe de le montrer : selon elles, pourvu qu'on ne reconnaisse point leur visage, le reste est un détail.

Entre les mares d'eau et celles de limon où l'on enfonçait jusqu'aux genoux, nous avons eu au moins trois quarts d'heure à faire, à diverses reprises, sur le cou de nos cavaliers... Je vous avoue que ce mode d'équitation est passablement désagréable, et qu'une autre fois j'attendrai que le Nil soit complétement retiré pour faire cette promenade.

J'avais, moi aussi, grand'peur que mon Bédouin ne me laissât tomber dans l'eau ou dans la boue; mais il me rassurait en me disant : « N'aie pas peur! Arabe fort, Arabe bon... » En effet, ces braves gens-là sont d'une vigueur extraordinaire; ils nous soulevaient comme si nous n'avions pesé que quelques kilos, et ils n'avaient pas l'air trop fatigués...

Nous avons eu encore une demi-heure de marche à faire pour arriver au pied des pyramides; il faisait chaud, j'étais lasse... Mon porteur m'a dit : « Au village j'ai un âne, veux-tu que je l'envoie chercher? »

J'ai accepté avec empressement... Il est parti au grand galop le prendre... Cette petite bête nous a été très-utile, à milady et à moi, pour grimper la côte.

« Vous aviez raison, bien raison, m'a dit milady en riant, de me conseiller le costume d'homme, et je regrette bien de n'avoir pas profité de votre expérience du pays... Je n'avais aucune idée du genre d'équitation que nous allions faire, sans cela j'aurais fait comme vous... »

J'étais enchantée qu'elle eût le caractère assez bien fait pour convenir qu'elle avait eu tort; dès lors je l'ai plainte, mais n'ai plus ri de ses mésaventures...

Enfin nous sommes arrivés au bas des pyramides... Ces trois immenses colosses de l'antiquité vous impressionnent vivement : droits et superbes sur leur petite colline, dominant la plaine, ayant à leur pied ce sphinx dont la tête seule est si colossale qu'un Bédouin monté dessus a l'air d'un petit enfant, et paraît moins long que le front du géant...

Aucun mot, aucune phrase ne peut traduire l'émotion qui s'empare de vous en voyant ces pyramides s'élevant comme des montagnes au-dessus de cette esplanade de rochers tous taillés par la main des hommes; car toute cette immense esplanade recèle des tombes taillées dans le roc dur...

M. Mariette, le savant courageux et intrépide, vient de découvrir, à l'est des pyramides et à leur pied, un temple tout en granit rose; ses colonnes sont là à nu, sorties du sable; ces pierres de granit, taillées admirablement, témoignent de la patience des anciens Égyptiens, qui ne se laissaient arrêter par nul obstacle, qui taillaient dans le granit des chefs-d'œuvre. Tailler des salles dans le cœur du roc pour faire enfermer leurs restes!...

Rien ne peut mieux donner une idée exacte de la grosseur des trois pyramides de Gizèh que le calcul qu'a fait notre empereur Napoléon Ier.

Lorsque, arrivé à leur pied avec son armée, ses généraux se sont empressés de monter sur leur sommet, Napoléon, lui, est resté en bas, les examinant curieusement, tournant autour d'elles. Les officiers souriaient : « Bonaparte a peur de monter, » disaient-ils... Il est de fait que Napoléon, sujet au vertige, n'avait pas voulu s'élever à 422 pieds au-dessus du sol... Du reste, pouvoir y monter plus ou moins facilement est une affaire de jambes plus ou moins longues, la hauteur des pierres qui forment les marches étant souvent d'un mètre... Or, on le sait, Napoléon était petit... En redescendant, les officiers lui dirent avec une légère pointe d'ironie : « Croyez bien que c'est seulement en gravissant jusqu'à leur sommet que l'on peut se rendre une idée exacte de leur grosseur, de leurs immenses proportions.

— Vous croyez ? dit Napoléon en souriant. Voici pourtant qui va vous prouver que je m'en suis rendu compte aussi bien que vous autres !... » Et il leur fit voir un calcul qu'il venait de faire au crayon, calcul qui établissait que, d'après la quantité de mètres cubes de pierres qui se trouvait réunie là, on pourrait, avec celles des trois pyramides de Gizèh, faire un mur de dix pieds de haut sur un de large autour de la France !

Nos généraux restèrent interdits... Monge, le célèbre géomètre qui suivit notre armée en Égypte, refit le calcul, et il le trouva complétement exact.

Oui, il me semble que ce calcul est bien fait pour donner une idée de l'agglomération des pierres de taille qui se trouvent là superposées les unes sur les autres !...

La pyramide de Chéops, la plus grande des trois,

a 173 mètres de hauteur, mesurée du côté où elle incline. La tour de Strasbourg, la plus haute de l'Europe, n'a que 142 mètres ; la coupole de Saint-Pierre à Rome a 142 mètres, la flèche des Invalides 105... Les quatre faces des pyramides indiquent les quatre points cardinaux... La largeur de chacune de ces faces, à la base, est de 229 mètres.

Hérodote nous donne quelques renseignements fort intéressants sur la façon dont furent faites ces pyramides, principalement la première, celle de Chéops, renseignements qui lui ont été donnés par les prêtres, les seuls qui eussent mission d'écrire et de conserver l'histoire de l'Égypte. Chéops, nous dit donc Hérodote, succéda à Rhampsinite l'an 1182 avant Jésus-Christ. Le peuple, qui avait été heureux jusqu'à son règne, eut alors à souffrir toutes sortes de misères et de vexations ; il fit fermer les temples, et fit travailler les Égyptiens pour lui. Cent mille hommes, que l'on remplaçait tous les trois mois, étaient occupés, les uns à extraire des pierres des montagnes arabiques, les autres à les traîner jusqu'au Nil, tandis que d'autres encore les transportaient jusqu'à la montagne libyque. Il fit construire un chemin, celui par lequel on transportait ces pierres, et l'on ne mit pas moins de dix ans à le faire ; il avait deux stades de longueur, dix brasses de largeur ; il était fait de pierres de taille ornées de figures sculptées (c'est tout au plus si l'on retrouve la trace de ce chemin).

Ce chemin terminé, on fit les chambres souterraines qui sont dans la pyramide, chambres destinées à la sépulture du roi Chéops, ensuite la pyramide; il fallut vingt années pour l'achever !... Ce chemin et cette pyramide coûtèrent donc trente années de fatigues, de sueurs, à cent mille Égyptiens !...

Lorsque Hérodote visita les pyramides, elles étaient revêtues d'un revêtement couvert d'hiéroglyphes ; il put lire dessus que les ouvriers, en la construisant, avaient dépensé pour seize cents talents d'argent d'aulx, d'oignons et de persil !... Et il remarque avec raison que la somme dépensée en autre nourriture et outils a dû être fabuleuse...

A côté de la pyramide de Chéops, un peu en arrière, s'en trouve une qui, par comparaison, paraît petite, mais qui pourtant est encore d'une belle grosseur ; on l'appelle la pyramide de la fille de Chéops. Voici ce qu'Hérodote nous dit à son sujet.

C'est une jolie peinture de mœurs de l'année 1180 avant Jésus-Christ :

Chéops, à bout d'argent, quoiqu'il eût pressuré le peuple de toutes les façons pour s'en procurer, ne rougit pas de faire entrer sa fille dans une maison de prostitution, lui ordonnant de lui amasser une somme de... Celle-ci obéit ; elle amassa la somme fixée par son père, et elle eut l'idée de laisser, elle aussi, un monument (monument qui, en tout cas, ne pouvait pas témoigner de sa chasteté) à elle propre. Elle demanda donc à tous les hommes qu'elle voyait, en plus d'une somme d'argent, le don d'une pierre... et, avec ces pierres, elle fit construire la pyramide en question !...

Et dire que l'on mettrait plus de trois jours à compter le nombre des pierres !...

C'est effrayant !...

Quel homme moral que ce Chéops !... et quelle intéressante jeune fille que mademoiselle Chéops !...

Hérodote oublie de nous dire si, son argent et ses pierres amassés, son papa lui a donné un mari...

Pourquoi pas ? Elle aura trouvé sans doute plus d'un officier de la cour du roi prêt, en bon courtisan, à l'épouser !...

Le courtisan est vieux comme le monde, on le retrouve partout,... et Chéops ne devait pas en manquer.

Donc, nous pouvons supposer que cette princesse s'est mariée, et que son époux l'a aidée à faire arranger ces fameuses pierres en pyramide en son honneur.

Lorsque nous sommes arrivés tout en haut, près de la première pyramide, celle du Khéops, que quelques auteurs nomment aussi Chouffou..., de nombreux Bédouins nous ont entourés. Le cheik des pyramides, celui qui est là pour les surveiller, qui répond sur sa tête de la tête des voyageurs, sur sa bourse de leur bourse, s'est avancé vers nous. C'est un homme de quarante ans, qui aurait une assez belle figure s'il n'était pas borgne. Nous l'avons prié de nous donner les Bédouins nécessaires pour nous aider à escalader, de leur recommander de bien nous tenir et de ne pas trop nous étourdir par leurs cris : Backchiche, Backchiche ! Il comprend le français, l'anglais et l'italien, ce bon cheik. Il nous a répondu fort gracieusement que si nous avions à nous plaindre d'un de nos Arabes, devant nous-mêmes il lui ferait donner le courbache ; puis il leur a fait la leçon en arabe. Ceux-ci l'ont écouté respectueusement, puis, deux par deux, ils se sont emparés de tout le monde. Moi, je l'avoue, j'ai considéré cet amas monstrueux de pierres d'un œil tant soit peu épouvanté. Je me disais : Si l'Arabe qui nous pousse ou celui qui nous tire nous laissait aller, comme l'on se broyerait, comme l'on se mettrait en marmelade en retombant, en faisant balle sur toutes ces marches à angle pointu ! Et j'hésitais, je l'avoue humblement.

Le cheik alors s'est avancé vers moi : « Madame, m'a-t-il dit. — Monsieur, ai-je répondu. — Non, non, madame, a-t-il dit en riant, je n'ai accompagné aucun gentleman là-haut, eh bien, je vais vous aider moi-même à y grimper avec cet homme. » Il me désignait un vigoureux Bédouin... Je voyais milady, qui était déjà à une certaine hauteur, et qui, tout essouflée, me criait : « Ah ! vous aviez raison, mes jupes sont très-incommodes. » Ne pas monter aurait été honteux, je me suis donc décidée et me suis livrée à mon cheik et son compagnon. L'un m'a empoignée par un bras, l'autre m'a poussée par le dos. Grand Dieu ! est-ce rude, est-ce dur cette montée !

Bien sûr, je ne recommencerais plus... Et ces diables d'Arabes qui ne vous laissent pas le temps de respirer. Ils vous tirent, vous poussent, sans vous laisser un instant de repos; pourtant, il faut leur rendre justice, ils mettent beaucoup de zèle, de prévenance d'abord à bien vous tenir, ensuite à vous faciliter la montée, et aussi à vous donner du courage. « Bientôt nous y serons, le plus difficile est fait, » me disait toujours mon cheik... Enfin, nous nous sommes tous trouvés réunis en haut sur la plate-forme. Tous, je me trompe, M. C..., à moitié chemin, s'est évanoui; il avait eu un vertige. Les Bédouins l'ont redescendu le portant sur leurs épaules, l'ont couché en bas sur un tapis, lui ont donné de l'eau, du café. Cette montée est atroce, et très-imprudente pour ceux qui sont sujets au vertige.

Le coup d'œil que l'on a du sommet des pyramides, le panorama qui se déroule à vos pieds est vraiment féerique. On voit le Nil, qui, comme un ruban d'argent, serpente tantôt au milieu d'une verte plaine, tantôt au milieu d'une vaste étendue de sable; d'un côté, le Caire, assis au pied du mont Mokattan, avec les flèches de ses mosquées, ses blancs et gracieux minarets, les hautes tours de sa citadelle, fait un effet charmant : il se découpe sur un fond de sable gris-jaune; des bouquets d'arbres frais et verdoyants sont disséminés autour. Le vaste désert de Sahara vous apparaît au loin, immense mer de sable dont vous n'apercevez pas les limites. Le vent y soulève des petits tourbillons de poussière ; le soleil donne mille teintes à son sable. Tout cela est beau, grandiose.

A vos pieds, vous voyez ces petits bouquets de palmiers, qui vous paraissent d'un petit, mais d'un petit !

Les hommes restés en bas vous semblent être des nains lilliputiens, et nous-mêmes en haut, vus d'en bas, nous paraissons un point noir, voilà tout.

L'émotion vous gagne sans que vous vous en aperceviez ; vous évoquez ce passé glorieux, ces siècles de faste pour l'Égypte, ces siècles où les Égyptiens, pareils à des géants, à des demi-dieux, soulevaient et taillaient le roc ; où tout, le vice, les arts, les vertus, les monuments, revêtaient un caractère sublime ou grandiose.

Mais soudain vos Arabes vous arrachent brusquement à vos pensées... Ils vous font remarquer avec raison, du reste, que la montée vous a mis dans un tel état de transpiration que rester longtemps là est très-imprudent, l'air y étant très-vif.

La descente est encore plus pénible que l'ascension, car le vertige vous prend. Le plus court est de fermer les yeux et de suivre les mouvements que vous impriment les Arabes. Vrai, il faut leur rendre justice, ils sont d'une adresse merveilleuse, d'une force prodigieuse, et ils mettent une grande bonne volonté à vous aider ; ils méritent un bon backchiche. Ceux qui les trouvent indiscrets, voleurs, avec leur demande réitérée de backchiches, ne réfléchissent pas assez que le métier que font ces pauvres gens est des plus fatigants, dangereux même, et que pour le bon plaisir des voyageurs ils ne peuvent pas les hisser là-haut.

Je constate, du reste, que les nôtres ne nous ont point arrêtés au milieu de la course pour demander un fort backchiche, comme on les accuse de le faire. Arrivés en bas, l'un d'eux nous a dit seulement ceci, que j'ai trouvé très-bien :

« Êtes-vous contents?

— Oui, avons-nous tous répondu.

— Eh bien, si vous contents, Arabes contents aussi, » nous a-t-il dit.

Du café était préparé; ils nous l'ont offert. Notre domestique avait mis le couvert sous une des niches qui se trouvent au bas des pyramides. Nous mourions de faim... nous nous sommes mis à dévorer notre déjeuner.

Le cheik, les Bédouins, de jeunes âniers qui nous avaient suivis, de petits enfants des Bédouins, sont venus s'asseoir à nos pieds, nous regardant manger, devinant nos désirs, s'empressant de nous servir... Là, vrai, je me sentais heureuse au milieu de ces braves gens aux mœurs patriarcales. Nous donnions un fruit à l'un, un morceau de pain et de viande à l'autre; ils acceptaient avec cette joie de l'enfant à qui l'on donne un bonbon. Nous avons causé avec le cheik, qui nous a dit avec orgueil que son père avait connu le grand Bonaparte... « L'aimait-il? lui avons-nous demandé.

— Beaucoup, beaucoup (*taïb kitir*, *taïb kitir*), Bonaparte, » se sont-ils écriés, et ils ont crié : « Vive la France! » Puis le cheik, s'apercevant qu'il y avait là deux Anglais, s'est empressé d'ajouter : « Et vive l'Angleterre! »

Un moment, l'harmonie a failli cesser. Je ne sais plus à quel propos j'ai donné deux francs à l'un d'eux. Alors tous se sont levés en nous criant à nous étourdir : « Backchiche à moi aussi! » L'un me disait : « Je t'ai donné de l'eau; » l'autre : « J'ai fait ceci, » l'autre : « J'ai fait cela. » Bref, c'était un vacarme à ne plus s'y reconnaître. « Voyez, voyez, vos bons Arabes! » me disait déjà le comte, qui, lui, ne les aime pas trop. J'ai pris un air très-fâchée, j'ai frappé dans mes mains en criant très-fort : « Taisez-vous tout de suite! la paix un peu vite! » Ils m'ont regardée étonnés, puis se sont assis bien vite, et le silence le plus complet s'est rétabli. « Es-tu contente de nous? m'ont-ils demandé. — Oui, très-contente à présent.

— Bien, Arabes contents aussi, que tu donnes backchiches ou que tu ne les donnes pas. »

Je triomphais, car j'aime ce peuple, je le défends avec zèle quand on l'attaque. L'Arabe est un enfant; il crie, se démène, mais il n'est pas méchant; un mot l'arrête, et, si vous l'étudiez bien, vous retrouverez chez lui tous les défauts de l'enfant; il faut le mener comme on mène un troupeau d'enfants indociles et turbulents.

Moi, j'étais enchantée des miens. Milady aussi, et elle me disait : « Voyez donc, on m'avait dit qu'ils étaient fort méchants et qu'ils tourmentaient les voyageurs. — Que voulez-vous ! on les juge mal. On voit leurs défauts, sans rendre justice à leurs qualités. »

Notre déjeuner fini, nous sommes allés visiter l'intérieur de la pyramide de Chéops. Voilà encore une promenade fatigante ; il faut marcher à quatre pattes, ramper ; malgré les bouts de bougie qu'allument les Arabes, c'est sombre comme dans un puits, là-dedans ; on craint toujours ou de se briser la tête à ces parois de granit, ou de tomber dans un trou. Après une promenade fort longue et très-fatigante dans un long couloir, on arrive dans une grande salle dont les murs sont en granit ; on voit un sarcophage en granit. Cette chambre est celle appelée chambre du roi.

De là on nous a conduits dans d'autres chambres dont le seul but est, dit-on, de soutenir la première. Vrai, un savant seul, dévoré du désir de tout voir et de découvrir les mystères de l'antiquité, peut se résigner à rester longtemps dans ces salles : on y étouffe littéralement ; des chauves-souris énormes viennent s'abattre sur vous, se coller dans vos cheveux ; vos Bédouins, aux figures noires, aux traits accentués, drapés dans leurs haillons, éclairés par ce demi-jour projeté par les bougies, prennent un aspect farouche effrayant. Si l'on allume des torches, c'est bien pire : on se croirait dans la demeure du sombre Pluton. Ces gens qui vous entourent prennent un faux air des habitants du ténébreux empire. On ferme les yeux, et l'on demande à s'en aller. C'est ce que j'ai fait... Par le même passage que nous avions pris pour arriver à la salle du roi, on nous a conduits à celle dite salle de la reine, qui est à peu près la même répétition que la première. Vrai, même morte, ces logis-là me plairaient peu à habiter. En dessous de celle-là en existe une autre, à laquelle on arrive par un puits. J'ai demandé à ne pas y aller.

Ce qui rend dangereux ces promenades dans ces couloirs, c'est le glissant des pierres ou du granit. Les Bédouins, eux, sont sans souliers; leurs pieds, durs comme une écaille de requin, ne glissent pas; mais moi, mes hauts talons m'ont fait faire plus d'une glissade, et je suis ressortie de là avec deux bosses et quatre ou cinq écorchures. En sortant de ces souterrains, on respire avec volupté le grand air à pleins poumons, on est heureux de revoir la lumière, de voir briller le soleil.

Nous avons jeté un rapide coup d'œil sur toutes ces excavations qui sont dans le sol et qui représentent des chambres mortuaires... L'Anglais avait son calepin et prenait des notes, milady en faisait autant. Pour moi, j'étais bien trop lasse, et puis je trouve qu'il vaut mieux les rechercher dans sa mémoire que sur son calepin.

Nos Bédouins nous ont conduits devant le sphinx, placé au pied des pyramides. Ce fantôme vous impressionne vivement. Sa grande figure mutilée paraît méditer sur la décadence de son pays, rêver aux souvenirs de ses siècles de gloire. Ses yeux, fixés vers l'Orient, semblent interroger ce sphinx impénétrable à tous, l'avenir... Son regard a une fixité étrange qui fascine, enfin, sa figure est remplie d'une expression de calme infini, de majestueuse grandeur.

Le sphinx est taillé dans le roc même : son corps a quatre-vingt-dix pieds de long et soixante-quatorze pieds de haut; la tête a vingt-six pieds du menton au sommet; son nez est mutilé, son menton ébréché, et il est tant soit peu borgne !...

Le comte de S... a voulu monter sur la tête de ce colosse; les Bédouins l'ont entortillé dans leurs burnous et l'ont ainsi hissé en haut; nous autres, nous nous sommes contentés d'assister à l'ascension et d'admirer son courage... Il est grand, très-grand même, le comte : eh bien, sur cette tête énorme et monstrueuse on aurait dit un enfant de deux ans !...

Une très-belle tombe a été découverte par le colonel Voyse, tout près du sphinx. C'est un grand puits carré taillé dans le roc; un sarcophage en pierre renferme un cercueil en basalte noir très-beau...

Tout autour de ce puits, dans des excavations pratiquées dans le roc, sont d'autres sarcophages.

L'Anglais et le comte de S... ont voulu descendre dans ce puits pour voir de plus près les cercueils ; ils se sont mis à califourchon sur le dos d'un Arabe, lequel Arabe est descendu, se cramponnant par les mains, par les pieds. Cette descente a été au-dessus de ma faible dose de courage.

Rien n'est curieux comme de voir cette montagne sur laquelle reposent les pyramides, avec son flanc percé de toutes parts de puits tumulaires ;... et vraiment l'habitude qu'avaient les anciens Égyptiens de choisir, pour placer leurs restes, le flanc des montagnes, était remplie d'intelligence et de sagesse, tout comme celle qu'ils avaient d'embaumer tous les corps morts, même ceux des animaux : ils se préservaient ainsi de cette horrible peste, fléau de l'Égypte. Voyez ce qu'il arrive à présent...

Les eaux du Nil retirées, il reste sur le sol une masse d'animaux morts qui entrent en putréfaction, et l'air est empesté de miasmes putrides. Un âne, un bœuf, un dromadaire, meurt-il ? les Égyptiens le jettent, avec leur imprévoyance paresseuse, au premier endroit venu.

L'inondation est-elle trop forte, la moitié de leurs cimetières s'éboulent, les cadavres sont à découvert et répandent des miasmes pernicieux !

Leur faire une religion de l'embaumement serait inutile à présent. Déifier les animaux pour les forcer à les mettre en momies serait absurde; mais il faudrait faire une loi de sûreté publique, et forcer à inhumer de telle sorte que ces inconvénients cessassent...

L'inertie de ce gouvernement est vraiment chose incroyable. Tous ces vice-rois songent à s'enrichir, à planter du coton, à tourmenter les successeurs ou les familles des prédécesseurs; mais il n'y en a pas un qui s'occupe de réformer une masse d'habitudes absurdes, incommodes et contraires à la sûreté publique. Ainsi, croyez-vous qu'il soit jamais venu aux vice-rois la pensée de faire une loi sévère pour forcer à inhumer les morts, de façon à ce que les cimetières ne soient pas un lieu d'infection? Ils se préoccupent bien de ça!...

Les Égyptiens font un trou dans la terre, trou si peu profond que le cadavre n'a pas un mètre de terre sur lui; là-dessus ils font une espèce de maçonnerie disjointe de tous côtés, et tout est dit... Comme presque toujours les cimetières sont traversés par des routes où passent charrettes, chameaux, le terrain s'effondre, les tombes qui les bordent se démolissent...; ils ne prennent pas la peine de les refaire, souvent les ossements sont à nu; c'est un spectacle écœurant que le dernier asile des morts... Et l'été on ne peut les traverser sans être asphyxié par une odeur nauséabonde... Croyez-vous que cela gêne les musulmans? Pas du tout. Ils mangent, dorment dans leurs cimetières : c'est leur promenade de prédilection.

Toujours des maisons sont bâties tout autour, et souvent même dedans.

L'été passé, l'épizootie sévissait ici avec force, plus de soixante mille bêtes sont mortes ; c'est tout au plus si l'on jetait un peu de terre dessus; généralement les quatre pieds ressortent. Vous jugez, avec la chaleur tropicale quirègne dans ce pays, l'effet que cela doit produire !...

Le gouvernement ne dit rien, la police non plus.

Avec cette imprudente inertie, la population de l'Égypte finira par être décimée par une épouvantable peste.

Un usage atroce, barbare, et qui choque au dernier point ici, c'est cette coutume d'enterrer les gens deux ou trois heures après leur mort. Ils n'ont pas rendu le dernier soupir que déjà on envoie chercher leur bière, et en grande hâte on prépare l'enterrement. Que de gens on doit enterrer en vie !...

Cette hâte de se débarrasser d'un parent, d'un être aimé, a quelque chose d'horrible.

Cela me rappelle une anecdote arrivée à Constantinople : Un mari qui avait une femme qu'il aimait très-médiocrement la voit tomber malade, enfin elle rend le dernier soupir... Bien vite il envoie chercher un cercueil, la met dedans, commande l'enterrement; tout cela est l'affaire de quelques heures. Cet homme était Grec. Or, les Grecs ont la déplorable habitude de porter au cimetière leurs morts découverts; cela fait que vous vous trouvez dans une des petites rues de la ville, crac! un enterrement passe, vous ne pouvez vous sauver, et la caisse, le cadavre, vous heurtent en passant...

Voilà donc l'enterrement de cette femme en route; le mari suivait, faisant mine d'essuyer des larmes qui étaient absentes... Le cortége passe dans un petit chemin couvert d'arbres, une branche égratigne la figure de la morte, qui soudain se lève dans sa caisse en disant : « Où suis-je donc?.. » Le mari est consterné; il a grande envie de soutenir que, quoique sa femme remue et parle, elle est morte, bien morte et qu'il faut la mettre en terre... Mais il n'ose pas; il la reconduit donc dans une voiture à sa maison...

Un an après elle tombe malade et meurt cette fois-ci pour tout de bon... On la remet dans une caisse, et le cortége se met de nouveau en marche; arrivé à l'entrée du petit sentier, le mari arrête subitement le prêtre et lui dit : « Ne passons plus par-là, s'il vous plaît, prenons un autre chemin, car cette maudite branche serait dans le cas de la faire revenir encore!... »

Allons! me voilà en pleine digression, oubliant que j'en étais aux pyramides... Que voulez-vous! le caractère humain est ainsi fait : on est heureux de parler de ce dont on n'est pas forcé de parler. Pour moi, je l'avoue, la seule chose qui me charme c'est de parler sans rime ni raison de tout ce qui me passe par la tête, et je n'ai pas plutôt mis un intitulé à un chapitre, que je me sens prise du désir de m'occuper d'un autre sujet.

Notre cheik des Bédouins des pyramides, après nous avoir fait jeter un dernier coup d'œil sur le temple en granit rose, sur le sphinx, sur les innombrables tombes ou puits sépulcraux, voulut nous accompagner lui-même jusqu'à un petit village qui est le sien, et qui se trouvait sur notre route.

« Es-tu marié? lui demandai-je.

— Oui, madame.

— Combien as-tu de femmes?

— Une seule. Que veux-tu! la première que j'ai prise était bonne, gentille, douce : pourquoi en reprendre une seconde, ce qui l'aurait froissée et attristée?

—Bravo! lui dis-je; tu es dans les bons principes.» Milady, touchée de cette réponse, lui serra la main, et j'en fis tout autant.

Nous étions arrivés au village; il nous offrit gracieusement de nous reposer un instant chez lui, ce que nous acceptâmes tous avec empressement...

Il nous fit monter au premier étage d'une petite maison en pierre, d'un aspect assez riant; il nous introduisit dans une grande salle; là il s'empressa d'étendre sur la natte un grand tapis; il nous donna un coussin pour mettre sous notre coude, et nous nous installâmes tous à la turque... Alors ses deux enfants vinrent s'accroupir près de nous. Il a un petit gamin de sept ans qui s'appelle Atrich, qui est charmant; ses yeux brillent d'espiéglerie et d'intelligence. Nous nous amusions à lui donner des pièces de monnaie qu'il courait bien vite porter à sa maman... Ensuite il fouillait son père pour lui prendre tout l'argent qu'il avait, et qu'il portait aussi à sa maman...

Le cheik nous a fait les honneurs de chez lui avec une grâce naturelle, une aménité et une cordialité dignes d'un grand seigneur. Il nous a offert du café, et même du tabac. Nous sommes restés là une demi-heure, admirant cette antique hospitalité.

Après, il nous a conduites, milady et moi, près de sa femme, fort belle créature, vrai type de Rébecca, grande, svelte, un air doux et noble; elle nous a pris la main, et nous l'a baisée sept fois... Il paraît que c'est l'usage des Bédouines...

Enfin, nous avons pris congé de notre cheik, qui, lui aussi, nous a baisé la main à tous, nous disant que sa maison était la nôtre, et que, lorsque nos excursions nous pousseraient par là, nous lui fassions la grâce de nous arrêter chez lui...

Et nous l'avons promis.

Comme pour aller, en retournant nous avons fait la moitié du chemin à âne, l'autre moitié à dos de Bédouin:

Vrai, il est prudent de s'informer de l'inondation avant d'aller aux Pyramides.

Arrivés au village de Gizèh, village d'aspect pauvre, et misérable aujourd'hui, mais qui était, du temps des mameloucks, une ville fortifiée, où beaucoup d'entre eux avaient leur maison de plaisance, nous avons voulu visiter les fameux fours pour l'éclosion des poulets.

Ces fours sont une très-ancienne invention égyptienne, invention qui mérite toute notre admiration, et prouve que le gouvernement, alors, ne dédaignait pas de s'occuper de tous les détails qui pouvaient assurer le bien-être du peuple. Dans un pareil climat la viande blanche est très-saine pour la santé, il fallait donc la rendre abondante. Ayant sans doute remarqué que l'autruche, le canard sauvage, ne couvent pas les œufs, les déposent dans le sable, les enterrent légèrement, et que la chaleur du soleil suffit pour amener l'éclosion, les anciens imaginèrent ces fours. Ils sont construits aujourd'hui et organisés de la même façon qu'il y a trois mille ans et plus... Car Diodore de Sicile, Aristote et bien d'autres auteurs nous en font la description en signalant cette particularité : car l'Égypte est le seul pays où l'on fasse éclore de cette façon artificielle les poulets.

Dans un petit bâtiment carré, coupé à l'intérieur par un corridor, se trouve une série de petites chambres, divisées en deux étages ; dans celui d'en bas, sur de la paille coupée menue, se trouvent les œufs... Au-dessus est placé un brasier de feu, feu de fumier, car on ne doit pas oublier que c'est le principal bois et charbon du pays. Une ouverture faite au plancher laisse passer la chaleur, que l'on entretient tou jours à un même degré. Des hommes, voués de père en fils à ce métier, sont constamment là à surveiller.

Le vingtième jour, les petits poussins commencent à percer leur coquille. Rien n'est curieux comme de voir cette masse d'œufs (car un four contient jusqu'à cinq mille œufs) s'agiter, et enfin laisser s'échapper de leurs coques brisées tous ces petits êtres. Seulement, il fait dans ces fours une chaleur accablante, et il y règne une odeur nauséabonde... Voilà un métier que je ne ferais pas !...

Chacun vient donc apporter les œufs qu'il veut faire éclore dans ces fours. Le propriétaire du four s'engage à rendre en poulets les deux tiers des œufs qu'il a reçus.

Une fois éclos, on confie l'éducation de ces petites bêtes à des femmes dont c'est le métier ; il leur faut autant de patience que d'expérience pour arriver à les élever.

Ces poulets sont vendus au boisseau. On les entasse là et on les mesure ; leur prix est très-minime. Mais il faut avouer que ces poulets sont loin de valoir nos volailles du Mans. Ils sont petits, rachitiques, maigres comme des hirondelles. Rarement ils deviennent plus gros qu'un de nos gros pigeons.

Il me semble que si l'on essayait le même procédé, on arriverait au même résultat en Europe, en entourant ces fours d'un vitrage, et en y entretenant, tout comme ici, la même température.

L'Anglais se promet d'en faire l'expérience à son

cottage, près de Londres... Moi, j'ai aussi le projet de la tenter à ma campagne, à Maisons-Laffitte, et, comme il n'y a pas de sot métier, je ferai le commerce des poulets... Alphonse Karr pourrait me dire que c'est moins poétique que de faire celui des fleurs. Mais, que voulez-vous ! chacun fait ce qu'il peut.

On calcule que les quatre cents fours à poulets que possède l'Égypte donnent, en moyenne, cent millions de poulets par an.

---

## MARIAGES A LA COPHTE.

Les harems des Européens. — Comment les Européens épousent des fellahines. — Intrigues des harems.

Beaucoup d'Européens ont en Égypte leur harem, tout comme les musulmans. La vente des esclaves est, dit-on, défendue en Égypte, et pourtant il s'en vend beaucoup, même en plein champ de foire, à Tentah; il est aussi défendu aux Européens, à tout ce qui n'est pas musulman, d'acheter des esclaves : une foule d'Européens en ont, le gouvernement le sait, et il ferme les yeux.

Du reste, rien ne leur est plus facile que de tourner la difficulté : tous ont à leur service des domestiques barbarins, nubiens ou abyssins; si le marchand refuse de leur vendre à eux leurs esclaves, ils les font acheter par leurs domestiques, qui les leur cèdent ou les leur revendent. Donc, presque tous les Levantins, les Syriens, les Arméniens et les Européens ont leur harem, qui se compose de Nubiennes, mais surtout d'Abyssiniennes; ces dernières sont fort prisées par ces messieurs : elles sont généralement bien faites; leurs bras, leurs gorges, sont d'un modelé parfait; elles ont de grands yeux noirs veloutés, les dents bien blanches; leur peau est couleur chocolat. Ces bonnes femmes chocolat ont plusieurs désavantages : d'abord, elles ont une odeur fort désagréable; ensuite, elles attirent la vermine, à qui, il paraît, cette odeur plaît. Les maisons où il y a de ces femmes en sont infestées.

Elles ont encore celui d'avoir des cheveux d'une complète analogie avec la laine du mouton.

Leur peau est douce et souple, dit-on; voici par quel moyen elles se la font assouplir :

Elles vont au bain tous les huit jours. Là, les baigneuses, avec de la couffe ou écorce de bananier, leur frottent tout le corps pendant des heures entières; ensuite, le leur enduisent d'une graisse particulière.

Vous le voyez, somme toute, ces femmes-là sont peu séduisantes. Et pourtant bien des hommes ici, qui ont la prétention d'être civilisés, en ont.

La seule différence qui existe entre eux et les musulmans, c'est que les musulmans les gardent toujours, et que les Européens les laissent sans ressources sur le pavé quand ils en ont assez.

Ce qui est une véritable infamie, c'est que, tout comme les Turcs, lorsque ces malheureuses deviennent enceintes, ils appellent ces femmes patentées dont la mission est de faire avorter, et commettent cet affreux crime sans le moindre remords; et ils croient faire une chose toute naturelle! Ces femmes-là, aussi, n'ont pas le moindre instinct maternel; rien chez elles ne leur crie : « Tu commets un crime en tuant un petit être formé de ton sang, de ta chair ! » Elles se font avorter, boivent cette drogue qu'on leur donne pour cela aussi facilement que si on leur donnait une cuillerée de sirop.

Il est d'autres Européens (j'en connais, et des hommes qui passent pour honorables en Égypte), qui, une fois qu'une de leurs esclaves est devenue enceinte, ou la marient à un domestique, ou la revendent, faisant remarquer au marchand qu'elle vaut plus cher, puisqu'elle mettra bientôt un enfant au monde, qu'ils pourront vendre aussi !

C'est affreux, et cela paraît si monstrueux que c'est à n'y pas croire, et pourtant cela est. Que voulez-vous ! le sens moral, ici, est chose à peu près inconnue; ceux qui en venant en avaient l'ont perdu au contact des autres; ceux qui en ont encore, c'est vraiment à dose tout à fait homœopathique.

Un monsieur, Arménien, un haut personnage ici, a chez lui deux favorites, deux Abyssiniennes; l'aînée a seize ans, et elle a déjà avorté deux fois; aussi la pauvre petite s'en va-t-elle d'une maladie de poitrine... Les drogues qu'on leur fait prendre pour cela sont fort malsaines... Ce monsieur, plus tard, s'est marié à une Levantine; il a gardé ces deux esclaves, et les a attachées au service de sa femme; de plus, il lui a donné pour dame de compagnie une vieille femme qui avait l'honorable mission d'aller lui chercher de petites fellahines que les parents lui vendaient moyennant telle somme.

Eh bien, il a trouvé ça tout naturel; il n'a nullement compris l'indélicatesse qu'il y avait à laisser chez sa femme deux esclaves qui ont été ses maîtresses... pas plus qu'il ne lui est venu à l'idée que cette dame de compagnie non-seulement était peu estimable, mais encore dangereuse; car plus tard elle pourrait faire pour la femme le métier qu'elle avait fait pour le mari.

Je vous assure que non-seulement ce monsieur est haut placé, mais qu'encore il est généralement estimé, quoiqu'on connaisse ces détails, qui sont ici de vrais détails!

Avoir un harem de négresses paraît une chose fort naturelle; les messieurs qui en ont ne sont nullement critiqués. Il y a un jeune Italien qui se fait gloire d'en avoir de fort belles.

Il est à remarquer, du reste, que tous ceux qui en ont portent un cachet d'abrutissement sur la figure, un quelque chose de tout bestial.]

Une autre mode du pays, c'est d'épouser des fellahines.

La fellahine est assez jolie. De onze à seize ans elle a des formes gracieuses, un type qui plaît à certaines personnes.

Des messieurs, ceux qui aiment ce type, chargent une vieille femme de leur trouver une jolie petite fellahine. La mégère se met en campagne; lorsqu'elle a trouvé, elle vient détailler au monsieur le genre de beauté, la qualité d'appas de la jeune fille et son âge.

Si ces renseignements le séduisent, il fait demander aux parents la somme qu'ils en veulent. Une fois le prix fixé (il varie de dix à cinquante louis, selon la beauté de la jeune fille), le monsieur s'entend ou avec un de ses domestiques, ou avec un autre Arabe, qui va la demander en mariage, et compte la somme aux parents... Comme je l'ai dit, les cérémonies du mariage fellah consistent surtout dans la fantasia; le monsieur en paye les frais; le mari de complaisance s'amuse tant qu'il peut, il reçoit même un léger backchiche pour le récompenser ou dédommager du rôle qu'il joue, rôle, du reste, qui ne l'offusque nullement. Ensuite, le mariage fait, mais non consommé, ou il divorce d'avec sa femme, qui, alors libre d'elle-même, fait ce qu'elle veut et devient la maîtresse du monsieur, ou bien, tout en restant son mari, il la cède au personnage en question.

Il arrive quelquefois que la jeune fille, qui n'est nullement prévenue que l'Arabe qui l'a épousée ne l'a point épousée pour son compte, et le voyant remplacé par un vieillard cacochyme, pousse les hauts cris, pleure. Alors on lui donne quelques coups de courbache pour lui apprendre à être raisonnable, et le mari lui-même la force à accepter de bonne grâce le mari à qui il l'a cédée.

D'autres fois, ces femmes-là sont enchantées d'avoir un monsieur au lieu d'un domestique pour maître; elles espèrent avoir la vie plus douce et de plus riches colliers.

Quand le mari divorce immédiatement, lorsque le monsieur est fatigué de la jeune fellahine, ou il la marie, en lui donnant une petite dot, à un fellah ou à un Barbarin; ou bien elle reprend sa liberté et se livre au métier de courtisane. Une fois qu'elle a eu un mari, la femme arabe devient libre, et ses parents n'ont plus aucun droit sur elle.

Il y a des hommes bien connus ici qui épousent, de cette façon-là deux ou trois fellahines par an.

Un Français beyetifié, qui occupe un poste dans le gouvernement égyptien, a déjà marié ainsi ses trois domestiques et tous les bateliers de sa daabier.

Un domestique a joué à son maître un tour excellent. Il aperçoit un jour une jeune fellahine de la ville. Celles-ci, ne se livrant pas aux travaux des champs, sont plus belles, leurs pieds sont moins calleux, leur peau moins hâlée par le soleil... Celle dont je parle était fort jolie et appartenait à des gens assez aisés. Notre Arabe en devient amoureux, il s'informe de la dot qu'on exigerait pour la lui donner en mariage. Il faut que vous sachiez que la fille fellah est une vraie marchandise; on la donne à celui qui offre le plus. Si un domestique, un batelier, offre une plus forte somme qu'un homme d'une position au-dessus, il l'obtient... Si un vieillard offre un prix supérieur à celui qu'offre un jeune et beau garçon, on lui donne aussi la préférence. Notre domestique était donc bien sûr que s'il offrait une forte somme, tout domestique qu'il était, ces fellahs lui donneraient leur fille en mariage.

Il s'informa, et il sut que les parents ne la marieraient pas à moins d'une dot de douze cents francs,... prix énorme !

Il était loin d'avoir cette somme; pourtant il voulait, coûte que coûte, avoir celle qu'il aimait.

Il était au service d'un Français assez mauvais sujet. Un jour, tout en faisant son service, il lui raconta qu'il avait vu une fellahine qui était l'idéal de la beauté, qui avait à peine douze ans. L'imagination de son maître s'enflamme au portrait insinuant qu'il lui fait de ses appas... « N'y aurait-il pas moyen que je la visse? Ne pourrais-tu pas l'engager à tromper la surveillance de ses parents? Je te donnerais un bon backchiche et à elle aussi.

—Impossible, répond le domestique. La fellahine n'est pas trop farouche une fois mariée; mais se marier jeune fille est pour elle un point d'honneur, rien au monde ne la décidera à se donner avant.

— Diable! dit notre Français, je ne puis pas cependant l'épouser, et ce que tu me dis d'elle me donne le plus grand désir de la connaître. Voyons, cherche, il doit bien y avoir un moyen...

— Il y en aurait un, répond notre Arabe d'un air hypocrite, mais ce n'est pas facile...

— Voyons, quel est-il?

— Ce serait qu'un homme du pays consentît à

l'épouser, et qu'ensuite, le mariage fait, il divorçât et vous la cédât... Mais, trouver un homme qui y consente est difficile !...

— Eh bien, mais, toi, pourquoi ne l'épouserais-tu pas? Tu es musulman, on te la donnera... »

L'Arabe se gratta l'oreille sans répondre, il voulait se faire prier.

« Si tu fais cela, je te donne deux cents francs et te paye une fantasia comme on n'en aura jamais vu de si belle.

— C'est que, voyez-vous, monsieur, quoique domestique, je tiens un peu à ma réputation, et si l'on venait à savoir que j'ai fait ce marché, tout le monde me dirait des sottises; la police même me punirait, car c'est défendu.

— Imbécile! crois-tu que moi-même je voudrais qu'on le sût? Tu comprends que je ne dirai rien, toi non plus; par conséquent, personne ne le saura. Je dirai à tout le monde que tu te maries; qu'avec tes économies et un petit cadeau que je te fais, étant content de ton service, tu épouses une jolie femme, à qui tu reconnais une grosse dot... Tu es, ma foi, un fort beau garçon, cela n'étonnera personne. »

L'Arabe consentit enfin à rendre ce service à son maître. Il fut convenu que le premier s'informerait de la somme qu'on exigeait, et que le maître enverrait une vieille femme de confiance voir si la jeune fille n'était pas au-dessous du portrait qu'en avait fait Ibrahim.

La vieille femme trouva un prétexte pour aller dans la famille; elle la vit à son aise, et revint dire ceci à notre Français :

« Elle est belle comme une houri du paradis du divin Prophète; sa taille est fine et souple comme un jeune palmier; sa peau est blanche et fine; ses yeux sont plus grands, plus tendres encore que ceux de la gazelle du désert; sa bouche est comparable à la grenade entr'ouverte; sa gorge naissante promet de devenir superbe... »

Ce portrait enthousiasma le monsieur, son imagination prit la clef des champs, il ne rêva plus que de cette jeune fellahine. Il pressa son domestique, qui, lui, n'avait pas l'air de tenir beaucoup à jouer ce rôle. Enfin, un jour il vint dire à son maître qu'on lui avait dit qu'on ne la donnerait en mariage qu'à celui qui apporterait une dot de douze cents francs... « Je donnerai douze cents francs : va faire ta demande... »

Le domestique y alla sans se faire prier : la demande fut agréée...

Les apprêts du mariage se firent. Il fut convenu entre le maître et le valet que la petite maison au fond du jardin serait mise à la disposition de la jeune femme; que, pour ne pas faire de scandale, il irait la voir là; que lui, le domestique, ne divorcerait pas, céderait tout bonnement sa femme; qu'en retour, le maître lui augmenterait ses gages de moitié et subviendrait à tous les besoins de la femme.

Le jour du mariage arrive. Notre Français, comme il l'avait promis, fait bien les choses : il paye une luxueuse fantasia, des gâteaux, des fruits, à tous les invités.

Le soir, arrive la fameuse cérémonie que j'ai décrite dans mon chapitre : *Mariage fellah*, après quoi la jeune épousée retourne, comme il est d'usage, pour huit jours dans sa famille. Le monsieur veut s'y opposer, veut persuader au mari de la garder et de l'amener de suite chez lui ; mais celui-ci fait valoir l'usage, dit et répète que cela ferait un mauvais effet, que même les parents ne consentiraient pas à laisser aller la jeune femme avant ce délai. En maugréant, il se résigne à attendre huit jours. Pendant ce temps-là, il a bien soin d'empêcher son domestique de sortir, dans la crainte qu'il n'aille voir sa femme. Le huitième jour, il l'envoie pourtant la chercher, en lui disant de revenir au plus vite... Mais la journée se passe, le domestique ne revient pas. Jugez si notre Français enrageait !... Le soir venu, il envoie un autre domestique le chercher, en lui faisant dire qu'il ait à revenir au plus vite...

Mais notre Arabe répond avec aplomb qu'il ne comprend rien à cet ordre, puisque son maître lui a donné huit jours de congé en l'honneur de son mariage, huit jours qu'il compte passer avec sa femme et ses beaux-parents ; que si son maître revient sur la permission qu'il lui a donnée, il préfère avoir son congé et rester tranquillement avec sa femme...

Notre monsieur, en entendant cette réponse, a compris qu'il avait été joué... Sa fureur était au comble. « Eh quoi ! s'écria-t-il, c'est pour ce maraud-là que j'aurais payé plus de quinze cents francs !... c'est par trop fort. » Lui-même alors se décide à aller chercher son domestique, bien disposé à le bâtonner d'importance ; mais, arrivé à la maison, on lui dit qu'il venait de partir avec sa jeune femme pour aller passer sa lune de miel chez une de ses parentes, dont on ignorait l'adresse.

Le tour était joué... Il était volé, dupé, trompé, et il n'avait qu'à se taire ; car il ne pouvait pas aller raconter au consul le marché qu'il avait fait avec son domestique... On lui aurait donné tort, et, avec raison, on l'aurait blâmé fortement.

Maître Ibrahim n'a plus reparu au Caire, il a été dans l'intérieur. Avec les deux cents francs de backchiche qu'il avait reçus et ses petites économies, il a fait une baraque de marchand, et, à l'heure qu'il est, il jouit encore seul et en liberté des appas de sa jeune fellahine !...

Avouez que, si le tour manque d'honnêteté, il ne manque pas d'esprit !

La femme arabe, la Cophte, comme la Turque, va au bain tous les huit jours... Elle a l'habitude de passer au bain au moins cinq ou six heures ; elle y déjeune, elle y fume, y dort; elle retrouve là d'autres femmes ; bref, c'est pour elle une vraie partie de plaisir...

Je vais vous compter deux petites histoires dont je garantis la véracité; elles vous prouveront combien le bain, et cet usage d'y rester si longtemps, est inappréciable pour celles qui veulent tromper leurs maris ou leurs maîtres.

Un jeune Anglais, très-joli garçon, venait en Égypte passer son hiver depuis deux années; pour charmer ses loisirs, il se livrait à l'étude de la langue arabe; il commençait à la comprendre et à la parler passablement.

Ceci avait deux avantages pour lui : celui de le dispenser d'être volé par un drogman, et celui de pouvoir glisser quelques mots de douceur dans l'oreille des belles Arabes qu'il rencontrait.

Un jour qu'il se promenait à Choubrah, à cheval, dans cette belle allée de sycomores, il aperçoit dans une voiture une femme turque, coquettement pelotonnée dans un coin, jouant avec les fleurs d'un bouquet; en face d'elle, une autre femme dont la toilette plus simple indiquait que c'était une suivante; un eunuque précédait la voiture, un autre la suivait, montés tous les deux sur de magnifiques chevaux harnachés d'or et de soie.

Notre Anglais, tout en ayant l'air de regarder d'un autre côté, se rapprocha de la voiture, et trouva moyen de lancer fortuitement un tendre et inquisiteur regard vers la belle Orientale; celle-ci n'eut pas l'air de s'en effaroucher. Elle mit même la tête à la portière, écarta un peu son voile et laissa apercevoir une charmante figure...

Notre jeune homme, en sa qualité d'Anglais, conserva sa tête et son sang-froid, tout en laissant voir à la dame qu'il n'était pas insensible à ses charmes; il fit en sorte de ne rien faire voir aux vigilants gardiens de la fidélité conjugale; il s'éloigna, prit l'air le plus insouciant du monde, mais s'arrangea de façon pourtant à ne pas perdre de vue la voiture. Après avoir fait deux tours à Choubrah, elle rentra en ville; il la précéda, arrêta son cheval sur le petit pont qui se trouve avant le chemin de fer, fit semblant d'allumer son cigare; il revit sa belle au passage et à la barbe des eunuques, lui envoya un baiser du bout des doigts.

En réponse, profitant de l'instant où l'eunuque qui suivait était de l'autre côté de la voiture, elle laissa tomber une fleur de son bouquet... Prestement il descendit de cheval et la ramassa; puis, de très-loin, il suivit celle qui venait de lui laisser une fleur, ce qui veut dire dans le langage amoureux des femmes de l'Orient :

« Tu as touché mon cœur. »

La voiture tourna l'Ezbékièh, prit une petite rue et s'arrêta devant un magnifique harem. L'Anglais laissa son cheval aux mains de son sahïs sur l'Ezbékièh, et vint se poster dans l'embrasure d'une porte à peu près en face de celle où entrait la dame.

A la lenteur qu'elle mit pour descendre, au regard qu'elle tourna de son côté, il comprit qu'il avait été vu... La porte se referma lourdement sur ses gonds. Vainement il se promena de long en large ; rien ne parut, ni vieille négresse pour lui dire : « Suis-moi, » ni aucune main mignonne et blanche ne passa entre les barreaux d'une croisée pour laisser tomber encore une fleur, ni le fameux mouchoir que les dames turques, à l'exemple de leurs pachas, jettent... Rien enfin ne lui dit : « Je suis là, je te vois. » Aussi quitta-t-il son poste, d'autant mieux que l'idée lui vint que les eunuques pouvaient l'apercevoir et mettre fin à cette intrigue naissante.

L'inconnu a un charme irrésistible pour les hommes ; ils se rendront plus facilement amoureux d'un de ces dominos bleus, jaunes, roses, qui représentent les Orientales, que de la plus jolie femme qui leur laisse voir ses traits fins et délicats, et pourtant les premières peuvent, il le sait, lui donner une immense déception. Mais c'est l'inconnu, c'est le fruit doublement défendu, et qui a pour eux d'autant plus de saveur qu'il est si bien défendu.

Notre Anglais avait vu bien des jolies femmes, mais aucune ne l'avait charmé comme cette apparition. Il rêva houris toute la nuit, et, le matin, n'ayant rien de mieux à faire, il alla flâner sous les croisées du harem ; il eut soin de changer de costume, de se grimer un peu pour tromper les eunuques ; mais pour être reconnu par sa dame, il mit à sa boutonnière la fleur fanée qu'elle lui avait jetée la veille. Vers les onze heures, la porte s'ouvrit, et, ô bonheur ! la dame de ses pensées sortit précédée d'un eunuque et accompagnée d'une suivante. Elle fit, sans tourner la tête de son côté, un signe imperceptible à l'Anglais, signe qui ne pouvait être compris que par un amoureux; pour tous les autres ce n'était qu'un mouvement machinal, signe qui voulait dire tout à la fois : Je vous vois, je vous aime, je sors à votre intention, suivez-moi.

C'est ce qu'il fit, mais avec une grande prudence.

Il la vit se diriger dans une étroite et sale petite rue, puis encore dans une autre; enfin elle s'arrêta devant un bain turc, elle entra avec sa suivante, et le gardien s'assit devant la porte et se mit à fumer tranquillement.

Ici notre Anglais commença à être embarrassé... « Que faire? se disait-il... Je ne puis entrer, les hommes n'ont pas accès dans ces bains. Que veut-elle que je fasse? Attendre son retour... mais alors mon seul bonheur sera de la revoir de loin retourner chez elle, et de me voir rejeter sur le nez cette lourde et maudite porte. Là, franchement, c'est trop peu pour me dédommager du soleil qui me brûle les yeux, de la poussière qui me sèche la gorge depuis deux heures que je pose pour elle. »

Pourtant, il restait toujours à distance, surveillant si, par hasard, le gardien ne quitterait pas son poste, bien décidé alors à tenter de pénétrer dans l'établissement.

Il y avait un quart d'heure qu'il était là, lorsqu'il vit deux femmes fellahs sortir du bain et se diriger de son côté ; il les suivait machinalement des yeux, n'ayant rien de mieux à faire. Elles passèrent tout près de lui, et l'une d'elles lui dit tout bas en passant :

« Suis-nous ! »

« Que diable peuvent me vouloir ses fellahines? » pensa-t-il. Pourtant, comme il s'ennuyait à faire le planton pour rien, la curiosité s'en mêlant un peu, il leur obéit. Arrivées dans une autre rue, alors que de la maison des bains on ne pouvait plus les apercevoir, elles s'arrêtèrent et vinrent vers lui. L'une d'elles dérangea un peu le morceau d'étoffe bleue qui représentait un voile qu'elle avait tenu jusqu'alors sur son visage. Il vit une très-jolie femme blanche et rose, au lieu d'une fellahine au teint brûlé. « C'est moi, » lui dit-elle en souriant. En effet, il reconnut les charmants traits qu'il avait aperçus à travers le voile, et qui lui avaient tourné la tête, et, comme il restait là étonné de retrouver sous ce costume cette grande dame turque, elle lui dit, comprenant sa surprise : « Je vous expliquerai cela tantôt. Conduisez-nous à votre maison ; marchez devant, nous vous suivrons à distance. »

Il ne se le fit pas dire deux fois, comme vous le pensez bien. Il se dirigea vers une petite maison qu'il avait louée dans le quartier cophte ; il entra chez lui, laissant la porte ouverte. Cinq minutes après, les deux fausses fellahines entrèrent et refermèrent la porte.

La dame laissa sa suivante en bas, et monta sans hésitation dans la chambre du jeune homme.

Là elle lui raconta qu'elle était la femme du bey ***, mais que depuis six mois une esclave à elle était devenue favorite, et qu'elle se trouvait complétement délaissée, ce qui l'avait portée à répondre à ses œillades.

Elle lui expliqua que le bain était d'une grande utilité pour les femmes qui voulaient tromper leur mari, et que plus d'une faisait ce qu'elle venait de faire ; qu'une fois entrées, elles s'assuraient, par de l'argent, la discrétion de la femme qui le tient ; qu'elles se revêtissaient de ce modeste costume de fellahine, ressortaient, passaient fort tranquillement devant leur eunuque, allaient voir leur amant, et puis rentraient au bain, reprenaient leur premier costume, et ressortaient rejoindre leur gardien, qui n'y avait vu que du feu, et qui était très-persuadé qu'étant resté fidèlement à la porte, les droits du mari n'avaient point été lésés ; que ce moyen était à peu près le seul qu'elles eussent.

L'Anglais contempla à son aise sa beauté. Elle était jolie, mais il la trouva un peu trop fardée. Ce n'était pas une femme, mais une poupée. Une grande raie noire lui faisait de superbes sourcils arqués, entre les paupières, et en dessous elle avait du khol, ce qui faisait paraître ses yeux démesurément grands ; du blanc et du rouge, mis même sans art, recouvrait sa figure. Tout cela, de loin, pouvait être fort bien, faire un joli effet, mais de près c'est fort laid.

Notre dame passa deux heures chez l'Anglais, qui put se convaincre que l'art de savoir se défendre est complétement inconnu chez la musulmane, et que, lorsqu'elle venait à un rendez-vous, ce n'était pas pour le seul plaisir de causer avec celui qui l'avait captivée; qu'elle tient de la femelle, mais pas du tout de la vraie femme.

Après ces deux heures-là, elle s'en retourna fort tranquillement avec sa suivante reprendre son costume au bain et rentrer chez elle.

Elle avait promis au jeune homme de revenir tous les vendredis, jour où elle allait au bain. Elle tint sa parole pendant deux mois, au bout desquels il cessa de la voir. Avait-elle trouvé un autre amant, son mari s'était-il aperçu de quelque chose et la faisait-il mieux surveiller, ceci resta un mystère pour notre Anglais, mystère que, du reste, il se donna peu de peine pour découvrir. Il était un peu désillusionné sur ces beautés orientales.

L'autre aventure est arrivée à un Italien de mes amis. Un jour, il remarque que sa blanchisseuse a un petit coffre avec elle. Machinalement il lui demande ce qu'il contient : elle lui montre de ces bijoux de bric-à-brac dont se parent avec fierté les femmes de l'Orient. « Je vais, lui dit-elle, les porter dans quelques harems pour essayer de les vendre... »

Les Européens sont tous les mêmes, ce mot *harem* a un grand attrait pour eux. L'Italien lui dit : « Quoi ! vous avez le bonheur de pénétrer dans ces sanctuaires-là ?

— Mais bien souvent, reprend la femme en souriant.

— Eh bien, ces femmes sont-elles si belles qu'on le croit en Europe ?

— Il y en a qui sont bien, d'autres qui sont laides. Du reste, si vous êtes curieux d'en voir une, je puis vous procurer ce plaisir. »

Le jeune homme fait un bond de joie... « Là, bien vrai, vous feriez cela pour moi?

— Mais, certainement.

— Mais comment ferez-vous pour m'introduire dans un harem? fit l'Italien en caressant sa longue et belle barbe noire : il me sera difficile de porter un costume de femme.

— Je ne songe pas à vous y faire entrer, Dieu m'en garde! J'y risquerais cent coups de bâton, et vous, votre tête. La dame viendra vous voir ici, chez vous.

— Une musulmane venir chez moi ! mais, est-ce possible? Comment trompera-t-elle la surveillance de ses gardiens?

— Oh! bien facilement, allez... Tenez, je connais la jeune femme de tel bey... Celui-ci a acheté deux autres esclaves. Il la délaisse depuis. Elle s'ennuie ; si je lui dis que je connais un jeune Européen discret, bien sûr elle consentira à vous voir pour se distraire. Voici comment elle s'y prendra : Vendredi, elle ira au bain ; là elle quittera son costume, en reprendra un autre, ressortira en passant devant son eunuque resté à la porte, qui ne la reconnaîtra pas, et elle viendra chez vous. »

Et comme le jeune homme paraissait incrédule :

« Ce n'est pas la première fois, allez, que je procure à des Européens le plaisir de connaître de ces femmes... Je les connais et connais leurs mœurs. Si vous voulez, je vous promets que ce vendredi, c'est-à-dire dans deux jours, la dame dont je vous parle sera ici. Si vous voulez vous montrer galant, choisissez là-dedans un bijou. (Elle lui montra son coffre.) Je le lui offrirai en votre nom. Je lui dirai qu'un Italien, jeune et beau garçon, m'ayant entendu dire qu'elle était très-jolie, meurt d'envie de la voir, et je lui persuaderai de venir vendredi vous faire une visite. »

Notre jeune homme n'en revenait pas, et il avait une arrière-pensée qu'il était mystifié par la marchande, qui allait lui faire payer un bijou qu'elle serait censée offrir, et que, ou il ne la verrait plus, ou elle reviendrait lui faire un conte bleu...

Pourtant il choisit un bijou, le plus cher, et il le lui paya. « Tant pis si je suis mystifié, se dit-il, j'aurai au moins tenté de connaître une de ces célestes houris. » Il donna même vingt louis à la femme, lui en promettant le triple si elle tenait sa promesse.

Elle partit, lui donnant l'assurance que le vendredi il verrait la jeune femme.

Il n'y comptait pas du tout. « Comment, se disait-il, la femme de ce bey se déciderait-elle à venir ainsi chez un homme qui ne la connaît pas, qu'elle ne connaît pas, qui a l'impertinence de débuter par lui envoyer un bijou, chose qu'il se permettrait à peine avec la dernière des lorettes... Non, vraiment, c'est impossible, et j'ai été bien sot de me laisser duper par cette blanchisseuse. » Tout en se faisant ce raisonnement il était pourtant inquiet, agité. « Si elle allait venir ! » se disait-il parfois. Et ce fut avec un léger battement de cœur qu'il vit entrer chez lui la blanchisseuse le vendredi matin...

« Eh bien? lui demanda-t-il.

— Eh bien, monsieur, elle me charge d'abord de vous remercier de votre bijou, qui lui a plu beaucoup, ensuite de vous dire qu'elle sera enchantée de faire votre connaissance, et qu'à onze heures elle sera chez vous. »

Notre Italien était confondu; il se hâta de mettre son appartement en ordre, car il était neuf heures déjà.

« N'oubliez pas, lui dit la femme, de faire préparer du café et d'avoir des bonbons, des pâtisseries, des graines de melon à lui offrir.

— Des graines de melon ! et pourquoi faire?

— Comme la plupart de ces femmes, elle s'amuse

à les grignoter. Il faut que vous sachiez qu'elles passent leur vie à grignoter...

— Bien, bien, je vais envoyer chercher toutes les sucreries du Caire et aussi des graines de melon.

— Moi, je vais l'attendre à quelque distance du bain; puis, lorsqu'elle en ressortira avec une autre toilette, je l'accompagne pour lui indiquer votre appartement. »

A onze heures un quart, comme il guettait impatient à travers sa jalousie, il vit la blanchisseuse se diriger vers sa maison suivie d'une femme habillée à la turque. Par coquetterie, elle n'avait pas voulu prendre le costume de fellahine : elle s'était contentée de prendre un autre costume que son eunuque ne lui connaissait pas... Arrivée à la porte de la chambre du jeune homme, elle quitta ses babouches, entra calme et fière sans le moindre embarras; elle alla s'asseoir sur le divan, s'y installa bien commodément, puis, alors seulement, elle eut l'air de remarquer la présence du jeune homme; elle le salua de la main à l'orientale, et lui fit signe de venir s'asseoir près d'elle.

Des deux, le plus embarrassé de cette position passablement anormale, bien sûr ce n'était pas elle... Il vint près d'elle, commença à lui exprimer son bonheur; elle lui répondit fort gracieusement, en ôtant son voile : elle était jeune et très-jolie !...

Ce qui enflamma le cœur et la tête du jeune homme. Mais, se disant qu'il avait affaire à une femme du monde, voulant lui prouver qu'il l'estimait et la respectait, il se conduisit en vrai gentleman, ne lui faisant qu'une cour très-platonique. Elle avait de l'esprit naturel, il trouva sa conversation attrayante. Enfin elle s'en alla, promettant de revenir le vendredi suivant.

Notre Italien était au troisième ciel, son cœur commençait à battre pour tout de bon pour cette séduisante créature... Il excusait la façon dont il l'avait connue, et se disait : « Après tout, ce qui serait par trop léger et dénoterait des mœurs fort relâchées, est excusable ici !... »

Au bout de trois jours la blanchisseuse revint le voir : il l'accueillit avec effusion et reconnaissance.

« Mais il paraît, lui dit-elle en riant, que vous n'avez pas été aimable pour cette dame ; elle m'a dit tristement que vous lui plaisiez beaucoup, mais qu'il paraît que, hélas ! elle n'avait pas eu le bonheur de vous plaire.

— Comment peut-elle avoir une pareille pensée ! s'écria le jeune homme au comble de l'étonnement. Mais je n'ai cessé de lui répéter qu'elle était belle, charmante ; que jamais je n'avais vu une créature plus enchanteresse qu'elle ; que mon cœur, dès ce moment, lui appartiendrait entièrement.

— Bien, bien ! Mais après ? poursuivit la femme en souriant malicieusement.

— Comment, après ! Vouliez-vous, par hasard, que je n'eusse pas le moindre égard pour elle, que je la traitasse comme la dernière des femmes! Non, j'ai voulu répondre à la preuve de confiance qu'elle me donnait...

— Parfaitement. Avec une Européenne, votre conduite aurait été méritoire et appréciée; mais croyez, monsieur, qu'elle ne l'a pas jugée ainsi; elle a cru qu'elle vous déplaisait, a été humiliée, et elle ne veut plus revenir. Vous pensez bien que, pour ces femmes-là, qui ne comprennent rien à toutes vos phrases, il y a une seule façon de leur prouver que vous les aimez ou au moins qu'elles vous plaisent.

Il était réellement stupéfait et se disait : « Comment, elle m'en veut de ce que je lui ai prouvé que je la considérais comme une femme du monde, et que je tenais à faire la conquête de son cœur avant de faire celle de son corps?

— Mais, je vous le répète, monsieur, reprit la blanchisseuse de fin avec une nuance d'impatience, les femmes musulmanes ne peuvent pas saisir toutes ces distinctions. »

« Ceux qui disent que ce sont des fomelles, mais non des femmes auraient-ils raison? » se demandait notre Italien. Cette conversation lui jeta un petit seau d'eau froide sur son cœur à moitié embrasé.

Pourtant, le vendredi suivant elle revint : il lui avait envoyé dire, par sa messagère, qu'il l'adorait, et mourrait de désespoir s'il ne la revoyait plus...

Il la trouva si jolie qu'il oublia tout, redevint amoureux... « Ce n'est pas possible, se dit-il, qu'une enveloppe si séduisante, si belle, ne cache pas une âme, un cœur à l'unisson ; c'est peut-être que personne n'a su le faire vibrer, mais je serai le Pygmalion du cœur de cette nouvelle Galathée. « Et souvent il lui parlait du bonheur ineffable que donne l'entente de deux cœurs ; il cherchait à lui faire entrevoir que l'amour des sens n'est pas tout ici-bas, qu'il en existe un plus noble, plus pur, un qui est la plus belle création de Dieu !

Alors elle fixait sur lui ses grands yeux étonnés ; elle entendait, mais ne comprenait pas.

« Il faut de la patience, pensait-il, mais je réussirai à réveiller les nobles instincts de l'âme chez cette charmante créature... »

« M'aimes-tu, lui demandait-il souvent.

— Oui, » lui répondait-elle avec un doux baiser.

Un vendredi, elle vint son front rayonnant de joie.

« Qu'as-tu donc, ma bien-aimée? qu'est-ce qui fait briller ton regard d'un rayonnement de plaisir ?

— Oh oui ! je suis bien heureuse !... Figure-toi que Malouna, celle qui m'avait supplantée dans les bonnes grâces de notre maître, est en pleine disgrâce à son tour. Voilà huit jours que notre seigneur ne l'a pas vue, et hier soir il est venu chez moi ; et il m'a ce matin envoyé ce collier (elle lui montrait un superbe collier de perles), en me faisant dire qu'il avait eu tort de me délaisser ainsi, car j'étais non-seulement la plus jolie, mais aussi la plus douce, la plus soumise de ses femmes... Malouna est furieuse, elle crie, gronde tout le monde, fait des scènes, ce qui augmente la froideur du bey pour elle, car notre maître aime que la paix règne chez lui... Moi, j'ai su supporter ma disgrâce avec résignation, il m'en sait gré. Je suis à peu près sûre que ma faveur va continuer, et que ma rivale sera délaissée à son tour... Voilà, mon bien-aimé, ce qui fait rayonner mon front d'un air de bonheur et de triomphe. »

Le jeune homme l'écoutait, il était ahuri... Quoi! cette femme qui, la semaine d'auparavant, lui disait encore qu'elle l'aimait, lui disait à lui, à lui-même, toute sa joie d'être rentrée dans les bonnes grâces de son maître! venait en rendez-vous chez lui, et lui annonçait avec une noble fierté que la veille le bey lui avait rendu visite!

Mais qu'est-ce donc que ces femmes!... Le sens moral leur manque donc? Il se sentit pris d'une rage, rage mélangée de dépit et de jalousie, car il avait fini par s'attacher pour tout de bon à elle, tellement la beauté exerce de l'empire... Elle, voyant qu'il restait là près d'elle sans lui dire un seul mot, s'approcha de lui, passa son bras autour de son cou, en lui disant de sa voix douce et charmante:

« Est-ce que tu es fâché contre Iscet aujourd'hui? »

Elle ne comprenait pas même l'effet qu'avait dû produire son aveu.

Il la regarda, la trouva bien belle; il oublia tout et la serra avec un élan de folle passion sur son cœur.

« Écoute, Iscet, m'aimes-tu?...

— Oui, répondit-elle, beaucoup!...

— Es-tu heureuse là, dans mes bras, sous mes baisers?...

— Oui! fit-elle encore, très-heureuse!...

— Eh bien, dis-moi, n'est-ce pas que tu n'éprouves pas le même bonheur lorsque ton mari t'embrasse?...

— Mais si! fit-elle. Je suis très-heureuse des caresses; c'est toujours la même chose, qu'elles viennent de notre mari ou de notre amant... »

Notre Italien fut fixé, il vit qu'il y a des âmes qu'il est impossible de faire vibrer... Cette femme, il la voyait là, à ses pieds, à présent, fixant sur lui un doux regard. Elle lui faisait presque horreur... « C'est une jolie poupée, se disait-il, mais voilà tout. »

« Écoute, Iscet, lui dit-il, à présent que tu vas redevenir la favorite, et que cet honneur te comble de joie, il sera prudent, je crois, que tu cesses de venir me voir.

— J'y songeais, dit-elle tranquillement, car, à présent, je serai plus surveillée...

— C'est parfait, puisque tu y songeais. Nous allons donc nous dire adieu... » Il lui offrit encore un souvenir; elle le remercia gracieusement, en lui promettant que si le bey s'avisait encore de lui préférer Malouna ou une autre esclave, elle reviendrait le voir.

Le rôle qu'elle lui avait fait jouer et celui qu'elle lui offrait lui convenaient peu, car notre Italien est un homme de cœur qui a des sentiments élevés...

« Tu es vraiment trop bonne, lui répondit-il, mais je vais être forcé de retourner dans mon pays... »

Elle l'embrassa pour la dernière fois et le quitta sans la moindre émotion : que pouvait-elle regretter?

Elle avait pris un amant parce que son mari la délaissait... Elle quittait son amant parce que son mari revenait à elle!

Pour ces femmes-là, comme je l'ai déjà dit, tout homme est un homme!...

Notre jeune Italien ne la vit plus; il le regretta d'autant moins que d'abord ses illusions sur les houris de Mahomet s'étaient envolées, et qu'ensuite cette liaison de quelques mois l'avait ruiné...

Ces femmes musulmanes ne connaissent rien de la vie; elles sont des meubles plus ou moins de luxe dans la maison de leur époux, mais les affaires, les intérêts de la maison, leur sont tout à fait étrangers... Comme de vraies lorettes, elles demandent constamment des bijoux, de beaux costumes, sans se préoccuper si l'achat de tous ces chiffons n'est pas onéreux pour leur mari. Peuvent-elles, du reste, se préoccuper beaucoup de la fortune de cette maison?...

Cette fortune ne doit-elle pas être un jour la proie d'autres femmes qu'elles détestent et d'enfants issus de ces femmes-là?...

Elles demandent des bijoux, des chiffons, comme l'enfant demande des bonbons...

Iscet, chaque semaine, demandait un bijou nouveau à son amant. « J'ai vu, lui disait-elle, un bracelet, ou un diadème, ou une bague chez tel bijoutier; tu serais bien aimable de me le donner... » Elle demandait cela sans se rendre compte de ce qu'elle disait, sans comprendre, sans se douter même qu'elle commettait une action indélicate...

Le jeune homme s'empressait de lui offrir les objets qu'elle désirait, n'ayant aucune idée de la valeur de l'argent. Elle en demandait aussi bien un qui coûtait vingt livres qu'un de deux cents livres.

« Mais que diras-tu au bey, s'il te demande où tu as pris ces bijoux? lui demanda-t-il un jour...

— Il ne fait pas attention à cela. Du reste, il me donne de l'argent et ne me demande pas compte de ce que j'en fais. Je lui dirai que je les ai achetés avec. Ensuite, si souvent nous revendons, nous échangeons nos bijoux, que cela passe inaperçu... »

Il avait donc dépensé beaucoup d'argent pour la femme de ce bey; il n'aurait pu continuer et se serait vu forcé de lui refuser un jour une de ses fantaisies. Il fut donc charmé de voir finir ainsi cette liaison, et il jure bien qu'il ne recommencera plus.

Quelques Européens, jeunes étourdis, se sont quelquefois introduits dans les harems en prenant un costume de femme. Le voile rend ce déguisement possible pour un homme; mais ce moyen-là est très-dangereux, car ils y risquent leur vie. Les ordonnances portent qu'un Européen trouvé dans un harem ou cherchant à s'y introduire est à la complète merci du maître du logis, que celui-ci peut le tuer sans que le consul ait rien à dire.

Je connais un monsieur qui s'est procuré un jour cette distraction. Le mari de la dame qu'il avait été voir avait deux harems, il devait dîner et coucher dans l'autre; il en profita donc pour aller voir une dame qu'il connaissait et qui était venue souvent chez lui, toujours sous le prétexte d'aller au bain... Il prend un costume de dame turque, un voile très-épais; les eunuques le laissent entrer sans défiance. Il était depuis un quart d'heure chez la dame, quand soudain ils voient la voiture du pacha s'arrêter devant la porte et celui-ci descendre pour monter chez lui. Notre Français fut pris d'une peur atroce; il n'avait aucune arme pour se défendre; une mort horrible l'attendait... Il perdit la tête, supplia la femme de le cacher dans un coin, dans une armoire... Mais celle-ci conserva son sang-froid... « Non, non, dit-elle : le calme peut seul nous sauver. Reste-là assis, tourne légèrement le dos à la porte, ne bouge pas; » et elle prit les pantoufles du monsieur, pantoufles de femme, les mit en dehors, et tira la portière de la porte. Lorsqu'elle entendit venir son pacha, elle sortit, alla à sa rencontre gracieusement, lui dit qu'elle avait une visite... Le pacha venait chercher un objet qu'il avait oublié, il s'en alla sans se douter de rien et sans entrer dans l'appartement où se trouvait la prétendue dame..., car un musulman n'entre jamais au harem quand sa femme a des visites.

Mais notre jeune homme avoue qu'il a eu horri blement peur et que jamais il n'est plus retourné dans ce harem, ni dans aucun autre.

Il y a quelques années, le mariage à la cophte était très à la mode en Égypte.

Le mariage à la cophte ressemble beaucoup au mariage irlandais : ce sont des mariages d'un mois, six mois ou un an,... faits d'un commun accord et avec contrat.

L'homme donne une somme de.... à la femme, ensuite il s'engage à la nourrir, la loger, l'habiller pendant toute la durée de leur mariage... Le délai expiré, si les deux contractants le veulent bien, ils peuvent renouveler leur contract, aux mêmes conditions et pour le temps qu'ils veulent...

S'ils en ont assez, ils se séparent, et se remarient avec d'autres...

Ce genre de mariage a eu un grand succès parmi les Européens, beaucoup d'entre eux se sont mariés à la cophte... Les uns, mus par l'inconstance naturelle aux hommes, se sont mariés ainsi de nombreuses fois ; d'autres ont remplacé ce contrat à terme par un définitif, et ils vivent encore aujourd'hui avec des femmes cophtes.

---

# MARIAGES COPHTES.

Mœurs des Cophtes. — Leur religion.

J'avais exprimé à M. Walmas, vieil Anglais depuis trente ans en Égypte, qui connaît à fond la langue arabe, le désir d'assister à un mariage cophte.

Avant-hier, il est venu me dire : « Demain, il y a un mariage. J'ai prévenu le maître de maison; il sera enchanté de vous recevoir. Vous pouvez y aller, si vous voulez.

— J'irai avec grand plaisir, lui dis-je. Vous aurez l'obligeance de venir pour me présenter.

— Oh! c'est inutile, me dit-il; j'ai donné votre nom. Vous n'avez qu'à y aller avec votre domestique; vous serez bien reçue. Moi, je pars ce soir pour Alexandrie.

— Mais, lui dis-je, me présenter ainsi chez des gens que je ne connais pas sera plus ou moins convenable.

— Nous ne sommes pas ici en Europe, me dit-il; les Orientaux ne sont point, comme les Européens, à cheval sur la présentation. Un étranger est toujours bien accueilli chez eux; surtout un jour de mariage, où leur porte est ouverte à tous.

— Mais il me faudrait au moins quelqu'un qui, parlant l'arabe et connaissant le maître du logis, me conduisît vers lui lorsque j'arriverai.

— Qu'à cela ne tienne, me répondit M. Walmas; le janissaire du consulat anglais vous attendra à la porte de la maison de ce monsieur, et vous conduira vers lui. »

Je trouvais cette façon de présentation un peu en dehors des lois du monde; mais je savais qu'en effet ces lois n'étaient point encore trop connues en Orient. Du reste, je tenais à voir le mariage. J'acceptai donc. Seulement, je priai l'aimable propriétaire de l'hôtel Royal de m'accompagner; elle a le bonheur de parler la langue arabe.

Nous faisons donc une toilette de ville un peu soignée; je tâche de trouver ce que j'ai de plus voyant dans ma garde-robe, sachant qu'ici les couleurs éclatantes sont de mode, de rigueur même dans les jours d'apparat.

La fête devait commencer à une heure, à la turque, c'est-à-dire à sept heures du soir.

On avait indiqué la demeure de ce monsieur cophte à Menzoura, mon domestique, dont le moindre défaut est d'avoir de l'esprit. Il avait dit savoir très-bien où c'était. Nous sortons sur l'Ezbékièh; un bruit de fantasia arrive jusqu'à nous. Nous apercevons des torches, une table sur laquelle était monté un homme faisant toute sorte de jongleries; une masse de gens l'entouraient en beuglant de toute la force de leurs poumons, et Dieu sait s'ils les ont solides!

Le devant de la maison était éclairé par une grande lanterne.

« C'est sans doute ici, me dit Mme Roland, car tout cela indique qu'il y a un mariage dans la maison.

— Est-ce la maison qu'on t'a indiquée? demandai-je à Menzoura.

— Je crois que oui, » me répondit-il.

Quand un Arabe dit qu'il est sûr, vous pouvez être persuadé que rien n'est moins sûr que sa certitude; lorsqu'il vous dit : « Je crois, » vous pouvez être assuré qu'il est dans un doute complet.

Pourtant, nous nous avançons.

Des gens étaient à la porte. Au milieu d'eux, un homme assez bien mis vint vers nous, et nous dit en arabe :

« Vous voulez voir le mariage?

« — Oui, dit Mme Roland.

« — Très-bien, entrez. » Et il nous fit faire place.

Arrivée sur le seuil de la porte, je reculai d'épouvante en apercevant une mare de sang.

« Ce n'est rien, entrez toujours, me dit Mme Roland : c'est le sang du mouton nuptial que l'on a saigné là. On laisse le sang comme symbole. »

Je passai comme je pus, relevant mes jupons pour ne pas les souiller de ce sang purificateur, selon ces bonnes gens. Nous nous trouvâmes dans une cour carrée. Là aussi il y avait de la musique, des chants. Deux hommes, enveloppés dans des manteaux rouge et or, étaient assis sur des chaises; on leur faisait en grande pompe et joyeuse société la barbe... C'étaient les nouveaux mariés.

Notre introducteur nous fit monter par un escalier assez roide; là, il appela des négresses. Des femmes habillées à l'arabe vinrent à notre rencontre avec des cris de joie; elles nous firent maintes démonstrations de bienvenue.

« Décidément, c'est ici, dis-je à Mme Roland. A la façon dont on nous reçoit, je vois que nous sommes attendues. Seulement, ce diable de janissaire, où peut-il être?

— Au milieu de cette cohue, me répondit-elle; il ne nous aura pas vues entrer. Du reste, le maître du logis était sans doute prévenu par lui, puisqu'il est venu nous recevoir si gracieusement. »

Ces femmes nous introduisirent dans une grande salle où se trouvaient une foule de femmes; toutes nous entourèrent, nous firent des salamalecs, des téménas en masse, en signe de bonne amitié; l'une nous tapait sur l'épaule, une autre sur la poitrine... Enfin, une jeune femme, que nous jugeâmes devoir être la maîtresse du logis, nous prit par la main et nous fit asseoir sur le divan, s'accroupissant, elle, à nos pieds.

Je priai Mme Roland de lui faire quelques phrases bien senties sur le plaisir que j'éprouvais à me trouver à cette fête, et sur la reconnaissance que je lui avais pour avoir bien voulu nous y admettre.

Du temps qu'elle s'acquittait de ce devoir de politesse, je me mis, moi, à examiner la salle dans laquelle nous nous trouvions.

C'était un grand carré long, sans le moindre meuble, coupé en deux dans sa largeur. La partie dans laquelle nous étions était un peu plus exhaussée et couverte d'un tapis; un divan l'entourait. De grandes fenêtres avec de petits carreaux dont la moitié étaient en papier se trouvaient au nombre de huit dans la salle. Sur le divan, juste à côté de moi, étaient assises deux jeunes filles, les jambes croisées à la turque, les mains croisées aussi, ne faisant pas le moindre mouvement C'étaient les mariées, car il y avait double mariage. Voici quel était leur costume : un grand pantalon en soie rose brochée d'or, une tunique à la turque pareille; une large ceinture en or massif entourait leur taille; leur poitrine disparaissait sous un amas de perles, diamants, sequins; sur leur tête, d'abord un mouchoir fort épais, en étoffe blanche brochée d'or, recouvrait et leur tête et toute leur figure jusqu'en dessous du menton; impossible de distinguer ni même de soupçonner leurs traits... Ensuite un grand voile en espèce de grosse tarlatane blanche ; ce voile se rajustait au mouchoir ; sur le front était une vraie charge de brillants formant des fleurs, des croissants. Je me demandais comment elles avaient la force de tenir la tête droite avec un pareil poids, et aussi comment elles n'étouffaient pas avec ce mouchoir collé sur le visage... Rien n'était bizarre à voir comme ces jeunes filles ainsi fagotées, ne bougeant pas, ne faisant pas le moindre mouvement, avec ce chiffon doré dissimulant même la forme de la figure... Une négresse, à leurs pieds agenouillée, les éventait l'une et l'autre.

Assises sur le divan ou accroupies par terre, étaient une centaine de femmes, négresses, esclaves, grandes dames; tout était là pêle-mêle sans la moindre distinction, sans la moindre hiérarchie. Une masse d'enfants étaient là aussi, les uns jouant, les autres pleurant. Chaque femme invitée à la noce avait amené ses enfants. Les pierreries, les perles, les sequins, brillaient par leur nombre et leur éclat. Il y avait de pauvres femmes avec un mauvais pantalon en étoffe commune, un lambeau de mousseline bleue en guise de voile, et qui avaient des diamants sur la tête... Celles même qui étaient sans souliers et sans bas en avaient.

Il y avait quelques très-beaux types ; une femme d'un certain âge m'a surtout frappée : le visage encadré complétement par son voile bleu, les traits fins, de grands yeux noirs, vifs et pénétrants, un diadème en brillants sur le front, un costume pourpre, elle avait l'air d'une impératrice romaine. Les négresses étaient, elles aussi, couvertes de verroteries, de sequins, de coraux.

Notre aimable maîtresse de maison, celle du

moins que je prenais pour telle, était toujours accroupie à mes pieds, les coudes sur mes genoux, me serrant de temps en temps la main, me souriant gracieusement pour m'exprimer tout le plaisir que lui faisait ma présence... Elle est tout simplement jolie à l'impossible, cette jeune femme-là, et j'étais en admiration devant elle. Elle m'a paru avoir dix-huit ans, petite, bien faite, les extrémités fines, la main blanche et souple comme le camélia qui vient de s'épanouir au soleil, un teint blanc mat, une bouche petite et vermeille (sans fard aucun), des yeux, ah! écoutez, des yeux à faire perdre le repos à tous les hommes : noirs comme du jais, grands, fendus en amande, et d'une douceur tendrement voluptueuse... Vrai, je n'ai jamais vu un plus joli regard et plus séduisante créature. Elle portait un costume d'une grande richesse avec un laisser aller charmant.

Un large pantalon en satin vert tendre, broché d'or fin le plus pur, laissait à découvert un petit pied nu, mignon et rose, emprisonné à demi dans des babouches en velours noir brodé d'or ; la robe, à la turque aussi, dont les trois queues étaient retenues à la taille, était de la même étoffe ; une ceinture en or massif, avec la boucle enrichie de brillants, serrait sa taille mince et svelte. Elle portait là-dessus un manteau, espèce de paletot descendant jusqu'aux genoux, en velours noir; aux manches, tout autour, au milieu du dos, à chaque couture, était une guirlande brodée à la main d'or fin ; des glands, des tresses d'or, étaient placés de ci et de là avec goût. Ce manteau, échancré devant, n'était point retenu par aucune agrafe, et laissait à découvert le cou et la poitrine de la jeune femme. Son cou était modelé admirablement, sa poitrine gracieuse et bien faite, sa peau blanche comme de la neige... Comme toutes les dames qui se trouvaient là, et selon leur usage à toutes, elle ne portait pas de corset ; son corsage, fortement serré à la taille, et juste de la poitrine, faisait rapprocher l'un de l'autre ses deux seins, qui étaient tellement à découvert qu'elle aurait pu allaiter un enfant sans rien déranger de sa toilette. Les femmes turques, arabes, cophtes, se décollettent toutes de cette façon. L'été, elles sortent ainsi avec leur abbarah qui les enveloppe, mais qu'elles soulèvent de temps en temps pour se rafraîchir, et cela ne les gêne nullement de montrer leur taille et leur poitrine jusqu'à la taille... Elles trouvent beaucoup plus *shocking* notre façon à nous de nous décolleter, qui met nos épaules à nu.

Tout cela est une affaire de convention.

Bref, cette jeune femme était tout simplement fort jolie ; elle avait une forte couche de khol aux yeux, ce qui ajoutait encore à leur éclat.

Toutes ces femmes s'étaient petit à petit rapprochées de nous; l'une examinait l'étoffe de ma robe, l'autre la soulevait pour voir ce qui était en dessous; ma cage américaine Thomson les a beaucoup fait rire. Une autre enlevait mon bracelet et se l'essayait... Toutes nous traitaient comme de vieilles amies de dix ans.

Ces femmes sont charmantes sous plusieurs rapports, mais elles ont surtout un sans façon, une familiarité qui vous met à l'aise de suite : vous êtes chez elles comme chez vous. On nous a servi du café; hélas ! il était parfumé à la rose !...

La seconde tasse était parfumée à l'ambre; bon gré, mal gré, il a fallu nous résigner à l'avaler, car, refuser à des Orientaux de prendre leur café serait les offenser mortellement; le café est, comme anciennement chez certains peuples, le pain et le sel.

On nous a offert aussi du gros blé grillé, des graines de melon, toutes en grignotaient; quoique je ne trouvasse pas cela fort bon, j'ai fait comme elles.

J'ai remarqué avec effroi la quantité d'aveugles et de borgnes qui se trouvaient autour de moi. Sur cent femmes, il y avait deux aveugles et au moins dix borgnes... La vue de ces yeux vitreux, pourris, me fait toujours frémir, et leur nombre surtout. Quand on songe qu'ici une ophthalmie vous prend subitement, sans crier gare, et que trois jours après vous êtes ou borgne ou aveugle, c'est à donner l'envie de fuir ce pays de suite.

Une de ces jeunes femmes me demande si je veux une cigarette; sur ma réponse affirmative, elle sort, de cachée sur son sein, une petite blague à tabac : d'un côté elle tient le papier à cigarette, de l'autre le tabac; elle la confectionne et me l'offre. Me voyant fumer, toutes ces femmes, qui sans doute n'avaient pas osé fumer jusque-là à cause de moi, se mettent à rouler des cigarettes, et je m'aperçois que toutes tiennent leur blague et leur papier dans leur sein, là où les Européennes cachent les billets doux.

La jolie dame nous a demandé si nous voulions voir les mariées, et, sur notre réponse affirmative, elle a soulevé leur voile.

L'une est une bonne grosse fille bistrée fortement et ayant un peu le type nubien; mais en voyant l'autre, je suis restée stupéfaite : assise comme elle était empaquetée dans son voile, je n'avais pu juger ni de sa taille ni de son âge;... dévoilée, je vis une enfant mince, maigre, fluette, paraissant huit ans à peine... Je ne pus retenir une exclamation de surprise : « Comment! on marie cette enfant? » dis-je.

Mme Roland leur traduisit ma demande et aussi mon étonnement, ce qui les a toutes fait beaucoup rire... Puis elles ont répondu que la fillette avait onze ans, et elles nous ont donné des détails techniques pour nous prouver qu'elle pouvait se marier.

« Très-bien. Mais elle n'a pas atteint sa croissance, sa poitrine n'est pas développée! — Ça ne fait rien, elle grandira un fois mariée... »

Vrai, je n'en revenais pas, et je ne pouvais croire que l'on mariât pour tout de bon cette petite fille maigrichonne, pâlotte et non formée...

« Sans doute, leur ai-je dit, pendant un an ou

deux encore elle vivra dans sa famille, qui ne la donnera qu'après ce délai à son mari?... »

Elles se sont mises à rire aux éclats, et se sont empressées de nous dire avec une crudité biblique que la jeune fille serait bien la femme, la vraie femme de son mari... Ces femmes sont effrayantes; elles ont une façon naturelle et crue de tout dire qui vous ahurit...

A ce moment, la fameuse chanteuse et danseuse Chasnée est venue égayer la société par son chant et par sa danse, suivie de trois autres femmes, deux jeunes filles et une vieille femme...

Chasnée, qui est Chasnée-Bey, ne vous en déplaise. Un jour, Saïd-Pacha, enchanté de la beauté de son chant, de la grâce de ses poses, l'a nommée bey et lui a fait présent de dix mille feddams de terrain (le feddam est de quatre mille mètres).

Chasnée-Bey, donc, est vieille et laide à présent, mais elle vit sur son ancienne réputation; tout le monde veut encore l'avoir pour embellir les fantasias.

Elle et ses suivantes se sont accroupies près de nous, et toutes quatre elles se sont mises à chanter. Chasnée frappait, tout en chantant, sur une espèce de petit tambour de basque; une des jeunes filles frappait sur un triangle.

Ce chant et cet accompagnement font un tout médiocrement harmonieux à l'oreille; cela ressemble peu, oh! mais extrêmement peu, au chant de la Patti ou de l'Alboni!...

On est venu chercher une des mariées, la plus âgée ; on l'a conduite dans un appartement supérieur où devait se célébrer le mariage... La musique a fait entendre ses sons les plus discordants, les femmes ont fait cortége à l'épousée en poussant cette espèce de cri, de sifflement aigu, qu'elles produisent en rapprochant leur langue du palais, cri strident qui n'a rien d'agréable à l'oreille. Arrivées en haut, les femmes sont restées en dehors de l'appartement, mais on nous a fait signe, à Mme Roland et à moi, que nous pouvions pénétrer dans ce sanctuaire, ce que nous avons fait.

On nous a fait asseoir sur un divan qui entourait l'appartement, la mariée était assise sur une chaise près de nous ; le marié, droit dans un coin, était enveloppé d'un grand carré d'étoffe blanche et rouge. Il y avait une quinzaine d'hommes dans l'appartement, les deux maîtres du logis, des parents et des amis des mariés, en plus dix ou douze jeunes garçons. Tout cela paraissait peu pénétré de l'importance de la cérémonie qui allait s'accomplir : les uns fumaient, les autres buvaient, les autres dormaient couchés sur le divan. Le silence était loin de régner, et cela a duré ainsi pendant toute la cérémonie....

Devant la mariée, sur une petite table basse, était posé un livre, livre contenant l'Évangile en langue cophte, renfermé dans un étui en filigrane d'argent ; sur les deux côtés de cet étui était dessinée la croix...

La croix des Cophtes est la croix de Malte des chevaliers de cet ordre.

Tout autour de ce livre étaient posés des candélabres à une multitude de branches, où se trouvaient de tout petits cierges. Le prêtre cophte était là avec ses deux desservants... Prêtres et desservants avaient une mise et une tournure peu à la hauteur de leur mission...

Le prêtre portait une grande robe brune comme celle des juifs et un turban vert...; le desservant principal avait une robe en lambeaux, ni bas ni souliers; il était aveugle; le jeune ressemblait parfaitement à un petit ânier. Le premier, accroupi dans un coin, tenait à la main un tambour de basque, le second un triangle en fer... On a sorti d'une sale besace toute déchirée une écharpe en moire blanche et rouge, laquelle écharpe devait plus tard recouvrir les époux, et un livre. Le prêtre a pris un encensoir, a encensé la mariée, le marié et toute la société, puis il s'est mis à lire son livre. Je n'ai pu comprendre absolument rien à sa lecture, par la bonne raison que le cophte est pour moi de l'hébreu !... Ceci n'a rien d'étonnant, mais ce qui l'est davantage, c'est qu'il soit aussi de l'hébreu pour les prêtres cophtes, qui ne comprennent pas ce qu'ils lisent !... Un jeune homme est venu s'asseoir à côté de moi, il parlait français ; cela m'a fait un sensible plaisir, car je voulais obtenir des renseignements... Il m'a d'abord appris qu'il était le maître de la maison, ou du moins un des maîtres, car il avait un frère aîné qui est le chef de la famille.

Je me suis empressée de lui demander quelle était cette jolie dame qui portait un manteau de velours...

« Ma femme », m'a-t-il répondu...

Je lui ai fait mon compliment sincère et lui ai dit qu'il était heureux d'avoir une aussi jolie femme.

« Oui, elle est jolie et très-bonne.

— Y a-t-il longtemps que vous êtes marié?

— Six ans...

— Quel âge a-t-elle donc?

— Dix-huit ans. Elle avait douze ans lorsque je l'ai épousée ; sa mère était une amie de la mienne, nous avions été élevés ensemble et nous nous aimions beaucoup. »

Cela m'a rappelé la jeune mariée, celle qui était restée dans la salle.

« Mais comment, lui ai-je dit, les parents peuvent-ils marier une enfant comme cette pauvre jeune fille? Ne craignent-ils pas que, si elle devient enceinte bientôt, elle ne meure à sa première couche?...

— Hélas ! ça arrive souvent; mais que voulez-vous, c'est une malheureuse habitude du pays de marier les jeunes filles à onze ou douze ans. Ces deux jeunes filles sont orphelines de père; nous les avons recueillies avec leur mère. Celle-ci, craignant de ne plus trouver d'autre parti pour elles plus tard, deux frères ayant demandé les deux sœurs, a voulu marier la cadette, quoiqu'elle soit si petite encore. C'est nous qui faisons le mariage et payons tout... »

Dans ce moment le prêtre a passé le livre à mon interlocuteur pour qu'à son tour il lût un verset, car les assistants devaient en lire chacun un; il a refusé; mais son frère, assis en face, lui a fait un signe impérieux; il s'est levé vivement et a été lire... Chez les Cophtes, comme chez les anciens patriarches, l'autorité des chefs de famille est très-grande, chacun des membres s'y soumet humblement; le fils aîné remplace le père, celui-ci mort.

Il y avait une demi-heure que le prêtre récitait ou lisait des prières. Après chaque verset, les desservants entonnent le *Kyrie eleison*, avec accompagnement de râclement de triangle et de tambour de basque, le tout dominé par les cris que poussaient les personnes restées dans l'escalier.

Le marié fut enfin amené sur la chaise à côté de sa future, le prêtre leur fit un discours, sans doute sur les devoirs réciproques du mari et de la femme, les couvrit tous les deux de l'écharpe, leur posa une espèce de diadème sur le front, mit la main de la future dans celle du mari, les encensa, les aspergea d'eau bénite, leur toucha le front avec une croix, et tout fut dit et fini. Ils étaient liés l'un à l'autre pour la vie, la mort pouvait seule délier ce lien, car les Cophtes jacobites n'ont pas le divorce...

On emmena la jeune épouse dans l'appartement où se tenaient les femmes. Notez qu'elle était restée là tout le temps sans faire un mouvement, avec ce voile et ce mouchoir qui l'étouffaient ; on voyait les gouttes de sueur retomber en dessous. Si le jour du mariage est une corvée pour tout le monde, pour ces pauvres filles c'est un jour terrible.

Les deux maîtres de maison s'approchèrent de nous, nous firent servir du café, au musc cette fois-ci, pour changer. L'un d'eux m'offrit une cigarette. Or, voici comment tout Turc, Arabe, Cophte, vous confectionne et vous offre une cigarette : il la roule, la mouille avec sa salive pour coller le papier, l'allume en commençant à la fumer, et il vous la passe. Il faut se résigner à la fumer telle que, car la refuser serait l'offenser.

Je demandai à l'un d'eux s'il ne connaissait pas la France. Il me dit qu'il n'était jamais sorti de l'Égypte, que les Cophtes ne devaient pas voyager, que ceux qui le faisaient étaient mal vus des autres ; que, pour lui, il aurait grande envie d'aller à Paris, mais que son frère aîné ne le lui permettait pas. Ce cadet-là a vingt-six ans, et il obéit à son frère.

« Votre femme serait bien contente, je gage, de voir la France, continuai-je.

— Oh ! elle, c'est impossible ; nous n'avons pas le droit d'emmener nos femmes hors du pays où est leur famille. »

Je trouvai que ceci avait du bon.

Pendant que je causais avec ce Cophte, les enfants s'étaient rapprochés de moi. Un s'était assis à mes pieds; lui aussi examinait curieusement ma robe, mes bottines. Un autre, sans façon, s'emparait de mon bras, regardait mon bracelet, tandis qu'un troisième décrochait ma montre à ma ceinture pour la regarder. Celui qui était à mes pieds était un gamin qui paraissait avoir douze ou treize ans, assez fort, mais petit et l'air très-enfant; c'est le fils du plus riche Cophte du Caire. Il est très-instruit, c'est-à-dire qu'il parle un peu anglais et un peu français.

« Veux-tu me faire l'honneur d'assister au mien, de mariage? il sera bien plus beau que celui-ci; mon père a une belle maison, » me dit-il.

Cela me fit sourire d'entendre cet enfant parler mariage; je lui répondis en riant :

« Si je me trouve ici l'année où tu te marieras, je te promets d'assister à ta noce.

— Mais je me marie dans dix jours, » me répondit-il.

Je crus que ce jeune moutard me mystifiait, mais l'un des maîtres de la maison m'assura que réellement dans dix jours on célébrait son mariage.

Vrai, je n'en revenais pas.

« Quel âge as-tu donc?

— Je vais avoir quatorze ans, et ma future en a onze.

— Probablement, dis-je tout bas à mon voisin, ce mariage n'est qu'une espèce de fiançailles, et la petite fille restera encore un an ou deux avec sa mère. »

Le gamin, ou plutôt le futur nouveau marié, avait

entendu ma question et en avait saisi le sens. Il me dit d'un petit air malin :

« Non, pas du tout, madame, croyez bien que je me marie pour tout de bon. »

Je n'en revenais pas. C'est ici que l'on peut dire qu'il n'y a plus d'enfants, car dans un an ce gamin pourra être un grave père de famille. En Europe, on dit de deux vieux mariés : Ils ont vieilli ensemble! Ici on peut dire qu'ils ont grandi ensemble.

Du reste, le Cophte maître du logis m'a assuré que ces mariages étaient très-fréquents chez eux, comme chez les Arabes ; que l'on mariait une petite fille à huit ans, onze ans, quelquefois avec un jeune garçon plus âgé qu'elle, d'autres fois avec un homme de vingt-cinq ou trente ans.

Je trouve cela d'abord barbare pour ces pauvres petites filles, ensuite très-immoral!

En ce moment, un tapage infernal s'est fait entendre ; c'était la seconde mariée que l'on amenait ou que l'on apportait ; un grand gaillard, son beau-frère, la portait dans ses bras ; il l'a assise sur la chaise. La pauvre enfant! on voyait ses mains tremblantes cachées sous son voile.

La même cérémonie que l'on avait faite pour l'autre a recommencé pour celle-ci. Le marié était un garçon borgne, laid à faire peur, mais fort et vigoureux, de vingt à vingt-cinq ans.

Le mariage fini, on a repris au bras la fillette, madame à présent, et on l'a descendue dans la salle des femmes. J'ai promis au futur de quatorze ans d'assister à sa noce, et j'ai suivi le maître du logis, qui m'a reconduite près des femmes.

« Les mariées vont-elles aller chez leurs maris? ai-je demandé.

— Non ! elles n'iront que dans sept jours ; seulement, à présent... » Il se mit à m'expliquer crûment ce qui allait se passer... Voyant et mon embarras et mon étonnement : « Cèla ne se passe donc pas ainsi en France, madame?... »

Je changeai de conversation ; heureusement, nous arrivions au salon... Toutes les femmes entouraient les mariées, qui étaient pâles, émues, et commençaient à pleurer; on les avait débarrassées de leurs voiles...

« Voulez-vous assister à l'opération? » me demanda encore mon Cophte... Je répondis oui, comme j'aurais dit non ; j'étais stupéfaite, toutes les femmes riaient et parlaient à madame Roland. Je vis que, comme moi, elle aussi paraissait embarrassée.

« Que vous disent-elles, ces bonnes dames?

— Elles me donnent des détails d'un technique, d'un cru très-inconvenant, et cela tout haut, comme vous le voyez, quoiqu'il y ait là ces trois messieurs », me répondit-elle à l'oreille.

Il y avait en effet là les deux maîtres de maison et un de leurs parents, plus ses enfants, futurs mariés... Un gamin de huit ans me posa une question plus que schoking... Je ne répondis pas, et me rapprochai de la jolie femme... Son mari était là, elle se tenait timidement les yeux baissés devant lui, ses petites mains croisées sur sa poitrine...

Est-ce ennuyeux d'être femme dans ce pays-ci !.. Et comme nous faisons bien, en Europe, de venger nos sœurs de l'Orient d'avoir à se tenir à genoux devant leurs maris, en faisant mettre aux nôtres tous les hommes !...

La jeune femme et sa mère, qui était là aussi, firent signe aux esclaves de s'en aller... Les trois messieurs sortirent également et allèrent dans la cour, où une fantasia échevelée continuait. Chasnée était allée chanter et danser ; là tous les hommes étaient réunis. Bientôt il ne resta plus dans la salle qu'une dizaine de femmes... Le mari de la plus grande des deux sœurs entra alors ; celle-ci, en le voyant, fit une grimace affreuse. Quatre femmes la prirent à peu près de force et l'entraînèrent dans une pièce à côté, où Mme Roland et moi nous la suivîmes... Là, elles l'appuyèrent sur le divan, la tenant fortement, le mari prit à la main un mouchoir de fine toile... et fit l'opération ; la malheureuse hurla de douleur. Rien n'égale la brutalité de cette opération-là !...

Pourtant les femmes se mirent à pousser des cris de joie, le fameux mouchoir, teint de sang, circula de main en main, et alla jusque dans la cour, où les hommes l'accueillirent avec des hourras !

Arriva alors le tour de la pauvre petite ; on l'apporta pâle comme une morte.

Son mari prit à son tour un mouchoir à la main,

et essaya l'opération... La victime poussa deux cris de douleur, puis tomba évanouie... Le mari, ému, dit : «Laissons-la se remettre, on la fera plus tard.» Mais la mère se récria : «Il faut, dit-elle, que tout le monde voie que ma fille cadette, tout comme son aînée, était vierge... » Elle-même, elle prit le mouchoir, et fit l'opération... De nouveaux cris de joie retentirent... La pauvre enfant y mêlait le bruit de ses sanglots et de ses pleurs.

On a distribué encore du café, des pâtisseries... Ensuite, les hommes ont fait fantasia pour reconduire les mariés chez eux ; les femmes sont rentrées chez elles. On a mis au lit les deux victimes, en leur donnant les soins dont elles avaient grand besoin. Voilà une journée qui manque complétement de charmes pour elles !...

Je vous ai décrit ce que j'ai vu de la fête; mais elle était déjà commencée la veille ; il y avait eu fête chez les jeunes filles... On les avait conduites en grande pompe aux bains... Ensuite, les femmes s'étaient réunies chez elles pour voir les costumes de noces, les cadeaux. Chez les maris, à peu près même chose s'était passée !... Le soir, à cinq heures, on avait saigné le fameux mouton, on l'avait fait rôtir, et tout le monde invité et les parents en avaient mangé un morceau...

Les Cophtes ont, je l'ai déjà dit, conservé beaucoup des usages patriarcaux, et ils ont fait un amalgame des lois de Moïse et de l'Évangile... Ces chrétiens-là, greffés sur des idolâtres, ayant vécu au milieu des juifs, des musulmans, ne sont ni tout à fait chrétiens, ni tout à fait juifs, ni tout à fait musulmans, mais ils sont un peu de tout, et de ce tout ils ont fait une espèce de religion qu'ils appellent *christianisme*... Chose digne de remarque, ils détestent peut-être plus les vrais chrétiens, les enfants de l'Église de Rome, que les musulmans.

Leur nom de Cophte leur vient de la ville de Cophtos, située près de Thèbes, dans le Saïd, qui était la capitale de l'Égypte chrétienne.

Parmi les Cophtes, les uns, le plus petit nombre, sont encore jacobites; les autres se sont alliés aux chrétiens grecs... Une partie d'entre eux ont embrassé l'islamisme.

Vivant très-retirés chez eux, sauvages de caractère, ils sont restés, comme je l'ai dit, attachés aux usages antiques. Les plus riches ont des maisons poudreuses et sales, quelques divans pour tout meuble... Les bijoux sont leur seul luxe...

Les dames cophtes s'habillent à peu près à la turque, et en sortant elles portent un voile et le habbarah noir, grand carré de soie qui les enveloppe entièrement. Ce n'est point une loi pour elles de se voiler, car avec les Cophtes leurs coreligionnaires elles se montrent à visage découvert... Voici ce qui les a portées à adopter le voile :

Lorsque les Arabes ont fait la conquête de l'Égypte et qu'ils ont installé ici leurs harems, ne permettant à leurs femmes de se montrer en public que le visage caché, les Cophtes se sont dit avec raison : Nous serions bien bêtes, nous, de leur montrer nos femmes, puisque eux nous cachent les leurs avec tant de soins .. De plus, les musulmans, peu civilisés encore à cette époque, habitués à ne voir que les filles de mauvaises mœurs aller sans voiles, insultaient toutes les femmes qui n'avaient pas un voile sur la figure... Ces deux motifs-là ont fait adopter aux dames cophtes l'usage du voile... Du reste, il y a vingt ans à peine, les dames européennes qui venaient ici étaient forcées de prendre le costume du pays, y compris le voile, pour pouvoir aller et venir sans être insultées.

Les dames qu'on appelle Levantines, c'est-à-dire celles nées en Égypte de parents européens, conservent encore le habbarah, et il y a quelques années elles aussi portaient un voile...

Comme pour les fellahs, les auteurs qui s'occupent de l'Égypte émettent des opinions matériellement opposées sur l'origine des Cophtes, et même, ce qui paraît incroyable, sur leur type...

Volney, lui, dit qu'ils descendent directement des anciens Égyptiens, faisant remarquer avec raison que seulement chez eux les usages antiques se sont conservés purement, ainsi que l'ancienne langue ..

Champollion n'est pas, lui, de cet avis; il a cru reconnaître les descendants des Pharaons dans les Nubiens... D'autres les retrouvent dans les fellahs, disant que le fellah n'est point l'Arabe qui est venu conquérir l'Égypte, mais l'ancien peuple cultivateur, celui qui avait toujours existé, qui est toujours resté attaché au sol, subissant toutes les dominations sans mêler son sang à celui des conquérants...

Denon trouve aux Cophtes une grande ressemblance avec les figures sculptées sur les monuments... Il a raison ; seulement, il devrait ajouter que sur ces monuments, si le type cophte s'y trouve, ceux des Nubiens et des fellahs s'y trouvent aussi, ce qui prouve que, dès les premiers siècles de l'existence de l'Égypte, des colonies de divers peuples étaient venues s'y établir, y ayant formé plusieurs classes suivant le genre de spécialité de chacun de ces peuples, et qu'ils avaient fait un gouvernement sage, des lois qui encore aujourd'hui nous paraîtraient dignes d'éloge, et qu'ils vivaient là en bonne intelligence, mais sans mêler leur sang entre eux. Ce qui le prouve, c'est que la loi attachait le fils à la classe de son père. Certains voyageurs ont trouvé aux Cophtes une grande ressemblance avec le nègre. Ceci par exemple est complétement inexact... D'abord, beaucoup d'entre eux ont la peau fort blanche ; les autres l'ont bistrée, mais non noire ; ensuite, ils n'ont point, comme l'assurent des auteurs, le nez épaté et les lèvres épaisses. J'en ai vu beaucoup avec le nez grec et les lèvres fines...

Sonnini dit : « Les Cophtes sont les plus laids des hommes et aussi les plus dégoûtants et les plus sales. »

Cette opinion me paraît injuste. Il y a chez les femmes cophtes des types de beauté réelle : grands yeux noirs, teint blanc mat, nez droit, bouche charnue, mais non les lèvres épaisses comme celles des nègres.

Quant à celui qui a trouvé aux Cophtes les cheveux crépus et laineux, sans doute il n'a vu que les négresses qu'ils emploient en masse pour leur service, et il a pris les serviteurs pour les maîtres.

D'Avezac, lui, a trouvé dans le Cophte une origine chinoise, toujours d'après son type ; on ne peut dire qu'une chose de cet auteur, c'est qu'il a beaucoup, mais beaucoup d'imagination.

Nous avons quitté cette maison à deux heures du matin. On nous a remerciées, puis remerciées encore, d'avoir bien voulu les honorer de notre présence.

Je me promets d'assister au mariage de ce gamin de quatorze ans avec sa petite fillette. Ce sera drôle à voir. Et ensuite j'examinerai l'intérieur de celui que l'on appelle le plus riche Cophte du Caire. De là, m'a-t-on dit, on se rendra à l'église, car ce sera l'évêque cophte qui les mariera.

Ce matin, à onze heures, je sortais à peine de ma chambre, fatiguée de ma soirée, le janissaire est venu.

« Eh bien ! m'a-t-il dit, comment n'es-tu pas venue à la noce ? Les maîtres de la maison m'ont demandé pourquoi tu n'y étais pas ?

— Comment ! j'y suis restée jusqu'à deux heures du matin. »

Le brave homme me regarda d'un air ébahi.

« Mais tu n'y étais pas, me dit-il.

— Mais si, te dis-je.

— Mais je t'ai cherchée dans toutes les salles, et le maître de la maison est venu me demander dix fois au moins pourquoi tu n'étais pas venue? Si tu y avais été, il ne m'aurait pas fait cette question. »

Je trouvai sa logique assez bonne, et je commençai à penser qu'il pouvait bien y avoir deux noces ce jour-là, et que nous nous étions peut-être trompées de maison. L'hésitation de Menzoura me revenait à l'esprit.

« N'avait-on pas expliqué à mon domestique que la maison de ce Cophte était là tout près, sur l'Esbékyèh ?

— Mais non, elle n'est pas sur l'Esbékyèh ; elle est derrière cette rue qui mène à Choubrah. »

Nous nous étions trompées de maison ; nous avions été chez des gens qui ne me connaissaient pas, à qui je n'étais nullement annoncée, et qui nous avaient reçues avec cette cordialité, cet empressement joyeux !

Que l'on nie ensuite l'hospitalité orientale !

Je protesterais énergiquement.

Comme j'avais exprimé le désir d'avoir du khol à la jeune et jolie femme, tantôt son mari est venu m'en apporter une petite bouteille en argent.

« Ma femme m'a dit de vous apprendre à le mettre », m'a-t-il dit, et il s'est mis à me barbouiller les sourcils, les cils, le dessous des paupières, et de quelle façon, grand Dieu !

Après cela, il a voulu aller chercher un rasoir pour me raser les sourcils à la mode des femmes orientales, qui se les rasent, ce qui leur procure le plaisir de s'en dessiner un jour de droits et longs, un autre jour de fortement arqués, se rejoignant sur le nez.

Vous comprenez que je l'ai remercié, et l'ai assuré que je tenais à mes sourcils.

Mes yeux ainsi barbouillés de khol, je me suis regardée à la glace ; j'étais tout bonnement affreuse. J'ai voulu alors me les laver ; mais cette maudite poudre noircit si bien, que je n'ai pu parvenir à l'enlever. C'est navrant de songer que j'en ai pour au moins huit jours à être si ridiculement barbouillée !

Mon Cophte m'a invitée, au nom de sa femme, à aller chez lui, et m'a dit que sa femme me mènerait dans les principales maisons cophtes, que je pourrais ainsi connaître et voir leurs usages.

Je l'ai remercié, et j'ai le projet de profiter de cette invitation, car les Cophtes, assez sauvages, vivant entre eux, sont généralement peu connus.

---

# LA FÊTE DU KHALIG.

---

Une des jolies fêtes de l'Égypte, fête qui offre un cachet tout oriental, c'est celle qui se célèbre dans la nuit qui précède l'ouverture du Khalig, ou canal qui traverse le Caire, et va répandre ses eaux dans plusieurs provinces qui sont près de la branche occidentale de Damiette.

Les anciens Égyptiens adoraient le Nil; ils l'appelaient le Dieu, *horus* et *seidorus* (soleil et fertilité), noms qu'il mérite bien, puisque l'Égypte lui doit son existence et sa fertilité. On peut encore l'appeler le Dieu créateur, car n'est-ce pas lui qui a créé ce riche pays?...

Ils avaient fondé une ville appelée *Nilus*, où ils élevèrent un temple en son honneur. Le Nil était représenté par un beau vieillard à barbe blanche. Cette statue était en marbre noir, à cause, sans doute, de l'origine éthiopienne de ses eaux; sa tête était couronnée d'épis en signe de l'abondance qu'il faisait naître dans les champs. Il s'appuyait sur un sphinx, probablement parce qu'à cette époque, comme encore aujourd'hui, les lieux où il prend sa source étaient inconnus. Il avait à ses pieds un crocodile et un hippopotame. Il était entouré de seize enfants, qui, par leur pose, représentaient les seize coudées que doivent atteindre les eaux du fleuve pour apporter la fertilité dans cette contrée.

Si aujourd'hui on ne décerne plus les honneurs divins au Nil, on entoure de soins et de sollicitude ses eaux bienfaisantes, et, par tous les moyens possibles, on cherche à les conserver et à régulariser leur répartition sur le Nil égyptien. Comme jadis, les Égyptiens savent bien que du Nil dépend l'abondance ou la disette, la richesse ou la pauvreté.

Chaque année donc une grande fête a lieu au Caire pour le coupage du barrage du Khalig, qui se fait lorsque le Nil est arrivé à la hauteur voulue pour l'inondation; l'époque varie du 10 au 25 août.. Dès le soir la ville s'illumine, tout y prend un air de fête; les Arabes chantent gaiement, se livrent à mille joyeuses fantasias. Les pauvres se rendent à pied au barrage, les riches louent des dahabiers (grandes barques), et vont passer la nuit sur le Nil, qui offre un coup d'œil féerique... Une quantité de barques, de dahabiers, le sillonnent en tous sens; elles sont éclairées de lanternes de couleur. Des musiciens, des chanteurs, assis sur le pont, font retentir l'air de leurs chants joyeux. L'été passé, j'ai été invitée à cette fête dans un très-beau dahabier. Il était illuminé *a giorno;* des fleurs, des pavillons, l'ornaient de toutes parts ; des musiciens, des danseuses ou almées, étaient sur le pont. Assis dans le salon, les fenêtres ouvertes, nous voyions tout au loin le Nil éclairé de mille feux. Des chants, des joyeux éclats de rire, nous arrivaient de toutes parts. Après un fort bon dîner, au son de la musique de nos musiciens arabes, musique tantôt langoureuse et indolente, tantôt éclatante et joyeuse, les almées ont commencé à exécuter leur fameuse danse ; elle ne m'amuse pas du tout. Aussi ai-je préféré rester sur le pont à jouir de l'aspect fantastique que produisaient tous ces Arabes, ces musiciens sur chaque barque, éclairés et par la clarté de la lune et par ces mille feux de couleur... On se serait cru au milieu d'une myriade de fantômes diaboliques, on aurait dit un bal dans le fleuve infernal, d'autant plus que les Arabes expriment leur joie par des notes aiguës, stridentes.

Tous les bords du fleuve étaient couverts par une populace en goguette, et ceux-là aussi, éclairés par la lueur de leurs torches se mariant à celle du clair de lune, avaient un petit air de diables se livrant à une sarabande, qui faisait l'effet le plus saisissant et le plus pittoresque. La fête a continué toute la nuit. On apercevait au loin fusées, feux de Bengale, car ce jour-là on tire une foule de feux d'artifice dans le Caire.

Saïd-Pacha avait conservé l'habitude de se rendre en grande pompe au barrage du Nil pour la fête du Khalig; une année il invita beaucoup de personnes, des Turcs et des familles européennes. Il donna l'ordre à un pacha de lui commander un bon dîner, de faire dresser vingt tables près du barrage.

Son Altesse arrive, se met à une petite table exprès pour lui, et engage ses invités à prendre place aux autres tables. Tout était prêt, les couverts mis et le dîner servi... Seulement les invités croient à une mystification... Les uns sont assis à une table où il n'y a que des potages, vingt-quatre soupières; les autres que des hors-d'œuvres, les autres vingt-quatre rôtis; d'autres enfin rien que des sucreries... Pourtant ils n'osent rien dire : les uns mangent leur assiette de soupe et en restent là, tandis que leurs voisins mangent le dessert pour tout potage... Ceux des hors-d'œuvres sont le plus mal partagés.

Voici ce qui était arrivé : le pacha, pensant aux vingt-quatre tables, avait commandé vingt-quatre de chaque plat Les Arabes qui avaient mission de déballer ce dîner et de le placer sur les tables avaient cru faire preuve d'une rare intelligence en mettant tous les potages sur l'une, les rôtis sur l'autre et ainsi de suite... Les invités se souviendront longtemps de ce dîner; et, lorsque Saïd-Pacha a connu ce détail, il a ri comme un fou de voir que personne n'avait osé rien dire, et que chaque table s'était contentée du mets unique, mais abondant, qui lui était servi. Il demandait à chacun s'il s'était trouvé à la table du potage ou à celle des hors-d'œuvres ?

Enfin, au point du jour, les troupes sont arrivées

en grande tenue, le vice-roi à leur tête... On a jeté en grande pompe une espèce de mannequin fait en argile, et qui a la prétention de représenter une jeune et jolie vierge de quatorze à quinze ans. Une fois le mannequin lancé, on tire un coup de canon dans la digue, qui est rompue, et l'on voit l'eau bondir impétueuse et se précipiter dans le canal.

On le voit, en bien des choses on conserve encore aujourd'hui un simulacre, un quelque chose des anciennes coutumes : exemple le mannequin jeté en pâture au dieu Nil pour s'attirer ses bonnes grâces.

Beaucoup d'anciens auteurs nous disent que dans l'antiquité, pour la célébration de cette fête, on cherchait une belle et gracieuse jeune fille, on l'arrachait de force à sa famille; en plus, on la revêtait d'un somptueux costume, celui que porte la mariée, et on la jetait dans les eaux du Nil, lui donnant ainsi la mort pour époux.

Par ce sacrifice barbare, ils pensaient, ces bons Égyptiens, se rendre le dieu favorable, et amener l'abondance dans leurs champs.

Des auteurs modernes ont soutenu que les Égyptiens étaient trop civilisés pour commettre un pareil acte, et que sans doute les auteurs anciens nous ont fait un conte, ou ont été trompés par l'usage de ce mannequin que l'on jette encore aujourd'hui, et qu'ils ont pris pour une jeune fille.

Ni l'un ni l'autre n'est croyable. Si l'on met ce fait en doute, il faudrait mettre toute l'histoire de l'Égypte, et, du reste, quoique éclairés, avancés sur bien des arts et des sciences, ces bons Égyptiens avaient cependant plus d'une autre coutume qui ne manquait pas de barbarie.

Du reste, l'époque de la conquête de l'Égypte par Amrou ne date pas d'assez longtemps (de l'ère de J.-C.) pour que l'histoire des faits qui se sont passés alors soit déjà enveloppée dans les nuages de la nuit des temps. Tous les historiens arabes, comme les historiens français, s'accordent à dire qu'Amrou, choqué de la cruauté d'un pareil usage, le défendit, et, le hasard faisant que le Nil resta quelque temps sans monter, tout le peuple se mit à murmurer, et Amrou commençait à craindre une révolte. Il écrivit donc à Omar pour le consulter; celui-ci lui répondit qu'il avait bien fait d'abolir cette coutume barbare; il lui envoya, sur une feuille de papier, une invocation à Dieu, lui ordonnant de la jeter dans le Nil, et, soit hasard, soit que Dieu voulût prouver à Omar et à Amrou qu'il lui était agréable qu'ils eussent mis fin à une barbarie pareille, les eaux montèrent de seize coudées.

A partir de cette année, on remplaça alors la jeune fille par un informe mannequin d'argile.

Tous les auteurs sont unanimes sur ce fait. Il se trouve relaté dans une foule de livres arabes. On ne peut donc guère nier son exactitude. Du reste, le mannequin est encore là pour nous prouver que l'histoire du premier sacrifice est bien vraie. On me dira que, lorsque Amrou est arrivé en Égypte, ce pays était déjà peuplé de chrétiens, et qu'il est étonnant qu'eux n'aient pas mis un terme à cette atrocité, sans attendre qu'un musulman le fît. Mais les chrétiens d'alors étaient greffés sur des anciens idolâtres; ils n'étaient pas entièrement idolâtres, mais ils n'étaient pas non plus complétement chrétiens. Les peuples ne changent pas aussi vite, ne perdent pas aussi facilement des croyances existant depuis six mille ans dans leur pays !

Voyez ce que nous dit des chrétiens d'Égypte Adrien, qui fit un voyage dans cette contrée, alors province romaine, l'an 130 de l'ère chrétienne :

« J'ai bien étudié, mon cher Servinius (écrivait-il au consul de ce nom), cette Égypte que vous me vantiez, et je l'ai trouvée légère, inconstante, empressée de toute espèce de bruits ; ceux qui adorent Sérapis sont chrétiens; ceux qui se disent les évêques du Christ sont aussi des dévots à Sérapis. Il n'y a pas de chefs de synagogue, de prêtres des chrétiens, de devins, d'aruspices, de baigneurs, qui n'adorent Sérapis. »

On le voit, Adrien reconnaissait qu'à cette époque le christianisme n'avait pas encore pu arracher parfaitement les anciennes croyances du cœur des Égyptiens; ils pouvaient donc bien avoir conservé celle que ce don d'une telle vierge rendrait le Nil plus empressé à monter et à fertiliser leur sol.

Comme barbarie, hélas ! le christianisme n'a pas eu pour effet immédiat non plus d'en arracher tout germe de leur cœur.

Voyez ce qu'ils font à Alexandrie, l'an 418 :

Une femme d'une beauté sans rivale, d'un talent oratoire extraordinaire, instruite à rendre des points aux savants d'Alexandrie, Hypatia, fille du célèbre mathématicien Théon, brillait à une des chaires d'Alexandrie, enseignant à un auditoire charmé Platon et Aristote; elle avait aussi brillé à l'école d'Athènes; elle était aussi vertueuse que belle, on l'admirait et on l'estimait.

Eh bien ! un jour, les disciples de saint Cyrille s'attroupent autour de son char, l'en arrachent, la mettent en mille pièces, jetant les lambeaux de sa chair dans les flammes. Voilà qui est assez peu parlementaire, il me semble; ça sent la stupide et folle barbarie. Pourtant, ça se passait l'an 418 de notre ère, et les auteurs de cet horrible assassinat n'ont point été punis. Saint Cyrille leur accorda une absolution complète. Ils avaient été, du reste, conduits, pour commettre ce meurtre, par Pierre, un lecteur de l'Église.

---

# LE RAMADAN AU CAIRE.

**Fantasias. — Illuminations. — Les derviches hurleurs. — Les derviches tourneurs. — Les danseuses. — Bateleurs. — Psylles ou charmeurs de serpents.**

Nous sommes au 24 janvier, le canon vient d'annoncer que le grand carême des musulmans commence : la ville est illuminée, de joyeuses fantasias la parcourent.

Toute l'après-midi un bonhomme monté sur un âne s'est promené sur l'Esbékyèh. Il avait une couronne de foin, un collier et des bracelets de la même herbe ; enfin il était à peu près couvert de foin. Une centaine de personnes l'escortaient, criant en cadence : « Ma-ho-met-Al-lah ! » Je n'ai pu comprendre, je l'avoue humblement, le sens de cette cavalcade. Je ne suppose pas qu'ils veuillent dire, par ce symbole de foin, que leur prophète était un ..... Non, ce serait par trop irrévérencieux. Enfin, je n'ai pas compris le sens de ce foin.

On le sait, le carême musulman dure quarante jours. Pendant ce temps-là, les musulmans font carnaval la nuit et carême le jour.

Dès l'instant que l'on peut distinguer un fil blanc

d'un fil noir jusqu'au coucher du soleil, le musulman ne doit plus ni boire, ni fumer, ni manger ; il doit se priver d'entrer dans son harem ; mais, si ses affaires l'y appellent, il doit bien se garder même de toucher la main d'une femme ou de lui donner un simple et chaste baiser.

Dès le matin, un coup de canon annonce que le ramadan commence ; le soir, un autre coup de canon annonce qu'il est fini.

C'est très-amusant de voir les rues du Caire le soir. Dès que les Arabes entendent ce bienheureux coup de canon, ils poussent des cris de joie, roulent vite une cigarette et vont à leur logis pour manger.

Cela se comprend du reste, car rester sans boire, sans manger, depuis six heures du matin jusqu'à six heures du soir, doit être très-pénible, surtout pour ceux qui travaillent. Voyez-vous ces pauvres âniers courant toute la journée derrière leur âne, ou encore les sahïs, ne pouvant même se rafraîchir la gorge desséchée par la poussière. Aussi, vers la fin du ramadan, ces bons musulmans n'ont plus figure humaine. Cette espèce de carême n'est rien moins que sain pour le corps : jeûner le jour, la nuit s'amuser, manger, et par conséquent ne pas dormir, pour le peuple surtout c'est très-mauvais. Les gens riches ont la ressource de passer leur journée à dormir, eux..., et qui dort dîne, dit-on.

Le Caire offre un aspect pittoresque et burlesque pendant les nuits de ramadan. Si en temps ordinaire les Arabes sont couchés à huit heures, et si les quartiers habités par eux sont calmes et tranquilles dès cette heure..., pendant leur carême toute la ville devient bruyante et joyeuse la nuit : les maisons sont éclairées; des chants, le son de la musique, des éclats de rire, s'en échappent. Toutes les boutiques restent ouvertes toute la nuit, et, par conséquent, sont fermées pendant la journée. Les cafés sont remplis, les conteurs arabes, les danseuses, sont là pour amuser les consommateurs... On rencontre à chaque pas de joyeuses fantasias; chaque Arabe porte une torche allumée à la main; tout ça crie, hurle, chante, se démène; on dirait, à les voir ainsi éclairés par la lueur rouge des torches, que tous les habitants de l'enfer ont pris un congé et viennent faire leur sabbat au Caire.

Ces fantasias escortent ou un homme qui fait le fou, ou un qui fait des tours..., ou deux hommes dont l'un est habillé en consul ou en roi, et qui se livrent à la pantomime la plus ignoble. Je ne trouve pas de mot pour qualifier ces scènes obscènes. La foule les entoure, les femmes sont là, et en grand nombre, riant et applaudissant. C'est étonnant avec quelle impudeur naïve se passent ici les scènes les plus incroyables. Ces gens-là n'ont pas, on le voit, conscience de l'inconvenance de certaines choses. Toutes ces femmes sont là, elles n'ont pas la moindre vergogne. Le vice s'étale ici sans gêne et sans contrainte.

Que l'on ne dise pas que l'Égypte est civilisée!...

Après avoir vu certaines processions et certaines scènes qui se passent en ramadan, et celles en pleine rue, en pleine place de l'Esbékyèh, on se dit que la barbarie avec ses vices honteux, son absence de sens moral, y règne encore dans tout son éclat.

Je ne puis comprendre qu'Ismaïl-Pacha, élevé à Paris, ayant, par conséquent, des notions de ce qui se passe en Europe, étant enfin un homme civilisé, tolère ces choses-là, qui certes n'existent point dans le reste de la Turquie, et qui sont vraiment honteuses pour un pays et pour celui qui, le gouvernant, les tolère.

La place de l'Esbékyèh est le rendez-vous général; aussi offre-t-elle un coup d'œil aussi bizarre qu'étonnant, brillamment illuminée comme elle l'est; dans chaque coin se trouve un rassemblement, et la foule joyeuse se presse et va des uns aux autres. Tous ces Arabes ont une façon d'exprimer leur joie qui est passablement assourdissante; ils poussent des cris qui n'ont rien d'humain. On se demande, par moments, si les bêtes féroces dudésert n'auraient pas par hasard fait invasion en ville.

L'Esbékyèh est parsemé de cafés chantants, de cuisines improvisées, où l'on vend des mets turcs. Les bateleurs, les danseurs et danseuses, les derviches hurleurs, les derviches tourneurs, prennent possession de la place.

Les bateleurs ou psylles ont le privilége d'attirer le plus de monde : le cou entouré de serpents, les bras idem, ils font avec eux toutes sortes de tours qui charment et émotionnent les spectateurs; parfois ils se font mordre les bras, la poitrine; ils sont là ruisselants de sang, se débattant au milieu de leurs vipères, les mordant eux aussi, faisant semblant de les avaler; ils font ces tours avec une adresse merveilleuse; ils ont la vipère *hatjé* qu'ils font devenir aussi immobile qu'un bâton : pour cela, ils lui crachent dans la gueule, la lui tiennent fermée un instant, appuyant leur main sur sa tête. Aussitôt son corps devient raide comme si la mort en avait fait sa proie; ils font alors passer ce serpent de main en main. On peut le toucher, le jeter à terre, il ne fait pas un mouvement. On croirait tenir réellement un bâton dans la main. Pour le réveiller, les psylles roulent dans leurs mains l'extrémité de leur queue; pendant deux ou trois minutes, la vipère hatjé commence à rouvrir ses yeux, secoue sa petite tête comme si elle sortait d'un profond sommeil, puis, bientôt, se met à faire mille bonds. Cette dangereuse vipère a cinq ou six pieds de long et trois pouces de tour; c'est une des plus redoutables.

Les psylles ont aussi enlacé à leur cou le fameux scythale des Pyramides, le plus redouté de tous les serpents d'Égypte, car sa morsure donne une mort atroce; ensuite, la vipère céraste ou cornue, jolie petite bête dont la peau a le même gris que le sable du désert, ce qui fait qu'on ne l'aperçoit pas, et qu'on est exposé à mettre le pied dessus et à se faire mordre :

sa tête est ronde et assez gracieuse ; au-dessus de chacun de ses yeux elle a une petite proéminence qui ressemble à une corne, ce qui lui a valu le nom de vipère *cornue* ; sa morsure est aussi mortelle.

Ces psylles, qui ont existé dans l'antiquité égyptienne, car ils figurent sur les monuments représentant des fêtes publiques, ont réellement une adresse extraordinaire et un grand courage. De tous les temps, ils ont joui d'une grande réputation ; ils passent pour être plus adroits que les charmeurs de serpents que l'on trouve dans les Indes. Les psylles ont de tout temps formé une corporation à part ; ils font ce métier de père en fils, métier, du reste, qui est une vraie science. « Il faut descendre d'un psylle, disent-ils, pour que les serpents vous obéissent. »

Toutes ces vipères, avec lesquelles ils font leurs tours, dont ils s'entourent tous les membres, n'ont plus les crochets qui contiennent le venin ; mais pour les prendre dans le désert ou dans les fossés où elles se trouvent, ne leur faut-il pas une grande adresse et une bonne dose de courage ?

On a voulu traiter de fable le talent qu'ils ont de faire accourir les serpents à leur voix ; rien n'est plus vrai pourtant. Deux fois, j'ai assisté moi-même à ce tour-là l'été passé ; nous avons mené deux psylles aux pyramides, où la vipère scythale est en grand nombre ; un des psylles s'est mis à pousser des petits cris, de petits sifflements. Au bout de quelques minutes, deux vipères ont passé leur tête entre la jointure de deux pierres, ont fixé sur lui leurs petits yeux ronds.

J'avais une peur atroce ; je me demandais si elles n'allaient pas venir se jeter sur moi !... Le psylle, en les fixant, lui aussi, a continué de pousser ses petits cris; alors, elles sont sorties de leur cachette et sont venues vers lui en faisant des petits bonds qui avaient l'air d'exprimer la joie ; l'autre psylle s'est rapproché de lui ; l'un a jeté son mouchoir à une des vipères, qui l'a saisi avec les dents ; alors il a tiré fortement à lui, les deux crochets contenant le venin se sont brisés sans doute dans ce mouvement, et le venin est resté dans le mouchoir; il a pris cette bête et l'a enroulé tranquillement autour de son cou... L'autre, une fois la vipère à la portée de sa main, l'a saisie brusquement assez près de la tête; mais il a mal calculé son mouvement, et ne l'a pas prise assez près, car elle s'est retournée et l'a mordu au bras ; le sang a jailli ; nous avons poussé un cri d'effroi ; lui, avec calme, a donné un coup à la bête sur la tête, puis lui ouvert la gueule, a pris son mouchoir, et lui a brisé les crochets contenant le venin.

Tout cela a été fait en moins d'une minute; ensuite, lui aussi, a enroulé la vipère autour de son cou, et il s'est mis à sucer la plaie qu'elle lui avait faite, en crachant le sang qu'il retirait ; nous lui avons demandé s'il ne craignait pas que, malgré cette précaution, s'il ne se cautérisait pas, il ne lui arrivât un accident, et nous a répondu que bien d'autres fois il avait été mordu, mais que toujours il n'avait fait autre chose que de sucer ainsi la plaie, et que nous pouvions voir qu'il n'était pas mort.

Pour moi, je n'avais plus aucun charme à considérer les pyramides, il me semblait que de chaque interstice de pierre sortait une tête de serpent, braquant ses yeux fascinateurs sur moi; il me semblait que le sable s'agitait sous mes pas pour donner passage à ces vilaines bêtes qui me font frémir d'épouvante; j'ai prié les psylles de ne plus appeler aucune vipère et de se tenir loin de moi avec les leurs, qui, quoique je les susse inoffensives à présent, me faisaient peur... Je dois dire, du reste, que les messieurs qui étaient avec moi se sont sentis mal à l'aise, eux aussi, et qu'ils n'ont pas mieux demandé que de s'éloigner de ces maudites pierres, nids à serpents. Arrivés à une lieue de là, en plein désert, l'un de ces psylles nous dit : « Il y a ici dans le sable beaucoup de vipères à cornes; si vous voulez, nous allons les appeler tout en marchant; s'il y en a une près de nous, vous la verrez accourir. »

Tous, avec une unanimité qui témoignait de notre peu de courage, nous les avons suppliés de n'en rien faire et de laisser en paix, et le plus loin possible de nous, ces affreuses bêtes.

Un autre jour, dans une campagne, à Choubrah, les domestiques firent remarquer au maître du logis que depuis deux ou trois jours ils voyaient dans les appartements des traces gluantes qui indiquaient qu'il devait y avoir un serpent... On fit venir un psylle, et, comme on me savait désireuse de voir de près le savoir de ces gens et la manière de faire sortir ces bêtes de leur cachette, l'on me fit prévenir. Je m'y rendis de suite... Le psylle arriva, il parcourut toutes les pièces de la maison en faisant des invocations qui n'étaient que pour donner plus de prestige à la séance ; mais il poussait aussi ces mêmes certains petits sifflements ; enfin, arrivé à la salle à manger, il renouvela sa pantomime et ses cris... « Le serpent est ici ! » nous dit-il.

Je commençais à me sentir le frisson ; craignant qu'il ne sortît d'un coin près de moi, je grimpai résolûment sur une chaise.

Entre les croisées se trouvaient sur des petites colonnes des vases en marbre... Tout à coup, d'un de ces vases s'élève la tête d'un serpent, le psylle redouble ses cris, le serpent sort en plein du vase, fait un bond par terre, et s'avance en tortillant sa queue près du charmeur, qui lui lance son mouchoir; la vipère le saisit par les dents ; alors il tire à lui, soulève la vipère, la saisit enfin près du cou et retire fortement le mouchoir : le tour était fait ; les crochets étaient cassés, la bête était devenue inoffensive ; il la prit, la caressa, nous la montra la tenant enroulée à son bras : c'était une grosse et longue vipère, celle que l'on désigne sous le nom de *tupinambis* du désert, et qu'Hérodote appelle *crocodile terrestre*. Fort vilaine bête, et dont la seule vue me faisait frémir d'épouvante...

La science des psylles pour appeler à eux les serpents semble tenir du prodige. On veut voir dans ce talent du merveilleux ; alors, les ennemis de tout ce qui est merveilleux préfèrent nier le fait... Ils disent : « Ce sont des adroits jongleurs ; ils ont des serpents apprivoisés ; ils en déposent un adroitement dans un coin, dressé à cela ; il arrive à eux à leur appel. »

Eh bien ! non ; ils n'emploient pas le moindre charlatanisme. Aux pyramides, ils n'étaient point prévenus que nous les emmenions. Ils n'avaient donc pu cacher sous les pierres ces vipères... Dans cette campagne, on a envoyé chercher le psylle ; à son entrée dans la maison, il n'avait aucun sac, rien avec lui ; ensuite, nous ne l'avons pas quitté d'un instant, la fraude lui aurait été impossible ; il entrait pour la première fois dans la salle à manger quand il a fait sortir ce tupinambis du vase...

Du reste, Hérodote, ce bon père de l'histoire, qui a une façon si simple, si naïve et si vraie de tout expliquer, nous parle longuement des psylles, qui déjà, à cette époque, jouissaient d'une grande célébrité ; il nous dit tous les tours qu'ils faisaient, le talent qu'ils avaient d'appeler les serpents à eux ; il nous l'explique de cette façon : « Ils imitent, nous dit-il, le cri d'amour du serpent pour appeler sa femelle, celui de celle-ci pour attirer à elle le mâle ; ils l'imitent si bien que le serpent trompé accourt au bruit de leur voix ; une fois la bête près d'eux, adroitement ils lui cassent les crochets contenant le venin, et peuvent alors les apprivoiser sans crainte, faire avec eux tous les tours qui charment la foule. »

Voilà une explication simple et naturelle, et tout à fait vraisemblable ; le merveilleux est donc exclu de leur science ; mais il leur reste le mérite d'imitation et aussi celui du courage... Ils sont psylles de père en fils, parce qu'eux seulement savent imiter ces cris, et ils ne transmettent ce talent qu'à leurs enfants, faisant tout ce qu'ils peuvent pour laisser croire à tout le monde que leur science tient du prodige...

Les chasseurs, pour faire accourir certain gibier, se servent d'un sifflet contrefaisant les cris ou chants de ces aniamux. Les charmeurs se servent des mêmes procédés pour appeler les vipères ; leur voix remplace le sifflet du chasseur, voilà tout.

Chose digne de remarque et qui prouve que dame nature manque un peu de courtoisie pour nous, c'est qu'aux Indes, où les serpents se tiennent dans les arbres, leur peau est verte, de la nuance même du feuillage, ce qui fait qu'on ne les aperçoit pas, et que facilement on est mordu par eux en passant sous les arbres...

En Égypte, les serpents se cachent dans le sable du désert, dans les fossés limoneux : eh bien ! leur peau est absolument du même gris que le sable... On arrive sur eux sans les distinguer, et facilement on met le pied dessus; c'est ainsi que l'on est mordu...

Si les espèces des Indes étaient en Égypte, leur vert ressortirait sur le gris du sable, on se préserverait mieux de leur atteinte, et si les serpents des Indes étaient gris, il en serait de même pour eux... Mais non, la nature s'est montrée, je ne sais pourquoi, plus prévoyante pour leur conservation à eux que pour la nôtre!

Les derviches hurleurs attirent aussi beaucoup de monde; ils sont de la secte des *coupaïs*. Ce sont eux qui, pour plaire à Mahomet ou pour amuser la foule, peut-être encore pour leur propre agrément, se livrent à d'horribles plaisanteries dont je n'ai jamais pu comprendre le but...

Les uns se font sortir les yeux de l'orbite; les autres prennent un morceau de fer rougi, passent la langue dessus; l'on entend le frou-frou de la chair brûlée, on sent l'odeur qu'elle exhale...

D'autres se passent une aiguille d'une joue à l'autre, tandis que quelques-uns d'entre eux se livrent à une promenade, peu séduisante selon moi, sur des lames d'épées... Une fois que tous ces exercices sont finis, le chef met de sa salive sur les plaies. D'après eux, cette salive a le don de guérir immédiatement les plaies... Je le souhaite pour ces bonnes gens.

Mais la principale récréation des derviches hurleurs est de se mettre tous en rond et de dire, avec une voix de poitrine qui finit par n'être plus qu'un bruit sourd et caverneux : Al-lah ! Al-lah ! et cela pendant des heures entières, jusqu'au moment où ils en ont la poitrine si fatiguée qu'ils en crachent le sang !...

Les *méevéïs*, ou derviches tourneurs, se livrent à l'exercice de leur valse effrénée, en souvenir de Méevéïs, leur fondateur, qui était fou, et dont la principale folie consistait à tourner toujours sur lui-même... Sans doute les hurleurs avaient pour fondateur un homme poitrinaire qui crachait le sang, et c'est pour honorer sa mémoire qu'ils essayent d'en faire autant... Je ne trouve pas d'autre raison plausible pour m'expliquer l'exercice religieux auquel ils se livrent avec zèle.

Les derviches tourneurs se mettent en rang; leur chef, beau vieillard à barbe blanche, les préside; il récite un verset du Coran, ensuite il frappe dans ses mains; tous se lèvent à la fois et viennent défiler devant lui. Le premier arrivé le salue humblement, lui baise la main; dans le salut qu'il fait en se retournant, il prend son élan pour commencer sa valse : tenant ses bras levés vers le ciel, il tourne sur lui-même; les autres font la même cérémonie, et bientôt ils sont tous à tourner, tourner, à vous donner le vertige à vous-même, tandis qu'eux n'ont pas l'air de l'avoir... Ils portent une grande robe en drap serrée à la ceinture, descendant jusqu'à la cheville et ayant beaucoup de fond, presque autant que la fustanelle des Albanais. En tournant, l'air qui s'engouffre dans cette jupe lui donne la forme d'un éventail.

A un moment donné, le chef frappe encore dans ses mains, tous s'arrêtent subitement et s'accroupissent par terre ; on leur jette alors sur les épaules un manteau : ils en ont grand besoin, car ils sont en nage.

Le temps du Ramadan est un bon temps pour les danseurs, danseuses et chanteurs.

Les cafés restent ouverts toute la nuit. On en improvise d'autres sur l'Esbékyèh. Dans tous il y a des danseuses, des conteurs, de ces conteurs qui narrent d'une voix nasillarde. Leurs bonnes histoires, qui ressemblent assez à celles avec lesquelles nos nourrices nous ont endormis, charment les musulmans ; ils sont là bouche béante et tout oreilles à les écouter, tout en prenant leur café et en aspirant la fumée de leur narguillé.

Les danseurs égyptiens ont encore une façon de danser plus choquante que celle des danseuses, qui pourtant l'est déjà assez... Ils vont dans les cafés et dansent même en pleine place de l'Esbékyèh, et les Égyptiens font foule autour d'eux...

Les danseuses qui vont dans les cafés ne sont pas les plus fameuses, car celles-ci sont retenues par les maisons des pachas et des beys. Ces derniers illuminent tout chez eux et donnent des fêtes qui durent toute la nuit... Il y a d'abord un grand dîner, auquel ils invitent leurs amis, où vont même ceux qui ne sont pas invités, car ici, comme à Constantinople, pendant le

Ramadan, les Turcs ont toujours des couverts mis pour ceux qui s'invitent d'eux-mêmes chez eux... Il y a aussi une table pour les pauvres et les gens du peuple.

Le dîner dure fort longtemps ; ils se mettent ensuite à fumer, à prendre du café : c'est alors le moment où les danseuses viennent les égayer par leurs poses voluptueuses et agaçantes. La musique fait entendre ses sons, auxquels se marient les voix peu harmonieuses des chanteuses, dont les accents peuvent se comparer à ceux des Ursulines psalmodiant leurs psaumes sur un ton nasillard.

Au harem les femmes font fête aussi, elles s'invitent mutuellement; elle ont pour distractions les danseuses, la musique, des graines de melon et du gros blé grillé à grignoter... Vers les quatre heures du matin, on se met à manger, et l'on attend ainsi le jour... Quand le canon annonce que le Ramadan commence, vite elles se rincent la bouche, elles font leurs prières et se mettent à dormir.

Cette idée de faire en même temps le carême et le carnaval est tout simplement absurde, car cela les tue de fatigue, ceux surtout, je le répète, qui sont forcés de travailler dans le jour et ne peuvent pas, comme les riches, passer leur journée à dormir.

La rue du Mousky est très-animée pendant les nuits du Ramadan ; tous les magasins sont ouverts; les musulmans viennent se promener là, magasiner. Ce qui rend la ville bruyante et joyeuse, ce sont surtout les fantasias que l'on rencontre à chaque instant; tous les gens qui en font partie portent des torches... L'Arabe adore la fantasia : parcourir la ville en chantant, avec une torche à la main, est pour lui un vrai bonheur.

---

# LES HAREMS D'ÉGYPTE.

L'abaissement de la race turque. — Les enfants nés d'esclaves.
Position de leur mère. — Coquetterie des femmes.

Les femmes musulmanes, en Égypte, sont tenues plus sévèrement enfermées qu'à Constantinople... Elles sortent moins souvent, elles jouissent de moins de liberté. Cela tient, je crois, à ce qu'ici les harems sont plus généralement composés d'esclaves; les filles de bonne maison turque, en se mariant, s'arrogent un peu plus de liberté : si leurs maris se plaignent, leurs familles les soutiennent; si leurs maris se conduisent mal envers elles, elles ont une justice à qui elles peuvent s'adresser, et qui les protége. Mais en Égypte, hélas! la justice est chose inconnue; le seul maître souverain et arbitraire est le vice-roi d'abord, ses favoris ensuite.

Chaque pacha, chaque bey, est maître souverain dans son harem. Il peut être despote cruel, ses malheureuses victimes n'ont personne à qui elles puissent porter plainte.

Aussi, que d'atrocités il a été commis et il se commet encore dans les harems d'Égypte!

Si dans le reste de l'empire d'Orient le droit de

tuer sa femme ou ses esclaves est aboli, et si l'on punit sévèrement ceux qui se rendent coupables de ce crime, les musulmans d'ici s'arrogent encore parfaitement ce droit-là. Je choisis deux ou trois histoires au milieu d'une centaine, parfaitement connues et véridiques, et dont les héros sont encore en vie.

Une jeune fille musulmane entretenait des relations coupables avec un jeune Levantin; celui-ci habitait la maison d'à côté... La jeune fille, lorsque tout le monde dormait chez elle, se levait sans bruit et allait chez son amant en passant par-dessus la terrasse. Un jour, le père surprit ce rendez-vous galant. Il attendit le retour de sa fille en fumant tranquillement son narguillé. Lorsque la malheureuse revint, il la saisit de ses mains vigoureuses, lui passa autour du cou un lacet qu'il avait préparé, et l'étrangla.

Le lendemain matin on l'enterra, et nul ne vint demander compte à ce père dénaturé du crime qu'il avait commis. Une femme de plus, une femme de moins, c'est un simple détail dans ce pays-ci.

Il y a quatre ans, la femme d'un pacha du Caire devint amoureuse d'un bourriquier, d'un de ces hommes qui courent, couverts d'un haillon bleu, après la bourrique que vous leur avez louée. Ce bourriquier se tenait sur la place, juste en face du harem de cette dame. Il paraît que souvent elle le regardait à travers sa moucharabieh, et qu'il lui sembla bel homme.

En Europe, on trouvera extraordinaire que la femme d'un pacha, une femme comme il faut, s'éprenne de passion pour un homme de cette espèce... Ici ça n'a rien que de très-naturel. Songez que généralement ces dames sont ou esclaves elles-mêmes ou filles d'esclaves ; que, par conséquent, un homme du peuple est de leur condition ; qu'ensuite, elles n'ont pas l'éducation qui élève les sentiments ; elles ne voient dans l'homme que l'homme. Son éducation ! peuvent-elles l'apprécier? savent-elles ce que c'est, vivant enfermées dans leur prison, ne sachant ni lire ni écrire, rien du monde, de ses conventions ? Je l'ai dit dans mes *Mystères du sérail et des harems turcs*, je le répète : ce sont des femelles, et non des femmes. La faute n'en est pas à elles... Non, Dieu leur a donné le cœur, l'intelligence, l'esprit ; mais on étouffe de bonne heure le germe de tout cela en elles, au lieu de l'aider à se développer, de le cultiver. Il y a, il est vrai, ici comme à Stamboul, quelques femmes distinguées, qui ont une certaine éducation, mais elles sont rares, et ce sont alors des filles de beys, de pachas, à qui l'on a fait donner quelque instruction.

Pour les autres, ce sont des créatures qui n'ont que l'instinct bestial. Elles vivent pour manger, bien dormir, se vêtir richement ; dans l'amour elles ne voient que l'amour matériel, celui de la brute... Tout homme pour elles est un homme, et les beys et pachas d'ici ont plus souvent leurs propres domestiques pour rivaux que des Européens ou d'autres messieurs du pays. Les femmes préfèrent donc leurs domestiques, cela leur offre moins de danger, et ils sont à leur portée plus facilement.

Donc notre dame avait remarqué ce bourriquier, et elle était désireuse de le voir de plus près. A prix d'or elle gagna son eunuque, qui consentit à le faire monter chez elle au moment où le mari serait absent.

Mais l'eunuque fut traître; il prit l'argent, fit monter cet homme chez sa maîtresse; et puis, il courut dire au mari : « Ta femme m'a forcé, en me menaçant de me tuer si je n'obéissais pas, à faire entrer un homme chez elle... Viens vite. »

Le mari accourut... La femme, épouvantée en l'entendant venir, fit cacher le jeune homme dans une petite chambre où l'on met dans le jour tous les matelas que l'on place un peu partout le soir pour faire les lits.

Elle nia énergiquement la présence de cet homme chez elle; mais le mari et l'eunuque cherchèrent tant et si bien, qu'ils trouvèrent le malheureux plus mort que vif, couché sous un amas de matelas. Le pacha le prit par le bras, le fit asseoir sur un divan, força sa femme à lui servir du café, un chibouc, à lui donner de l'eau pour se laver les pieds et les mains... Ensuite il saisit sa femme par les cheveux, prit son sabre et lui trancha la tête... Il mit la tête et le corps de cette infortunée dans un sac, fit charger ce sac sur les épaules du bourriquier, qu'il mit à la porte en lui disant : « Tu as voulu ma femme, la voilà ; fais-en à présent ce que tu voudras... » Ce malheureux grelottait de peur et d'épouvante sous cette lugubre charge ; il se dirigea vers un puits ; la nuit était venue ; là, il lava le sang qui l'inondait, puis se clapit dans un coin pour attendre que la nuit devînt complète et pouvoir aller jeter son triste fardeau dans le Nil. Un homme de la police l'aperçut et vint lui demander pourquoi il se cachait, et ce qu'il avait dans son sac... Il raconta la vérité ; mais le cavas, croyant qu'il mentait et que lui-même avait tué cette femme, le conduisit en prison. On fit appeler le pacha, qui répondit que le bourriquier avait dit l'exacte vérité ; il raconta à son tour, en détail, comment les choses s'étaient passées.

Le père de la pauvre femme fut appelé, lui aussi ; son gendre lui dit qu'il avait tué sa fille, lui expliquant pourquoi.

Je vous donne en mille à deviner la réponse du père !...

« Vous me voyez au désespoir, mon gendre, que ma fille vous ait donné un pareil ennui... Pour vous dédommager, j'ai encore une fille âgée de quinze ans, ravissante de beauté, dix fois plus jolie que sa sœur, je vous l'offre en mariage... »

Je vous jure que mon histoire n'est pas un conte ; je n'y ajoute pas la moindre broderie ; je raconte, voilà tout...

Ce pacha, tout le monde le connaît ici, et beaucoup savent cette histoire. Les musulmans trouvent ce qu'il a fait la chose la plus naturelle du monde. Ils trouvent aussi fort raisonnable qu'il ait épousé la sœur de sa victime. Car, disent-ils, grâce à la punition appliquée à sa sœur, elle ne sera pas tentée de tromper son mari...

Par exemple, on ne sait rien de la nature des sentiments qu'a cette seconde femme pour le bourreau de sa sœur !...

Un autre pacha est bien connu aussi par sa cruauté et par les mauvais traitements qu'il fait infliger aux nombreuses esclaves qu'il a dans son harem, et pourtant jamais on ne lui a fait une observation; jamais le gouvernement ne l'a exhorté à avoir un peu plus d'humanité; la police lui laisse une liberté complète.

Voici ce qui s'est passé il y a deux ou trois ans dans son harem. La vieille femme chargée de surveiller toutes ses esclaves lui annonça un jour que deux de ces jeunes filles étaient enceintes, l'une d'un mois, l'autre de deux mois.

Le pacha, qui est fort vieux, soupçonna qu'il pourrait bien n'être pas le père... Il ne dit rien pourtant, donna l'ordre de bien les soigner toutes deux, puis il les surveilla. Acquit-il la conviction que ces femmes-là l'avaient trompé?... Les uns disent oui, les autres prétendent qu'il ne découvrit rien, mais que son grand âge lui confirmait ses soupçons.

Peut-être savait-il cette fameuse phrase : « A soixante ans, un homme a rarement des enfants ; à quatre-vingts, il en a toujours. » Et peut-être en avait-il saisi le sens ironique.

Donc, savoir si oui ou non il avait une conviction est un mystère resté impénétrable. Il ne fit rien comprendre de son courroux à personne, pas même aux esclaves, qui furent soignées et traitées avec bienveillance. Le jour arriva pour la première, qui mit au monde un robuste et beau garçon ; la seconde accoucha un mois plus tard d'un enfant grêle et chétif... Un mois après les couches de la seconde, alors que toutes deux étaient parfaitement remises, il réunit toutes les femmes de son harem dans une grande salle ; les deux jeunes mères vinrent leurs nourrissons dans les bras... Le pacha ordonna alors à un de ses eunuques d'étrangler les deux enfants, ce qui fut fait devant lui et devant toutes ces malheureuses femmes frémissantes d'épouvante, au milieu des cris de douleur des deux mères ; les corps furent jetés, froids et contractés par la mort, dans un coin de l'appartement. Le pacha fit lier les deux mères, les fit dépouiller de leurs vêtements et leur fit donner à chacune cent coups de courbache devant toutes les autres esclaves, à qui il dit : « Voilà ce qui est réservé à celle de vous autres à qui il prendrait la fantaisie de se faire faire un enfant par un de mes domestiques. »

Une de ces pauvres femmes mourut dans la nuit même des suites de ces coups de courbache... L'autre, plus forte, malgré l'horrible douleur que lui faisaient éprouver les plaies béantes dont elle était couverte, eut le courage de s'esquiver pendant nuit, en appliquant une échelle au mur du harem et en se laissant glisser de l'autre côté. Toute ruisselante du sang qui s'échappait de ses blessures, elle se rendit à pied au consulat de Russie pour implorer aide et protection. Le consul la conduisit à Alexandrie, où il l'embarqua à bord du bateau russe en rade. Il la recommanda au commandant... Celui-ci, ému de pitié, consentit à la prendre à bord, la fit cacher dans une cabine... Le bateau partait le lendemain pour Trieste... Pendant toute la traversée, la jeune esclave fut soignée, et lorsqu'elle arriva à Trieste, elle était à peu près guérie. Le commandant la remit entre les mains de sa femme. Celle-ci l'a gardée auprès d'elle, l'a traitée avec douceur et bonté, lui a appris la langue italienne, lui a enseigné à coudre, à diriger un ménage, l'a instruite dans la religion chrétienne, qu'elle a embrassée dernièrement. Sa maîtresse l'a mariée ensuite avec le mécanicien du bord.

Cette jeune esclave bénit Dieu tous les jours d'avoir pu s'échapper de sa prison, et elle raconte à qui veut les entendre des détails peu édifiants, détails qui dénotent peu d'humanité, sur la façon dont son pacha se conduisait dans son harem, et sur d'autres harems où elle a été admise...

Pourtant ce pacha, quoiqu'on n'ignore pas ici sa conduite barbare, l'étranglement de ces deux enfants, passe pour un homme très-bien, et il est fort haut placé.

Un autre trait qui révolte l'homme le moins sensible est celui-ci :

Il y a bien quelques années, un grand pacha, s'ennuyant un soir, envoya chercher des danseuses ou almées pour faire charmer son ennui par leurs danses... L'une de celles qui vinrent était fort belle; elle plut à ce pacha, qui l'honora de ses faveurs et lui déclara qu'à partir de ce jour il lui défendait d'aller danser ni de recevoir aucun homme, la menaçant d'un châtiment exemplaire si elle désobéissait... La danseuse était fort peu enchantée d'être la maîtresse de ce monsieur, laid et peu aimable, mais, hélas! elle le savait tout-puissant : elle se résigna donc... Elle dit adieu à ses joyeuses amies et vécut renfermée dans son appartement, attendant qu'il convînt au pacha de l'envoyer chercher... Il y avait trois mois qu'elle menait cette vie... Cette enfant de la bohême égyptienne s'étiolait; elle ne rêvait que danse et musique. Quoique son amant lui donnât de l'or et de beaux bijoux, de beaucoup elle aurait préféré continuer à aller chez l'un, chez l'autre, s'enivrer du succès qu'obtenait toujours sa beauté et la volupté nonchalante de ses poses.

Elle sut un jour que le pacha était parti pour un mois à Alexandrie; elle en profita pour faire venir chez elle des danseuses de ses amies... Celles-ci lui dirent que depuis quelques jours elles allaient danser tous les soirs chez des jeunes gens aimables et généreux, qui habitaient au vieux Caire. « Veux-tu venir? lui dirent-elles ; ce soir il y aura nombreuse société, ils ont invité des étrangers. »

Asmalane hésitait, elle avait peur que son tyran vînt à l'apprendre. « Bast! il n'en saura rien, » lui dirent ses compagnes. Bref, elle grillait d'envie de repasser une joyeuse soirée, elle y fut. Elle était la plus belle ou tout au moins une des plus belles des danseuses du Caire : son retour fut accueilli par des cris de joie... « Mais ne soyez pas indiscrets, dit-elle à tous : si mon pacha savait que je suis venue danser ici, il me ferait bâtonner. » Tous jurèrent une entière discrétion et l'engagèrent à revenir le jeudi suivant, jour où ils auraient encore de nouveaux étrangers qui seraient heureux, lui dirent-ils, de voir la perle des almées... Son pacha devant être absent pour un mois, elle le promit.

A cette soirée se trouvait un jeune bey qui avait le désir de parvenir à un poste dans le gouvernement; le pacha était en faveur et tout-puissant; le jeune bey cherchait une occasion de le flatter, de lui faire sa cour afin de s'en faire un protecteur... « L'occasion vient à moi fort belle, se dit-il, il y aurait folie à n'en pas profiter. » Il partit pour Alexandrie, alla trouver le pacha et lui raconta qu'Asmalane lui avait désobéi, qu'elle était allée à cette soirée, qu'elle devait retourner danser dans la même maison le jeudi suivant... Il fit valoir avec adresse le zèle qu'il avait mis à venir le prévenir, le désir qu'il avait de lui être agréable...

Le pacha se mit en fureur à cette nouvelle.

« Ah ! elle a osé enfreindre ma défense ! Eh bien, elle verra ce qui lui en coûtera ! s'écria-t-il... Et ces impertinents ont osé l'engager à revenir alors qu'ils savent qu'elle est ma maîtresse !... Ils se sont ri bien sûr de moi, voyant qu'elle me trompait... Eh bien, ils verront comme je me venge ! »

Il revint au Caire. Le jeudi même il envoya chercher Asmalane par son eunuque. Elle fit une horrible grimace en apprenant son retour... « Quel malheur ! se dit-elle, voilà ma soirée manquée !... » Pourtant, connaissant le caractère de son amant, elle se rendit au plus vite chez lui. Arrivée dans la maison, deux eunuques la prennent et l'enferment dans une petite chambre... sans lui dire un seul mot. Elle commença à trembler bien fort... « Saurait-il quelque chose? » se dit-elle.

A huit heures, le bey traître arriva : le pacha l'avait fait mander.

« A quelle heure doivent commencer les danses? lui demanda-t-il.

– A neuf heures, Excellence.

— Bien. Allez à cette soirée et dites à ces messieurs que vous venez de voir Asmalane ; qu'elle vous a dit qu'à neuf heures et demie précises elle arriverait, que l'on pouvait commencer les danses sans elle. Ne parlez pas de mon retour. »

Le bey s'inclina et partit s'acquitter de cette commission...

Après son départ, le pacha fit venir sa maîtresse ; il lui montra un costume superbe d'almée et lui ordonna de le mettre... Elle obéit. Une fois qu'elle fut bien parée, il lui dit : « Vous deviez aller en soirée ce soir, mon retour a dû vous contrarier ; mais ne craignez rien, vous irez. » Elle était interloquée, baissait les yeux et ne savait que dire ; l'air farouche de son amant la faisait tressaillir... Lui, fit venir un grand coffre, y fit placer un châle au fond, et se fit apporter des fleurs... « Voilà dans quoi vous irez, lui dit-il !... je veux vous éviter la fatigue de la marche. » Il fit un signe à ses eunuques, qui aussitôt s'emparèrent d'elle, lui tranchèrent d'abord la tête, ensuite les bras, les jambes... Ils mirent tous ces morceaux sanguinolents dans le coffre, les recouvrirent par des gazes, de la soie, placèrent des fleurs dessus ; le pacha donna l'ordre à deux de ses domestiques d'aller dans la maison où la danseuse était attendue, de demander le maître du logis, et de déposer ce coffre au milieu de son salon, en disant à lui et à sa société : « Voici, messieurs, ce que le pacha un tel vous envoie en cadeau à tous !... »

Voici comme l'ordre fut exécuté :

Dans un salon brillamment éclairé, de nombreux jeunes gens riaient et lutinaient les danseuses ; la musique faisait entendre ses sons discordants et criards se confondant avec les éclats de rire de la joyeuse bande.

La porte s'ouvre. « Voici la belle des belles, voici enfin Asmalane ! » s'écrient-ils tous en chœur... Les deux domestiques entrent, déposent leur coffre au milieu du salon en disant : « Voilà, messieurs, ce que le pacha *** vous envoie à tous en cadeau ! » Et ils s'éloignent. Tout le monde se regardait étonné. Le bey pâlit ; il eut un pressentiment... « Que diable nous envoie-t-il, ce bon pacha, dit l'un? — Bon, dit l'autre, le voilà de retour, il garde sa maîtresse pour lui ce soir ! Gageons que, pour nous dédommager, il nous envoie du champagne pour boire à sa santé... Eh bien, si cela est, je déclare que c'est à tort qu'on le dit bête, cruel et barbare. C'est un bon enfant et un homme d'esprit. »

Enfin on découvrit le coffre, l'on enleva les fleurs, la soie, les dentelles... Un cri d'horreur s'échappa de toutes les bouches. Vous savez ce qu'ils virent...

Eh bien ! voici ce qui arriva. Les Levantins présents se turent : ils craignaient le pacha, ne voulaient pas se mettre mal avec lui ; le bey poussa l'indignité jusqu'à aller chez lui le complimenter de sa vengeance, lui conter l'effet qu'elle avait produit, et rire avec lui de l'épouvante de ces messieurs... Aussi est-il devenu depuis son confident, son ami le plus intime ; il a conquis ainsi places et honneurs!

Qu'il est dur de voir le vice, la méchanceté, l'infamie, triompher dans ce monde!

Deux Européens présents jurèrent de châtier la cruauté de cet horrible pacha ; ils tirèrent au sort, et celui que le sort désigna lui envoya un cartel, lequel cartel resta sans réponse... Exaspérés, tous deux l'attendirent dans la rue, et lui dirent que, s'il refusait de se battre, ils sauraient bien l'y forcer, en le souffletant chaque fois qu'ils le rencontreraient. Le pacha alla trouver le consul de ces messieurs, lui dit que deux de ses nationaux l'avaient insulté, et l'avaient menacé de l'insulter chaque fois qu'ils le rencontreraient. Le consul fit prendre ces messieurs par des cavas, les fit embarquer, les expulsa de l'Égypte, sous prétexte qu'ils troublaient l'ordre public.

Et le pacha ne fut nullement inquiété à cause de son crime. La police n'a rien à voir dans ce que font les pachas puissants, et la mort d'une danseuse était du reste pour elle un accident de peu de valeur.

Ce pacha ne pouvait pas même invoquer le droit d'époux ni celui de maître. Cette danseuse n'était pas son esclave! Comme le loup de la fable avec l'agneau, il avait agi selon les droits du plus fort.

Le loup de la fable aurait pu dire, lui, : « J'étais affamé... » tandis que le pacha ne pouvait être affamé que de cruauté.

Ce refus de se battre en duel m'amène à constater ceci, c'est que ce peuple, qui est bon guerrier, il l'a prouvé maintes fois, et récemment encore, a une aversion bien marquée pour le duel. Jamais on ne voit deux Turcs vider une querelle, laver une insulte sur le terrain... Si un Turc en offense un autre, celui-ci ne dit rien, ne laisse pas paraître sa rancune, continue de l'appeler mon ami, mon frère; mais pendant sa vie entière il cherche à lui nuire, à lui faire du mal, à se venger à la sourdine. La franchise est loin d'être le fond du caractère turc... Non, il semble que tous ont été instruits à la fameuse et détestable école des Jésuites... Ils le sont, le sont, à rendre des points aux nôtres !

Deux Turcs qui se détestent, qui voudraient mutuellement se voir à cent pieds sous terre, se font mille fois plus de démonstrations d'amitié que deux Turcs qui réellement ont de l'affection l'un pour l'autre.

Aussi dans ce pays-là les inimitiés s'éternisent tout comme en Corse, avec la seule différence qu'en Corse les *vendette* se font à coups de couteau, et qu'en Turquie elles se font en essayant de se démolir réciproquement position, crédit et réputation.

En France, cette nation qui a inventé le point d'honneur et le duel, on ne voit pas de ces inimitiés, de ces haines passant de génération en génération. Quand un homme est froissé, insulté par un autre, il le provoque; ils vont sur le terrain, ils échangent un coup de pistolet ou se donnent un bon petit coup d'épée, et tout est dit...

Il est fort rare que deux personnes qui se sont battues en duel ensemble n'échangent pas après une franche et cordiale poignée de main... Si l'un est tué, sa famille le déplore ; mais elle ne s'en prend pas à la famille de l'adversaire...

Le duel est, selon moi, une fâcheuse nécessité, mais c'est peut-être une nécessité !

La différence de race est une chose incontestable, elle existe chez l'homme comme chez le cheval, comme chez le chien et enfin chez tous les animaux. Comparez donc ce fin et svelte cheval arabe, aux jambes fines, à la tête fière, à l'encolure gracieuse, avec ce lourd et épais cheval normand, avec ce cheval fait pour le labour et la charrette. Comparez un cheval anglais à ces bons gros chevaux qui conduisent nos omnibus, et vous verrez deux races bien distinctes... Les uns sont créés pour porter le fier Bédouin avec son burnous, ses bottes rouges qui reluisent d'or au soleil, c'est le cheval arabe. L'anglais est créé pour porter une gracieuse amazone, un noble cavalier, ou pour traîner une belle voiture... Les uns enfin représentent l'aristocratie, les autres la démocratie.

Voyez la levrette, l'épagneul..., ces races ne sont-elles pas différentes de celle de cet affreux chien roquet ?...

Chez l'homme la distinction des races est encore plus sensible.

Prenez un bon gros paysan, aux larges mains, aux pieds plats, aux attaches épaisses; comparez-le à un grand seigneur, aux pieds minces et cambrés, à la main allongée et blanche, aux attaches fines et élégantes, et dites-moi si c'est la même race !

Vous pouvez me dire : Mais il y a des paysans ayant des pieds, des mains, des attaches fines, et des grands seigneurs les ayant épaisses et grosses. Ceci, d'abord, c'est une exception ; du reste, c'est qu'alors il y a eu croisement de races.

Croisez une lourde jument normande avec un élégant cheval pur sang anglais, les produits n'auront ni la grâce, ni la beauté complète du père, ni toute la lourdeur disgracieuse de la mère.

Dans l'intelligence, les manières, le genre, l'esprit de l'homme, il y a aussi deux espèces distinctes... Le grand seigneur dans sa bêtise, dans son mauvais genre, conserve toujours quelque chose de sa race.

L'homme du peuple peut être intelligent, distingué même ; mais il y a toujours une nuance, son bon ton ne vaut pas même le mauvais ton de l'homme bien né...

Oui, selon moi, il est incontestable qu'il y a dans ce monde deux races distinctes autant physiquement que moralement. Voyez le riche parvenu achetant titres et blasons; comparez-le à un vrai grand seigneur... L'un peut être comparé à la beauté naturelle, sortie des mains de Dieu ; l'autre est la beauté artificielle, ouvrage du fard et de l'art...

Le croisement des races ne peut, selon moi, produire un bon résultat; les produits de ce croisement ont souvent les défauts, les vices des deux races, sans avoir les vertus, les qualités d'aucune.

Le peuple turc dégénère, c'est incontestable; il n'est plus ce qu'il a été.

Eh bien! la faute en est à leur manie de croiser leur sang avec le sang d'esclaves circassiennes, nubiennes, abyssiniennes. Tous les Turcs ont, de nos jours, du sang d'esclave dans les veines; ils sont ou fils ou petits-fils d'esclaves, ce qui fait que vous rencontrez chez le Turc un mélange du grand seigneur et du valet. Il a la ruse, la dissimulation de l'esclave, ses instincts grossiers; insolent avec ses inférieurs, souple et humble jusqu'à la servilité avec ses supérieurs. Vous verrez ce même Turc, fier et hautain avec des gens au-dessus de qui il se croit, se lier, se complaire avec des domestiques, des garçons tailleurs, être charmant avec eux. Ce mélange de sang plébéien et patricien se livre combat constamment en lui.

Je donne ceci à méditer aux musulmans.

Quel serait, croyez-vous, le croisement continuel de chevaux de race avec des juments non de race? Après nombre d'années, quels chevaux auriez-vous?

Des chevaux abâtardis, mauvais.

Eh bien! croyez-moi, si vous continuez à mêler votre sang à celui de la première esclave venue, vous ne serez plus qu'une race abâtardie, une race dégénérée.

Ensuite, cela ne renverse-t-il pas toutes les lois des convenances, même celles de la nature... que la position que fait aux enfants et à leurs mères votre imprudence d'honorer de vos faveurs la dernière de vos esclaves?

En voici un exemple :

Le fils du pacha *** descend un jour à la cuisine. Il avait seize ans; il trouve là une négresse esclave employée à laver la vaisselle; elle lui semble jolie, originale dans sa laideur, cette brune fille de la nuit. Il lui prouve immédiatement qu'elle a eu le bonheur de lui plaire. Neuf mois après, cette fille mettait un enfant mauricaud au monde, le fils du jeune prince... un prince lui aussi... prince qui, d'après l'ordre de succession établi par les lois de Mahomet, doit hériter, lui aussi à son tour, de la vice-royauté d'Égypte.

Ainsi, après le prince Ismaïl, viendra le prince Moustapha; après lui, le prince Halim; et après celui-ci, l'Égypte aura pour vice-roi, si Dieu lui prête vie et s'il éloigne de ses pas les nombreux accidents semés sous les pas de tous les hommes, mais surtout sous les pas de ceux qui doivent porter une couronne ou une demi-couronne; si donc Dieu lui conserve la vie sauve, l'Égypte aura un jour pour gouverneur un prince mulâtre, fils d'une esclave abyssinienne.

Ce jeune homme a le titre de prince, et il est en

conséquence traité avec égard et déférence ; mais sa mère est restée simple esclave ; comme telle, c'est elle qui doit égard et respect à son fils, qui doit le servir, se tenir droite en sa présence.

Autre exemple :

La femme de Saïd-Pacha n'a pas eu d'enfants ; mais Saïd-Pacha en a laissé un qui est le fils d'une esclave de sa femme. Eh bien ! la mère de ce jeune prince se trouve dans la même position vis-à-vis de son fils que celle du jeune mulâtre : il est prince, elle n'est qu'une esclave, elle lui doit respect et salamalec ; quoique mère du seul héritier de Saïd-Pacha, elle n'a pas le droit de rester assise devant la princesse veuve du défunt vice-roi ; elle doit se tenir debout devant elle.

Tout cela fait un gâchis impossible. C'est tout comme les filles du sultan, qui ont le titre de sultanes, tandis que leurs mères ne sont que des esclaves ; par conséquent, ce sont les mères qui doivent du respect à leurs filles !

On se représente généralement en Europe les eunuques comme les ennemis naturels, les gardiens féroces des femmes emprisonnées dans les harems. Quelquefois il en est ainsi, mais souvent une grande intimité règne entre eux et ces femmes. N'en connaît-on pas une au Caire qui aimait tellement son eunuque, qu'à eux deux ils ont confectionné une bonne petite tasse de café, de ce fameux café égyptien qui joue un si grand rôle dans les harems ! Ils l'ont offert au mari, qui est mort une heure après, tellement le café était bon, et la femme a vécu et vit avec son eunuque; ils s'adorent mutuellement.

Du reste, les maris savent parfaitement que leurs eunuques se permettent certaines licences avec leurs femmes, mais ça leur est bien égal. De la jalousie ils ne connaissent que celle de l'amour-propre. Pourvu qu'ils puissent dire : « Aucun homme n'a pu et ne pourra pénétrer dans mon harem, » cela leur suffit.

Les harems ne sont pas précisément une école de vertu, et si ces femmes musulmanes n'ont aucune éducation, dans l'art du vice elles sont très-instruites; tous les vices de l'ancienne Babylone sont connus par elles, et Sapho a en elles d'ardentes prosélytes.

Une chose qui choque au dernier point les femmes européennes qui vont pour la première fois dans un harem, c'est la crudité de langage de ces femmes; elles tiennent des conversations à faire rougir un hussard de la garde, et cela avec une bonne foi, une naïveté ! elles ne soupçonnent pas que l'on puisse ne pas parler de certaines choses, pas plus qu'elles ne se doutent qu'il existe des tournures de phrases pour dire bien des choses. Non, elles parlent de tout, appellent chaque chose par son nom; elles ont la crudité farouche de la Bible.

L'amour matériel dégagé de toute poésie est pour elles le grand mobile de la vie. Avec l'éducation qu'on leur donne, ou plutôt l'absence d'éducation, avec l'habitude qu'elles ont de se donner au premier homme qu'elles voient, qui est leur époux, on fait très-bien de les enfermer, de les empêcher de voir des hommes, car sans cela elles se conduiraient Dieu sait comme! Elles ne s'imaginent pas que l'on puisse être avec un homme pour autre chose que pour être sa femme. Les musulmans non civilisés, ceux qui n'ont pas été en Europe, ont une fort triste opinion des femmes européennes. Les jugeant d'après les leurs, ils pensent que ces femmes, pouvant voir librement des hommes, ont autant d'amants que d'hommes qu'elles voient.

On a remarqué que la vie sédentaire, l'absence de distraction, aigrissait le caractère. Je crois l'observation juste. On ne pourrait se figurer jusqu'où ces femmes poussent la méchanceté, la cruauté, lorsqu'elles s'y mettent. Étrangler l'enfant que leur mari a fait à une esclave, pour empêcher qu'elle ne devienne femme légitime, est un crime qui se passe fréquemment dans les harems. Tuer sa rivale par le poison... si c'est une esclave, la faire mourir à force de mauvais traitements et de coups... leur paraît une chose naturelle.

Ces crimes restent inconnus, rarement ils transpirent, par la raison qu'il n'y a en Égypte aucune loi, aucune sécurité pour les personnes. S'il meurt quelqu'un dans un harem, il n'a pas rendu le dernier soupir, que sa bière se confectionne devant la porte de la maison; son corps est à peine froid, que l'on va l'enterrer. Il n'y a aucun registre d'état civil, ni pour enregistrer ceux qui naissent, ni pour enregistrer ceux qui meurent. Pour enterrer quelqu'un on n'a donc aucune déclaration à faire; aucun médecin ne vient s'assurer si la personne est morte de sa mort naturelle, ou si c'est le poison ou le fer qui l'ont tuée.

On comprendra sans peine les crimes et abus que favorise cette absence de lois.

Un crime a lieu dans un harem. Si c'est le pacha qui le commet, chacun se tait; si c'est une femme, le pacha punit lui-même la femme à sa guise et à son caprice, et tout est dit; il n'ébruite point la chose pour éviter le scandale.

Voici ce qui s'est passé il y a peu d'années au Caire. Un pacha, qui a plusieurs femmes, désirait beaucoup un fils, n'ayant que des filles jusqu'alors... Une d'elles donna enfin le jour à un superbe garçon... A dater de ce moment, elle devint la favorite du pacha; il lui prodiguait des bijoux, des costumes très-riches; il était pour elle bon, prévenant, et il négligeait complétement les autres. Celles-ci étaient furieuses: elles complotèrent ensemble ce qu'elles pourraient bien faire pour se venger et pour chasser l'amour que leur maître avait conçu pour leur rivale. Elles s'arrêtèrent unanimement à ceci : chasser ce qui avait fait naître cet amour, c'est-à-dire ce fils désiré...; elles résolurent donc de tuer l'enfant... Sa mère le nourrissait et le tenait couché, la nuit, sur un petit matelas placé près du sien. Pendant qu'elle dormait, une des femmes est entrée dans sa chambre; elle a fourré un mouchoir dans la bouche de l'enfant pour l'empêcher de crier; ensuite elle l'a étranglé, puis l'a placé près de la mère pour faire croire que celle-ci l'avait, par mégarde, gardé au sein, et s'était endormie, et qu'ainsi elle avait pu l'étouffer en remuant... Cette pauvre mère, en se réveillant le matin et trouvant son enfant froid et inanimé auprès d'elle, poussa des cris affreux. Le pacha, prévenu, arriva; il entra dans une fureur épouvantable en voyant son fils mort; lui aussi il crut que sa mère l'avait étouffé par mégarde, et, cédant au premier mouvement de colère, il la fit saisir par ses eunuques et lui fit administrer des coups de courbache... La pauvre mère, la voix étouffée par les sanglots de douleur, n'avait pas même la force de lui dire qu'elle n'était point coupable de cette négligence... Les autres femmes étaient accourues; elles étaient là, et, voyant le cruel traitement infligé à celle qu'elles détestaient, leur front rayonnait de bonheur... Le pacha s'en aperçut; un soupçon traversa alors son esprit; il examina l'enfant, vit autour du cou les marques de la strangulation : il comprit tout... Il ordonna aux eunuques de cesser leur opération; il fit lier les mains des trois autres femmes, et, prenant son sabre, le faisant tournoyer au-dessus de leur tête, il leur ordonna de dire la vérité, les menaçant de leur couper immédiatement la tête si elles n'obéissaient pas... Folles d'épouvante, elles se jetèrent à genoux et avouèrent tout.

« Quelle est celle qui l'a étranglé? demanda-t-il...

— Nous avons tiré au sort, dirent-elles, pour savoir qui s'en chargerait; le sort a désigné Irosha, c'est donc elle qui l'a étranglé. »

Le pacha saisit Irosha par les cheveux, lui coupa la tête, puis en fit autant aux deux autres.

Cette fois-ci cette exécution ne manquait pas de justice... Mais la police, qui n'en savait rien, ne se préoccupa nullement de savoir pourquoi il sortait quatre caisses ce jour-là de chez ce pacha; elle ne se dit point : « Quatre morts dans dans un jour, dans une seule maison, c'est beaucoup pour être naturel! » Non, elle n'en prit nul souci, et le pacha fit enterrer fort tranquillement ces quatre personnes... Donc, la police ne demandant nulle preuve, ne faisant aucune enquête, les musulmans se faisant ainsi justice eux-mêmes, on comprend sans peine les abus et les crimes que cela facilite.

Si dans la rue on trouve un cadavre jeté, on ne recherche nullement de quelle maison on l'a ainsi jeté, où s'est commis le crime... On l'enterre, et tout est dit.

Sur le Marmoudièh, l'été passé, tout près de la porte de Rosette, on a trouvé le cadavre d'une négresse percé de cinq coups de couteau; un peu plus loin le cadavre d'un jeune homme. On les a pris, on les a enterrés, mais on ne s'est pas le moins du monde préoccupé de connaître le nom des victimes ni celui du meurtrier... Il est évident que cette jeune esclave devait se trouver dans un des harems qui bordent le Marmoudièh de ce côté; son maître l'aura surprise avec ce jeune homme, et il les a tués tous les deux, puis les a fait jeter là...

Vous m'avouerez que, si la loi ne reconnaît pas personnellement à tous les musulmans le droit de vie et de mort sur toutes les personnes qui sont dans leurs harems, d'un autre côté elle le leur accorde très-bien par ce système de ne pas se préoccuper davantage de ce qui se passe; ce droit ne leur sera réellement enlevé que lorsque la police fera d'actives recherches pour découvrir les meurtriers alors qu'elle trouvera des gens assassinés, et lorqu'on ne pourra enterrer personne sans avoir fait constater à quelle maladie a succombé cette personne; enfin, quand on aura établi un registre pour les naissances et pour les morts, ce qui, du reste, faciliterait la levée de l'impôt, la levée des corvées et le recrutement.

Voici encore un crime commis tout récemment dans un harem, par une grande dame cette fois-ci.

Les romanciers sont souvent accusés d'écrire des choses impossibles, tout à fait en dehors de ce qui se passe dans ce bas-monde.

Mon histoire va paraître, à ceux qui ne savent pas qu'elle est, hélas ! vraie, parfaitement vraie, elle va paraître impossible... Une femme arrivée à ce degré de barbarie, poussant la cruauté dans la vengeance aussi loin, c'est inadmissible, dira-t-on. Que voulez-vous, le vrai a le talent de paraître toujours plus invraisemblable que le mensonge... Cela se comprend du reste : la vérité est toute nue, toute crue; le mensonge est entouré de voiles et d'atours!... Du reste, mon histoire est si vraie, que le *Times*, il y a trois mois, en relatait le dénoûment... Si je la raconte, c'est que j'ai obtenu des détails intimes et intéressants sur le fait, sur l'héroïne et sur les victimes.

Une grande dame musulmane avait un jeune mari beaucoup plus jeune qu'elle et très-beau garçon, tandis qu'elle, elle n'était pas favorisée par dame nature... Elle était très-jalouse de son mari; d'une naissance au-dessus de la sienne, elle pouvait le tyranniser tout à son aise... Elle usait et abusait de ce droit-là, l'empêchant de sortir, lui faisant des scènes violentes pour un rien, voulant le contraindre à être le plus tendre des époux, alors qu'il ne pouvait avoir dans le cœur que de l'antipathie pour elle... Ce mari était le plus malheureux des hommes, il maudissait et aurait envoyé à tous les diables l'honneur d'être l'époux de cette grande dame...

Un jour il était au harem, sa femme avait bien voulu l'inviter à prendre une tasse de café... Il était assis à la turque à côté d'elle; elle était dans un de ses jours de gracieuseté, elle lui fit donner un narguillé.

Une esclave de la dame vint le lui apporter; involontairement il la regarda... Elle était belle, comptait à peine quinze printemps; ses grands yeux noirs frangés de longs cils avaient une expression de douceur angélique; sa peau avait la douceur et la fraîcheur des feuilles de la rose alors qu'elle vient à peine de s'entr'ouvrir au soleil... Sa bouche était jolie et gracieuse; sa taille petite, mignonne. Sa veste en satin rouge laissait entrevoir une gorge admirable. Sans le vouloir, sans se rendre compte de ce qu'il faisait, il ne prenait pas son narguillé, et il restait là, les yeux ardents fixés sur elle... La pauvre enfant émue, interdite de cette admiration qu'elle devinait (une femme, même une Turque, comprend toujours l'effet qu'elle produit), était là toute rougissante...

« De quel pays êtes-vous, mon enfant? lui dit-il enfin.

— Je crois que je suis de la Grèce, seigneur, lui répondit-elle.

— Comment! vous croyez. N'en êtes-vous donc pas sûre?

— Hélas! on m'a amenée ici si petite fille, que je n'ai gardé qu'un bien vague souvenir de ma patrie; mais j'ai entendu dire que j'étais Grecque.

— Oui, vous devez l'être, car vous avez le type si beau, si pur, des filles de ce pays. »

La femme avait observé le sentiment que faisait naître cette esclave dans l'esprit de son mari; la colère bouillonnait dans son cœur; elle les couvrait tous deux d'un regard de tigresse.

Voulant interrompre la conversation, elle demanda brusquement une seconde tasse de café à la jeune fille, qui s'empressa d'obéir.

Elle voulait punir cette jeune fille, qu'elle détestait à cause de sa grande beauté, et qu'à présent elle venait de prendre en haine; mais elle voulait un prétexte, ne se souciant pas de lui donner la satisfaction de lui montrer qu'elle était jalouse d'elle; elle s'arrangea de façon à faire un brusque mouvement au moment où, agenouillée devant elle, elle lui offrait son café; ce liquide se répandit sur elle; la tasse même s'échappa des mains de la jeune fille et se brisa.

La dame appela deux eunuques et leur donna l'ordre de battre à l'instant cette malavisée d'esclave. Elle lui fit infliger cette punition devant son époux, pensant qu'en lui voyant subir cette humiliation, son admiration pour elle disparaîtrait... Mais elle avait peu la connaissance du cœur humain; dix minutes avant, il n'avait pour elle que ce sentiment que l'on éprouve pour une personne très-belle, sentiment banal, s'adressant plus à la beauté qu'à la femme. A présent qu'il la voyait pousser des cris de douleur, pâle d'effroi et de souffrance, il sentait qu'il l'aimait. Voilà encore, disait-il, une victime de ma femme!... Et puis il devinait qu'il était la cause du châtiment qui lui était infligé. Il n'avait pas été dupe de la tasse de café renversée.

A partir de ce jour, l'épouse jalouse ordonna qu'on fît vêtir Alté avec de laids et disgracieux vêtements. Elle lui défendait de se coiffer avec soin, de mettre aucun ornement dans ses cheveux. « Tu es fière et vaine de ta prétendue beauté, lui disait-elle durement; eh bien! je veux qu'elle se fane et qu'elle passe plus vite que celle de la rose églantine. »

Alté était abreuvée de mauvais traitements et par sa maîtresse, et par les autres esclaves, qui, pour complaire à cette première, l'humiliaient et la maltraitaient. Souvent, alors que son mari était au harem, elle la faisait venir, la forçant à rester droite dans un coin, ses mains humblement croisées sur sa poitrine; si elle lui ordonnait de lui apporter un verre d'eau ou n'importe quoi, c'était d'une voix impérieuse et dure.

Le mari gémissait de toutes les injustices, de tout ce qu'on faisait souffrir à cette pauvre fille; mais il n'osait pas élever la voix, sachant bien que cela ne servirait qu'à aggraver son sort. Sa femme lui aurait dit, du reste : « Cette esclave est ma propriété à moi, je puis en faire ce que je veux. »

Je le répète; ce mari se trouvait inférieur en naissance à sa femme, qui appartenait à une fort grande famille, et ceux des musulmans qui se trouvent dans cette position sont à plaindre. Les femmes se vengent sur eux du triste sort que la loi du prophète fait aux autres femmes.

Il se taisait, mais son cœur s'indignait. Il prenait en haine sa femme, et, en contemplant le visage pâle, les yeux voilés de larmes, de la jeune Grecque, il sentait plus que de la pitié pour elle dans son cœur, il sentait que l'amour y naissait.

Sa femme, qui l'épiait avec la défiance d'une

femme jalouse et amoureuse, s'en aperçut aussi. Alors son dépit ne connut plus de bornes ; elle devint aigre, dure, impérieuse pour son mari, méchante et cruelle pour celle qu'elle accusait d'avoir voulu séduire son époux.

La position devenait intolérable pour les deux victimes de cette mégère.

Un soir, le pacha se rendait chez sa femme de par son ordre : il aperçut dans le coin d'un appartement la pauvre Alté qui pleurait silencieusement ; on venait de la battre jusqu'au sang. Il s'approcha, s'agenouilla près d'elle, et, cédant à un entraînement de son cœur, il lui prit les deux mains dans les siennes, en lui disant : « Pauvre enfant, c'est parce qu'elle voit que vous êtes cent fois plus belle qu'elle, et que je vous aime, qu'elle est aussi cruelle pour vous ; c'est à cause de moi que vous souffrez ; mais si vous saviez combien j'en suis malheureux !

— Merci de m'accorder un peu de pitié, balbutia la pauvre Alté ; mais, de grâce, ne restez pas là, éloignez-vous de moi : si elle vous voyait ainsi, bien sûr elle me tuerait !

— Oui, je vais m'éloigner ; mais laissez-moi vous dire encore quelque chose. Peut-être de longtemps je n'aurai plus l'occasion de pouvoir causer avec vous sans témoin... Eh bien ! moi aussi, je suis si malheureux, que je veux me soustraire à cette horrible vie. Je vais réunir ce que je pourrai d'argent ; au premier bateau en partance pour l'Europe, je m'entendrai avec le commandant; nous nous sauverons tous les deux. Je vous emmènerai en Europe, nous vivrons quelque part où je serai libre de vous aimer, de vous faire oublier ce que vous avez souffert. Le voulez-vous, Alté?

— Oh! oui, murmura-t-elle joyeuse, à l'espérance de fuir sa prison et son affreux bourreau.

— M'aimez-vous un peu?...

— Oui, » dit-elle encore.

Un léger bruit les fit tressaillir; bien vite il la quitta et entra chez sa femme, qui lui fit un aimable accueil ce soir-là... Comme il allait se retirer, elle lui dit même : « Venez demain dîner avec moi... » Il la remercia de l'honneur qu'elle lui faisait, et le lendemain il s'asseyait en face de sa femme sur un coussin. Sur une petite table, devant eux, était un superbe plateau en argent... Les esclaves servirent plusieurs de ces mets turcs; enfin on apporta un magnifique plat en argent que l'on posa tout couvert sur la table. « C'est un plat de ma façon que je vais vous faire manger, voyons s'il vous plaira. Découvrez-le, » lui dit-elle...

Il le découvrit : il resta là les yeux hagards, la pâleur de l'épouvante peinte sur les traits, puis enfin il tomba à la renverse évanoui...

C'était la tête d'Alté, entourée de persil et d'oignons, qu'elle venait de lui faire servir!!...

Heureuse de l'effet qu'avait produit son atroce vengeance, elle le contempla un instant gisant à terre avec un sourire de triomphe; ensuite elle appela ses eunuques, et lui fit trancher la tête ; puis elle fit jeter les deux cadavres dans les flots du Bosphore, qui baignent les murs de son jardin... Quant aux deux têtes, elle les fit brûler, et elle en éparpilla les cendres dans son jardin.

Que dites-vous de cette bonne et aimable femme?...

Et cette horrible vengeance n'est-elle pas digne des temps les plus barbares?...

Elle avait entendu la conversation de son mari avec la jeune Grecque, elle avait su dissimuler sa rage, et, tout en causant d'un air amical avec lui, elle méditait ce crime atroce... Elle a assisté à l'assassinat d'Alté, et c'est elle-même qui a voulu arranger sa tête dans le plat...

Oui, lorsque ces femmes turques deviennent mauvaises, vindicatives, elles sont capables de tout, rien ne les retient; n'ayant ni éducation ni bons sentiments inculqués dans le cœur, cette vie de réclusion dans le harem finit par leur aigrir le caractère. Si l'amour (un amour tout sensuel, elles n'en connaissent pas d'autre) vient à s'emparer d'elles, malheur à qui excite leur jalousie!... la mort seule de la personne peut apaiser leur sombre fureur. Que croyez-vous, du reste, que l'on ait fait à cette femme?

Rien du tout!...

Qui de droit s'est contenté de lui faire dire qu'il était très-mécontent de ce qu'elle avait fait...

D'ici à peu on donnera sans doute un second mari à cette bonne et douce créature.

Avouez que, si un romancier peignait un pareil caractère et contait un tel fait, on crierait à l'invraisemblance, on dirait : C'est un roman.

Et bien, pourtant, mon histoire n'est pas du roman, c'est de la simple histoire.

Pour moi, je me croirais plus en sûreté au milieu de la forêt de Bondy qu'entre les quatre grands murs blanc de cette partie des maisons turques que l'on appelle harem, c'est-à-dire prison des femmes !...

Maintenant, je reconnais qu'il y a des musulmans, même en Égypte, doux, bons, pas le moins du monde cruels..., des femmes douces et bonnes, elles aussi, et incapables de commettre le plus petit méfait. Mais cette absence de lois protectrices pour les êtres enfermés dans les harems n'en est pas moins condamnable, et n'offre pas moins d'inconvénients.

On plaint généralement beaucoup en Europe les femmes musulmanes, par cela seul qu'elles ne peuvent montrer leur visage, recevoir des visites d'hommes et sortir librement. On se figure qu'elles passent leurs nuits et leurs journées à pleurer et à gémir sur leur captivité.

C'est une erreur. Ces femmes, nées et élevées dans les usages du harem, voyant dans ces usages un commandement de Mahomet, ne connaissant rien de ce qui se passe en Europe, se résignent de bonne grâce à cette vie-là et se trouvent heureuses... Leur grand chagrin est qu'une rivale leur soit préférée, ou qu'elle obtienne du maître un plus beau costume, un plus riche bijou. Indolentes, paresseuses par nature et par caractère, elles passent leur temps accroupies sur un divan ou sur un tapis. Elles ont pourtant leurs distractions : la toilette... et les cancans, car elles connaissent aussi les cancans !... Elles se visitent entre elles, se racontent mutuellement ce qui se passe chez elles ; elles se donnent des fêtes, où avec orgueil chacune étale le nombre de ses bijoux... Le bain est pour elles un lieu de réunion, une partie de plaisir ; elles y passent la journée entière, y mangent, y fument. Quelquefois elles font venir des danseuses, de la musique, et donnent là une grande fête. Ce jour-là elles louent le bain pour elles seules et leurs invitées.

La coquetterie n'est pas une invention parisienne !... Non..., c'est plutôt la femme orientale qui l'a inventée... Seulement, la Parisienne a sa coquetterie à elle, coquetterie d'esprit surtout. Comme l'esprit est lettre morte pour les Égyptiennes, elles ne connaissent pas celle-là ; mais, en revanche, elles pratiquent celle du corps : plaire à l'homme qui est leur maître ou leur époux, ou l'un et l'autre, est le seul but de leur vie, comme avoir des enfant est, pensent-elles, leur seule mission ici-bas.

Dieu sait tout ce qu'elles n'imaginent pas pour essayer de se rendre plus belles !... C'est bien d'elles que l'on peut dire que l'art est pour beaucoup dans leur beauté.

Au moyen du khol (antimoine en poudre), elles se

donnent un brillant extraordinaire aux yeux en se teignant en noir le bord des paupières, se dessinent en dessous ce cercle que les poëtes disent tracé par les amours, et qui chez elles est tracé par le khol; elles se rasent les sourcils et s'en dessinent d'immenses, toujours avec cette même poudre...

Elles se mettent, tout comme nos anciennes marquises, des mouches sur le visage, sur le cou.

Elles teignent leurs ongles en rouge avec la feuille du henné, qu'elles réduisent en poudre et humectent avec de l'eau... Souvent aussi elles teignent de cette façon les paumes de leurs mains, les ongles de leurs pieds. Les riches mettent des anneaux aux doigts des pieds, des bracelets à la cheville... Le blanc, le rouge, jouent aussi un grand rôle dans leur toilette; elles se barbouillent si bien de blanc et de rouge qu'on les prendrait pour ces poupées tournantes que l'on voit dans les vitrines de nos coiffeurs.

Avoir une énorme gorge est une grande beauté pour les femmes égyptiennes..., aussi ont-elles des procédés qu'elles disent fort bons pour la faire développer.

Elles demandent à l'éclat des brillants, au doux chatoiement des perles, de rehausser aussi leur beauté; elles sont toujours couvertes de bijoux...

Les femmes égyptiennes auraient grand besoin que leurs époux leur fissent la sage morale qu'Ischomachus fit à sa femme pour la détourner de l'usage du fard (1).

« Un jour, dit-il à Socrate, je vis ma femme toute couverte de céruse, afin de paraître plus blanche qu'elle n'était, et de rouge, pour se donner un faux incarnat; elle avait des chaussures élevées, afin d'ajouter à sa taille. « Réponds-moi, femme, lui dis-je : « me jugerais-tu plus digne de tendresse, moi qui vis « en société de fortune avec toi, si je t'en faisais sim-« plement l'exhibition sans en rien surfaire, sans en « rien déguiser, ou bien si je m'efforçais de te trom-« per en te disant que j'ai plus de bien que je n'en ai, « en te montrant de l'argent de mauvais aloi, des « colliers de bois recouvert en métal, de la pourpre « de mauvais teint, que je te donnerais pour vrais? » « Elle, alors, reprenant aussitôt: « Pas de mauvaises, « de funestes paroles!... Puisses-tu ne jamais agir « ainsi! car je ne pourrais plus, si tu faisais cela, t'ai-« mer de toute mon âme. — Eh bien, femme, lui dis-« je alors, en nous unissant ne nous sommes-nous « pas fait un don mutuel de nos corps? C'est ce que « disent les hommes. Me jugerais-tu plus digne de ta « tendresse, moi qui vis en intimité avec toi, si, au « lieu de m'efforcer de t'apporter un corps soigné, « sain et fortifié par l'exercice, et par conséquent de « t'offrir une belle carnation, je me présentais à toi « frotté de vermillon, avec une teinte d'incarnat sous

(1) Xénophon, chap. 10.

« les yeux, essayant ainsi de te faire illusion, te don-
« nant à toucher et à voir du vermillon au lieu d'une
« peau et d'un teint naturels!... »

La femme d'Ischomachus comprit la leçon et plus jamais ne demanda à l'art d'ajouter à sa beauté.

Peut-être les femmes orientales seraient-elles tout aussi dociles? leurs maris devraient essayer du sermon d'Ischomachus...

Mais, voilà le difficile, Xénophon leur est complètement inconnu!...

# LES CONSULS ET LES EUROPÉENS EN ÉGYPTE.

---

A tout seigneur tout honneur ! Ici, le pas est aux consuls ; ils sont si bien habitués, ces messieurs, en Orient, à jouer leur rôle de souverains omnipotents, ils se drapent avec tant d'importance dans leur dignité consulaire, regardent de si haut tous les malheureux qui n'ont pas l'honneur insigne d'être consuls, que, si je contestais leur droit de préséance, ils seraient fort étonnés.

En vérité, c'est tout simplement effrayant, pour un Français surtout, d'habiter l'Orient, car là on est soumis encore à l'aimable régime qui régissait la France avant 1789. Cela paraîtra invraisemblable ; j'avoue que c'est fabuleux, mais pourtant cela est.

Les ordonnances consulaires n'ont pas fait un pas depuis cette époque pour l'Orient ; elles sont les mêmes qu'en 1778. C'est toujours le pouvoir absolu, autocrate, qu'avaient dans ce temps-là le souverain sur ses sujets, le seigneur sur ses serfs.

Le consul a en main un pouvoir arbitraire, sans limite, sans contrôle ; ses nationanx sont à sa merci, ils ne peuvent rien faire sans son bon vouloir, son autorisation ; à son gré et caprice il peut les entraver dans tout, les empêcher de réclamer, d'attaquer le gouvernement du pays. Il peut les expulser sans rime ni raison ; il n'est pas même forcé de leur faire connaître le motif de cette expulsion.

Avouez que c'est dur, lorsqu'on a le bonheur d'être Français, et d'avoir dans son pays un gouvernement paternel, intelligent, juste et bon, d'avoir enfin pour souverain Napoléon III, qui a doté notre pays d'une liberté éclairée et raisonnée, de se trouver en Orient régi par les lois antilibérales de 1778 !

En vérité, c'est intolérable !

Et je dis, faisant cause commune avec tous mes compatriotes de l'Orient : « Sire, vous qui avez rendu la France prospère, victorieuse et libre, daignez songer à vos enfants qui résident à l'étranger, donnez-leur les mêmes lois qu'à ceux qui habitent la patrie, ne les laissez pas sous le tyrannique despotisme de 1778 !... Brisez leur joug, refaites les ordonnances consulaires ; qu'elles se trouvent en rapport avec les progrès qu'a faits la France vers l'indépendance depuis cette époque ! »

Il paraît qu'autrefois il n'y avait en Orient comme Français que des échappés des bagnes, des filous ; d'un autre côté, les Turcs alors étaient barbares, peu aimables pour les étrangers... Ces ordonnances consulaires avaient été faites en conséquence.

Mais, aujourd'hui, si la société française en Orient n'est pas toute la fine fleur des pois encore, s'il y a plus d'aventuriers, de gens ayant failli, de pauvres diables de basse extraction venus pour y faire fortune, que de gens comme il faut, il y a aussi quelques familles honorables ! De leur côté, les Turcs ont fait un pas de géant vers la civilisation ; ils sont, il faut leur rendre cette justice, très-bienveillants pour les étrangers : ceux-ci sont chez eux parfaitement en sécurité... Donc il est complétement absurde et injuste que, seules, les ordonnances soient restées stationnaires ; que les honnêtes gens soient régis par une loi faite pour des fripons ; que les Turcs d'aujourd'hui soient traités par les souverains de l'Europe comme les Turcs d'autrefois.

Ce pouvoir sans contrôle, sans limite, est une arme d'autant plus dangereuse entre les mains des consuls des échelles d'Orient, que, s'il y en a de bons, d'intelligents, de consciencieux, il y en a aussi qui le sont beaucoup moins. En Égypte surtout, presque tous les consuls sont des négociants ; ceux qui ne sont pas négociants font des affaires. Faire des affaires, dans ce pays, c'est faire la cour au vice-roi, et obtenir de lui une concession : dans ce cas, le consul l'obtient, puis il la passe à un autre, partageant avec lui les bénéfices... C'est encore obtenir une commande : ceci consiste à faire venir pour Son Altesse, par exemple, tant de mulets et mules d'Espagne, ou des chevaux sardes, ou du charbon d'Angleterre, ou des wagons, ou un service de Sèvres, etc., et de lui revendre un million ce qui a coûté cent ou deux cent mille francs...

Où est le mal, dira-t-on, si cela arrange le vice-roi, et quel tort cela fait-il aux nationaux de ces consuls? Le mal, le voici :

Nécessairement ces consuls, on comprendra cela sans peine, ont tout intérêt à être bien avec le pacha. Ils le flattent, ils essayent de lui faire leur cour par tous les moyens possibles, qu'ils espèrent ou qu'ils aient obtenu une affaire. Eh bien, pour cela ils sacrifient trop souvent les intérêts de leurs nationaux ! Ceux-ci ont-ils une réclamation, une plainte, à adresser contre le gouvernement, je le répète, ils ne peuvent le faire que par l'intermédiaire de leur consul, qui, pour complaire au vice-roi, trouve mille mauvaises raisons pour faire traîner l'affaire éternellement, ou bien refuse carrément d'appuyer leur demande. Le pacha, faisant du négoce lui-même, est en rapports d'affaires avec tous les négociants. Ce sont souvent des choses urgentes pour ces derniers, et plus d'un s'est trouvé ruiné par le mauvais vouloir de son consul, ou plutôt par le désir qui l'animait de s'attirer la bienveillance du pacha ou quelques forts batchiches, car les consuls sont ceux qui reçoivent le plus de batchiches en Égypte. Notez pourtant qu'il existe d'honorables exceptions.

Cet état de choses est intolérable pour les Européens en Orient, surtout pour ceux qui résident en Égypte. Là, leur position est plus difficile par cela seul qu'ils se trouvent en présence d'un homme qui est lui-même dans une position difficile, remplissant les fonctions dė souverain sans être reconnu comme tel par personne, sans en avoir les pouvoirs complets. Le vice-roi tient essentiellement à être bien avec les puissances européennes. Espérant toujours arriver à se rendre indépendant de la Porte, il escompte l'avenir, veut s'assurer des protecteurs; lui aussi, à son tour, flatte les consuls; ceux-là escomptent ce sentiment pour leur compte personnel; leurs nationaux sont les seuls à qui cette double position ne sert à rien, au contraire.

Maintenant il est encore fâcheux, au point de vue de l'influence morale en Orient, que les agents européens se livrent ainsi à ce métier d'exploiteur en grand du pacha : cela donne de nous une fâcheuse idée à ces bons Turcs.

Le gouvernement français devrait d'abord diminuer le pouvoir de ses consuls, ou tout au moins y mettre un contrôle; car, enfin, pourquoi croire à leur infaillibilité, nous qui commençons à discuter celle du pape?

Tous les gouvernements devraient n'envoyer en Égypte, vu ce grand corrupteur qui s'y trouve, l'or du pacha, que des hommes d'un caractère ferme et un peu raide : car le Turc est porté à être fier, arrogant, avec celui qui courbe la tête, mais il est humble et servile avec celui qui le traite d'un peu haut. Il faut des hommes inaccessibles à l'or et au *qu'en dira-t-on;* car ici, qu'on s'en souvienne, la corruption se tente sur une très-grande échelle, et il faut être très-honnête pour y résister... On devrait leur donner des appointements pouvant suffire largement à leurs besoins et en proportion avec la cherté des vivres et de toutes choses, qui règne en Égypte depuis Ismaïl-Pacha; ensuite leur défendre tout commerce, comme leur interdire toute affaire, tout tripotage; les avertissant qu'à la première affaire, à la première demande de concession, au premier batchiche qu'ils auront reçu, on les destituera.

Car enfin il faut se demander ceci :

Est-ce pour faciliter aux hommes que l'on envoie en Égypte le moyen de faire une brillante fortune qu'on leur donne le titre et les pouvoirs de consuls?.. Si c'est pour cela, le but est atteint parfaitement. Mais si le gouvernement les envoie et leur confère ce titre et ces pouvoirs dans le but de donner un protecteur à ses sujets résidant là-bas, dans l'état de choses actuel le but est complétement manqué.

Il me faut un certain courage pour dire ce que je dis là, et qui est l'exacte vérité. Si le gouvernement en doute, qu'il envoie un homme sûr, sans mission apparente, en Égypte; que cet homme y reste quelque temps, et qu'il fasse un rapport. On verra alors que j'ai dit la pure et simple vérité sur quelques-uns au moins de messieurs les consuls. Oui, il me faut un certain courage; car enfin je puis retourner en Orient, mon docteur très-probablement m'y renverra. Je vais donc me retrouver à la merci de mes consuls... Ils pourront me faire toutes sortes de misères ; ils pourront m'expulser, ils en ont le droit. Que le vice-roi leur dise : « Madame Audouard a écrit un livre qui me déplaît, je vous prie de l'expulser », un consul, plus courtisan que juste, pourra répondre : « Comment donc, Altesse, mais tout de suite. » Et il me fera conduire par deux cavas à bord d'un bateau, sans m'expliquer pourquoi il m'expulse... Que le gouvernement égyptien me fasse des ennuis, qu'il m'arrive quelque chose : le consul pourra, s'il le veut, ne pas m'aider à obtenir une réparation. .

Mais j'aime mieux m'exposer à tout cela et signaler l'injustice et l'arbitraire qui régissent les Français dans ce pays.

Du reste, il faut voir comme tout ce qui est Égyptien tenant à la cour fait peu de cas des consuls européens, de quelle façon on en parle !... « Nous en faisons ce que nous voulons, dit-on... Ils ne sont que les très-humbles serviteurs de Son Altesse... » C'est à peu près vrai pour une bonne moitié... Saïd-Pacha se faisait même mettre ses bottes par un consul !... Son bonheur était de les humilier tous, de les maltraiter, voulant se venger par là de la place mesquine qu'il occupait dans l'*Almanach de Gotha*... Il payait ce plaisir-là fort cher, il est vrai, car Dieu seul sait ce que lui coûtaient les consuls. Voici le genre d'affaires que beaucoup faisaient avec lui.

Un jour il exprime le désir d'acheter un beau vapeur ; un consul était là. Vite il saisit la balle au bond et lui dit : « Si vous voulez, Altesse, me confier cet achat, je vous procurerai un bateau excellent, filant ses dix à onze nœuds à l'heure. »

Le pacha lui en donne la commande.

Deux mois après, le consul triomphant vient lui annoncer que ledit bateau est arrivé dans le port d'Alexandrie. Le vice-roi va avec plusieurs personnes pour le visiter. De loin, il aperçoit une immense cheminée, puis une seconde plus petite... « Ah! dit-il, la belle cheminée! Avec une cheminée pareille, ce vapeur doit filer au moins de huit à dix milles à l'heure... »

On chauffe la chaudière de la grande cheminée, et le bateau ne se met pas en marche. Mais un orgue de barbarie formidable fait entendre son affreuse musique : la vapeur le faisait aller... Le vice-roi rit beaucoup de cette idée, et paya les millions demandés pour le bateau... Pourtant, lorsqu'on voulut s'en servir, on s'aperçut qu'il ne marchait pas, qu'il faisait eau de partout... Ce bon consul avait acheté à la Seyne un vieux bateau que l'on allait démolir. Pour faire avaler au vice-roi cette pilule un peu amère, en guise d'or il avait mis l'orgue!...

Saïd-Pacha se plaignit pourtant à lui que ce bateau qu'il lui avait fait payer fort cher ne valait rien. Mais le consul lui répondit avec aplomb : « C'est possible qu'il ne vaille pas grand'chose, mais il est à musique. Où trouverez-vous encore, Altesse, un bateau à musique? »

Non content de faire de cette façon les commissions qu'il leur donne, souvent les consuls, par leur position près du pacha, le tourmentent, le harcellent pour en obtenir. Ainsi, le pacha cause chemin de fer, par exemple, avec un consul. « Chez nous on fait très-bien les wagons, lui dit ce dernier. — Oui, très-bien, » lui répond poliment le pacha. Quelques jours après, le consul revient voir le vice-roi, et il lui dit négligemment : « A propos, Altesse, j'ai oublié le nombre de wagons que vous m'avez commandés.

— Mais, répond le pacha, je ne vous en ai pas commandé.

— Oh, par exemple ! Altesse. Je causais l'autre jour avec vous wagons, je vous ai proposé de vous en faire venir d'excellents; vous m'avez dit oui. J'ai compté sur votre parole; je suis consul, et... » Il se drape alors dans sa dignité consulaire... Le pacha a peur de se faire une affaire désagréable; il lui donne la commande, ou une forte somme en dédommagement de ce qu'il n'a pas pu le piller sur cet achat... J'ai cité des wagons comme j'aurais cité un autre objet.

Tout le monde connaît ce trait-ci d'un fameux consul qui tint un jour ce langage à Saïd-Pacha : « Altesse, vous savez que Méhémet-Ali m'avait promis de me donner tels terrains. J'ai compté là-dessus. Si je les avais eus j'aurais fait telle et telle chose, cela m'aurait rendu douze millions. Vous ne pouvez pas ne pas remplir les promesses de Méhémet-Ali, c'est donc douze millions que vous me devez. »

Saïd-Pacha trouve avec raison que ce raisonnement manque de logique, et il envoie promener ce monsieur. Mais alors celui-ci menace d'un procès, crie très-fort... Le pacha, ennuyé toujours par cette crainte de se voir desservir par les consuls auprès de leur gouvernement, finit par lui donner trois millions. Aujourd'hui, il y a un consul en Égypte qui se fait même payer par le pacha ses frais de maladie, qu'il fait monter à la fabuleuse somme de cinquante mille francs pour une seule année... D'autres se font donner des actions... Un vice-consul cumule, lui, cette fonction avec celle de mouchard en chef de la police d'Ismaïl... D'autres sont accusés de relâcher des hommes qui ont volé, assassiné, moyennant deux mille livres, et ils laissent ces gens-là dire hautement : « Nous pouvons encore en tuer un ou deux, car il nous reste assez de livres pour que notre consul nous laisse ressortir de prison... »

D'autres... Enfin, cela n'en finirait plus, s'il fallait dire tout ce qu'ils font pour exploiter le pacha. Un dernier trait de l'un d'eux, qui fait partie des moins honorables. Il était vice-consul d'une puissance. Il apprend qu'on allait lui enlever cette position. La chose n'était point encore connue en Égypte ; il se dit : « Il faut qu'à tout prix je fasse quelque chose pour avoir un dernier batchiche... » Voici ce qu'il trouve : il se met à installer, je ne puis dire quoi, ce serait le nommer... quelque chose enfin qui faisait qu'il était en contravention avec les lois du pays.

On lui signifie d'avoir à démolir, il n'en fait rien. Alors on envoie des cavas pour démolir. Il crie que l'on a attenté à sa dignité consulaire, il abaisse son pavillon. Le vice-roi voit bien que c'est un chantage, mais il dit : « Je ne puis pourtant pas me mettre mal avec une puissance », et il donne deux cent mille francs à ce monsieur, qui, moyennant cela, hisse de nouveau son pavillon.

Huit jours après, on apprend que ce vice-consul ne l'était plus; mais c'était trop tard, le tour était joué.

Je conviens que tout n'est pas roses pour le vice-roi avec messieurs les consuls. Par leur position, ils peuvent l'approcher tous les jours, et ils le persécutent à qui mieux mieux pour obtenir qui une chose, qui l'autre... Il lui faut une bonne dose de patience pour ne pas la perdre...

Je l'ai dit, beaucoup de consuls cumulent. Ainsi, M. Zizinia, Grec d'origine, protégé français, comte romain, est consul général de Belgique, en même temps qu'impresario du théâtre italien, appelé du nom de son propriétaire : Théâtre Zizinia.

En sa qualité de protégé français, ce consul belge ne peut adresser une réclamation pour son compte que par le canal du consulat de France, ce qui est assez original... Il résulterait de cette position que le consul de France pourrait l'expulser de l'Égypte comme protégé français, malgré son titre de consul de Belgique.

Il y a en Égypte beaucoup d'Européens. A Alexandrie on compte huit ou dix mille Français, plus de dix-huit mille Grecs, et presque autant d'Italiens. Il y a des Allemands en petit nombre ; des Anglais, quatre ou cinq mille. Les Russes y sont peu nombreux ; je crois bien que le consul général de cette nation ne doit pas avoir plus de dix nationaux.

Il y a quelques maisons grecques et italiennes honorablement connues ; mais à côté d'elles il y a une nuée de Grecs et d'Italiens sans foi ni loi, voleurs et assassins, qui sont une des plaies de l'Égypte. Ils ont le monopole des roulettes qui se trouvent dans les cafés chantants, dans les casinos. Les gens qui tiennent ces roulettes sont des filous et des assassins de profession. Malheur à l'étranger qui s'aventure dans ces coupe-gorge ! S'il perd, il n'a rien à craindre ; mais s'il gagne, en sortant de là il est sûr que des affidés de la roulette l'attendront dans un coin et lui donneront quelques coups de couteau pour lui faire rendre cet argent.

Ces Grecs, ces Italiens, se donnent des coups de couteau, se tirent des coups de revolver, très-facilement et très-fréquemment... « Ils se tuent entre eux, dit-on, tant mieux ! c'en est de moins... » Mais souvent l'on accroche des éclaboussures de ces coups de couteau ou de revolver, et c'est fort malsain.

Le jour de la fête de leur roi, les Grecs sont d'un insupportable dont rien n'approche : ils s'amusent à tirer toute la journée et toute la soirée des coups de fusil ou de pistolet dans la rue et sous le nez des passants. Ils en blessent, ils en tuent même; mais leur consul, malgré cela, ne les empêche pas de se livrer à cet exercice dangereux, et la police n'a aucun droit sur eux.

Tous les assassinats, les vols, qu'ils commettent, restent impunis ; aussi le nombre de ces méfaits va-t-il en augmentant.

L'éducation des négociants grecs et italiens est encore pire que celle de leurs confrères des autres nations. Ils sont d'une insolence, d'un grossier, sans pareils. Nécessairement il y a quelques exceptions.

La colonie anglaise dans tout l'Orient, et aussi en Égypte, est beaucoup mieux que les autres et comme éducation et comme honorabilité. Ceci s'explique... Le Français, par exemple, se trouve si bien dans son pays que, pour qu'il se décide à le quitter, il faut ou qu'une mauvaise action qu'il y ait commise lui en ait rendu le séjour impossible, ou bien que, n'ayant pas le sou vaillant, il se voie forcé d'aller au loin tenter fortune. Rarement on rencontre en Orient un Français, un Allemand ou un Italien de bonne famille. L'Anglais, au contraire, émigre; c'est dans ses mœurs, dans ses usages. Comme jadis en France, les aînés ayant toute la fortune, les cadets de bonne maison se voient forcés d'aller loin de leur patrie chercher à se faire une position ; mais ces gens-là, ayant reçu de l'éducation, appartenant à des familles honorables, se conduisent mieux que les autres; ils demandent au travail, et non à l'intrigue et au chantage, l'argent qu'ils gagnent.

Méhémet-Ali a été le premier musulman qui ait eu l'idée d'attirer des Européens et surtout des Français en Égypte. Si beaucoup l'ont trompé, l'ont exploité, quelques-uns lui ont rendu à lui et au pays de grands services.

Ainsi le commandant Selve, devenu Soliman-Pacha, a formé, a discipliné l'armée égyptienne; M. Darnaud-Bey, colonel du génie, a fait de grands travaux maritimes; ingénieur distingué, il a été très-utile et au vice-roi et au pays.

Il en est encore plusieurs autres qui ont mis leur intelligence, leur savoir et leur activité au service de ce gouvernement; ils ont gagné de l'argent, rien de mieux et rien de plus juste, car ils ont eu à exposer leur vie; ils ont vieilli sous ce ciel toujours brûlant; le souffle du kamsin a brûlé leur peau... Quelques négociants honnêtes, intelligents, comme Pastré, Bravay, ont créé le commerce égyptien, lui ont donné de l'extension. Ceux-là aussi ont été utiles et au pays et au gouvernement; ils y ont gagné de fort belles fortunes, c'est aussi très-juste: d'abord ils y ont exposé leurs capitaux, ensuite ils ont eu à déployer une forte dose de courage, de persévérance, pur lutter contre le climat et contre les obstacles que le caractère des Turcs, indolent, rebelle à comprendre, le progrès leur suscitait à chaque instant.

Mais à côté de ces gens-là il en est de fort peu

honorables, qui se sont livrés à l'intrigue, au chantage. C'est surtout sous le règne de Saïd-Pacha que cette horde-là est venue s'abattre en Égypte... On a su en Europe que ce vice-roi était d'une générosité frisant la folie. Alors, de toutes parts sont arrivés des aventuriers, qui se sont livrés exclusivement à l'exploitation du grand pacha et des membres de sa famille.

Pour les gens sans naissance, sans éducation, l'Égypte est un pays de cocagne... Le Turc est généralement peu instruit; s'il est de bonne famille par son père, sa mère n'étant le plus souvent qu'une esclave, il a donc moitié sang d'esclave dans les veines. Ils ignorent ce que c'est que d'être bien nés... Entre un homme comme il faut et un aventurier de bas étage le Turc, le vice-roi surtout, préférera se lier avec ce dernier, parce qu'il a plus de brio et qu'il est plus facilement bas courtisan, prêt à lui baiser la main et le pied. Or, le vice-roi d'Égypte se voyant à regret un rôle bien effacé dans l'*Almanach de Gotha*, aime assez à s'entourer de gens disposés à l'aduler sottement, à lui persuader qu'il est un haut et puissant personnage; il paye cette complaisance, et une bande d'aventuriers exploitent ce faible-là.

Deux traits distinctifs du caractère turc, c'est d'être d'une politesse qui touche à la servilité avec ses supérieurs et d'une hauteur qui frise l'impertinence avec ses inférieurs...

Saïd-Pacha était fort mal élevé, il avait constamment un mot grossier à la bouche, sa conversation aurait fait rougir un sapeur-pompier, voire même un zouzou, qui pourtant n'est pas prude... Son entourage pour lui plaire s'était mis à ce diapazon là, de sorte que sa cour ressemblait à un corps de garde.

Voici comment sont arrivés à la fortune et à la faveur tous ces hommes qui aujourd'hui jouent aux grands seigneurs en Égypte.

Ils ont commencé par flatter les favoris du moment, se sont faits leurs valets. Ceux-ci, les prenant en pitié, les ont un jour présentés au pacha. Devant lui ils ont fait la roue, ont essayé de plaire par tous les moyens possibles. Enfin, un jour, le pacha, de bonne humeur, leur a confié une commande. Victoire ! Les voilà sur la route de la fortune... Il faut voir quel changement s'est opéré en eux du jour au lendemain ! La veille, ils étaient humbles, petits, serviles; le jour où ils ont reçu leur commande, ils ont relevé la tête, ils sont devenus fiers, impertinents, même avec ceux par qui ils sont arrivés ; leur premier soin a été de leur nuire, d'essayer de prendre leur place : ça a été leur seule manière de prouver leur reconnaissance...

D'autres sont arrivés au pacha par les domestiques. Le Turc est toujours frère et compagnon avec ses valets. Ces gens-là, sachant cela, se sont mis à faire leur cour ou à un caïtjié, ou à un valet de chambre, lui ont fait des petits cadeaux. Celui-ci a profité d'un instant d'expansion et de bonne humeur du maître pour recommander et présenter son protégé. Parmi les grands seigneurs de l'Égypte figurent en première ligne un ex-valet de chambre et un cuisinier du vice-roi ; ils sont beytifiés, roulent équipage et marchent la tête haute...

L'article commandes a donc enrichi la plupart de ces messieurs. Avec les bénéfices qu'ils réalisaient, il leur a suffi de quelques commandes pour faire fortune... Voyez plutôt :

Un jour, un monsieur qui est, ma foi, consul-général, porte à Saïd-Pacha des boucles d'oreilles en diamant. « Altesse, lui dit-il, ces diamants sont admirablement beaux, vous seul pouvez les acheter... » Saïd les regarde, les trouve bien, il les envoie à la princesse sa femme, lui faisant demander s'ils lui plaisent. Elle répond oui. Alors le pacha demande audit consul quel en est le prix... « Je ne le sais pas au juste, mais c'est égal, gardez-les, demain je vous le dirai... » Les boucles d'oreilles sont envoyées au harem, le consul rentre chez lui, il dit à son commis : « Les diamants sont vendus, vous ferez encaisser le prix au palais. — Que faut-il les faire payer ? » demande celui-ci. Le consul réfléchit un instant. « Combien nous coûtent-ils ? — Vingt-cinq mille francs. — Eh bien, vous les ferez payer vingt-cinq mille talaris (le talari vaut cinq francs). » Après avoir donné cet ordre, il va pour sortir de chez lui ; mais, arrivé au bas de l'escalier, il s'arrête et réfléchit. « Si on me les paye vingt-cinq mille talaris, se dit-il, c'est-à-dire quatre fois en plus leur valeur, il n'y a pas de raison pourqu'on ne me les paye pas vingt-quatre fois plus...» Il appelle son commis et lui dit : « Non, décidément, faites une facture de vingt-cinq mille livres sterling (la livre sterling vaut, on le sait, vingt-cinq francs). » Lesdites boucles d'oreilles ont été payées par le pacha cette fabuleuse somme. Il a crié, il est vrai, il a voulu les refuser, mais le consul a dit: « Comment donc! Altesse, vous les avez gardées, vous devez payer... » Il a payé, mais en traitant ce consul de voleur, et, vrai, s'il avait volé, ce n'est pas en tout cas cette épithète.

Une autre fois, Saïd-Pacha exprime le désir d'avoir un service en porcelaine de Sèvres. Vite, un Français présent s'offre pour venir à Paris lui faire cet achat, le pacha accepte. . Un mois après ledit monsieur revenait de Paris avec un service de Sèvres très-ordinaire; il le montre au pacha, qui, ne s'y connaissant pas, le trouve joli. « Combien coûte-t-il?

— Cinq cent mille francs, Altesse.

— Hum! hum! c'est bien cher! dit Saïd.

— Vous comprenez, Altesse, que j'ai pris tout ce qu'il y avait de plus beau, ce que l'on fait seulement pour les souverains, » lui répond-il. Saïd lui paye les cinq cent mille francs demandés...

Mais voilà qu'en s'amusant à regarder son service il découvre entre deux assiettes une seconde facture de Sèvres détaillée, qui ne s'élevait qu'à cinquante mille francs... Le pacha rit comme un fou. Il est enchanté, car il va pouvoir traiter de voleur un Français. Il fait la leçon à un domestique. « Demain soir, lui dit-il, j'aurai du monde, je te demanderai de m'apporter quelques assiettes de mon service pour les montrer. Tu glisseras cette facture entre deux assiettes. Une fois devant moi, tu laisseras comme par mégarde tomber ces assiettes par terre... »

Le lendemain le pacha invite plusieurs personnes à dîner avec lui, entre autres le monsieur qui avait acheté ce fameux service. Après le dîner, quand tout le monde est réuni au salon, il parle de son service de Sèvres. « Il est beau, dit-il; mais c'est cher, cinq cent mille francs un service !... ».

Comme la plupart de ces messieurs se soutiennent à titre de revanche, deux Français qui étaient là essayent de lui persuader qu'il l'a eu au contraire très-bon marché.

« Je vais vous le montrer, Messieurs, » dit Saïd, et il donne l'ordre au domestique d'aller en chercher quelques pièces.

Celui-ci, fidèle à la consigne reçue, en arrivant devant son maître, fait semblant de faire un faux pas et laisse tomber les assiettes qu'il avait à la main; elles se brisent en mille morceaux, la facture s'échappe, et, voyez le hasard ! elle vient tomber juste aux pieds de celui qui avait fait cet achat... Saïd-Pacha feint d'être furieux, de donner un grand regret à ces assiettes, puis, se tournant vers le monsieur en question, il lui dit négligemment : « Qu'est-ce donc que ce papier, veuillez le ramasser et me le donner. »

Celui-ci, qui a deviné que c'est une facture, change de couleur. Que ne ferait-il pas pour anéantir cet indiscret chiffon ! Mais le pacha le regarde, tend la main, il est forcé de lui passer la facture... Le vice-roi la lit attentivement, puis la relit tout haut dans tous ses détails... Vous comprenez la figure du monsieur ! Tout le monde rit de sa mésaventure. Le vice-roi lui dit : « Avouez, monsieur, que vous m'avez volé d'une façon indigne. Il est vrai que vous n'avez fait qu'ajouter un zéro !... »

Le malheureux ne répond rien, baisse la tête et s'esquive... Après son départ Saïd se livra à une hilarité sans bornes. Il était heureux, enchanté... « Quelle drôle de tête il a faite », disait-il ! Et chacun de rire avec lui. Pourtant, tous ceux qui étaient là en avaient fait autant, et ils étaient prêts à recommencer...

Ce fournisseur du service de Sèvres n'osait plus remettre les pieds au palais, ne sachant pas trop comment il serait reçu. Au bout de huit jours, le vice-roi disait à ses favoris : « Ce pauvre diable ! il n'ose plus se montrer. Il est vrai que j'ai été un peu dur pour lui. Dites-lui qu'il vienne, que j'ai demandé après lui... »

On fit la commission. Il va sans dire qu'il s'empressa d'accourir. Saïd-Pacha, pour le dédommager de la peine qu'il lui avait faite en lui prouvant qu'il était un voleur, lui donna le même jour une autre commande...

Ce qui est désespérant pour les gens honnêtes qui servent les pachas d'Égypte et les membres de leur famille, c'est qu'ils ne leur savent aucun gré de ne pas les voler, et qu'ils ont le déplaisir de voir ceux qui les pillent bien mieux traités qu'eux. Le Turc est plein de considération pour l'homme qui l'a volé ; il se dit : Il faut qu'il soit bien adroit pour être parvenu à me faire sa dupe !...

Entre deux hommes d'affaires, un qui l'aura dévalisé et l'autre qui aura fait ses affaires honnêtement, il aura plus de considération pour le premier, par la bonne raison qu'il sera plus riche que l'autre, et qu'il est comme l'enfant : tout ce qui brille le séduit...

Un Turc vous dit : « Un tel m'a volé, ou a volé un de mes parents. » Puis vous le voyez lui tendre la main, l'appeler son ami. L'or que possède cet individu lui impose, lors même que c'est l'or qu'il lui a pris, à lui ou à un des siens.

Les aventuriers d'Égypte savent bien cela, et ils s'en donnent de piller à cœur de joie, sachant qu'une fois qu'ils auront amassé une belle fortune, qu'ils mèneront un grand train, les pachas les traiteront avec égards, et que tous les autres Européens les salueront chapeau bas.

En Égypte, ayez une voiture, de beaux chevaux, une toilette irréprochable, jouez gros jeu, vous serez considéré de tout le monde ; on vous fêtera, on vous recherchera, et personne n'aura l'idée de vous demander : « Qui êtes-vous ? D'où venez-vous ? »

Mais il y a mieux... On vous parle de monsieur tel, on vous dit : « C'est une canaille, un filou » ; on vous fait sa biographie à la Jacquot de Mirecourt... puis, vous voyez cette même personne tendre la main à ce monsieur, le tutoyer; au besoin, il lui offrira la main de sa fille ou de sa sœur !

Vous êtes étonné, il vous répond négligemment : « C'est une canaille, c'est vrai ; mais, que voulez-vous, si dans ce pays on ne voyait que les honnêtes gens, on verrait bien peu de monde. »

C'est très-curieux de voir cette société égyptienne où l'on se traite mutuellement de filous, tout en se serrant la main, racontant les uns les histoires des autres, l'origine scandaleuse de leur fortune... Ayant perdu le sens moral, ils ne soupçonnent plus la valeur du mot honorabilité ; ils l'avouent sans vergogne, disant carrément que gagner de l'argent par tous les moyens possibles doit être le seul but de la vie, car, avec de l'argent, on est toujours de grands hommes.

L'homme, là, est coté suivant le nombre de mille livres sterling qu'il a...

« Qu'est-ce que c'est que ce monsieur un tel ? demande un Alexandrin ?..

— Hum ! il peut avoir tant de mille livres, » lui répond-on ! Tout est dit...

Qu'il soit fils de boucher, de savetier, qu'il ait vendu des allumettes ou de l'eau-de-vie au petit verre, qu'il ait été honnête ou filou, c'est un détail...

Quel drôle de monde !...

La colonie européenne, en Égypte, est divisée en deux camps très-distincts, le camp anglais et le camp français. Ils se font une guerre acharnée, chacun veut arriver à avoir la prépondérance sur l'autre.

Les Oppenheim sont en tête du camp anglais ; ils disent hautement : « Tous les produits, toutes les machines françaises, c'est de la pacotille. Hors l'Angleterre pas de salut !.. »

Le camp français a en tête M. Bravay. M. Bravay est patriote enragé ; tout ce qui est français trouve en lui un zélé défenseur, un chaud protecteur. Il a fait tout au monde pour arriver à ce que la colonie française ne fût pas écrasée par l'anglaise, pour maintenir l'influence de notre pavillon dans la patrie des Pharaons ; il y est arrivé du reste. Sans lui, je ne sais trop ce que deviendraient nos Français habitant l'Égypte !...

C'est lui qui a constamment défendu nos intérêts près des vice-rois Saïd et Ismaïl ; c'est lui qui a fourni les moyens, la possibilité, et souvent l'argent nécessaire, à bien des maisons françaises en Égypte, pour pouvoir lutter contre les maisons anglaises. Chaque Français a toujours trouvé en lui un ami serviable, un protecteur bienveillant. Aussi M. Bravay est-il très-aimé de tous ses compatriotes en Égypte ; il est vrai que la colonie anglaise le déteste fort, en retour. Au moment de son élection comme député du Var, cette haine s'est traduite par des articles calomnieux dans bien des journaux, dont, du reste, le bon sens français a fait promptement justice.

Il y a donc de grosses fortunes en Égypte ; presque

toutes doivent leur source à l'article *commandes*. A force de revendre à Son Altesse deux millions ce qui leur coûtait deux cent mille francs, ces messieurs se sont fait des rentes. La guerre d'Amérique y est aussi pour quelque chose. Il faut voir comme ces bons et philanthropes marchands de coton souhaitent de tout leur cœur que les Américains s'égorgent jusqu'à extinction complète d'êtres vivants dans leur pays!...

Je ne saurais terminer ces lignes sur les Européens en Égypte sans vous citer un mot de l'un d'eux, qui vous prouvera de quelle façon ils jugent le talent.

On parlait devant un gros bonnet du pays d'un de nos plus grands écrivains, de Théophile Gautier.

« Après tout, qu'est-ce donc que M. Gautier? dit ce riche Alexandrin.

— Mais, lui dit-on, c'est un homme de talent.

— Bast! qu'est-ce qu'il peut bien gagner avec tout son talent?...

— Mais, vingt ou trente mille francs par an!

— Eh bien, un beau talent qu'il a là! Moi, j'en ai joliment plus que lui, car dans une seule affaire je gagne mes cent mille francs!!... »

*Complétement exact*... Et c'est un des grands personnages de la colonie européenne!

Avouez que leur manière de juger les autres les fait assez bien juger eux-mêmes!...

FIN.

# TABLE DES CHAPITRES.



1295. — Paris, imprimerie Jouaust, rue Saint-Honoré, 338

1295 — Paris, impr. Jouaust, rue Saint-Honoré, 338.